生产运营
管理实务

主编〇梁　川　　王积慧　　陈宜华

西南财经大学出版社
Southwestern University of Finance & Economics Press

中国·成都

图书在版编目(CIP)数据

生产运营管理实务/梁川,王积慧,陈宜华主编 . —成都:西南财经大学出版社,2016.3

ISBN 978 - 7 - 5504 - 2283 - 4

Ⅰ.①生…　Ⅱ.①梁…②王…③陈…　Ⅲ.①企业管理—生产管理

Ⅳ.①F273

中国版本图书馆 CIP 数据核字(2016)第 002508 号

生产运营管理实务

主编:梁川　王积慧　陈宜华

责任编辑:王艳

助理编辑:涂洪波　胡莎

封面设计:何东琳设计工作室

责任印制:封俊川

出版发行	西南财经大学出版社(四川省成都市光华村街 55 号)
网　　址	http://www.bookcj.com
电子邮件	bookcj@foxmail.com
邮政编码	610074
电　　话	028 - 87353785　87352368
照　　排	四川胜翔数码印务设计有限公司
印　　刷	四川森林印务有限责任公司
成品尺寸	185mm×260mm
印　　张	21.5
字　　数	490 千字
版　　次	2016 年 3 月第 1 版
印　　次	2016 年 3 月第 1 次印刷
书　　号	ISBN 978 - 7 - 5504 - 2283 - 4
定　　价	48.00 元

前　言

亚当·斯密在《国富论》中指出，劳动是国民财富的源泉，劳动创造的价值是工资和利润的源泉。生产是人类从事的最基本的活动，是社会财富的主要来源，是企业创造价值、获取利润的主要环节。生产运营管理是指以产品的生产过程为对象的管理，即对企业的生产技术准备、原材料投入、工艺加工直至产品完工的具体活动过程的管理。20世纪初的科学管理运动也始于生产管理。

泰勒秉承了斯密的分工理论。他对科学管理的一个重大贡献，就是不仅强调生产技术的分工，而且主张组织结构和管理职能的分工。

随着科学技术的发展和市场经济秩序的不断完善，生产运营管理成为提升企业竞争力并获取竞争优势的重要途径和管理实践的内容。

本书在吸收与借鉴国内外生产运营管理实践和理论的最新成果的基础上，详细地介绍了生产运营管理的基本内容与核心思想，针对高职高专工商管理和财经大类学生的特点，理论部分尽量按必用和够用的原则，引入了大量的案例分析，每个模块都安排有实践训练项目，教师和学生可以根据教学计划和学习目标选用。

本书设计了学习目标、技能目标、相关术语、案例导入、案例分析、知识巩固、实践训练等栏目，构建了相对完整的生产运营管理理论及操作体系，回归了以培养学生技术应用能力为主线的高职高专教育本位，体现了教材定位、规划、设计与编写等方面的国家骨干示范院校教学改革和精品教学资源建设的示范性。

全书分为12个模块：生产运营管理系统认知，生产率、竞争力和战略，流程分析，产品和服务设计，生产过程组织与工艺选择，车间、工作中心和设备布置与维护，选址规划与分析，质量管理，综合计划的编制与控制，生产物料管理，生产现场管理，项目管理。在各模块（项目）下结合工作岗位设计了相应的实践训练和任务，突出了教材的实训教学功能。

本书是编者在多年教学实践中不断探索、完善的基础上编写而成的。本书案例大多来自网络，在此对原作者表示感谢。在编写本书的

1

前　言

过程中，得到了西南财经大学出版社、成都职业技术学院、成都嘉隆利食品有限公司、富士康科技集团成都分公司等单位领导的大力支持，并参考了许多国内外公开出版的优秀教材及文献资料，在此表示感谢。

由于编者水平有限，时间比较仓促，书中难免存在不妥之处，敬请广大读者批评指正。

编　者

2016 年 2 月

2

目 录

目　录

目 录

目　录

模块一
生产运营管理系统认知

【学习目标】

1. 理解生产运营管理（POM）。
2. 区分企业组织的三个主要职能范围并描述它们的相互联系。
3. 区别生产系统的设计和运行。
4. 综述不同类型的运营。
5. 掌握运营管理决策的主要内容。

【技能目标】

1. 能够界定企业组织内部的职能。
2. 学会生产系统的设计与运行方法。
3. 掌握生产与服务运营的不同特征。
4. 掌握运营部经理的职责及管理过程。

【相关术语】

运营管理（operations management）
劳动分工（division of labor）
提前期（lead time）
系统设计（system design）
系统运行（system operation）
价值增值（value-added）

【案例导入】

从福特的大量生产到戴尔的大量定制生产

20 世纪初，美国福特汽车公司开创了人类大量生产的新时代。1903 年，福特与底特律的煤炭业大亨亚历山大·麦肯锡等人合伙成立了福特汽车公司（以下简称福特）。福特成立不到一个月，就推出了 A 型车，并且在销售上取得了成功。继 A 型车之后，福特又连续推出 N 型、R 型、S 型等大众化汽车。这些产品在销售上取得了巨大成功，使福特更坚定了走汽车大众化的路线。1907 年，福特宣布："生产一种设计简单的人人都能买得起的标准化大众车，是本公司今后的主要目标。"

为了实现大规模生产大众化汽车的理想，福特发明了大规模流水生产线，并推出了一款独霸天下的 T 型汽车，让福特 19 年连续大量生产这种型号的汽车。在汽车工业的发展史上，福特的这种大规模流水生产线带来了工业生产方式的革命性转变。福特首创的这种以生产方法和管理方式为核心的福特制，为后来汽车工业的发展竖立了标杆，掀起了世界范围内具有划时代意义的大批量生产的产业革命。

然而，在 21 世纪初的今天，在客户需求多变的时代，福特的这种生产方式受到了挑战。客户需求个性化越来越明显，用大规模流水线长期生产一种型号汽车的时代已经不复存在，取而代之的是订单生产。为了实现像福特生产方式一样的规模经济，另一种新的生产方式诞生了，即大量定制生产。这种生产方式一出现就受到理论界与企业界的广泛响应。戴尔就是实现大量定制生产方式的成功者。

戴尔成功地利用互联网技术，实现电脑生产与销售的快速交货和按订单大量定制的竞争策略。戴尔的零件来自世界各地，90% 的电脑业务是按照客户需求定制的，每台电脑生产时间不超过 8 小时。"每台电脑都是按订货生产，但从打电话到装上车只需 36 小时。"这就是迈克尔·戴尔为自己找到的竞争法宝。

戴尔公司每年生产数百万台个人计算机，每台个人计算机都是根据客户的具体要求组装的。戴尔公司让用户按照自己的爱好配置个人计算机和服务器，用户可以从戴尔公司的网站上选定他们所需的声卡、显像卡、显示器、喇叭以及内存容量。戴尔公司甚至可以告诉用户：他是否因为挑选某个部件需要延迟付货，是否需要考虑一个部件和另一个部件的兼容问题。戴尔公司是企业家、网络技术专家、企业软件汇集在一起的完美例子。

以戴尔为其大客户福特公司提供的服务为例，戴尔公司为福特公司不同部门的员工设计了各种不同的配置，当通过福特公司内联网接到订货时，戴尔公司马上就知道订货的是哪个工种的员工，他需要哪种计算机，戴尔公司便迅速组装好合适的硬件，甚至安装好适当的软件，其中有一些包括福特公司存储在戴尔公司的专有密码。戴尔公司的后勤服务软件非常先进，因此他能以较低的成本开展大规模定制服务。

福特公司为这种专门服务会额外支付一定费用。支付这笔钱钱值得吗？如果福特汽车从当地经销商那里购买个人电脑，经销商运来一些箱子，需要懂得信息技术的工人取出机器进行配置。这一过程需要一个专业人员花费 4~6 小时，并且常常出现配置错误。

是什么支持戴尔公司做到定制化生产和服务的呢？是 IT 技术、物流技术还是其他秘诀。戴尔每台电脑都按订单生产，从打电话到装上车只需 36 小时。订货源源不断地转到戴尔公司的三大生产厂之一——奥斯汀、槟榔屿和爱尔兰的利莫瑞克。但是这些工厂是见不到库存的。"我们所有的供应商都知道，我们要的配件必须在一小时之内送到"，奥斯汀工厂的总经理认为。芯片、集成线路和驱动器装上卡车直接开到距离组装线仅 50 英尺（1 英尺 = 0.304 8 米，下同）的卸车台。在那里也没有制成品的库存。

戴尔的定制化生产之所以取得成功，一是因为它充分利用了当代先进的网络技术。互联网使戴尔公司能轻松自如地同每一个用户进行持续的一对一的对话，确切了解他们的爱好并做出迅速反应，满足用户的一切要求。因此，受到用户的普遍欢迎，使戴尔公司能不费劲地收集到大量数字化的定制数据。有了这样的基础，戴尔公司便在内部建立起处理客户订单的专门机构，而且从事网上商务的力量比其他任何公司都要多。戴尔认为，公司未来个人电脑业务的发展，最重要地是熟练掌握大规模定制技术，更好地简化网上高质量信息的传递。二是戴尔公司拥有一整套进行大规模定制生产的技术装备。戴尔公司的数据库储存有数万亿字节的信息；计算机控制的工厂设备和工业机器人使生产工厂能够很快地调整装配线；条形码扫描仪的普遍使用差不多能使工厂跟踪每一个部件和产品。一切都那么灵巧，整个工厂、所有的生产线都像一个人在操作一样。三是戴尔公司采用了先进的后勤管理软件。这些软件有的是戴尔公司内部开发的，有的是 IT 技术公司生产的。软件把从成千上万的用户那里接收到的信息传给公司内部需要信息的每个部门。订单来了以后，将收集到的数据迅速分发，组织原材料供应和产成品销售。如：传给需要赶快运送硬盘的供应商，或者根据客户需要的配置把成品迅速送到对方手里。这种后勤管理软件的最大好处在于：及时地知道用户需要什么？什么时候需要？需要多少？从而实现零库存生产和供货。产品一旦下了装配线，就径直送到用户手里去了。甚至戴尔也不必储备成吨的零部件。这是由于订货信息准确、及时，公司手头总是有供组装计算机的标准件，总是能保证正常生产的需要。

另外，计算机零部件的价格大约每周下跌 1%，过多的储存无异于增加生产成本。而先进的后勤管理软件总是能在适当的时候把适当的零部件和产品送到适当的地方，从而使公司的生产成本大大下降而效益大幅度提高。

大规模定制的最好的、也是最有名的例子，是戴尔计算机公司，他与顾客建立直接的联系，只生产客户下订单的计算机——这就是全球著名的经济周刊《财富》对戴尔的评价。

"迈克尔·戴尔彻底改变了计算机世界！"——《财富》如是说。

思考题：

1. 福特汽车公司的大量生产的优势是什么？劣势是什么？

2. 戴尔公司的定制化生产和服务是如何实现的？定制化生产和服务的竞争优势是什么？

3. 戴尔公司定制化生产和服务取得成功的要素有哪些？戴尔公司为大客户（如福特公司）提供的定制化服务和生产能为其客户与公司自身带来哪些利益？

任务一　企业内部组织的职能

生产运营管理包括对制造产品或提供服务过程中各种活动的计划、协调和实施。这一概念与经济生活中的时势报道和企业运营管理是紧密结合的：生产率、质量、来自国内外的竞争及顾客服务常见诸新闻媒体。这些都是生产运营管理中的内容。

任何组织的成立，都要追求一定的目标。群体的协同努力比个人的单独工作更有利于目标的实现。企业组织从事产品生产或提供服务。它们可能是营利性或非营利性的组织。它们的目标、产品和服务可能相似或完全不同。然而，它们的职能及运营方式却大同小异。

典型的企业组织有三个基本职能：财务、营销和生产运营（见图 1-1）。这三个职能和其他辅助职能分别完成不同但又相互联系的活动，这些活动对组织的经营来说都是必不可少的。

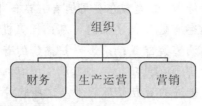

图 1-1　企业组织的三个基本职能

这三个基本职能的相互依赖关系可用图 1-2 来表示。这些职能须相互配合才能实现组织的目标，并且每个职能都起着重要作用。通常一个组织的成功不仅依赖于各个职能发挥得如何，而且还依赖于这些职能相互的协调程度。例如：若生产部门不与营销部门相互配合，则营销部门推销的可能是那些低质量、高成本的产品；或者生产部门可能生产那些没有市场需求的产品或服务。同样，若无财务部门与生产部门的密切配合，当组织需扩大规模或购买新设备时，可能因资金无着落而难以实现。

图 1-2

一、运营管理

运营管理职能由与生产产品或提供服务直接相关的所有活动组成。运营职能不仅存在于产品导向的制造和装配运作方面，而且存在于服务导向的领域，诸如医疗、运输、食品经营和零售。运营管理的多样性可用表 1-1 来说明。

表 1-1　　　　　　　　　　　不同类型的运营举例

运营类型	例子
产品生产	制造、建筑、采掘、农业、发电
储备/运输	仓库、货车运货、快递服务、搬迁、出租车、公交车、酒店、航空公司
交换	零售、批发、网购、银行业务、租入或租出
娱乐	电影、广播和电视、戏曲演出、音乐会
通信	报纸、电台和电视台的新闻广播、电话、微信、QQ、卫星

对大多数企业组织来说，生产运营职能是其核心。一个组织产品或服务的创造正是通过运营管理职能来完成的。利用投入通过一个或多个转换过程（如储存、运输、加工）可获得制成品或服务。为确保获得满意的产出，需在转换过程的各个阶段进行检测（反馈），并与制定好的标准比较，以决定是否需要采取纠正措施（控制）。图 1-3说明了这一转换过程。

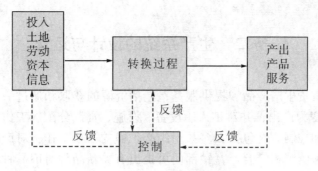

图 1-3 生产运营职能的转换过程

运营管理职能的实质是在转化过程中发生价值增值。增值是用来反映投入成本与产出价值或价格之间差异的一个概念。其增值部分越大，说明其运营效率越高。企业用增值带来的收入进行研究与开发，投资于新的设施和设备，从而获取丰厚利润。结果增值越大，可用于这些方面开支的资金越多。

企业提高其生产率的一个办法是对工人所做的工作进行严格检查，看是否带来了价值增值。企业将未增值的工作视为浪费，消除或改进这些工作可降低投入或加工成本，从而提高增值。

二、财务

财务管理职能包括为确保以有利的价格获取资源并将这些资源在组织内分配而进行的活动。财务人员与运营管理人员要密切合作，在如下活动中及时交流信息。

（1）预算。要定期编制预算，对财务需求做出安排。

（2）投资方案经济分析。对投资于工厂和设备的备选方案的评估需要运营管理与财务人员共同参与。

（3）资金供应。给生产运营部门及时提供必要的资金是重要的，而在资金紧张的时候，这甚至会关系到组织的生存。企业的大多数盈利主要是通过产品和服务的销售收入来获得的。

三、营销

营销是指销售或推销一个组织的产品和服务。营销部门要进行广告宣传和定价决策。该部门还要对顾客需求做出估计，并将这一信息传递给运营部门（短期）和设计部门（长期）。这就是运营管理部门需要有关中短期顾客需求的信息，以便据此做出计划。设计部门需要这方面的信息，从而有利于对目前产品与服务做出改进和设计新的产品。

因此，营销、运营和财务三部门必须在产品及工艺设计、预测、确定可行的工作进度以及质量与数量决策方面协调一致，加强相互间优势和劣势状况的沟通。

任务二　生产系统的设计与运营

运营部经理负责生产产品和提供服务，包括资源的获取和通过一个或多个转换过程将这些投入转变为产出，并对工人、设备、设施、资源分配、工作方法等构成要素进行计划、协调和控制。这包括大多数组织必须做的一项工作：对产品和服务进行设计。设计工作要和营销相结合。营销部门可提出有关新品种对旧品种改进的见解。运营管理人员经历了产品和服务的形成过程，也可就改进措施提出新思路。事实上，产品和服务的设计与提供过程直接决定着一个组织的竞争力。

系统设计涉及以下几个方面的决策：系统生产能力、设施选址、工作部门及设备的布置、产品与服务计划。系统运行包括人事管理、库存计划与控制、进度安排、项目管理和质量保证。在许多情况下，运营部经理更多地是进行日常运行决策而非设计决策。

表 1-2　　　　　　　　　　　　　　设计及运营决策

序号	决策范围	基本问题
1	设计	
1.1	产品和服务设计	顾客需要什么？产品和服务如何改进？
1.2	工艺选择	组织采用什么样的工艺流程？
1.3	生产能力	需要多大的生产能力？
1.4	布置	从成本、生产率的角度看，部门、设备、工作流程和仓库的最佳布置是什么？
1.5	工作系统设计	激励雇员的最好方法是什么？生产率如何提高？工作如何衡量？怎样改进工作方法？
1.6	选址	什么是设施（工厂、门店等）的最佳选址？
2	运营管理	
2.1	质量	怎样给质量下定义
2.2	质量控制	工序能力如何？应采用什么标准？达到了质量标准吗？
2.3	全面质量管理	如何创造优质产品和服务？怎么改进？
2.4	综合计划	中期有多大生产能力？如何最大限度地满足生产能力的需要？
2.5	库存管理	订购量有多大？何时续订？哪些物资应重点管理？
2.6	物料需求计划	需要什么物料、零件和部件？何时需要？
2.7	项目管理	完成项目的最关键活动有哪些？项目的目标是什么？需要什么资源？何时需要？

任务三 生产系统的不同特征

掌握不同的生产类型具有的不同特征，将有助于更好地理解运营管理的本质和范围。

一、标准化程度

标准化的产出是指产品或服务高度一致。标准化的产品包括电视机、计算机、报纸、罐装食品、汽车轮胎、钢笔和铅笔。标准化的服务包括汽车清洗、保养，电视广播及商业性高铁运输、航空服务等。定制型的产出标准化程度极低。定制型的产品包括定做的服装、窗户玻璃（按大小切割）和窗帘等。定制型服务包括婚庆策划、出租车驾驶和外科手术等。

二、产品生产与服务运营的比较

制造组织与服务组织的主要区别在于前者是产品导向型的，而后者是活动导向型的。其区别包括以下几个方面：①与顾客的联系程度；②投入的一致性；③工作劳动含量；④产出的一致性；⑤生产率的测量；⑥质量保证。

表1-3 产品与服务的明显差异

特征	产品	服务
产出	看得见的	看不见的
顾客联系	少	多
劳动含量	低	高
投入一致性	高	低
生产率测定	容易	较难
交付顾客前解决质量问题的机会	多	少

任务四 运营部经理及管理

运营部经理既是计划者又是决策者。

【案例】1-1 上海汽车总公司的国产化道路

上海汽车工业总公司，是由1956年5月成立的上海市内燃机配件制造公司逐步发展起来的。1995年，上海汽车工业总公司改制为上海市汽车工业（集团）总公司。20世纪80年代初，上海汽车工业引进外资，与德国大众合资生产桑塔纳轿车。

合资初期，上海的零部件厂技术设施与水平不能满足桑塔纳轿车的要求。1987年，桑塔纳轿车零部件国产化率为2.7%，即只有4种零件是自己生产的：轮胎、收音机、天线和喇叭。当时我国为了提高国产化率，制定了有关政策：国产化率达到40%以上的，就可以自由进口；国产化率在60%以上的，进口税可以减半。

在当时的环境下，能否提高国产化率，不仅影响到零部件能否自由进口，从而影响到整车的产量，而且影响到整车的采购成本。因此，当时公司从上到下，从中方经理到外方经理，大家都达成了共识：要提高国产化率。具体采取了以下决策：

一、提高国产化率

为了提高国产化率，就需要对当时的零部件厂进行技术改造，即需要大量的投资。当时由于处于开放初期，外方对中方的市场心中没底，因此提出合资部分不包括销售业务。而事实上，合资初期桑塔纳轿车市场销售情况很好。当时成立了国产化基金，每销售一辆桑塔纳轿车，将其中的2万元放入基金。1990年，国产化基金已达60亿元。这笔基金全部用于改造零部件厂。全部零部件厂的投资总额为上海大众总装厂的2倍（即零部件厂与装配厂的投资比例为2:1，其他国家零部件厂与整车厂的投资比例为0.2:1）。由于对零部件厂进行了全面技术改造，因此国产化率迅速提高。1995年，国产化率已达到88%。国产化率达到88%以后，国产化水平基本稳定，因为国产以外的12%的零部件由外方企业规模生产，所以外购比自制更便宜，质量也更好。

二、规模效益

国产化率提高以后，自由进口的障碍解决了，由于进口税减半，采购成本也下降了。这时公司不失时机地提出实现规模效益的问题。产量逐年提高，由最初的8千辆/年提高到20万辆左右/年，使得成本进一步下降。

三、危机教育

由于公司在管理上采取了一系列正确的决策，上海汽车总公司生产的桑塔纳轿车在全国的销售市场形势很好，曾经一度占领市场份额的51%。公司员工从上到下都很高兴，但同时也有些沾沾自喜。公司及时进行了危机教育，查找自己与其他兄弟公司的差距。通过危机教育，大家看清了差距。

提高国产化水平已成为上海汽车总公司的一段历史。他们在继提高国产化水平之后，又在引进外资、缩小与国际水平的差距方面做了不懈的努力。现在，我国已加入WTO，竞争更加激烈，他们又在迎接新的挑战。

思考题：

1. 从运营战略的观点评价分析上海汽车总公司提高国产化率的策略的实质。

2. 从运营系统功能目标与结构决策的角度分析"规模效益"和"危机教育"决策的实质。

【案例】1-2 沃哥曼斯食品市场

沃哥曼斯食品市场有限公司（Wegmans Food Market, Inc.）（以下简称沃哥曼斯）是美国最早的食品连锁店之一。沃哥曼斯总部设在纽约的罗切斯特市。它经营有70多个分店，主要在罗切斯特、布法罗和锡拉丘兹。还有一些分店在纽约州的其他地方和宾夕法尼亚州。该公司雇员有23 000多人，去年销售额超过20亿美元。除了超市外，该公司还经营Chase-Pitkin, Garden Centers和一个蛋鸡厂。

沃哥曼斯以向顾客提供优质产品和一流服务而闻名。目前沃哥曼斯已发展成了一个很成功的组织。事实上，沃哥曼斯做得相当出色，全国的食品连锁店都派代表来这里参观。

超级市场

该公司的许多商场面积达 100 000 平方英尺（1 平方英尺＝0.092 9 平方米，下同），是一般超市的两三倍。你可从下面的描述中对这些商场的规模有一定的了解：它们通常有 25~30 个结账通道，忙的时候，所有这些结账点都在工作。仅一家超级市场就要雇用 500~600 人。

沃哥曼斯的各个商场在实际规模及一些特色上略有差异。除了在超级市场上常见的特色外，它们通常有一个服务周到的熟食店；一个 500 平方英尺的鱼铺，大多时间这里可提供 10 种鲜鱼；一个烘焙店（各商场都烘焙自己的面包、卷饼、蛋糕、馅饼和糕点）；一个农产品部。它们也提供胶卷冲洗、录像带出租业务，设有品类齐全的药店和一个 Olde World Cheese 部。商场内花卉店的场地面积多达 800 平方英尺，里面摆放有品种繁多的鲜花供顾客挑选。商场内还设有明信片综合服务店（Card Shop），面积为 1 000 多平方英尺。散装食品部可向顾客提供任意数量的食品和鸟食、宠物食品。

各个商场都有自己的特色。一些商场设有干洗部和色拉店等。还有的商店里设有被称作 Market Café 的餐馆，里面布置了许多食品台，各自提供一定种类的食物。例如，一个食物台备有意大利式比萨饼和其他意大利特色菜，另一个食物台提供东方饭菜，还有一个食物台专门提供鸡或鱼。Market Café 里面还有三明治小吃店、色拉店和点心店台。顾客常在各食物台之间走动，以确定要订购的食物。在一些 Market Café，就餐者吃饭时可以喝点酒，在星期天能吃到晚一点的早餐。在一些人流汇集的地方，顾客下班回家的路上，可走进商场内挑选刚刚调制好的花样很多的晚餐主菜及一些配菜。许多沃哥曼斯商场在午餐时间提供现成的以及定制的三明治。一些商场有咖啡间，里面有桌椅，购物者在这里可以品尝到普通的或特制的咖啡以及许多诱人的糕点。

农产品部

该公司为提供新鲜农产品而自豪。商场一天要补充农产品多达 12 次。较大商场农产品的规模是一般超市的四五倍。沃哥曼斯提供当地生长的季节性农产品。它采用了"农场到市场"这一方法。因此，一些当地种植者直接将他们的农产品运到各个商场，而不是运到总库。这样，减少了公司的库存持有成本，使农产品尽可能地进入商场。种植者可使用专门设计好的可放在商场地面上的盛物器，而不使用大冰箱。这就避免了将果品和蔬菜从大箱里移到货架上常出现的碰损，同时也节省了人力投入。

肉食部

除了大量摆放新鲜和冷冻的肉加工品外，许多商场设有服务周到的肉铺，顾客既可买到各类鲜肉加工品，也可根据其要求由屠夫切割为成块的肉。

订货

商场里每一部门都要自己订货。尽管销售记录可从结账处查知，但这些不能直接作为补充货源的依据，还必须考虑其他如定价、特别促销、当地情况（如节日、天气状况）等因素。然而，对于像假日这样季节性时期，管理者常常要查看一下销售记录以了解过去可比期的需求情况。

这些超级市场每天要从总库收到一卡车货。在高峰期，一家商场可能从总库收到两卡车货。由于订货间隔期不长，所以产品脱销的时间大大缩短，除非总库里也缺货。

该公司对供应品实行严格的控制，保证产品质量和准时交货。

雇员

该公司认识到有一支好的雇员队伍的重要性。它平均要投资 7 000 美元来培训每一位新雇员。新雇员除了学会商场运营外，还要认识到良好的顾客服务的重要性，并知道如何提供这一服务。雇员应当愉快地回答顾客的问题。通过报酬、利润分成和津贴相结合来激励雇员。《财富》杂志对雇员的一次调查显示，沃哥曼斯在美国最好的公司中排名第 16 位。

质量

质量和顾客满意在沃哥曼斯管理者与雇员心目中是至高无上的。一般品牌甚至名牌货都要定期在检测室同新产品一起接受检测。经理负责检查并保持本部门的产品及服务质量。另外，公司鼓励雇员向其经理报告问题。

如果一个顾客对买回的产品不满意，退回了该产品或其中一部分，那么将给顾客两种选择：更换产品或退款。如果该物品是沃哥曼斯牌食品，那么就把该物品送到监察室以查明问题的根源。待根源查明后，要采取纠正措施。

思考题：

1. 试用生产运营管理的原理分析该超市的运营特色和竞争力。

2. 顾客如何评价超市的质量？

3. 说明为什么下列几个因素对超市运作的成功才是重要的：

(1) 顾客满意。

(2) 预测。

(3) 生产能力计划。

(4) 选址。

(5) 库存管理。

(6) 商场的布置。

(7) 进度规划。

【案例】1-3 上海日用电机厂进军汽车配套零部件市场

1998 年，当被列为上海市第一号工程的上海通用汽车公司（以下简称上海通用）正干得热火朝天时，在此背后，一场争夺零部件配套资格的竞争也正激烈地展开着。参加竞争汽车发动机散热器风扇配套项目的上海日用电机厂厂长马宝发 10 年来又一次面对重大的挑战。如果赢得上海通用的配套权，对于已是我国汽车散热器风扇排头兵的上海日用电机厂来说，是第二次创业的契机，无疑能进一步巩固其市场地位；反之，如果竞争失利，不仅仅是 70% 的市场占有率将会受到冲击，而且 10 年来通过全厂员工艰苦奋斗创下的家业也有可能受到重创。因此，在这场竞争中，马厂长是志在必得。但是，这次的情况与 10 年前大不相同，这次面对的是强劲对手，其中不但有中美合资的已建成汽车微型电机基地的上海埃梯梯汽车电器系统有限公司，还有一些世界著名的跨国公司，如西门子、法雷奥等企业参与角逐。上海日用电机厂能否取胜？如何才能稳操胜券？一个个问题萦绕在马宝发厂长的心头。当回想起 10 年的艰苦创业历程，当想到有一支善战的职工队伍，马厂长既感到责任重大，又是充满着信心。

一、未雨绸缪寻找增长点

1987 年，时逢桑塔纳轿车大规模实施国产化进程，上海日用电机厂遇到了第一次创业的大好机会。一个仅有 200 多万元资产的小厂，为求生存求发展，挤进了汽车工业。

上海日用电机厂是在 20 世纪 80 年代初由上海调速机厂与上海电机专用机械厂合并而成的，主要生产交流小电机、金相试验设备和 0.5 吨电动铲车，工厂机电加工俱全，是典型的小而全工厂。1981 年机械产品产值占总产值的 55%，电机产品产值占总产值的 45%。当时正逢管理体制转换，政府断了奶，逼着企业走向市场找饭吃。他们看好空调机市场，开发出空调风扇电动机。厂长背着电机跑推销，硬是打开了一片新天地，跻身全国空调电机五强之一，小日子过得还不错。但是空调电机是异步交流机，结构简单容易制造，行业内生产同类产品的企业林立，大的空调机厂又有自己固定的配套厂，所以上海日用电机厂的生产总是不太正常，企业一度只能靠银行贷款过日子。尤其当回想起我国排浪式的消费规律，由此引发的盲目投资、重复建设，最后导致的无序竞争，令工厂决策者深感不安，企业必须寻找新的发展支点。1987 年，国家经委和上海市政府联合召开的桑塔纳轿车国产化会议为国内众多企业带来了机遇，上海日用电机厂跃跃欲试，试图进军汽车行业，开辟新的天地。

企业是否进入汽车行业，各有利弊，所以存在正反不同的意见。反对者认为：目前空调电机产销两旺，技术成熟，近期又开发成功一种噪音低、耗能少的新型空调电机。家用电器行业是朝阳工业，还有很大的发展空间。而汽车散热器风扇对上海日用电机厂来讲是一个新领域，一旦进去了，原有设备不适合制造直流电机，就需要大量的投资，所以没有必要进入对他们而言并不十分熟悉的汽车电机行业。况且初期的配套任务只有 3 万台，市场需求存在很大的不确定性，认为不值得冒这个风险。赞成者认为：从企业发展的长远利益考虑，尽管目前上海日用电机厂的空调电机产品有较好的市场需求，但由于空调电机技术含量不高，一般电机制造厂都有能力制造，很容易进入该行业。国内有许多企业具有相当的实力，随着国内空调市场供大于求，竞争必定会日趋激烈，恶性竞争的结果必定是降价销售，大家都会变得无利可图。尽管目前的汽车散热器风扇市场容量很小，但汽车工业的生产规模不可能长期停留在很低的数量之上。另外，目前在这个市场上，国内还没有具有垄断实力的厂商，进入障碍还不大，而一旦进入该市场后，由于产品具有较高的技术含量，不易被仿制。如果谁想进入，还必须得到上海大众公司的严格审查，可以使已进入的企业保持一定的垄断性，处于有利的竞争地位。至于需要大量的投资问题，企业成长的规律就是靠投资，不是投向这个产品就是投向其他产品，我国的汽车工业要大发展，真是上海日用电机厂创业的天赐良机，因此认为冒点风险是值得的。

1987 年 10 月 29 日，这是一个值得纪念的日子。在上海日用电机厂的大会议室内正在举行由桑塔纳轿车国产化办公室、上海大众公司、电机公司和上海日用电机厂参加的四方会议。会上，在国产化办公室的协调下，排除了种种疑虑，终于好事多磨达成一致意见，同意由上海日用电机厂承担桑塔纳轿车散热器风扇国产化试制项目。

项目给争来了，可如何把它造出来却不是一件容易的事情，特别是其中的那台只有拳头大小的电机。

虽然说空调电机与汽车电机都是电机，但两种电机的原理和结构却大不相同，制造工艺也大相径庭。前者是交流电机，结构简单容易制造；后者是直流电机，结构复杂加工困难。汽车电机又具有低电压大电流的特点，制造难度又加大了，并且必须采

11

用德国大众公司的技术标准，可谓难上加难。上海日用电机厂能否研制出符合标准的工装样品？样品能否通过上海大众的鉴定与认可？以上海日用电机厂现有的生产工艺和设备水平能否进行批量生产，顺利地向上海大众公司供货？假定所有这些问题都解决了，区区3万台的配套量是否能有利可图？一系列的问题等待领导层的决策。

二、八方联手初战洋电机

中国的轿车工业起步并不迟，始于20世纪50年代，由于众所周知的原因，到了20世纪80年代仍然十分弱小，非常落后。1986年我国制定了汽车工业"高起点、大批量、专业化"的发展方针，其含意是很清楚的，必须引进当代先进的车型和技术。但当桑塔纳轿车项目立项后，又发现除了轮胎、收放机等几种零件外，其余的自己都不能制造，全部需要进口。国内数以千计的汽车配件厂只能生产一般卡车零件，这些厂规模小、厂房简陋、设备陈旧、技术落后，国产化的难度可想而知。因此，通常的办法是先全面引进国外技术，包括技术资料与加工设备，然后再消化、吸收、改进。上海日用电机厂的决策者是十分清楚的：直接从国外引进技术和设备，通过这条途径可以节省时间和精力，技术上的风险也较小。但也存在许多不足之处：要花费大量的资金，仅购买技术资料就要花费数百万元；存在国外技术不符合中国实际情况的可能；因产量小还贷能力低。以一家小厂的实力靠举债全面引进技术并不是上策，应该寻求一条更适合自己的路。

上海日用电机厂规模虽小，但在建厂的历史上几度调整，造过多种微型电机，在电机制造方面也积累了不少的经验。他们曾经为上海牌轿车生产刮水器电机等，对汽车电机并不陌生，是否可以走自主开发的道路？走这条路会面临许多意想不到的困难，要花费较长的时间和较多的精力，也要承担较大的开发失败的风险。但它的优点也显而易见：一是可以节省大量投资；二是可以为企业培养一批技术骨干，增强企业技术开发的实力。

全面引进，企业资金不足；自主开发，企业技术实力又不够。这正是困扰许多国有企业的一个难题。上海日用电机厂的决策者是聪明的，他们并没有把眼光停留在自己厂内，而把视野扩展到社会上。

我国的汽车工业是落后的，与发达国家的差距很大，但我国的电机工业并不落后。新中国成立后，党和政府非常重视我国的电气化事业，培养了大批的电机专业人才，建起了一个完整的电机工业。特别是我国制造的电机产品电磁性能绝对不比国外的差，差的是材料和制造设备。如果能借助国内的技术力量，充分发挥自己积累的经验，调动能工巧匠的聪明才智，是有把握把散热器电机造出来的。上海日用电机厂决定走自主开发之路。但自主开发又谈何容易，上海日用电机厂能够得到整车厂提供的全部资料仅仅是一张总图（这是德国大众的图纸）和对产品的技术标准等的要求。这等于是说：要求我告诉你了，产品你自己造。不过他们的主意已定，就这样在一张可有可无的总图上，上海日用电机厂开始走向桑塔纳，走进汽车工业，拉开了建厂后第一次创业的序幕。

散热器总成安装在发动机和空调散热系统的后部，当发动机水箱温度达到95℃时，风扇自动启动；当水温达到105℃时，则电机加速，加快冷却速度；当水温超过120℃时，自动报警，提示散热器出现故障，并使轿车停止工作；当汽车空调系统投入运行时，散热器也自动运转。可想而知，电机处于高温工作环境，电机运转的可靠性和高寿命是产品的重要特点。

产品的设计依据，除了上述总图和供货技术条件外，上海大众又提供了德国 AEG 公司生产的样机。样机小巧玲珑，结构紧凑，看不到一颗螺钉，整体感很强。经解剖分析果然不出所料，电磁设计方面的难度不大，还是难在电机结构和加工工艺。样机的机壳采用钢板卷圆硬接口成型工艺，接缝无须焊接，外观平整美观；端盖采用无切削的冲压拉伸工艺；机壳与端盖连接采用不可拆的铆克装配法。

在试制的第一年中，为了严格保证德国大众的质量标准和测试标准，他们制定了严密的设计工作程序。在市有关部门的组织协调下，先后三次举行有多方面人员参加的项目会议，反复核对德国大众的图纸和技术标准，讨论消化技术问题。

紧接着试制首批样机。首先比较顺利地完成了电枢绕组多方案设计、试验及电磁设计计算，确定了主要零部件的尺寸，同时由技术科工艺组编制试制工艺方案。在加工制造过程中，全厂有关科室和车间共同配合，利用工厂原有设备，设计加工了部分模具，改造了部分设备，自制部分的检测与试验设备。他们用自己改装的工艺装备实现了机壳、端盖、轴承座等主要结构件的加工，电枢绕组采用手工绕制，部分工艺通过外协作加工完成。首批样机交付上海大众公司测试（其中 5 台做 1 000 小时寿命试验，3 台做道路试验）。鉴定结果为：基本符合要求，给予条件认可。消息是鼓舞人心的，不过在道路试验中还是出现了故障，情况不容乐观。道路试验要经受 4 万千米的行驶，就等于在实际使用中检验，会遇到各种意想不到的问题，出现了故障说明产品的可靠性有问题。

散热器风扇国产化工作的关键就是产品的可靠性与寿命。他们在试制过程中认识到，要提高散热器风扇的可靠性必须从设计抓起，搞好产品的可靠性设计。他们请来了上海工业大学机械系可靠性工程研究室的专家和教授，对企业的技术人员进行培训；他们请来了机械委北京技术经济综合研究中心归口可靠性指标考核的领导，对产品的可靠性研究进行指导。

为了了解影响电机寿命的因素，掌握内在的客观规律，上海日用电机厂主动与出租汽车公司联系，请他们试用上海日用电机厂的新产品，并对产品的使用情况进行跟踪调查。在实践中，他们对影响电机寿命的因素获得重要认识。

他们认为电机寿命与电机超重有关，AEG 公司的电机重 1.87 千克，上海日用电机厂的样机超重 0.19 千克，做第一次改进设计后，把电机重量减到 1.92 千克。但是，几乎与此同时却又发现使用进口 CKD 零件装配的风扇电机，在实际使用中出现的故障率高达 2%，结果是令人吃惊的。这时又认为是电机输出功率太小不堪重负所致，上海大众公司要求试制功率为 250W 的电机，并称德国大众也已订购 250W 的电机，今后 150W 的电机上海大众公司将不再采购。电机从 150W 增大到 250W，在结构上要做重大变动，重新开模具需要半年的时间。在这种情况下不得不先采用加长铁芯的方法，把功率提高到 200W 做道路试验，以后再考虑试制 250W 的电机。1989 年 1 月 30 日按期交出 200W 的电机，经道路试验反映情况良好，但其重量重达 2.09 千克，试制工作又遇到了难题。

于是，他们一方面分析产生故障的原因，另一方面了解汽车的使用情况。综合各方面资料，他们终于找到了影响电机实际运行故障率高、寿命短的主要原因，使他们对电机结构设计的认识上升到理性的高度。电机的两端各有一个轴承，该电机一端采用滚珠轴承，另一端为开启式的含油轴承。这种结构设计在欧美道路状况好、车速高、空气清洁的环境下是合理的，而到了中国则是不合理的。我国道路状况普遍较差、交通拥挤、车速慢，因此进入车头的风就小，对发动机的冷却作用也就小，这时不得不主要靠散热器风扇强迫冷却，使电机的连续工作时间远远大于欧美的平均水平；同时，我国城市空气质量差，尘埃含量高，电机的安装位置正对着车头的进风口，灰尘很容易进入开启式的含油轴承室内，使摩擦力增大，最终使轴瓦咬死而烧毁电机。原因找到了，必须改变电机结构，把开启式含油轴承改成封闭式的滚珠轴承，使电机寿命大幅度提高。但他们还是不满意。经过进一步研究，他们发现电机寿命与轴承室的结构参数也有关。通过反复试验，他们找到了合理的参数，从而就完全掌握了结构设计的主动权，使电机寿命又有所提高。

桑塔纳轿车散热器风扇系由电机和轴流风叶构成。如果说造汽车电机上海日用电机厂还有点经验，那么造风叶则完全是一窍不通。根据上海大众公司提供的图纸和供货技术要求，均需在开发认可中进行风扇的气动性能测试和提供特性曲线。这是在试制工程中遇到的又一个难题。这个问题不仅涉及研究国产风叶的设计与国产电机的匹配问题，而且还要研究气动试验台的试制鉴定认可问题。上海日用电机厂与同济大学、机械委上海材料研究所和中国船舶总公司上海七——研究所进行技术合作，在他们的支持与协助下，研制成功了国产化风叶，并在消化吸收国外产品制造技术的基础上，设计了国产化风叶的模具。此外，他们还委托上海机械学院、九三学社和上海七——研究所承接了风扇气动性能试验台的设计。把自制的试验台测试得出的样机气动性能参数和被测样机送到德国验证，结果是完全一致的，顺利通过德国大众鉴定认可。

经过试制人员的不懈努力，前后做了5次大的改进设计，历时3年，共提交65台样机，试制的工装样品达到了上海大众公司要求的标准，个别性能指标优于德国AEG公司的产品。上海日用电机厂试制的桑塔纳轿车散热器风扇样机达到了20世纪80年代末国际同类产品的先进水平。试制的总费用不过几十万元，主要花费是两套模具和一套自制的测试设备。

一件售价不到200元的产品，花了3年时间才得到初步的认可。但由于几乎是白手起家，开发试制过程既是学习过程，又是消化吸收过程，还是一个创新过程。自主开发遇到的挫折比较多，但正是在一次次的失败中使他们认识了汽车电机，获得了真知灼见，才掌握了开发技术上的主动权。例如，他们主动采用端盖整体拉伸，连轴承座冲压新工艺，省去了进口样机上的一些零件，减少了故障隐患。更重要地是自主开发培养起一群技术人才，技术科的12位设计人员，人人具备独立设计的能力，正是这个群体在今后的企业发展中起到了不可估量的作用。

三、精益求精力保独家经营

汽车工业是一门综合性的产业，现代汽车工业围绕着整车厂形成一个巨大企业群，整车厂处于核心地位。整车厂为了保证整车的制造质量和成本，都是严格挑选配套厂，为了自身的利益往往选择两家以上的配套厂。上海日用电机厂十分清楚，工装样机获得上海大众公司的技术认可只是表明在技术上有能力制造，但这只是国产化项目进程的第一步，还要分别通过质量的认可和批量生产的认可。即使都通过了认可，如果提供的配件不尽如人意，上海大众公司完全可能寻找第二家配套厂。如果仅有的几万台配套任务由两家厂供货，那就更没有效益可谈，所以他们深知还必须在产品的性能和质量上花大力气,加工工艺也还需要改进和完善。

上海日用电机厂的质量意识历来是比较强的,他们的质量管理工作也抓得比较好。但是,1990年上海日用电机厂的散热器风扇两次送上海大众公司认可,两次都被退回,暴露出工厂质量管理水平与国外跨国大公司的差距,使他们认识到要实现桑塔纳轿车风扇的国产化,还必须大幅度提升工厂的质量管理水平。他们提出了"以科技为先导,以质量为主线"的工作方针。厂长马宝发同志说:"如果不重视产品的质量、不重视企业质量管理水平的提高,只满足于完成产值和利润,不能算个好厂长;如果单纯地追求产值利润,不顾质量、品种,甚至降低质量、粗制滥造、弄虚作假、损害国家和用户的利益,那是一个厂的耻辱,是对人民的犯罪行为。"马宝发同志把推行全面质量管理工作作为衡量一个厂长质量意识强弱、精神状态高低、是否有理想和具有改革进取精神的主要标志。工厂把"深化质量管理,确保产品质量稳定提高"作为1991年的主要任务来抓。在全厂职工中进行质量教育,增强质量意识。一位老资格的技术人员回忆说:"我们厂即使在比较困难的时候,在产品开发初期,也是把质量放在第一位的。我们首先要保证产品质量,再考虑降低成本。"

全厂上下制定出一套针对提高桑塔纳轿车风扇质量的工作程序。第一步,确定问题,定义什么是问题;第二步,进行观察和分析,搞清楚问题的特点;第三步,对问题的特点进行分析,找出主要原因;第四步,提出解决问题的措施;第五步,检查结果,确定所采取的措施是否有效;第六步,制定标准。1992年,由于产量增加,优质产品率有所下降,又暴露出意识上、设备上和工艺上所存在的种种问题。经过两年的努力,通过工艺改进、设备更新、深化管理等措施,终于在1993年9月通过上海大众公司按德国汽车工业联合会采用ISO9004制定的质量保证体系审核要求的评审,得分82分,被评定为B级供货企业。1994年使成品一次合格率达到99.32%,个别型号的产品达到99.92%。同年获得"上海市重点产品质量攻关一等奖"。1997年被上海大众公司评定为A级。其成品一次合格率一直稳定在98%以上。

散热器风扇工装样机(型号为QF1281)于1989年获得上海大众的认可,1991年开始批量供货(生产了13 207台)。随着技术进步和高新技术的发展,1991年2月德国大众重新修订了供货条件和其他有关标准。1992年,上海日用电机厂决定以高性能、高可靠性、新型节能产品QF1281A型替代原QF1281型,历时14个月完成任务。新产品几乎在电机所有方面做出重大改进。电磁性能上由于重新设计,选用新型磁钢,使效率大幅提高,输入电流大幅度减小,降低了低速运转时内部温度升高的问题;在结构上对转轴、定子、端盖三大主要零部件全部进行改进,相应地采用了更先进的加工工艺。如转轴采用无芯磨磨削工艺,既提高精度和光洁度,又提高加工速度。电枢采用F级自粘性漆包线等新材料后,提高了产品的耐热性能,还把制造工艺从16道工序减为5道工序。QF1281A型产品改进了老产品低速性能不佳的缺点,使低速性能优于AEG产品。平均寿命提高30%~35%,风扇效率提高5%,损耗功率平均减少22%。1993年12月25日通过鉴定,达到20世纪90年代初国际同类产品的先进水平。

由于上海日用电机厂的产品过硬,保持着为桑塔纳轿车独家供货的地位,风扇产量与桑塔纳轿车产量等量增长。1992年为79 282台,1993年为113 451台,较大的生产批量,为降低成本、提高效益创造了条件。在以后几年中,为一汽大众的捷达和奥迪提供的散热器风扇,也靠着优异的性能和质量保持了100%的配套率,牢牢地占领着我国的汽车散热器风扇市场。

四、四面出击转战神州大地

1990年，由于市场疲软，上海日用电机厂的主导产品空调电机的产量急剧下降，销售额仅为329.34万元，利润为2.46万元。客观现实使他们意识到不能再把全厂的主要精力放在空调电机上，应该加快桑塔纳轿车散热器风扇的生产和促销工作。下半年把散热器风扇的生产计划量加大，使年利润达到137万元，靠散热器风扇制止了经济效益滑坡的局面。但进入20世纪90年代，中国的汽车市场并没有出现如人们所想象的那样迅猛发展。桑塔纳轿车的生产能力到了20万辆后，市场销售额一直缓慢增长。对于整车厂，年产20万辆已属规模经济，但对于零部件厂20万辆的产量绝对是不经济的，当初担心批量上不去的情况还是发生了。但此时上海日用电机厂的决策者是胸有成竹，不失时机地对企业产品结构进行调整，把为汽车行业配套的产品列为主导产品，要把散热器风扇产品向一汽大众、神龙富康和向所有的国产轿车扩散，向面包车、大客车、货车扩散，把产品推向全国的汽车市场，要占领全国的汽车散热器风扇市场，乃至进军世界汽车市场。

他们首先把开拓市场的目标选定在技术标准相同的一汽大众轿车生产基地。1992年上海日用电机厂相继完成QF1285捷达/高尔夫轿车、QF1284奥迪轿车和QF1381五十铃汽车散热器风扇样机试验，同时还完成了QF1283和QF2283客车空调用冷凝风扇样机试制。

1993年，QF1285产品获得一汽大众和德国大众的样品认可和最终认可，并供应400台装车使用，获得通过。同年又开发成功ZD1721桑塔纳轿车的鼓风机电机，为企业的产品结构增加了一个新的品种。

1994年，完成了一汽小红旗轿车和北京吉普的散热器风扇样机制造，又研制成捷达轿车的鼓风机电机，形成汽车鼓风机电机系列。

1995年，争取到捷达、奥迪、小红旗轿车的配套任务，相继有11种产品小量出口，市场开拓到澳大利亚、德国、美国和丹麦。是年还开发出奥托微型车、金杯面包车、神龙富康轿车、东风卡车的散热器风扇。1995年是一个转折点，迎来了配套供应的新曙光，在我国八大轿车车型中上海日用电机厂为五种车型配套生产，市场占有率达到66%。

1996年，开发出为一汽奥迪200配套的QF12811和QF12819散热器风扇，为上海大众2V-QS发动机配套的散热器风扇，以及为一汽大众城市—高尔夫轿车配套散热器风扇和鼓风机产品。这一年生产桑塔纳轿车散热器风扇24.9万台，生产其他车型的散热器风扇7.5万台。同年10月经过与众多对手的激烈竞争，夺取到了为上海大众2V-QS新发动机散热器风扇的独家配套任务。该发动机的生产纲领为年产18万台，对于上海日用电机厂的持续发展是很重要的。同年7月上海日用电机厂派员参加美国GM公司的国际采购招标活动，GM公司的高级采购也来上海日用电机厂考察，上海日用电机厂开始向世界汽车业霸主发起冲击。

1997年对于上海日用电机厂来说是大收获的一年，以破竹之势连克国内主要的大汽车公司，国内市场迅速扩大，为当年国产的45万辆轿车中的40万辆配上了散热器风扇，市场占有率达到70%。在国际市场上，产品从1994年开始小量出口，到1997年出口的散热器风扇达到17 741台，创汇50.7万美元，品种有19种之多。全厂销售收入超亿元（不含税）。在产品构成中，汽车产品已稳居第一位，原主导产品空调电机只生产了2.9万台。这一年企业利税达到1542万元，在上海电机公司所属的18家企业中，上海日用电机厂这家最小的电机制造厂，利税指标却排名第一。

1996年4月，上海日用电机厂在上海市现代企业制度试点工作会议上做交流发言，引起社会各界的强烈反响，有18家新闻单位到厂采访，称她为"昔日的小舢板变成今日的小巨人"。

五、精打细算追求最大效益

对于一家企业能把新产品研制成功是一回事，能把开发的产品造好又是一回事，能把产品造得有利可图那更是另一回事，而后者才是企业要达到的基本目的。上海日用电机厂进入汽车行业是冒着风险的。其中的风险之一是面对并不大的发展缓慢的国内汽车市场，要有利可图。他们根据企业的自身条件、市场容量，采取了持续的滚动发展方式，取得了较好的经济效益。

当汽车散热器风扇产品设计开发出来后，接下来就是产品的批量生产问题。当时工厂的制造工艺和设备十分落后，但由于生产批量不大，上海日用电机厂没有贸然进行大量投资和大规模更新设备，而是对引进设备带来的效益和花费的成本进行了对比与分析。他们认为如果此时大批更换设备，采用价格昂贵的高效的专用设备，必然造成设备闲置，单位产品的固定成本势必很高，投资不能迅速收回。上海日用电机厂根据自己的技术力量和财力，采取了在保证质量的前提下，只要原有设备可以利用的就进行改造，决不贪大求全的态度。如定子的机壳和端盖加工，虽然工艺复杂，但只要解决了模具问题，原有的冲压设备完全可以利用。自己尚无能力生产的，决不盲目投资，首先考虑外协单位加工。如电枢的冲片及塑料风叶，设备费用昂贵，小批量生产采用外协方式更经济。工厂集中有经验有能力的骨干工人参加新产品制造，用人的创造性和干劲弥补了工艺上和设备上的不足，保证了产品的质量。

1988—1991年，上海日用电机厂为实现散热器风扇的小批量生产，分阶段地总共投资690万元，建成桑塔纳轿车散热器风扇总成配套项目。在这一项目中，上海日用电机厂重点引进了电机电枢加工关键设备，并自行设计、建造了两条装配线。通过这一技术改造，到1994年上海日用电机厂形成了年生产散热器风扇总成10万台套的能力。通过厂房改造和引进关键设备并进行消化吸收，上海日用电机厂终于试制定型了散热器风扇及从动轮，成功地实现了散热器风扇的批量生产。从1991年起，上海日用电机厂生产的桑塔纳散热器风扇取代进口，直接为大众配套。但这样也存在一些问题：在"七五"技改时，冲片及塑料风叶均由外协单位解决，工艺及设备不够先进，生产效率较低，经济性较差。并且，随着产量的增加，成本提高，质量控制难度加大，外协单位的供货时间及运输的矛盾愈加突出。

根据上海大众的桑塔纳轿车发展规划，在1995年之前形成年产15万辆轿车的能力，1995年将生产12万辆轿车。再考虑维修用的配件市场，按20%计算，工厂需要有年产18万台散热器风扇的生产能力。这是一个比较好的投资机遇，上海日用电机厂在1991年提出了桑塔纳轿车15万辆配套技改项目。

该项目投资600万元（含74万美元）。利用这一机会上海日用民机厂引进了几台高效高精度的关键设备，既可以提高加工效率，又可以保证加工质量。冲压工艺引进高速冲床和多工位拉伸液压机，使工厂的冲压工艺达到国际先进水平，生产效率和零件质量会有明显提高；金属切削工艺采用了简易数控机床和无芯磨床等较先进的专用设备，达到国内先进水平；电枢加工工艺和检测手段采用国外的自动绕线设备，具有较好的单机自动性能，达到国内先进水平；为整机装配配备流水线，并采用智能化的自动检测技术，实现数据自动处理，设备也具有国内先进水平；电加工工艺应用新材料自黏性漆包线，采用内加热黏结工艺，取代传统的浸漆工艺，可大量节约电能并减少大气污染。

此时采用昂贵设备是经济的。原桑塔纳散热器风扇技改引进项目，由于生产能力和冲片质量存在差距，生产纲领扩大后矛盾将进一步突出，因此引进一台80吨高速冲床和配套的硬质合金级进模比添置普通设备更合理。日本 AIDA 公司制造的 PPA-8L 高速冲床每分钟230冲次左右，每天按6小时工作计算，日产冲片8.28万片，以每月工作日20天计算可月产转子1.65万只（每转子冲片100片）。一副进口硬质合金模寿命为一亿冲次，而目前本厂自制的冲模寿命为30万冲次（每副价格为0.5万元），寿命相当于本厂自制冲模333副，可节约冲模资金130万元左右。另外，工件的尺寸精度和质量也提高了。目前散热器风扇电机的端盖厂内用普通油压机加工，部分工序由外协单位解决。随着产量的增加，生产能力显著不足，质量也不易控制，而引进一台高速多工位液压拉伸机和配套的硬质合金级进拉伸模，轴承室精度提高，质量稳定，不再需要精加工，结构制造工艺比 CKD 有较大改进，解决了端盖拉伸成型加工工艺。塑料风叶注塑加工，原由外协单位解决，达纲后月产风叶在2.5万只以上。由于风叶体积较大（外径280毫米），运输不方便，容易损坏，质量控制难度增大。因此配置两台注塑机在厂内加工。这样既可控制质量、保证交货期、解决运输矛盾，又可节约外协单位的加工费用。

批量扩大后，原有的质量检测设备势必不能满足质量保证的要求，因此工厂进一步完善测试手段，增添部分检测设备。其中引进了一台美国麦道公司的直流磁滞测功机，主要用于测试电动机输出转矩及转速特性。

经过这次技改引进，上海日用电机厂形成年产散热器风扇18万套的生产能力，生产工艺也有显著提高，达到国际先进水平。1993年，桑塔纳15万辆配套技改项目顺利通过验收，1995年达纲投产。此项目可谓上海日用电机厂创业世上的关键一役，无论在规模上还是技术水平上都确立了她在我国同行业中的领先地位。

1992年8月，上海日用电机厂根据上汽、一汽、东风公司的发展规划，预测到会有广阔的散热器风扇市场，当15万台配套项目还未结束，又提出了年产40万台风扇项目的可行性报告。在此以前的投资项目中，没有土建项目，都是在原厂房条件下进行的。上海日用电机厂的厂房与周围居民民房犬牙交错，空间上限制了工厂进一步发展的余地，此时提出了以三废动迁名义实施40万台的技改项目。

经过15万台的技改项目，主要加工设备和工艺已达到国际先进水平，但加工散热器风扇总成中的嵌件、从动轮支架等零件，均系在普通车床上进行。其加工工艺落后，生产效率低，加工质量不够稳定，而且加工时均靠手工操作，自动化程度低，劳动强度大，不利于文明生产。为改变这一状况，经研究分析，决定采用较为先进的数控车床对上述零件进行加工。这样，不仅可以在机床上自动加工完成、减轻了劳动强度，而且加工质量稳定，生产效率也可显著提高。为此，引进了5台 CK6432 数控机床和7台 CJK6132 经济型数控机床。经核算，为满足年产40万套生产纲领的要求，工序机械加工设备共需 26 台，其中新增 12 台用以加工嵌件及从动轮支架，其在两班制工作时负荷率为 80%。采用三氯乙烯超声波清洗机，对有关零件进行清洗工作，以保证清洗质量，提高清洗效率和降低清洗工作的劳动强度。新建生产综合楼，把原来分散在两地的生产部门集中在一起，可以减少工序之间的运送距离，减少在制品数量，有利于降低成本。另外，为了进一步提高质量，对测试中心做技术改造；为了提高设计能力，建立企业计算中心，引进 CAD/CAE/CAM 技术。项目总投资 2 970 万元，其中 100 万美元用于购买设备，土建费用 1 000 万元。项目完成后形成单班 60 万台的能力，分属两个生产子系统。为桑塔纳轿车配套产品因品种单一、数量大，建成高效的流水生产线；其他品种，因品种数量多、批量小，建成高柔性的多品种、小批量生产线。

上海日用电机厂的技术改造和扩大生产能力的投资都获得成功，产生了良好的经济效益。企业的主要经济指标连年大幅度攀升，如销售收入从 1990 年的 913 万元增加到 1997 年的 10 996 万元；利税从 166 万元增长到 2 133 万元，利税增长幅度大大高于销售收入的增长幅度。在决策生产能力扩张时，他们精确地计算投入与产出。尤其是在引进设备方面，他们的经验尤显珍贵。我国有相当多的企业在引进设备时多多少少存在着"设计与加工脱节，加工与设备脱节"的问题。上海日用电机厂在引进设备的过程中，不仅考虑了自身的经济实力、量力而行，更为重要的是，在做设备引进的决策时，就综合考虑了未来的加工工艺和加工模具等后续环节，有效地保证了引进设备达到预期目的。

至此，上海日用电机厂的设计手段、制造设备、检测手段都达到一流的水平，也建成了比较宽敞的厂房，更重要的是锻炼出一支技术和工种全面的、特别能战斗的职工队伍。这标志着上海日用电机厂的第一次创业已经完成。

但是，上海日用电机厂也有自己的忧虑。刚起步时它毕竟是个基础较薄弱的小厂，要进入汽车工业，需要大量投资，论家底还是有点力不从心。

面对不断增加的合资的汽车电气企业的竞争，为了降低经营风险，为了迅速扩大企业规模，为了增强企业竞争力，为了大步走向世界市场，上海日用电机厂于 1998 年 5 月与美国的汽车电气专业厂 UTA 公司合资经营，成立了上海日用—友捷汽车电气有限公司，双方各占 50% 的股份。此时，上海日用电机厂羽毛已丰，志在世界市场上搏击风浪。

思考题：

1. 上海日用电机厂为何要进入汽车行业？
2. 该厂采用什么方式实现国产化？用这种方式对企业长远发展有何影响？
3. 他们用什么态度对待国外产品的原设计思想？
4. 他们是怎样降低风险的？
5. 上海日用电机厂能否得到上海通用的配套任务？

【案例】1-4 法勃莱克公司案例

3 月的某天下午，法勃莱克公司的领班 Frank Deere 去见公司机械产品部经理 Stewart Baker。Baker 说："Hi，Frank，我希望能听到关于这周 Pilgrim 公司订单的好消息。我不想如上周那样弄得神经紧张。"

法勃莱克公司组建于 1938 年，建厂初期专门为包装机械厂加工机器铸件。近年来公司在高质量机床部件市场取得重要地位。仅 1986 年一年，公司向不同行业的 130 家机器制造商销售价值 1 500 万美元的零部件。法勃莱克公司总部及生产厂设在印第安拉州的一幢有 150 000 平方英尺面积的单层现代化的大楼内。

公司致力于提高快速准时交货与低成本高质量的信誉。为此，公司总经理强调公司战略的 4 个关键因素：①高报酬高技能的工人；②大量适应各种精密机械加工的通用机床；③ 一个为低成本高质量制造产品提供富有想象力的方法的工程部门；④某些工序的强大的检测与质量控制能力。

公司雇佣 250 人，其中有 200 人从事生产与维修工作。该公司员工的工资水平在当地一直是较高的。

一、Pilgrim 公司的合同

Stewart Baker 从商学院毕业后，于 1968 年 6 月进入法勃莱克公司市场部工作。当他得知 Pilgrim 公司（一个主要的机械制造商）的一家供应商因劳工问题而供货有困难时，他于 1 月初得到 Pilgrim 公司的第一张订货合同。零件由外购的铸件加工至公差尺寸，由于零件是装在发动机上的，会产生高温与摩擦压力。

Pilgrim 公司说，这是一次尝试性合同，如果法勃莱克公司的产品质量与交货信誉是令人满意的，会得到大量更长期的合同。1 月中旬，Baker 被指派为机械产品部经理，并负责建立法勃莱克的汽车零件市场。

公司大部分的机床操作工工资是以工时定额为基础的超产激励支付方式。如果一个工人没有达到标准定额，其工资等于完工件乘以单位标准金额工资。当某个工人超过了标准定额，它的收入会成正比例增长。法勃莱克的机床工平均作业量大约为标准定额的 133%，大多数工人能得到高于定额标准的奖金，有些人则大大地超过了 133% 的平均水平。因此，公司以定额标准的 133% 作为排产与平衡机时和人力的定额。

法勃莱克公司管理部门担心的是防止来自于因限定了任一工人的生产标准额则产生设备干扰现象（当一工人因等工待料而产生的强制性空闲时间），而工人都有能力超过定额标准。如果出现了设备干扰现象，一个熟练工人所节省的时间仅仅是增加每一周期的空闲时间，而不是增加生产时间。为避免这一情况，公司采取了一个政策试图分配给每一个操作工以足够的机器。在这种情况下，使工人们确信，在较宽的限制范围内，他们获得奖金的能力取决于他们自己的能力及获得高额奖金的愿望，而不能怪罪于设备干扰。

二、调整铣床作业

在正常的作业量下，按上述政策分配一定量的机器给操作工是可行的。然而，当生产量上升时，则需计划较紧的机时，并雇佣附加的工人。在这种情况下，调整雇工数量是很重要的。1969 年年初，全公司的产量大大超过正常产量。

Pilgrim 公司的零件加工有八道工序。

（1）箱与目视检验外购铸件；

（2）粗铣轴承面；

（3）精铣轴承面；

（4）铣平面；

（5）铣键槽；

（6）钻 8 个孔；

（7）精磨轴承面；

（8）最后检验与包装装箱。

由于设计上的要求，四道铣切工艺按固定的顺序加工是必需的。加工时需增加车间的铣床能力。工程部认为，按着加工次序，分配四台以上的铣床而又不严重破坏铣床组其他工作的排产计划是不可能的。预计日后一段时间对铣床能力的需求仍然会很高，这一情况也许会限制以后分配给 Pilgrim 订单四台以上的铣床。现有四台铣床排列得很近，有自动喂料功能，一个工人操作全部四台铣床是可能的。

Pilgrim 公司的零件制造从 1969 年 1 月开始，一台钻床与一台磨床已搬到了四台铣床边上。两位材料检验员和两位曾一起工作的机床工被派到了这条新的生产线上。一位操作工负责四台铣床，另一位操作工负责钻床与磨床。操作工在以前的岗位上，工资是参照各自的激励基数支付的，材料检验工按小时支付。这种支付方式被延续到新的作业。由于查明质量责任是困难的，工人的工资按总产出量基数支付，而不是按合格产品总数支付。

铣床的日产标准定在 100 个成品上，而一个有经验的铣工每天至少能生产 133% 的定额标准产品。假定每日生产 133 个零件，每周会多出 15 个零件以做缓冲储备。由于边际利润所限，Stewart Baker 不愿增加更多的工人。

开工后不久，物料流动是平稳的，在工作地之间没有不可接受的工序在制品。第一批的 680 件在 1 月 31 日准时装运。小组稳定在 133% 的标准定额的平均水平上。Frank Deere 向 Blaker 汇报：该小组加工的新产品与以前的产品一样好。小组成员与以前一样，一起休息，一起吃饭。

三、装运计划与问题

生产了 Pilgrim 公司的两批零件后，一位铣工在一个周末发生了一次车祸。他几处受伤被送进医院，尽管伤愈归来的准确时间无法预计，但可以肯定，他在几个月内不可能出院。

星期一上午，Deere 派了一位技术特别熟练的工人 Arthor Moreno 做铣床工作。午饭后，Moreno 开始做 Pilgrim 公司的活。这一分派意味着 Moreno 从原来奖金较高的生产任务上调走。他原来是独自工作，每周收入 215 美元，近 85 美元是超定额奖金。然而领班认为 Moreno 原来的工作做不长久，调他到新的岗位工作几个月，他也能工作得很出色。

Deere 和 Baker 估计小组能顺利地完成 2 月 14 日的装运计划。除了在钻床和磨床前偶尔堆积起在制品外，到周中为止，Moreno 的工作干得不错，看来调动是平稳和成功的。

2 月 13 日（星期四），Moreno 向领班陈述，他干铣工也许不能赚到以前那样多的钱，领班认为这个委婉的不满对某些近来改变工作的人来说是在意料之中的。2 月 18 日（星期二），Moreno 领到了新工作的周工资，他冲着 Deere 发火，挥动着 174.14 美元的支票说："我告诉你，这是一项讨饭的差事，Frank，这是证据，这项工作使我不能干得很快。"Deere 认为不仅仅是 Moreno 比小组其他成员干得快些，而且他意识到，Moreno 对检验工作越来越反感。

星期三中午前，进行了一项关于铣床工作的时间研究。Moreno，领班与研究人员都认为该产品的操作标准在技术上是合理的。Moreno 告诉领班，他担心不能超额完成定额的 33%。Deere 承认线内的全部工作与平均生产率是完全一致的。他告诉 Moreno：

"不要为下道工序堆积工件而着急，如果你想干得快些，就干起来吧！"

到星期四下午 Moreno 又担心了，他干完了工作，找不到为铣床准备工件的材料检验员。除了 Pilgrim 公司的铸件外，检验员还有其他任务，他此刻正在工厂的另一地点工作。其他人告诉他，不知道检验员在哪儿。

到了星期五，Pilgrim 公司的装运工作按计划进行，虽然工件开始在钻床与磨床前堆积起来了，但没出现什么问题。

下一周，一个新问题产生了，检验员在装箱前查出星期一、星期二两天生产的 38 件不合格品。因关键的轴承面超出公差和太粗糙，问题似乎是出在磨床加工上。领班 Deere 要求负责钻床与磨床的 Clark 在星期三加班 8 小时重磨有缺陷的工件。Clark 为有加班机会而高兴，他要让领班相信，他对质量问题没有责任。Clark 说："如果你想发现问题，请问 Moreno，他给了我大量的废品，我不得不放慢磨床的速度以得到还算不错的成品。"而 Moreno 正以标准定额的 167% 的水平加工零件。

2 月 28 日装运发货时，卡车被拖延了一个小时，等待少量的还在加工的产品接受检验与装箱。到了 5 月 4 日（星期二），Deere 清楚地知道质量问题并没有解决。他们正面临着难以在星期五装运的现实。下午，Blaker 来检查 Pilgrim 公司的货物情况。

Deere 说："Blaker，我们遇到了真正的问题，看来我必须增加工人，替代某些人，加班和设置另一台磨床。当然，在我决定我将要做的事情之前，我会与主管谈的。"

"等一会儿"，Blaker 说："我们还不知道引起这些不合格品的原因，如果我们放过这些隐蔽的问题和诸如加班的问题，我们会失去这份订单的。"

Deere 回答说："我还能干什么，Baker，难道你不想准时履约吗？"

"行，我们在一周或更早以前干得很好。"Baker 回答说："Moreno 一定与此有关，Clark 看到堆在面前的一天比一天多的在制品使他感到烦恼，Moreno 的快速意味着 Clark 的磨床操作变慢。你知道，我从没有看见 Moreno 与小组其他成员在一起，除了他们上班时。"

"我猜你想让我开除 Moreno。"Deere 回答说，"他是我手下最棒的一个。Baker，你将会准时得到 Pilgrim 的订单，现在我有其他事情要做。你知道，我还有 28 名铣工可对付局面。"

思考题：

1. 案例中介绍的是哪一种生产类型？

2. 引起 Pilgrim 公司订单不合格的可能原因是什么？

3. 表 1-4 是铣床工艺操作标准。假定他不拿奖金，Moreno 必须干得多快才能达到标准定额的 167%？

表 1-4

工序号	手动时间（1）	机器工作时间	机手并动时间	手动时间（2）
1	0~0.5	0.5~3.10	1.6~1.745	3.122~3.594
2	0.5~0.9	0.9~3.122	1.745~1.993	3.594~3.938
3	0.9~1.3	1.3~3.72	2.421~2.784	3.938~4.419
4	1.3~1.6	1.6~2.718	1.993~2.421	2.784~3.091

注：手动时间是指工人操作机器的时间，这时机器不运转；机器工作时间是指机器运转时间，这时工人不对这台机器操作；机手并动时间是指当这台机器正在运转时，工人同时参与操作的时间。

4. 法勃莱克使用的刺激政策对 Moreno 的行为产生了什么后果?

5. 短期内,对 Pilgrim 订单加工可采取什么改进措施?

6. 关于这一案例中的情况,从长期看有何忧虑?

知识巩固

一、判断题

1. 运营管理职能由与生产产品或提供服务直接相关的所有活动组成。　　　　（　　）

2. 典型的企业组织有三个基本职能:财务、营销和生产运营。　　　　　　（　　）

3. 运营管理职能的实质是在转化过程中发生价值增值。　　　　　　　　　（　　）

4. 运营部经理负责生产产品和提供服务,包括资源的获取和通过一个或多个转换过程将这些投入转变为产出,并对工人、设备、设施、资源分配、工作方法等构成要素进行计划、协调和控制。　　　　　　　　　　　　　　　　　　　　（　　）

5. 制造组织与服务组织的主要区别在于前者是产品导向型的,而后者是活动导向型的。　　　　　　　　　　　　　　　　　　　　　　　　　　　　　　（　　）

实践训练

项目　认识运营管理在服务型企业中的应用

【项目内容】

带领学生参观某知名家居卖场/或大型超市的运营管理。

【活动目的】

通过对家居卖场的运营管理感性认识,帮助学生加深对运营管理的基础知识、家具卖场布置方法、卖场促销常见形式等知识的理解。

【活动要求】

1. 重点了解家居卖场的营运模式、企业的市场拓展和客户管理的原则。

2. 每人写一份参观学习提纲。

3. 保留参观主要环节和内容的详细图片、文字记录。

4. 分析家居卖场的运营管理重点。

5. 每人写一份参观活动总结。

【活动成果】

参观过程记录、活动总结。

【活动评价】

由老师根据学生的现场表现和提交的过程记录、活动总结等对学生的参观效果进行评价和打分。

模块二
生产率、竞争力和战略

【学习目标】

1. 了解生产率的定义。
2. 理解生产率不高的基本原因。
3. 了解企业组织竞争的主要方面。
4. 了解战略的定义。
5. 了解企业战略对公司竞争力的重要性。

【技能目标】

1. 能够列举一些提高生产率的方法。
2. 能够分析企业组织竞争的主要方面。
3. 能够分析一些公司竞争力差的原因。
4. 掌握组织战略和运营战略的区别。
5. 举例说明把组织战略和运营战略结合起来的重要性。

【相关术语】

竞争力（competitiveness）

环境因素分析（environmental scanning）

使命书（mission statement）

运营战略（operations strategy）

战略（strategy）

策略（tactics）

生产率（productivity）

基于质量的战略（quality-based strategy）

【案例导入】

业务战略与竞争优势：联想与戴尔之战

联想是中国电脑产业的领导者。戴尔是世界级的优秀公司。戴尔是世界 PC 机市场的老大，联想是中国 PC 机市场的老大。世界老大来到中国，接下来的市场挑战自然就是：在戴尔的本土化与联想的国际化之战中，谁是最后的赢家？

在 2001 年，联想总裁杨元庆与他的团队有一个"420 誓师大会"，会上他宣布了新联想的战略目标："我们一定要和联想的全体同仁一起，使联想在 10 年内成为全球领先的高科技公司，进入全球 500 强。""这是一个既能帮助我们提高投入成效，又能降低投入风险的业务发展策略"，杨元庆对此是信心百倍的。

联想的第一层面的 PC 机业务，明显地将无法避免与戴尔之战，而在第三层面的服务市场，IBM、新 HP 早已兵临城下。"从现在到未来"或从"未来到现在"都面临着巨大的挑战。现在的问题是，联想过去成功的战略模式能否在新的情况下"再显神勇"。

在一个既定的产业中，对竞争优势的争夺主要是围绕所谓的三维竞争优势——客户优势、地域优势和产品优势展开的。通过把握消费者心理，通过品牌推广，通过销售渠道控制与区域网络建设，通过在国有企业及政府部门方面建立起业务关系网，联想将销售点、消费者（特别是政府和企业）与它自己之间的三角关系变成了一个"价值增值游戏"，每个参与者都从游戏中获得了好处，从而使得联想成为最大赢家。从"1+1"电脑，到各种系列的家用机或商用机，联想玩的都是将价格敏感度隐藏起来的"价值增值游戏"。联想是全世界第一个引入影视明星做广告的 PC 机厂家，这种将 PC 机品牌消费化的中国式创造，成功地将渠道利润做到了一个新的高度，从而将只会"高举（价）高打（中心城市）"的 IBM、康柏、HP 等挤出舞台。

但是，这一招对戴尔基本无用。在任何一个战场上，如果你要玩 PC 机游戏，都不得不直接面对戴尔模式的三个金律（Three Golden Rules）：压缩库存、倾听顾客意见和直接销售。这三个金律在产品、客户和地域上创造的竞争优势，在除中国外的市场上都屡战屡胜。如果你不能从成本和收益上拿出赶走游戏主角的方案，结果就只能是自己被赶走，这就是 IBM、康柏等退出 PC 机市场的原因。不是 IBM、康柏真的没有实力与戴尔长期一拼，而是 IBM、康柏没想出比戴尔更好的招来当老大。这个"招"就是竞争优势与核心竞争力结合下的盈利模式。所以，联想进入国际市场绝不仅仅是一个规模和品牌问题，而是它的竞争优势与核心竞争力结合下的盈利模式问题。

资料来源：核心竞争力决定谁笑到最后［N］.经济观察报，2002-09-01.

思考题：

1. 联想是如何形成竞争优势的？联想在中国市场成功的根本原因是什么？
2. 戴尔的运营战略和竞争优势是什么？
3. 联想国际化，相比戴尔会存在哪些劣势？

任务-- 生产率

一、生产率的定义

一个企业管理者的主要职责之一是做到有效地使用该企业的资源。生产率是对一个国家、产业、企业的资源利用率进行衡量的重要指标。对生产率的传统定义是产出除以投入，用公式可以表示为：

$$生产率 = \frac{产出}{投入}$$

生产率比例的计算适用于单一运作、一个企业乃至整个国家。

一般来说，高生产率总是与高竞争力相伴产生的。因此，生产率也是衡量企业运营管理系统效率以及企业市场竞争力的重要标准。如何提高生产率是企业管理者的目标之一，从生产运营管理的角度来看，可以通过优化生产运营管理系统来实现。

二、生产率的度量和计算

（一）生产率的度量

生产率度量可用于多个方面。对单个部门和企业而言，生产率度量可用来监控一定时期的业绩，这使得管理者可以对业绩做出评价。

从本质上讲，生产率反映资源的有效利用程度。企业管理者关心生产率是因为它直接影响到企业的竞争力。如果两家企业有同等的产出量，但其中一家由于生产率较高而投入的较少，那么这家企业就能够按较低的价格销售自己的产品，从而提高其市场份额。若这家企业选择原价销售的办法，结果会获得更多的利润。

（二）生产率的计算

生产率可以根据投入是单要素或者多要素来分别计算。衡量某一投入和产出的生产率为单要素计算；衡量一部分投入和产出的生产率为多要素计算。比如，用"产出/能源"计算出的生产率就是单要素生产率，用"产出/（劳动力+能力）"计算出来的生产率就是多要素生产率。

【例】根据下列情况，求生产率。

① 4 个工人 8 小时内铺装 240 平方米的地板。

②一台机器在 3 小时内生产出 108 件合格产品。

解：

①生产率=铺装地板的平方米数/人工小时数

　　　　=240 平方米/（4 个工人×8 小时/每工人）

　　　　=240 平方米/32 小时

　　　　=7.5 平方米/小时

②生产率=可用件数/生产时间

　　　　=108 件/3 小时

　　　　=36 件/小时

三、影响生产率的因素

影响生产率的因素有很多，包括方法、资本、质量、技术和管理。

在一般情况下，企业提高生产率最常用的方法就是通过大规模生产，获得规模经济，降低单位产品成本。因此，高生产率通常伴随着成本领先战略。通常实施成本领先战略的企业采用高生产率的专用设备和专用工艺，从事大规模的流水线生产。

在当今多变的需求中，企业如何在保证高生产率的同时，快速满足多变的个性化需求，是每一个企业必须思考和面对的挑战。

管理实践

戴明关于提高管理生产率的 14 条原则

1. 为长远的将来制订计划，不是对下个月或下一年；

2. 绝对不要对自己产品的质量自鸣得意；

3. 对你的生产过程建立统计控制，并且要求你的供应商也这么做；

4. 只与极少数的供应商做生意，当然是他们中间最好的；

5. 查明你的问题究竟是局限于生产过程的某一部分，还是来源于整个过程本身；

6. 对于你要工人做的工作，应该先对他们进行训练；

7. 提高你下属的管理水平；

8. 不要害怕；

9. 鼓励各部门紧密地配合工作，而不是专注于部门或小组的界限；

10. 不要陷入接受严格的数量目标，包括广为流行的"零缺陷"中；

11. 要求你高标准地完成工作，不是从上午 9 点到下午 5 点待在工作台前；

12. 训练你的雇员了解统计方法；

13. 当有新的需要时，训练你的雇员掌握新方法；

14. 使高层管理者负责实施这些原则。

四、提高生产率的方法

一个企业或一个部门可利用很多关键性步骤来提高生产率：

（1）测定所有运营管理设计的生产率。

（2）将系统视为一个整体，来决定哪个运作的生产率是重要的。

（3）设计实现生产率增长的方法。

（4）确定合理的目标。

（5）及时测定生产率增长情况并公布之。

【案例】2-1　沃尔沃公司的工作团队

随着大市场的逐渐消失，沃尔沃公司曾经研究过其装配线是否已经过时。1974 年，该汽车厂拆除了其在 Kalmar 州工厂里的装配线。该生产线被小的系统取代，该系统中汽车以小批量进行生产，并给予生产汽车零部件的工作团队更大的自主权。沃尔沃公司非常相信团队，在其 Uddevallad 的新厂中也采取了这种系统。

Uddevallad 分厂于 1900 年投产运行。在 Uddevallad 分厂车间，由 8~10 人组成自我管理小组，完成从开始到结束的整个装配工作。装配中的汽车在一个固定的装配地点装配，一种专用装置可使汽车按需要任意倾斜，以便工人顺利完成工作。每一个团队有高度的自治权，他们可以做出暂停和休假计划。当团队中某一成员缺席时，他们可以重新分配工作。团队同样可以参加决策，包括质量控制、生产计划、制定工作程序、维修装备和下达供应任务。

Uddevallad 分厂的工人依据其表现获得工资。除了工资外，质量维护、生产维护以及每周达到预定的目标都将获得奖金。该厂中没有监督人员和领班，6 个车间中，每一个车间都有80~100名雇员，这些雇员又分成装配小组。每个装配小组有一名协调员（按轮流方式选择），他同管理人员直接保持联系。为了确保系统的正常工作，工厂为雇员提供了大量信息。沃尔沃公司也做了大量的工作，以确保工人对公司历史、传统和策略有一个比较透彻的理解。

但 Uddevallad 分厂的新系统总体上并不成功。虽然士气高涨，但生产率仍低于沃尔沃公司在比利时的 Chent 分厂，该分厂在装配线上生产一辆汽车的成本是 Uddevallad 分厂的一半。Uddevallad 分厂的工会主席认为该方法可以行得通，他说，"我相信我们的班组。我们的目标是要比 Chent 分厂干得更好。"

沃尔沃在 Uddevallad 分厂的员工培训方面投资力度很大。首先，员工要参加为期16周的初级课程学习。这仅是工人为学习汽车装配方面的知识而必须进行的16个月培训计划中的一部分。工厂鼓励员工分享各自的经验并且交流思想。

Uddevallad 分厂的新系统对每一个人都提出了许多要求，虽然有些要求遭到了员工反对。像其他汽车厂一样，沃尔沃公司也尚未摆脱世界范围内汽车销售量下降的阴影。

[案例评析]

根据材料信息，我们发现沃尔沃公司 Uddevallad 分厂的主要矛盾是工作制度跟生产力之间的矛盾。

Uddevallad 分厂（以下简称 U 厂）在工作中主要采取了以下变革：

（1）工作设计中将已往的流程式生产工作方式变革成了自我管理式团队工作方式。

（2）依据工人表现发放工资。

（3）取消了监督人员和领班，而是在车间各装配小组中产生一名"协调员"（轮流方式）。

（4）对员工进行长期培训。

以上改革，从某些层面上看是成功的，但从公司的经营目标上看，确是失败的。下面我们对上述改革所引起的利弊进行分析，进而分析产生矛盾的原因。

一、U 厂自我管理式团队

该团队一般由8~10人组成一个小组，完成从开始到结束的所有装配工作，这种工作模式由这8~10人完成整车的装配；同时，小组可以做出暂停和休假计划，可以参与决策，并对很多任务负责，包括质量控制、生产计划、制定工作程序、维修准备和下达供应任务。自我管理式团队工作方式并没有能有效提高工作效率和降低生产成本，因为对于整车装配这种复杂繁琐的工作，用人力大大增加了工时长度，从而使成本转嫁到人工成本上，最终影响企业盈利目标。

二、依据工人表现发放工资

U 厂依据员工表现发放工资。除了工资外，质量维护、生产维护以及每周达到预定目标都将得到奖金。这同样使得员工工作积极性大大提高，同时也体现了多劳多得的公平竞争原则。

三、取消了监督人员和领班，而是在车间各装配小组中产生一名"协调员"（轮流方式）

U 厂采取以"整"化"零"，取消了监督人员和领班，而是在工作组中指派一名"协调员"，协调员直接与管理人员进行信息沟通。由于少了监督人员和领班这种中层职位，使得企业组织层次减少，变得"扁平"，信息传递更为迅捷。但这种沟通方式，有时避免不了"协调员"在建议的时候偏向于自己的工作小组，没有从大局去考虑问题。

四、对员工进行长期培训

U厂对员工培训投资的力度很大。首先员工要参加为期16周的初级课程学习，这仅是工人为学习汽车装配知识而进行的16个月培训计划当中的一部分。企业对员工进行培训提高了员工的专业技能，确保了企业生产质量。但大规模的培训，培训费高昂，而且由于个人意愿及能力的不同，培训效果也不一样。最后，即使每个人都掌握了专业装配知识，但装配速度跟机器装配相比，明显是大大不如，高昂的人工成本，最终不得不影响企业盈利。

综上所述，U厂在进行了一系列变革之后，企业员工工作积极性、工作质量都有了显著提高，但企业的效益却不升反降。究其原因，就是工作效率没有得到提高。而导致工作效率没有提高的根本原因就是生产方式的选择。对于繁琐、复杂、工作量大的工作，采取机器流程式生产要优于人力生产。因为一辆汽车有十几万个零件，靠人力装配产量有限，同时所产生的高额人工费用也是企业承受不起的。

【案例】2-2　生产电炉

10人小组负责组装用于医院和药物试验的电炉（一种将溶液加热到指定温度的装置），他们生产的电炉有许多类型。

工厂每个人都运用一些恰当的小工具组装电炉的一部分。完成好的电炉部件由传送带送至下一工序。当电炉完全组装好后，由一个质检人员检查整个电炉的组装质量以确保生产的产品合格。检查合格的电炉由工人将之放到早已准备好的特制纸盒中以备装运。

装配组装线由工业工程师来协调平衡。他将整个组装工作分解成若干个恰好3分钟能够完成的子任务，这些子任务都是经过精心计算的，以便每个工人完成组装任务所用的时间几乎相等。这些工人的工资直接按其工作时间来计量。

然而，这种组装工作方式出现了许多问题，工人士气低落，质检人员查处不合格电炉的比例很高，那些由于操作原因而不是由于装配原因引起的可控废品率高达23%。

经过讨论，管理人员决定对生产采取一些革新措施。管理人员将员工召集起来，询问他们是否愿意自己单个组装电炉。工人同意这种新方法，条件是如果这种方法不奏效，他们可以回到以前的工作方式。经过数天的培训后，每个工人开始组装整个电炉。

到了年中，情况开始有了改观。工人的劳动生产率开始迅速上升，生产率超出上半年的84%，尽管没有任何人事和其他方面的改变，但整个期间可控废品率由23%降到了1%，工人的缺勤率也由8%降到了1%。工人对工作变化反应积极，士气很高，正如其中一个工人所说的，"现在可以说这是我生产的电炉了"。最终，由于废品率较低，以至于原先由质检员担任的检查工作改由工人自己承担，全职质检员工转到企业其他部门中去了。

[案例评析]

企业通过生产方式的变革，将一个员工工作积极性不高、生产率一般、不合格率较高的生产电炉的企业变成了一个员工工作积极性高、生产率几乎翻倍、不合格率较低的企业。下面，我们通过管理人员所采取的措施依次来分析企业变化的原因。

原有生产方式：10人小组，每个员工运用一些恰当的小的工具组装电炉的一部分，工作经过定量设计，每个子任务恰好3分钟，完成好的电炉由传送带传送至下一工序。当电炉组装完成后，由一个质检人员检查整个电炉是否合格。

工作状况：工人士气低落，生产率一般，不合格率极高（达到23%）。

分析原因：人的情绪影响，导致工作积极性不高。根据行为理论，当一个人的工作内容和范围较狭窄或工作的专业化程度较高时，人往往无法控制工作速度（如装配线），也难以从工作中感受到成功感、满足感。因此，像这样专业化程度高、重复性很强的工作往往使人易产生单调感，从而产生工人频繁换工作、缺勤率高、闹情绪，甚至故意制造生产障碍等情况。

现有生产方式：个人单独组装电炉。

工作状况：工人士气高涨，生产率超出上半年的84%，不合格率由23%下降到1%，缺勤率由8%下降到1%。由于极低的不合格率，以便原先的质检员担任的工作改由员工自己承担，全职质检员到其他部门中去了。

分析原因：单个独自生产方式，使员工工作扩大化，丰富了任务种类，从而能够完成一项完整的工作，提高了员工的工作积极性；同时，产品的产出，如果得到顾客或领导的认可，会使员工感受到一种喜悦感和满足感，从而更大地激发了员工的荣誉感，使工作更尽责。

在沃尔沃工作团队的案例和生产电炉的案例当中我们发现，在大小两个企业中，都采取了类似"自我管理式团队"工作方式，但是两家企业的最终经营结果却截然相反，前者最后关闭，后者经营得更好。究其原因，我们发现：一个成功的企业，需要一个好的、适合自己的生产方式。像沃尔沃这种汽车装配公司，工作任务繁多、复杂，在确保工人积极性的情况下，相比于采取人工装配，采取机器装配才是适合自己的。而对比电炉厂，我们可以看到，10个人的小组，1人3分钟1个程序，一个电炉30分钟就可以完成。而经过培训的工人单个独自生产，除去传送带上的传送时间，一个人可能用不到30分钟就能完成一个电炉的装配，在大大提高了效率的情况下，又大大提高了工人的积极性。这种生产方式是适合该厂的。

任务二　竞争力

一、竞争力的定义

自20世纪80年代以来，竞争力研究一直受到经济学者和管理者的广泛重视。在现在全球经济一体化时代，任何国家、任何企业都不能避免激烈的市场竞争带来的挑战。

波特从强势竞争理论的角度将竞争力概念界定为：企业的竞争优势是指一个公司在产业内所处的优势位置。世界经济论坛组织（WEF）1995年将竞争力定义为：企业的竞争力是企业目前和未来在各自的环境中以比他们在国内和国外受到竞争者更有吸引力的价格与质量进行设计、生产并销售货物以及提供服务的能力和机会。

二、获得竞争力的要素

低成本、高质量、产品差异、时间优势（准时交货、新产品或服务的研发及投放市场的快慢、工艺或产品改进的速度）等要素都可以帮助企业获得竞争优势。

公司的竞争要素可以归纳为成本、灵活性、质量、速度、可靠性五个方面。

选择低成本作为竞争重点的企业，其竞争战略一般是成本领先战略。低成本的企业通常选择大批量生产无差异的产品，降低边际成本，追求高生产率，从而获得比竞争对手更低的成本和价格优势，形成企业竞争力。价格竞争力的结果可能会降低企业利润率。但大多数情况下会促使企业降低产品或劳务的成本。

【案例】2-3 西南航空公司的低成本运营战略

美国西南航空公司（以下简称西南航空）是一家在固定成本极高的行业中成功实施低成本竞争策略的优秀公司。它从20世纪70年代在大航空公司夹缝中谋求生机的小航空公司一跃发展成为美国的第四大航空公司，持续30余年保持远高于行业平均水平的高利润和远低于行业平均值的低成本。

20世纪70年代，美国的航空业已经比较成熟，利润较高的长途航线基本被瓜分完毕，新进入者很难找到立足的缝隙；短途航线则因单位成本高、利润薄而无人去做。在这种情况下，成立不久的西南航空审时度势，选择了把汽车作为竞争对手的短途运输市场。因此，西南航空在必须运营的各个细节中，围绕低成本这一战略定位，想方设法化解所有比传统航空公司更大的成本压力。

细节之一，关于飞机。西南航空只拥有一种机型波音737，公司的客机一律不搞豪华铺张的内装修，机舱内既没有电视也没有耳机。单一机型的做法能最大限度地提高飞机的利用率，因为每个飞行员都可以机动地驾驶所有飞机。此外，这样做降低了培训、维修、保养的成本。同时，西南航空将飞机大修、保养等非主营业务外包，保持地勤人员少而精。比如，西南航空的飞机降落以后，一般只有4个地勤人员提供飞机检修、加油、物资补给和清洁等工作，人手不够时驾驶员也会帮忙。

细节之二，关于转场。在坚持只提供中等城市间的点对点航线的同时，西南航空尽可能选用起降费、停机费较低廉的非枢纽机场。这样做不仅可以直接降低某些费用，而且也保证了飞机快速离港和飞机上限量供应等低成本措施的可行性。为了减少飞机在机场的停留时间，增加飞机在空中飞行的时间，西南航空采用了一系列规定以保证飞机的高离港率：没有托运行李的服务；机舱内没有指定的座位，先到先坐，促使旅客尽快登机；建立自动验票系统，加快验票速度；时间紧张时，由乘务员帮助检票；不提供集中的订票服务。这些特色使得西南航空70%的飞机滞留机场的时间只有15分钟，而其他航空公司的客机滞留机场的时间需要一两个小时。对于短途航运而言，这节约下来的一两个小时就意味着多飞了一个来回。

细节之三，关于客户服务。选择低价格服务的顾客一般比较节俭，所以西南航空意识到，自己的客户乘坐飞机最重要的需求就是能实惠地从某地快速抵达另一地。于是，公司在保证旅客最主要满意度的基础上，尽一切可能地将服务项目化繁为简，降低服务成本。比如，飞机上不提供正餐服务，只提供花生与饮料。一般航空公司的空姐都是询问"您需要来点儿什么，果汁、茶、咖啡还是矿泉水"，而西南航空的空姐则是问"您渴吗?"只有当乘客回答"渴"时才会提供普通的水。

最后,西南航空只提供不分头等舱或经济舱的一般票价和高峰时段的票价两种票价,同时统一同一州内的票价。这样,一方面可以不必像其他航空公司那样依赖电脑程序协助设计使公司航班收入最大化,简化内部流程,降低运营成本;另一方面也方便客户使用自动售票机购票,从而能够吸引更多的乘客,提高满载率和飞机利用率,降低分摊到每个乘客的成本。

西南航空将低成本战略发挥到了极致,这使它获得了巨大成功的同时,也被视为航空低成本运营模式的鼻祖,被后来者效仿。

资料来源:美国西南航空公司网站。

任务三　战略管理

一个组织的战略对该组织具有深远的影响。战略对组织的竞争力影响极大;若是非营利组织,战略将在很大程度上影响到其意图的实现。

一、使命

一个组织的使命是该组织的基础,是其存在的原因。使命因组织而异。一个组织的使命是由该组织的业务性质决定的。医院的使命是提供医疗服务;建筑公司的使命是建造房屋;保险公司的使命则是开办寿险或多种保险业务。非营利组织的部分使命是向社会提供服务,而营利组织的部分使命则是为其业主(股东、合伙人)提供利润。

表2-1　　　　　　　　　　　几家知名公司的使命书

英国航空	努力成为航空业的最佳、最成功的企业
IBM	为您的行业服务,打造整合运营企业(无论是一小步,还是一大步,都要带动人类的进步)
联想电脑	为客户利益而努力创新
微软公司	计算机进入家庭,放在每一张桌子上,使用微软的软件
迪士尼公司	成为全球的超级娱乐公司,使人们过得快活

二、运营战略

组织战略为该组织提供了整体性方向,它涉及范围广,涵盖整个组织。运营战略与产品、工序、方法、使用的资源、质量、成本、生产准备时间及进度安排紧密相关。

表2-2　　　　　　　　　　使命、组织战略和运营战略的比较

	管理层次	时间跨度	范围	详细程度	涉及内容
使命	最高	长	宽	低	生存、盈利能力
组织战略	较高	长	宽	低	增长率、市场份额
运营战略	较高	中至长	宽	低	产品设计、选址、技术选择、新设施
策略	中	中	中	中	工人人数、产量大小、设备选择、设备布置
运作	低	短	窄	高	人员分工、调整产量、库存管理、采购

三、生产运营战略的构架

（一）竞争力排序

1. 竞争要素

竞争要素是指一家公司希望展开的那些维度。这些维度所描述的都是客户能够看到或体验得到的东西。公司的竞争要素可以归纳为成本、灵活性、质量、速度、可靠性五个方面。

【案例】2-4 汉堡王公司的绩效目标

1954 年，詹姆斯·麦克拉摩尔（James Mclamore）和戴维·埃杰顿（David Edgerton）创建了汉堡王（BURGER KING）公司，该公司现已成为美国第二大汉堡餐馆，年销售额超过 100 亿美元，在全美拥有 8 000 多家连锁店，并拥有约 3 000 家海外连锁店，其中 92% 以上的是特许经营店。2000 年，汉堡王公司开始着手餐馆经营的改革。这项改革还包括了新的厨房系统以及其他运营过程的改善。

质量：汉堡王公司一直以其食品的质量而自豪。

服务速度：这是在餐饮业（尤其是快餐业）中一个非常重要的绩效目标。

可靠性：这是指汉堡王公司服务的可靠性。

柔性：这里既指产量柔性又指组合柔性。

成本：虽然汉堡王公司不会以市场的最低价格参与竞争，但它的确要做到物有所值。

2. 竞争的优先级

由于企业自身的条件不同，需要对竞争力发展的重点及优先顺序进行排序。生产竞争力优先排序决定了生产运作战略的指向，它必然要与企业总战略相一致，从而也反映了总战略的方向。

划分生产运作机构竞争力优先级应考虑的因素有：

（1）目标市场客户的需求和期望；

（2）生产运作机构相当于竞争对手的绩效；

（3）生产运作机构的核心专长。

（二）生产运作绩效目标

生产运作绩效目标是指与选定的优先竞争力相一致的生产绩效目标，用一套指标体系来度量。见表 2-3。

表 2-3 　　　　　　　　　　生产绩效指标

主要产品的平均单位成本	产品生产周期 （从原材料至成品）	产品开发项目及时完成率
直接劳动生产率	新产品开发速度	能够生产的产品品种数量
设备准备时间	使产品涉及变化投入生产的速度	及时交货状况
采购间隔期	从用户订货至交货的间隔期	顾客对质量的综合评价

表2-3（续）

主要产品的平均单位成本	产品生产周期 （从原材料至成品）	产品开发项目及时完成率
原材料库存时间	采购零部件的次品率	顾客对新产品的满意程度
在制品库存时间	成品的平均废品率	……
成品库存时间	产品返修率	

（三）战略方案

战略方案是指为了发展优先竞争力实现生产运作绩效目标而采取的行动措施。它的选用必须考虑到被选方案对优先竞争力及绩效目标的影响以及企业内、外部的资源。

表2-4通过选择两个直接相关的公司战略以及所产生的生产运作战略来说明生产运作战略与公司战略的匹配关系。

表2-4

企业战略	战略 A	战略 B
	产品模仿	产品创新
市场情况	价格敏感 成熟市场 高容量 标准化	产品特色敏感 新兴市场 低容量 客户定制产品
生产运作宗旨	强调成熟产品的低成本	强调引进新产品的灵活性
特有能力运作	通过先进工艺技术和纵向一体化实现低成本	通过产品团队和灵活的自动化来快速引进可靠的新产品
生产运作策略	先进工艺 刚性自动化 对变化反应慢 规模经济 劳动力参与	优良产品 柔性自动化 对变化的反应迅速 范围经济 使用产品团队
营销战略	大众销售 重复销售 销售机会最大化 全国设有销售人员	选择性销售 新市场开发 产品设计 代理销售
财务战略	低风险 低边际利润	高风险 较高的边际利润

四、经营战略

（一）成本领先战略

成本领先战略就是要使企业的某项业务成为该行业内所有竞争者中成本最低者的战略。企业采用成本领先战略的动因主要有：

（1）形成进入障碍；

（2）增强企业讨价还价的能力；

（3）降低替代品的威胁；

（4）保持领先的竞争地位。

（二）差异化战略

差异化战略的实质是要创造出一种使顾客感到是独一无二的产品或服务，使消费者感到物有所值，从而愿意支付较高的价格。

实施差异化战略的关键是创新。按照创新战略，竞争对手可能称为合作者，公司之间既有竞争又有合作。在急剧变化的时代，与其努力赶上和超过竞争对手，不如合作起来致力于创新，实现共赢。

（三）重点集中战略

重点集中战略是指把经营战略的重点放在一个特定的目标市场上，为特定的地区或特定的消费群体提供特殊的产品或服务。

企业在选择重点集中战略时，应在产品获利能力和销售量之间进行权衡和取舍。

【案例】2-5　沃尔玛经营现象

2004 年沃尔玛的净销售收入达到 2 563 亿美元，连续 3 年荣登美国《财富》500 强榜首。

在沃尔玛，"每日低价"并不只是一条标语，它还是公司的基本原则。多年来，沃尔玛因低成本而从零售供应链中挤出了数百亿美元，并将节省所得之中的大部分以低价形式让利于顾客。

沃尔玛经营着 1 386 家超大购物中心，是美国最大的杂货商，市场份额为 19%；它也是美国第三大药品商，市场份额为 16%。

沃尔玛计划今后 5 年在美国增开 1 000 家超大购物中心。零售前瞻公司（Retail Forward）估计，这种超大购物中心的闪电战将使沃尔玛的杂货与相关收入从目前的 820 亿美元增加到 1 620 亿美元，并使得它得以控制美国 35% 的食品销售和 25% 的药品销售。

沃尔玛的战略标志是：天天低价，商品的选择范围宽广，较大比例的名牌商品，使顾客感到友善而温馨的商店环境，较低的营业成本，对新的地理含义上的市场进行训练有素的扩张，创新性的市场营销，以及优良的售后服务保证。

沃尔玛的主要商品系列包括：家庭用品、电器用品、体育用品、用于草坪和花园的器具，健身与健美器材和设备、家庭时尚用品、油漆、涂料，床上用品和浴室用品，五金商品，家用修理设备、玩具和游戏软件，以及杂货类商品。到 1994 年，沃尔玛商店的规模为 40 000～180 000 平方英尺，平均规模为 84 000 平方英尺。每个商店的结构大体一致，商店的光线明亮，气氛欢快，空气新鲜，而且商店里的通道宽阔，并有吸引人的最流行的商品陈列。商店的员工友善并乐于助人，他们的目标就是要使每一个逛商店的顾客都感到满意。

节约成本的意识贯穿沃尔玛经营的方方面面——从商店的建设到供应商给沃尔玛提供低价的仓储商品，再经由高速的分销系统给每个商店配送商品，从而使沃尔玛保持着成本领先优势。而沃尔玛节约的成本又以更低的零售价格的形式转移给了商店的顾客。

一、竞争环境

折扣零售业是一个竞争激烈的行业。沃尔玛的两个主要竞争者是凯马特和西尔斯。这三家公司都有着相似的战略，并有相似的成长过程，但是在整个 20 世纪 80 年代，沃尔玛的增长速度远比凯马特和西尔斯要快。1989年，沃尔玛升到了行业老大的地位。沃尔玛由此开始推行天天低价的战略，并将各种名牌商品贯以其自身的商标推向市场。此后几乎所有的折扣商都采用了某种形式的天天低价的战略。在前10家最大的折扣零售商中，沃尔玛是唯一的一家将其大部分商店设立于乡村市场的。将沃尔玛与凯马特和塔吉特做比较的家庭调查表明，沃尔玛具有很强的竞争优势。《折扣商店新闻》的资料揭示：当被要求对沃尔玛和凯马特及塔吉特做比较时，各个家庭比较一致的意见是沃尔玛更好或至少一样的好。

当被问到沃尔玛为什么更好时，多样化的商品或广泛的选择范围和优质的产品质量是被顾客引用的另外几个主要原因。30%的人认为是产品的丰富多样，18%的人认为是产品的高质量。在各种媒体中，有着关于萨姆·沃尔顿和沃尔玛的市场营销的超凡能力或超凡技术的大量报告，这使得公司在顾客心目中树立了极佳的形象和品牌认知度。在实施战略方面，沃尔玛将其重点置于与供应商和员工结成稳固的工作关系，对商品陈列和市场营销的任何一个最小细节都给以关注，充分利用每一个节约成本的机会，并且造就一种追求高业绩的精神。

二、天天低价的战略主题

虽然沃尔玛并没有发明天天低价战略，但在"执行"这个要领上，它比任何一家别的折扣商店都要做得更好。在市场中，沃尔玛有这样的声誉：它每天均是最低价格的日用品零售商。在沃尔玛开设有商店的区域，对顾客的调查表明，55%的家庭认为沃尔玛的价格比其竞争者更低或更优；而在沃尔玛没有开设商店的区域，也有33%的家庭持有同样的观点。沃尔玛采用多种方式向顾客宣传它的低价战略，如在商店的前面，在广告中，在商店内的各种标志上，以及在包装袋的广告语中，随处可见"我们的售价更低"！

三、广告

沃尔玛比它的竞争者更少依赖于广告公司。通过使其环保包装的产品更为夺目，沃尔玛也得到了免费的媒体报道。该公司还经常允许各种慈善机构使用其停车场进行各种募集资金的活动。

四、分销

这些年来，沃尔玛的管理层已经把公司的中心分系统变成了一个有竞争力的武器。大卫·格拉斯说："我们的分销设备是我们成功的关键之一。如果我们比竞争对手做得更好一点的话，那就是我们的分销设备。"由于它在乡村的商店布局，沃尔玛在分销效率方面在早期就已经走在了竞争对手的前面。因为其他的折扣零售商依赖于生产厂家或分销商将货物直接运送到它们在大城市区域内的商店。沃尔玛发现，它在20世纪70年代的快速增长充分利用了供应商的能力——使用其独立的运货公司给沃尔玛不断增加的乡村商店进行频繁而及时的货物运送。

1980年，沃尔玛开始建立地区分销中心，并且通过自己的运输车队从这些中心给各家商店分送货物。当新的、边远的商店从现有的分销中心不能得到可靠而经济的服务时，沃尔玛就设立新的分销中心。1994年，沃尔玛拥有22家分销中心，覆盖了2 150万平方英尺的面积。这些分销中心总共雇用了1 600名员工，他们每年要以准确率达99%的装运顺序处理850 000卡车的商店。沃尔玛的分销中心采用了大量的自动化系统。

1988 年的研究数据表明：沃尔玛对西尔斯和凯马特的分销成本优势是很明显的。沃尔玛具有向它几乎所有的商店当天分销的能力，而凯马特要四五天分销一次，塔吉特要三四天分销一次。

五、最新技术的使用

沃尔玛积极地应用最新技术成果，以提高生产率和降低成本。公司的技术目标就是要向员工提供这样的工具：通过对这些工具的应用，可以使他们更有效地做好工作，更好地做出决策。技术的使用并不仅仅是代替现有员工的一种手段，沃尔玛应用技术的方法就是积极地尝试、试验，开始使用最新的设备、零售技巧和计算机软件。

1974 年，沃尔玛开始在其分销系统中心和各家商店运用计算机基于一定的标准而进行库存控制。1981 年，沃尔玛开始在销售点试用扫描机，并且承诺到 1983 年，在其整个连锁店系统都用上条形码扫描系统。这一变动导致其对顾客的服务速度提高了 25%~30%。1984 年，沃尔玛开发了一套计算机辅助市场营销系统。这套系统可以在每一家商店按照自身的市场环境和销售类型进行相应的产品组合。1985—1987 年，沃尔玛安装了国内最大的私人卫星通信网络。该网络的应用使得总部、分销中心和各个商店之间可以实现双向的声音和数据传输，从伯恩顿威利的公司办公室到各分销中心和各家商店之间可以实现单项的图形传输。这套系统比以前使用的电话网络系统还要安全，可视系统通常被公司的管理人员用于与公司的全体职员即时的直接通话。1989 年，沃尔玛与大约 1 700 个供应商建立起了直接的卫星联系，这种联系使得沃尔玛可以使用电子订单订货。

沃尔玛有标准的数据处理系统和信息系统。沃尔玛不仅开发了计算机系统以对公司经营的每一个方面为公司的管理层提供详细的数据，而且在世界上同类规模的公司中，沃尔玛被认为是成本最低、数据处理效率最高的公司之一。

六、建筑政策

沃尔玛的管理层努力地工作着，在他们的新商店、商店改造及商店的附属装置的资本支出上尽量节约。沃尔玛的商店设计为：有着开放式窗口的管理人员办公室——装修起来比较经济，有着大面积展示空间的特点——重新整理和翻新均比较容易。沃尔玛所雇用的建筑公司可以利用计算机模仿技术，一周之内就可以设计出几家建筑风格完全一样的新商店。此外，商店的设计还要达到建筑周期短、建筑费用低，而且维修和改造的成本也应较低。

为了在设施上保持低成本的主题，沃尔玛的分销中心和公司的办公场所花费的建筑费用均较少，且装修简单。高层经理们的办公室十分质朴。沃尔玛的商品的大量生产和室内的批量展示，不仅省钱省时，而且在不到 30 天的时间内就可以推出一次新的展示概念。

七、与供应商的关系

由于有着巨大的购买力做支持，通常人们认为沃尔玛有着强有力的与供应商讨价还价的能力。沃尔玛的采购代理商们也尽其所能去获得最低的价格，并且它们从不接受供应商的宴请。一家主要供应商的市场营销副总裁告诉《财富》杂志："他们是一群对工作极为关心的人，他们对其购买力的有效利用要强于美国国内的任何其他人。所有的祷告仪式都是口头的方式。他们最优先考虑的事情是确保每一个人在任何时候任何情况下都知道谁在主持局面。这就是沃尔玛。

供应商被邀请到沃尔玛的分销中心参观，以亲临现场看到事情是怎样运转的，并且也了解到沃尔玛在获得更高的效率方面所碰到的各种难题。供应商们也会被鼓励就他们与沃尔玛关系中的任何难题发表意见，并且积极地参与沃尔玛的未来发展计划。

宝洁公司的做法是在沃尔玛的总部附近派驻一组人员，让他们持续地与沃尔玛的人在一起工作。这一合作项目的首要目标是对宝洁公司供应的大多数商品采用可回收利用的包装材料，以与沃尔玛的政策相一致，而这一政策就是沃尔玛对外宣称的它们所销售的产品都是环保型产品。另一个涉及的问题就是将两家公司的计算机相连接，从而为宝洁公司供应给沃尔玛的大多数商品建立起一个及时订货和传送系统。当沃尔玛库存到了订货点时，计算机就通过卫星向最近的宝洁工厂发出订单，这些工厂接到订单后将其商品运送到沃尔玛的分销中心。宝洁公司和沃尔玛公司都认为自动订货系统是一个双赢的处理方案。因为通过协调，宝洁公司能够有效制订生产计划，进行直线分销，并降低其成本，最后宝洁公司又可将节约所产生的一部分利润让利给沃尔玛。

沃尔玛寻找着这样的供应商：在他们所生产的产品领域居主导地位的供应商（这样他们可以提供高品牌认知度的产品）；能与沃尔玛一块成长的，有着一系列产品的供应商（他们提供的产品可以使得沃尔玛的顾客既有多种选择性，又可以使他们准备选择的产品有着某种程度的有限的排他性）；有长期的研究开发计划，从而使得沃尔玛的零售货架上总是能够摆上新的和更好的产品的供应商；对他们所供应的产品有能力提高生产和分销效率的供应商。

无论你的产品多么好，如果他们没有告诉你它们在货架上的表现，则它们在沃尔玛的商店中表现并不怎样。他们正在寻找着精力充沛的、富有创造力的包装人员，这些人员将承担起销售人员的责任。他们了解他们的商店、他们的产品以及他们的市场。并且他们能够预测他们的顾客需要什么。他们关于产品的建议对我们很有价值。他们信守承诺并且期望着同样的回报。如果我们拉了一次促销的后腿，促销的广告就会被取消，但他们会继续订货。这就是他们怎样做生意的。

金融家和钢铁大亨威尔伯·罗斯说，沃尔玛使美国失去就业机会"不仅是因为它的商业战略，而且也是因为它的游说战略"。罗斯还说："每个人现在都在四处奔走，寻找最低的价格点。这就是沃尔玛现象。"

表 2-5　　　　　　　　　　　　　　从数字看沃尔玛

项　　　目	数　字	资料来源
沃尔玛进入俄克拉荷马城后该市倒闭的超市数	30%	Retail Forward 公司
在有沃尔玛竞争的地区，百货商店价格下降的平均比例	14%	瑞银华宝公司
2002 年至少有一次进入沃尔玛商店购物的美国家庭比例	82%	Retail Forward 公司
自沃尔玛 1999 年开始卖乔治牌牛仔裤以来，英国 Asda 公司里此种商品价格的降幅	71%	沃尔玛公司
沃尔玛每年计时工的人员更新率	44%	沃尔玛公司

思考题:

1. 沃尔玛是通过制定哪种竞争战略来取得行业领导优势的?
2. 沃尔玛的物流体系和分销中心有哪些创新和优势?
3. 沃尔玛如何与供应商建立战略合作关系?

【案例】2-6 丰田汽车公司——汽车制造行业的佼佼者

丰田汽车公司是世界十大汽车工业公司之一,是日本最大的汽车公司。

1918年1月,丰田开山长老丰田佐吉在东京创办丰田东京自动纺织社。1926年11月,丰男佐吉在东京创办丰田东京自动纺织公司。1933年9月,丰田佐吉在东京自动纺织公司内设置汽车工业部。1935年8月,第一辆GI型号汽车研制成功;同年10月确立公司的基本信条。1936年4月,该公司开始生产AA型轿车;同年5月,KARIYA装配工厂开始运转;同年6月,该公司设立SHBAURA实验室。1937年8月,丰男汽车公司成立。1938年11月,KOROMO装配工厂开始运转。

1943年11月,丰田汽车公司与GHUO纺织公司合并。1947年10月,SA型轿车开始生产。1949年,丰田汽车公司在台湾成立HOTAI汽车公司。

1950年4月,丰田汽车销售公司成立。1955年4月,ABDUL LATI丰男JAMEEL进口及分销公司在沙特阿拉伯成立。1956年3月,LA型叉车投放市场,丰田公司进入工业运输工具领域;同年4月,该公司建立TOYOPET经销商渠道。1957年2月,丰田汽车销售公司曼谷总部成立,同年8月第一辆标有"日本制造"的轿车出口美国,同年10月丰田汽车销售公司美国分公司在美国成立。1958年1月,丰田巴西公司成立。1959年8月,MOTOMACHI汽车装配工厂开始运转。

1961年1月,丰田南非汽车公司成立,同年6月"PUBLICA"经销商渠道建立。1962年6月,丰田南非汽车公司开始运转;同年,丰田泰国汽车公司成立。1963年4月,丰田汽车销售公司澳大利亚公司开始运转;同年5月,丰田丹麦公司成立。1964年2月,丰田泰国汽车公司开始运转;同年3月,丰田荷兰LOUWMAN PARQUI成立;同年11月,丰田加拿大公司成立。1965年10月,丰田英国公司成立,同年11月,KAMIGO汽车装配厂开始运转;同年,丰田获得德明奖。1966年7月,丰田汽车销售公司进入汽车租赁市场;同年9月,TAKAOKA汽车装配工厂开始运转;同年10月,丰田汽车销售公司与丰田汽车公司签订联合协议;同年11月,HIGASHIFUJI汽车性能测试中心建立。1967年10月,AUTO经销商渠道建立;同年11年,丰田汽车公司、丰田汽车销售公司和DAIHATSU汽车公司签订联合协议。1968年1月,丰田英国公司开始运转;同年2月,马来西亚装配生产线开始运转;同年7月,MIYOSHI汽车装配工厂开始运转。

1970年8月,在比利时成立丰田汽车公司布鲁塞尔办事处;同年12月,TUSTSUMI汽车装配工厂开始运转。1971年1月,丰田德国公司成立;同年2月,HIGASHI丰田UJI技术中心开始运作。1972年1月,在鯿尼西亚成立丰田奥斯特汽车公司。1973年6月,MYOCHI汽车装配工厂成立;同年10月,在美国成立CALTY设计研究中心。1974年4月,开始从海外购买零部件。1975年3月,SHIMOYAMA汽车装配工厂成立;同年12月,该公司进入预制房屋工业领域。1977年2月,丰田澳大利亚公司开始运作;同年6月,在美国设立技术中心。1978年8月,KINU-URA汽车装配厂开始运转。

1979 年 1 月，TAHARA 汽车装配厂开始运转。

1980 年 4 月，VISTA 经销渠道建立。1982 年 7 月，丰田汽车公司和丰田汽车销售公司合并成为丰田汽车公司；同年 10 月，丰田马来西亚公司成立。1984 年 10 月，SHIBETSU 测试中心成立；同年 12 月，与通用汽车的合资公司新联合汽车制造公司在美国开始运转。1986 年 1 月，丰田台湾公司开始运转；同年 2 月，TEIHO 汽车装配厂开始运转。1987 年 4 月，KASUGAI 房屋工程开始运转；同年 9 月，丰田欧洲汽车技术中心在比利时成立。1988 年 1 月，丰田澳大利亚销售公司成立；同年，与通用澳大利亚公司成立合资公司；同年 11 月，丰田加拿大公司开始运转。1989 年 1 月，丰田菲律宾公司成立；同年 3 月，HIROSE 汽车装配厂开始运转；同年 6 月，成立欧洲市场服务中心；同年 9 月，在布鲁塞尔成立丰田欧洲研发中心；同年 10 月，丰田菲律宾公司开始运转。

1990 年 5 月，丰田设计中心开始运转；同年 7 月，丰田土耳其汽车生产与销售公司成立。1992 年 4 月，建立大众/奥迪销售代理中心；同年 9 月，在美国成立丰田配件支持中心；同年 10 月，丰田北海道汽车生产线投入运营。1994 年 10 月，丰田土耳其合资公司开始运作。1996 年 10 月，在美国建立丰田北美汽车制造公司。1997 年，丰田公司在财富 500 强中排名第 11 位，该年营业额为 951.37 亿美元，利润 37 亿美元，雇员 15.903 5 万人。

20 世纪 70 年代是丰田汽车公司飞速发展的黄金期，从 1972 年到 1976 年仅四年时间，该公司就生产了 1 000 万辆汽车，年产汽车达到 200 多万辆。进入 20 世纪 80 年代，丰田汽车公司的产销量仍然直线上升，到 20 世纪 90 年代初，它年产汽车已经超过了 400 万辆接近 500 万辆，击败福特汽车公司，汽车产量名列世界第二。

丰田汽车公司 20 世纪六七十年代是日本国内自我成长期，20 世纪 80 年代之后，开始了它全面走向世界的国际战略。它先后在美国、英国以及东南亚建立独资或合资企业，并将汽车研究发展中心合建在当地，实施当地研究开发设计生产的国际化战略。

丰田汽车公司有很强的技术开发能力，而且十分注重研究顾客对汽车的需求。因而在它的发展各个不同历史阶段创出不同的名牌产品，而且以快速的产品换型击败美欧竞争对手。早期的皇冠、光冠、花冠汽车名噪一时，近来的雷克萨斯豪华汽车也极负盛名。丰田汽车公司总部设在日本东京，现任社长丰田章一郎。丰田汽车公司年产汽车近 500 万辆，出口比例接近 50%。

在二战后萧条的日本，丰田谦虚地接纳了当时默默无闻的美国统计师爱德华兹·戴明的建议，从此开始了高质量的生产。它不但造出了世界上最好的汽车，也造就了一代管理大师——戴明。

丰田生产方式是丰田汽车公司积累多年经验而形成的思想体系，目的在于降低成本，生产高质量的产品。它现在已经成为丰田"制造产品"的根基。由于该方式它不仅能使企业不断提高生产效率增加效益，而且还能满足消费者对质量和快速交货的要求，所以在世界上所有的丰田工厂，包括天津的丰田集团的各个合资公司，都无一例外地采用了这一生产方式。

透视丰田生产方式，会发现三位杰出的人物：丰田佐吉、其子丰田喜一郎和一名生产工程师大野耐一。

丰田佐吉：降低不良品比例

丰田汽车集团的创始人丰田佐吉是自动纺织机的发明者。1902年，他发明了一种纺织机：无论是经线还是纬线，只要有一根断线，纺织机就会自动停下来。他的发明打开了自动纺织业的大门，使得一名操作者可以同时看管几十台纺织机。直到100年后的今天，这种装置仍然被大型纺织机所沿用。足以可以看出佐吉这项发明的影响及深远程度。而正是这种"一旦发生次品，机器立即停止运转，以确保百分之百的品质"的思考方式，形成了今天丰田的生产思想的根基。

20世纪30年代，丰田汽车集团建立了汽车厂，丰田佐吉的儿子丰田喜一郎进行了新的探索。

丰田喜一郎：生产国产车减少浪费

当丰田喜一郎开始研制汽车时，美国的通用汽车公司和福特汽车公司早已成为举世闻名的大企业了。在大量生产技术和市场运作方面，两家公司的实力足以让世界上其他的所有汽车生产厂家望尘莫及，并且分别将各自的汽车组装厂打进了日本。

二战后头几年，日本经济处于一片混乱之中，对于原本就相当落后的日本汽车工业，公司员工无不对其发展前景深感担忧。为了将汽车工业作为和平时期发展经济的支柱产业，完成它的重建，丰田于1945年9月决定在原有的卡车批量生产体制的基础上组建新的小型轿车工厂。做出这项决定主要是考虑到美国的汽车厂家不生产小型轿车，指望因此避开同美国汽车厂家的直接竞争。丰田喜一郎将二战后的日本经济与英国的情况进行对比后，曾讲过这样一番话：

"英国的汽车产业也同样面临着许多困难。英国汽车工业的命运完全取决于美国汽车厂家对小型汽车感兴趣的程度。我坚信只要我们的全体职工和设计人员以高质量的原材料和零部件为起点设计出高品位的小型轿车并将其商品化，就肯定能闯出一条自己的发展之路。今后，集结全体员工的能力和智慧，研制不亚于外国名牌甚至可以名扬世界的汽车是我们义无反顾的选择。"

1937年，汽车部宣告从丰田自动纺织机制作所独立出来，作为一家拥有1 200万日元资本金的新公司，丰田自动车工业株式会社从此踏上了自己崭新的历程。1947年1月，第一辆小型轿车的样车终于试制成功。1949年，丰田的事业终于驶上了稳定发展的轨道。

丰田喜一郎远赴美国学习了福特的生产系统。归国时，他已经完全掌握了福特的传送带思想并下定决心在日本的小规模产量汽车生产中加以改造应用。

丰田喜一郎的办法是，在装配生产线的各工序，只在必要的时候，提供必要数量的必要零件。因此，每一道工序只是在下一道工序需要的时候，才生产所需种类和数量的零部件。生产和输送在整条生产线上，同时协调进行，在每一工序中和不同工序间都是如此。丰田喜一郎就这样奠定了"justintime"（零部件应在正好的时间到达正好的位置的准时生产片）的基础。

除此之外，丰田于1954年在管理方面引进了一系列的全新生产方式，并在其后的发展过程中将其逐步演变成今天众所周知的"看板方式"。这一方式实际上就是丰田喜一郎率先倡导的"Justintime"这一理念的具体体现。

大野耐一：把超市开进车间

在将丰田生产方式化为完整框架的过程中，大野耐一是最大的功臣。在20世纪40

年代末，后来成为丰田执行副总裁的大野耐一还只是一名车间的负责人，他尝试了不同的方法，以使设备按时生产所需的工件。但当他1956年访问美国时，他才得到了关于准时生产的全新观念。

大野耐一到美国是为了参观汽车厂，但他在美国的最大发现却是超级市场。当时，日本还没有什么自选商店，因此大野耐一感触很深。大野耐一非常羡慕超级市场这种简单、有效和有节奏的供货方式。

后来，大野耐一经常用美国的超市形容他的生产系统。每条生产线根据下一条线的选择来安排自己的不同生产，正像超市货架上的商品一样。每一条线都成为前一条线的顾客，每一条线又都作为后一条线的超市。这种模式，即"牵引系组"是由后一条线的需求驱动的。它与传统的"推进系统"，即由前一条线的产出来驱动的模式形成鲜明对比。

经过一代代的改进，丰田生产方式基本上有效地消除了企业在人力、设备和材料使用中的浪费。管理者和雇员不但学会了对生产中的每一个工序的动作、每一件物品的堆放，还会对人员、材料或设备的等待时间的必要性进行精确的计算，从而消除了这些和其他一些方面的浪费。

在丰田生产方式中写着这么一段话：管理者通常将成本作为常量，认为那是他们不能控制的；同时将价格作为变量，认为他们可以调整价格来适应成本的波动。但在全球的竞争市场中，买方——并非卖方——才是价格的主导者。使企业生存并保证利润的唯一途径，就是使成本始终低于消费者情愿为商品和服务所付出的价格。

亨利·福特：功不可没

丰田生产方式来源于亨利·福特建立的颇具历史性的制造系统。在福特系统的突出要点之中，仍可见于丰田生产线的有：

传送带传送需要组装的车辆：将移动着的作业传向固定位置的工人，每个工人只负责一道工序。早期的汽车厂类似手工作坊，每个工人都必须完全靠自己将发动机等总成装配起来。福特提高生产效率的手段，正是将装配工序分解成一系列简单的重复性操作，并将它们排列在一条生产线上。

零部件和原材料的完整供应体制：福特保证了生产工序中的每一环节随时得到所需的全部零部件和原材料。同时，他还是统一零件规格以保证装配时良好的互换性方面的先驱。

应该说亨利·福特的制造系统为丰田生产方式提供了历史前提并奠定了技术基础，而日本的实际情况又给福特系统的改进创造了条件。

劳动争议引发经营危机

重建之路绝不会一帆风顺。二战后的四年时间里，战败混乱局面的阴影一直笼罩着日本经济。物资极度紧缺，物价飞涨，恶性通货膨胀率居高不下，在城市里到处可见人们用战火灰烬中仅存的衣物或家具换取一点点大米或山芋等聊以果腹。

为了挽救因通货膨胀而濒于崩溃边缘的经济，日本政府又采取了通货紧缩政策，所有从复兴金库或城市银行的贷款都被严格禁止。结果造成国内购买力极度低下，对本来就在困境中苦苦挣扎的日本汽车工业来说无异于是雪上加霜，饱受了市场需求锐减和资金周转恶化的双重打击。

丰田也毫不例外地陷入债台高筑的困境。尽管每个月有3.5亿日元的产值，但真正能从市场上回笼的资金有的月份勉强达到 2 亿日元。使得公司的经营状况急剧恶化。为了填补资金空缺需要从银行贷款，但可供担保用的资产也所剩无几，没能支撑多久就出现了严重的资金不足。在当时那种严峻的经济形势下，丰田的销售店的汽车根本卖不出去，只能靠发行承兑汇票勉强度日。

最后，丰田连给职工开工资都发生了困难，拖欠工资现象越来越严重，甚至不得不酝酿裁减人员的计划。1949 年 4 月，丰田爆发了工会组织的罢工。工会坚决反对裁减工人，为此劳资之间开展了无休止的谈判。对公司来说，不缩减生产，不裁减人员公司就难以为继，所以不肯向工会做出让步。而工人方面则举行示威活动，坚决要求公司答应他们提出的条件。双方僵持不下，劳资争议发展成了长期对抗，这又使得原本的亏损进一步扩大，公司陷入了随时可能破产的危机。要不选择破产，要不选择裁减人员重建公司，劳资双方就何去何从的问题进行反复彻底的讨论后最终达成协议：工会同意裁员，从职工中招募自愿退职者，将原有的 7 500 名职工裁减到 5 500 名；同时资方除社长丰田喜一郎一人外，其他经营管理人员全体引咎辞职。1950 年 6 月，历时 1 年 3 个月的劳资纠纷终于宣告结束。

这次劳资纠纷是丰田历史上仅有的一次，它使丰田的劳资双方都得到了很多教训。经过这场纠纷之后，劳资双方都懂得了一个共同的道理：没有企业的成长发展就没有职工生活的安定；反之，没有职工生活的安定也就没有企业的成长发展。今天，丰田人把劳资关系看成汽车两边的轮子，任何一边都不可缺少，正是因为当年曾经有过这样一次痛苦的经历。而现在丰田所有企业活动的成功也无不仰仗于建立在相互信任基础上的良好的劳资关系。

美国的三大汽车巨头通过与日本企业开展合作，也学习到了日本企业的经营管理经验以及小型车的生产技术，使得他们在 20 世纪 90 年代初得以摆脱财政困境成功地实现了企业振兴。不仅如此，汽车产业以外的其他国家的制造业也受到了日本丰田公司的影响，将其劳资关系观念、顾客第一观念等全新的概念吸收到了自己的经营实践中。

思考题：

1. 丰田是通过制定哪种竞争战略来取得行业领导优势的？

2. 丰田的生产制造体系和生产有哪些创新与优势？

3. 丰田如何与供应商建立战略合作关系？

知识巩固

判断题：

1. 生产率是衡量企业运营管理系统效率以及企业市场竞争力的重要标准。（　）

2. 如果两家企业有同等的产出量，但其中一家企业由于生产率较高而投入的较少，那么这家企业就能够按较低的价格销售自己的产品，从而提高其市场份额。（　）

3. 将系统视为一个整体，来决定哪个运作的生产率是重要的。整体生产率才是最重要的。瓶颈生产率的提高才会引起整体生产率的提高。（　）

4. 低成本、高质量、产品差异、时间优势（准时交货、新产品或服务的研发及投放市场的快慢、工艺或产品改进的速度）等要素都可以帮助企业获得竞争优势。

（　）

5. 低成本的企业通常选择大批量生产无差异的产品，降低边际成本，追求高生产率，从而获得比竞争对手更低的成本和价格优势，形成企业竞争力。　　（　　）

案例分析

可口可乐和非常可乐的竞争

美国可口可乐公司在 2004 年财富全球 500 家最大公司中排名第 299 位，2003 年营业收入 173 亿美元，杭州娃哈哈公司 2003 年营业收入约有 12 亿美元。1998 年，杭州娃哈哈公司决定从国外引进最先进流水线，推出非常可乐。当时决策层考虑最大的问题是如果可口可乐公司应战，非常可乐是否血本无归。如果打价格战，从企业实力角度看，娃哈哈根本无力招架。经权衡，娃哈哈决策层坚持"适度创新、后发制人"的产品策略，推出非常可乐，实行员工队伍以本土人才为依托，立足国内市场，并请专家构筑反报复障碍。

障碍 1：营销战略中融合民族性。非常可乐宣称"非常可乐，中国人自己的可乐"。首先使国内消费者在心理上就有了极强烈的认同感，同时也成功地把娃哈哈原有的品牌优势延伸到了可乐消费市场中。而可口可乐一直是美国人的可乐象征，可口可乐没有理由限制中国消费者去热爱"自己的可乐"。

障碍 2：恰当的市场战略取向。非常可乐没有将其局限于市场份额的争夺上，而是以扩大整个可乐市场宽度为目的，在此过程中填补市场空白以获取可以接受的市场份额。非常可乐市场定位为农村市场，可口可乐定位为城市市场，没有去触动可口可乐的基本销售网络。娃哈哈希望能给可口可乐这样的印象：非常可乐的出现会对整个产业有益，不会对可口可乐的销售有过分的负面影响。

障碍 3：创造混合动机。娃哈哈努力倡导可乐是生活必需品，可口可乐公司自然不会以反对者的姿态出现。混合动机是指挑战者为了抑制领导者进行报复，宣传一些领导者认同的策略。这样，领导者如果对挑战者做出报复，就会损害其自身既有战略。

面对非常可乐的竞争，可口可乐也在权衡对策。可口可乐考虑的主要因素有：

因素 1：考虑高报复成本。可口可乐稳占中国碳酸饮料市场的半壁江山，如果可口可乐在这种优势形势下采取全面削价或配送等代价高昂的报复行动，会对公司目前的利润水平产生极有害的影响。而且娃哈哈是中国名牌，这位对手绝不会轻易退却。对一直奉行低成本战略的可口可乐而言，如果报复，一定是负和博弈。

因素 2：君子博弈因素。如果产业中的竞争是在一些经营理念成熟、有丰富的市场操作经验的企业之间展开，那么这些企业进行的可能是君子博弈。可口可乐作为世界品牌之冠，如果与非常可乐正面发生冲突，有损其企业形象。

因素 3：让其他品牌可乐去狙击。可口可乐预计百事可乐和其他品牌可乐不会袖手旁观。百事可乐的价位略高于可口可乐，其他品牌可乐的价位则略低于可口可乐。其他品牌可乐会从高、低价位两个销售取向破坏非常可乐的进攻路线。

思考题：

1. 按照企业所处的竞争地位，可口可乐和娃哈哈公司在饮料市场上分别扮演的是什么角色？

2. 结合案例材料，你认为可口可乐公司会使用价格战等报复手段迫使非常可乐退出中国市场吗？为什么？

3. 2004 年 6 月，第一批非常可乐登陆美国本土市场，直接到可口可乐家门口挑战。你认为娃哈哈公司的反报复障碍是否继续有效？为什么？

4. 面对家门口的挑战，可口可乐公司会使用价格战等报复手段迫使非常可乐退出美国市场吗？你对可口可乐公司有何建议？

实践训练

项目　认识成本领先战略、差异化战略管理在服务型企业中的应用

【项目内容】

带领学生参观某宜家家居卖场或沃尔玛超市的运营管理。

【活动目的】

通过对家居卖场/沃尔玛超市的运营管理感性认识，帮助学生进一步加深对运营管理的基础知识、卖场布置方法、卖场促销、成本管理常见形式等知识的理解。

【活动要求】

1. 重点了解家居卖场/沃尔玛超市的营运模式、成本管理和客户管理的原则。

2. 每人写一份参观学习提纲。

3. 保留参观主要环节和内容的详细图片、文字记录。

4. 分析家居卖场/沃尔玛的运营管理重点。

5. 每人写一份参观活动总结。

【活动成果】

参观过程记录、活动总结。

【活动评价】

由老师根据学生的现场表现和提交的过程记录、活动总结等对学生的参观效果进行评价和打分。

模块三
流程分析

【学习目标】

1. 流程图的描绘。
2. 流程绩效的三个指标和律特法则。
3. 瓶颈环节和流程能力。
4. 流程利用率和能力利用率。
5. 流程分析的 6 步法。

【技能目标】

1. 了解流程图中各元素的含义并掌握流程图的绘制。
2. 了解和掌握流程绩效三个指标的含义与主要内容。
3. 理解律特法则并且能够计算。
4. 了解生产过程中的瓶颈环节。
5. 了解流程能力与流程瓶颈的关系。
6. 理解流程利用率和能力利用率的计算。
7. 理解流程分析的 6 步分析方法，了解其在实际中的运用。

【相关术语】

流程图（flow chart）

流程绩效（process performance）

利特尔法则（Little's law）

瓶颈（bottleneck）

需求约束（demand constrained）

供应约束（supply constrained）

流程利用率（utilization rate of the process）

能力利用率（capacity utilization）

流程能力（process capacity）

生产率（productivity）

【案例导入】

玩具小熊

礼品店中的玩具小熊，由于外观可爱，所以一直是孩子们的最爱。随着儿童节的临近，订单数量一直在增加。虽然制作工厂已经进行了一次大规模的扩建，但现在的生产水平仍然无法满足市场的需求。

现在，一切都是不确定的，随着需求淡、旺季的变化，市场需求变得越来越难预测。玩具小熊的生产主管没有任何实质性的改进措施，只是说"保持生产的柔性。我们也许会收到5万件订单。但是如果没有足够的订单，我们既要保持现有人员，又不希望面对持有巨大库存的风险。"基于这种不确定性的市场背景，工厂经理们正在寻求提高流程能力的方法；同时，这些方法的实施绝对不能以牺牲生产柔性和提高生产成本为代价。

玩具小熊通过一个混合批量流水线加工出来。6个填充人员同时工作，把填充材料装进相应的布料中，这样就制成了小熊身体和各个部位的基本形状。由于此作业部门相对分离，故每生产完25套小熊的部件就放在一个箱子内运给下一道工序。在另一个批量作业地，8名工作人员将整块胚布剪成适当大小的布料，然后制成小熊的外衣。

接下来的生产流程是由9名工人将填充好的各个肢体进行塑形，比如身体、头部等，然后将这些部分拼凑缝制成完整的小熊。接着，由4名工人为小熊粘贴好嘴巴、眼睛、鼻子和耳朵，并为他们穿好缝制的外衣。经过打扮的小熊都交给3名工人，他们为小熊装入事先准备好的发生设备（含有电池）。最后经过2小时把胶水进行自然晾干，小熊由2名包装工人放进包装袋中，并把他们装入与便于运输的箱子里。

为了分析研究流程能力，经理和生产主管们对玩具小熊的各道加工工序以及转移时间做了估计。

由于还有一些不可避免的间隔和休息时间，生产主管对1个8小时的班次按7小时计算实际工作时间。

资料来源：任建标. 生产运作管理［M］. 2版. 北京：电子工业出版社，2010.

思考题：

1. 根据生产主管的方法，1个班次可以生产多少只玩具小熊？如果一周生产7天，一天3班，那么一周可以生产多少只小熊？哪项作业是瓶颈作业？

2. 在作业流程上，你能帮主管提几条建议吗？

任务一　流程图的绘制

只要有过程，就有流程。过程是将一组输入转化为输出的相互关联的活动，流程图就是描述这个活动的图解。流程图对于现有过程，设计新的过程改进原有过程具有积极的作用。流程并不是一成不变的，而是需要不断改进的。

开始对一个运作系统进行分析的最好方法是描绘流程图。所谓流程图就是以图形的方式来描绘流程。例如，一张流程图能够成为解释某个零件的制造工序，甚至成为组织决策制定程序的方式之一。这些过程的各个阶段均用图形表示，不同图形之间以箭头相连，代表它们在系统内的流动方向。下一步何去何从，要取决于上一步的结果，典型做法是用"是"或"否"的逻辑分支加以判断。

流程图是揭示和掌握封闭系统运动状况的有效方式。作为诊断工具，它能够让管理者清楚地知道，问题可能出在什么地方，从而确定出可供选择的行动方案。流程图有时也称作输入—输出图。该图直观地描述了一个工作过程的具体步骤。流程图对准确了解事情是如何进行的，以及决定应如何进行改进极有帮助。这一方法可以用于整个企业，以便直观地跟踪和图解企业的运作方式。为了努力理解流程的具体细节，我们可以求助于工厂的流程说明书。理解复杂流程的方法是研究物料或者产品本身是如何在流程中经过的，我们要把物料或者产品作为流程单位，并且要关注它们经过整个流程的过程。

流程图由一系列圆圈、三角、方框、菱形和箭头组成，如图 3-1 所示。

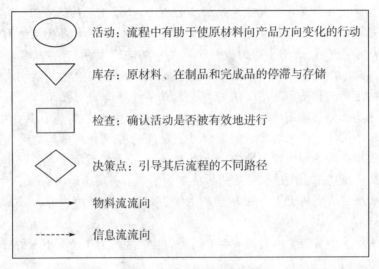

图 3-1 流程元素简介

- 圆圈代表增加流程单位价值的流程活动，依赖于我们选择的分析程度，一个工序（圆圈）本身也可以是一个流程。
- 三角形代表等待区域或者缓冲库存。与工序不同，存货不增加价值，所以，流程单位不要在存货上浪费时间。
- 方框代表"检查"，它与活动不同，活动通常指有助于使原材料向产品方向变换的行动，而检查知识确认任务是否被有效完成。
- 菱形表示一个"决策点"。
- 箭头在圆圈、三角形、方框或者菱形之间，表示物料流（实际）和信息流（虚线），它指明了流程单位经过流程的路径。

为直观地了解流程图的形式，下面举两个例子。图 3-2 是某公司电子看板的生产流程图，图 3-3 是合同评审的流程。

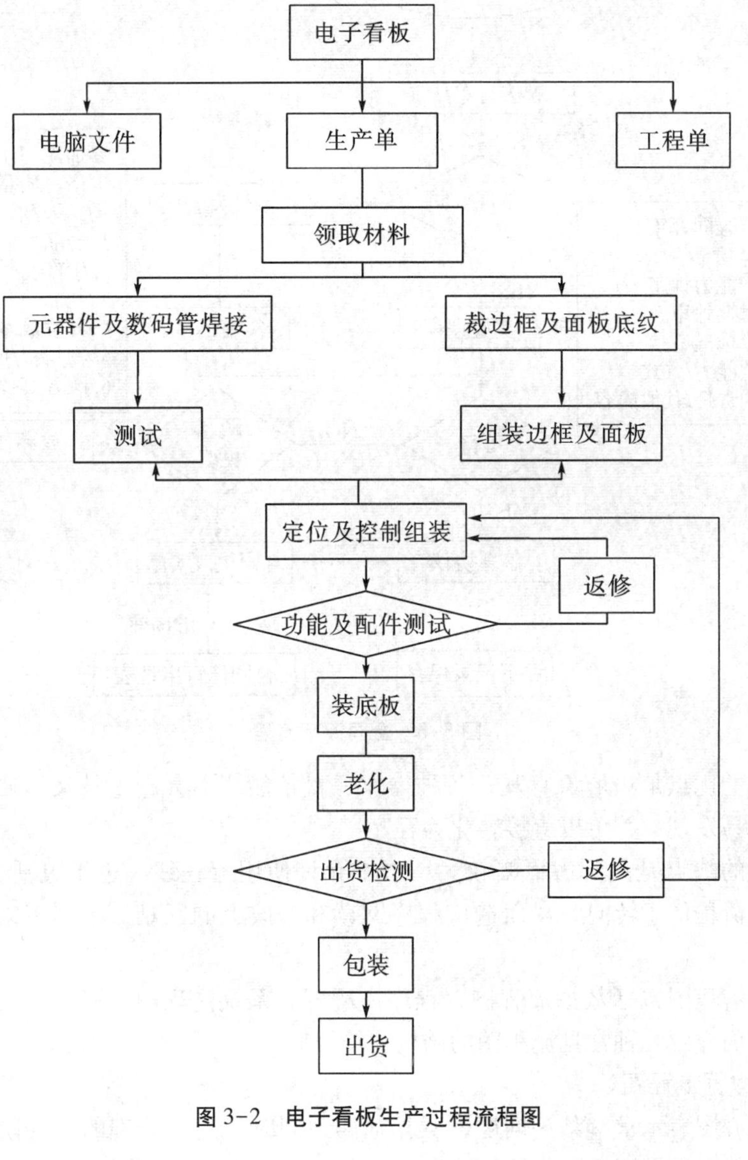

```
                        ┌──────────┐
                        │  电子看板  │
                        └──────────┘
                             │
        ┌────────────────────┼────────────────────┐
        │                    │                    │
   ┌────────┐          ┌──────────┐          ┌────────┐
   │ 电脑文件 │          │  生产单   │          │ 工程单  │
   └────────┘          └──────────┘          └────────┘
                             │
                       ┌──────────┐
                       │ 领取材料  │
                       └──────────┘
                             │
        ┌────────────────────┴────────────────────┐
        │                                          │
┌──────────────────┐                    ┌──────────────────┐
│ 元器件及数码管焊接 │                    │  裁边框及面板底纹  │
└──────────────────┘                    └──────────────────┘
        │                                          │
   ┌────────┐                           ┌──────────────────┐
   │  测试  │                           │  组装边框及面板    │
   └────────┘                           └──────────────────┘
        │                                          │
        └────────────────────┬────────────────────┘
                             │
                    ┌──────────────────┐        ┌────────┐
                    │  定位及控制组装    │◄───────│  返修  │
                    └──────────────────┘        └────────┘
                             │                       ▲
                    ◇ 功能及配件测试 ◇────────────────┘
                             │
                       ┌──────────┐
                       │  装底板   │
                       └──────────┘
                             │
                       ┌──────────┐
                       │  老化    │
                       └──────────┘
                             │
                    ◇  出货检测  ◇────────┌────────┐
                             │            │  返修  │
                       ┌──────────┐       └────────┘
                       │  包装    │
                       └──────────┘
                             │
                       ┌──────────┐
                       │  出货    │
                       └──────────┘
```

图 3-2　电子看板生产过程流程图

49

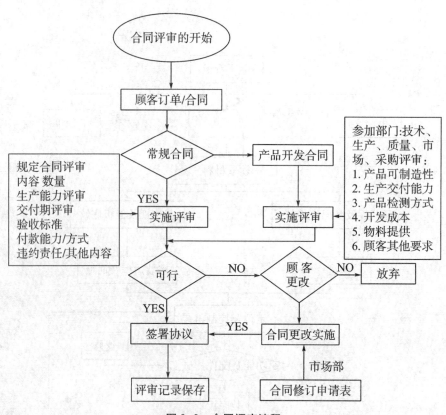

图 3-3 合同评审流程

流程图的优点是：形象直观，各种操作一目了然，不会产生歧义，便于理解，算法出错时容易发现，并可以直接转化为程序。

流程图的缺点是：所占篇幅较大；由于允许使用流程线，过于灵活，不受约束，使用者可使流程任意转向，从而造成程序阅读和修改上的困难，不利于结构化程序的设计。

常见的流程图包括数据流程图、程序流程图、系统流程图、程序网络图、系统资源图等。下面介绍几种常见流程图的结构和符号。

（一）数据流程图

数据流程图表示求解某一问题的数据通路，同时规定了处理的主要阶段和所用的各种数据媒体。数据流程图包括：

（1）指明数据存在的数据符号，这些符号也可以指明该数据所使用的媒体；

（2）指明对数据执行的处理符号，这些符号也可指明该处理所用到的机器功能；

（3）指明几个处理和（或）数据媒体之间的数据流的流线符号；

（4）便于读、写数据流程图的特殊符号。

在处理符号的前后都应是数据符号，数据流程图以数据符号开始和结束。

（二）程序流程图

程序流程图表示程序中的操作顺序。程序流程图包括：

（1）指明实际处理操作的处理符号，包括根据逻辑条件确定要执行的路径的符号；

（2）指明控制流的流线符号；

（3）便于读、写程序流程图的特殊符号。

（三）系统流程图

系统流程图表示系统的操作控制和数据流。系统流程图包括：

（1）指明数据存在的数据符号，这些数据符号也可指明该数据所使用的媒体；

（2）定义要执行的逻辑路径以及指明对数据执行操作的处理符号；

（3）指明各处理和（或）数据媒体间数据流的流线符号；

（4）便于读、写系统流程图的特殊符号。

（四）程序网络图

程序网络图表示程序激活路径和程序与相关数据的相互作用。在系统流程图中，一个程序可能在多个控制流中出现；但在程序网络图中，每个程序仅出现一次。程序网络图包括：

（1）指明数据存在的数据符号；

（2）指明对数据执行的操作的处理符号；

（3）表明各处理的激活和处理与数据间流向的流线符号；

（4）便于读、写程序网络图的特殊符号。

（五）系统资源图

系统资源图表示适合于一个问题或一组问题求解的数据单元和处理单元的配置。系统资源图包括：

（1）表明输入、输出或存储设备的数据符号；

（2）表示处理器（如中央处理机、通道等）的处理符号；

（3）表示数据设备和处理器间的数据传输以及处理器之间的控制传送的流线符号；

（4）便于读、写系统资源图的特殊符号。

绘制流程图的软件多种多样，比如 visual graph 专业图形系统。此系统为图形控件，在 NET 开发平台下可以灵活应用，在 Delphi 中也可以使用。Visio 是当今最优秀的绘图软件之一，它将强大的功能和易用性完美结合，可广泛应用于电子、机械、通信、建筑、软件设计和企业管理等众多领域。Power Designer 是一款比较不错的流程图软件。SAM 业务流程梳理工具软件，为流程从业者梳理流程业务提供便捷、标准化的建模工具，为开展流程梳理、固化、发布工作提供最佳工具支持。Visio 是微软公司推出的一种非常传统的流程图软件，应用范围广泛。采用泳道图的方式能够把流程和流程的部门以及岗位关联起来，实现流程和所有者的对应。随着企业对流程管理应用需求的提升，片段、静态的方式很难适应企业实际流程管理的需要。Control 是英国 Nimbus 公司的流程图软件，能够比较全面地展示流程的基本要素，包括活动、输入输出、角色以及相关的文档等各种信息。它具有简洁易用的特性，不支持多维度扩展应用。Aris 是 IDS 公司的流程图软件，具有 IDS 特有的多维建模和房式结构，集成了流程管理平台，可以通过流程平台进行流程分析和流程管理。Provision 是 Metastorm 公司的流程图软件，以多维度系统建模见长，能够集成企业的多种管理功能，是流程管理专家级客户应用的工具。框图宝是 Youfabao 的在线流程图软件，可以在线绘制流程图，简单易用，基于云计算，数据永不丢失。ProcessOn 是一个基于 Web 的免费绘制流程图的网站。其特点是：①免费；②不用安装；③可以多人同时登录画一张流程图。

Microsoft Word 具有绘制流程图的功能，下面以 Word 2010 软件为例介绍制作方法：

第1步，打开 Word2010 文档窗口，切换到"插入"功能区。在"插图"分组中单击"形状"按钮，并在打开的菜单中选择"新建绘图画布"命令。提示：必须使用画布，如果直接在 Word2010 文档页面中直接插入形状会导致流程图之间无法使用连接符号连接。

第2步，选中绘图画布，在"插入"功能区的"插图"分组中单击"形状"按钮，并在"流程图"类型中选择插入合适的流程图。如选择"流程图：过程"和"流程图：决策"。

第3步，在 Word2010"插入"功能区的"插图"分组中单击"形状"按钮，并在"线条"类型中选择合适的连接符号，如选择"箭头"和"肘形箭头连接符"。

第4步，将鼠标指针指向第一个流程图图形（不必选中），则该图形四周将出现4个红色的连接点。鼠标指针指向其中一个连接点，然后按下鼠标左键拖动箭头至第二个流程图图形，则第二个流程图图形也将出现红色的连接点。定位到其中一个连接点并释放左键，则完成两个流程图图形的连接。

第5步，重复步骤3和步骤4连接其他流程图图形，成功连接的连接符号两端将显示红色的圆点。

第6步，根据实际需要在流程图图形中添加文字，完成流程图的制作。

任务二　流程绩效的三个主要指标

流程使用资源（劳动力和资金），将投入（原材料、接待的顾客）转换为产出（产成品、接受服务的顾客），如图3-4所示。在分析产品和服务的生产流程时，首先要定义我们分析的流程单位。

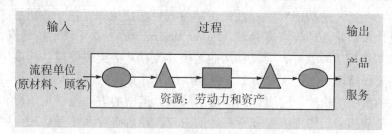

图 3-4　组织中的流程

在医院的服务流程中，我们选择医院病人作为流程单位。在汽车制造厂的组装线流程中，我们选择车辆作为流程单位。一般流程单位的选择是根据生产流程所供应的产品或者提供服务的类型来确定的。图3-5是汽车车身总装车间生产流程图。

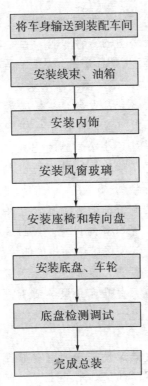

图 3-5 汽车车身总装车间生产流程图

流程单位就是在整个流程中流动，从投入开始，最终转换为产出而结束流程。在给流程单位下定义之后，我们接下来就可以根据流程绩效的三个基本度量指标来评估一项流程。

- 流程中累积的流程单位的数量称为库存（在生产中就指的是在制品）。如果我们不只关注生产流程的话，库存也可以用于表示在肯德基餐厅中所有的顾客数量。
- 一个流程单位通过流程所需的时间被称为流程时间。流程时间包括该流程单位可能等待加工的时间，因为其他在同一道工序上的流程单位（库存）也在争夺同样的资源。流程时间是以一项非常重要的绩效度量，尤其是用在服务环境中。
- 流程生产产品的速度称为单位时间产出率或者生产率。流程所能达到的最大生产率称为流程能力。例如，一家儿童医院的单位时间产出就是一天服务 600 个病人，一家汽车制造厂的单位时间产出就是一天生产 200 辆汽车。

表 3-1 中给出了流程的几个例子和它们对应的单位时间产出、库存水平以及流程时间。

表 3-1　　　　　　　　单位时间产出、库存水平以及流程时间的例子

	肯德基餐厅	香槟酒厂	EMBA 项目	联想公司
流程单位	进入餐厅的顾客	瓶装香槟	EMBA 学生	计算机
单位时间产出	一天服务 900 名顾客	每年 26 000 万瓶	每年 300 个学生	每天 5 000 台
流程时间	顾客在餐厅内的平均时间：40 分钟	在酒窖中的平均时间	2 年	60 天
库存	餐厅中平均有 60 名顾客	90 000 万瓶	600 个学生	300 000 台

【案例】3-1　如何操作流程绩效管理

我们先看看刚刚发生在西金公司的一件事情。西金公司是国内一家著名的IT分销企业，主要是为国内外各IT厂商做产品分销，是厂商与代理商的中间环节。2008年年底，又到了某国际著名IT厂商的渠道大会。简单来说，渠道大会就是厂家根据各分销企业的表现划分来年渠道蛋糕的盛会，大会的结果决定了各IT分销企业在来年该产品的分销份额。西金公司当然也不敢怠慢，像往年一样派出了一个由CEO与5位高管组成的豪华阵容参加渠道大会。当然西金公司这次出战，可以说是信心十足，因为2008年公司分销此产品的业绩非常好，所以，即使根据业绩对等划分，保守估计，公司至少都可以拿到该产品来年渠道份额的35%左右。但结果是西金公司仅仅拿到了20%的份额。经了解，原来厂家划分渠道份额的规则已经由单纯业绩维度变为业绩加代理商评分两个维度，而且代理商评分占60%的比重。经过几年的发展，西金公司虽然在此产品的渠道业绩方面名列前茅，但代理商评分却很低。

这件事给西金公司带来很大震撼。参加渠道大会回来后，CEO和几位高管在不同场合都拿此例子强调各部门要注意提升客户服务质量，因为这已经开始影响到公司整体业绩。

为何要谈流程绩效

市场竞争的加剧是流程绩效概念受重视的重要原因，企业必须提供高效、整合的服务才能满足客户需求。企业不同部门如何分工、如何协调等问题，这都不是客户关心的，客户只关心你的企业能否在最短的时间内由统一接口提供整合的、最优质的服务。

人力资源体系也有一个绩效考核，但目前绝大部分企业还狭隘地停留在对岗位工作的考核上，而没有考虑流程本身端到端的绩效需求。

回归到上面西金公司的例子。作为公司客户的IT产品代理商是如何评分的呢？无非就是这样几个方面，比如能否提供最新的IT产品信息，能否方便下订单，能否快捷完成订单处理，能否快速准确地配送货物。如果这些都能满足客户需求，客户自然也就会满意的。其实这些问题就是指流程的绩效。如果IT产品信息管理流程能够及时、准确地把新产品及重要的产品信息（如库存）投递到客户端，如果订单需求管理流程能够非常方便、快捷地接收客户需求，如果订单审批流程能够保证在规定的时间内完成审批，如果订单执行流程能够在可接受时效内准确完成配送，客户自然也就会满意的。

因此，西金公司如果想真正提高客户服务质量，应该立刻开始着手提升与满足客户需求相关流程的绩效。如只给各部门强调注意提高客户服务质量，这都是徒劳。

比如西金公司的订单审批由三个部门共同完成。每一次各部门工作考核都是95分以上，每个部门的订单审批时效统计表也不错。平均每个订单每个部门都可以在半天之内完成，这样算起来一个订单的平均审批时效应该在一天半之内。但最终结果却非如此，只有50%的订单可以在规定时间内完成审批。经过分析才知道，原来每个部门在计算本部门本岗位订单处理时效的时候都对数据进行大量"必要"的删减工作，比如删除下午到达本部门的订单，因为如果订单下午到达可能需要第二天上午才能处理完，这个原因造成的时间延误成本不应该由本部门承担。所以，无论公司再怎么强调各部门各岗位的人员如何努力，都不会改变客户端感受到的流程效果。只有公司对三个部门制定一个面向流程而非面向岗位的流程绩效目标，三个部门才会围绕这一总体目标协调并制定相应的订单审批规则和监控机制来确保总体目标达成。

为何很多组织不谈流程绩效

既然做流程绩效管理有如此大的好处，为何大部分组织还是没有开展这项工作呢？我们需要了解一下原因，以便有利于此项工作的有效开展。

我们不妨回顾一下最开始提到的西金公司的例子。在遭遇危机后，西金公司 CEO 和几位高管在不同场合强调要注意客户服务质量，这是绝大部分企业解决问题的方法。那最后有没有真正解决问题呢？我告诉大家我看到的答案：没有任何改善。因为公司领导认为强调即可以让各部门改善，但他却忽视了一个重要问题，客户服务质量的提高涉及很多部门，如何真正整合各部门资源，真正投入到正确的改善方向上并持续努力，这里面是有缺位的。这是科层制长期主导的企业架构带来的恶果。

客户质量的提高涉及方方面面的事情，比如客户眼中的服务质量维度是什么？这些质量指标与内部哪些流程有对接？这些流程涉及多少部门多少岗位？各部门各岗位是如何影响这些指标的？提高这些质量指标的关键点在哪里？由谁来计划、组织、监控整个工作持续有效地开展？整个工作的持续动力在哪里？

所以，流程绩效管理绝对是一个系统工程。

如何进行流程绩效管理

那么我们如何才能做好流程绩效管理工作呢？我总结了一套方法，命名为"流程绩效管理六步法"。

第一步：取势

这里的取势有两层含义：一是高层支持。对于目前国内企业而言，流程管理理念还不够深入。所以，如果计划启动此工作，必须得到公司高层的大力支持，而且是真正地、坚定不移地、持续地支持。二是选择恰当的时机。和平年代，上至老总下至普通员工都不想折腾，而流程绩效管理工作在推进早期又是非常折腾的事情。所以，如果想成功地推动这项工作，还要选择启动的好时机，像上面列举的西金公司遇到的问题就是一个绝佳时机。

第二步：成立推动组织

上文说过，流程绩效管理工作是一个系统工程。所以必须成立一个虚拟组织来协调工作。毫无疑问，这个虚拟组织的负责人应该是企业高管，组织成员应该是关键流程领域的负责人。这个组织的工作职责是：①组织协调；②工作策划；③执行工作计划；④检查工作效果；⑤资源提供；⑥重大问题决策。

第三步：流程重要度分析

有必要设置绩效指标的流程一定是核心流程。所以，应该首先做流程重要度分析。分析的维度有多个，比如客户导向、行业竞争力因素等。完成重要度分析后，还要遵循先点后面、先易后难、先业务后职能的原则逐步实施。先找 1~2 个重要流程完成整个流程绩效管理闭环再全面铺开，无论是对于方法论的完善，还是控制实施风险而言都是至关重要的。

第四步：设置流程绩效指标

流程绩效指标的设置一定要遵循以下几个原则：

（1）全局性。不应仅站在本部门或本岗位的角度讨论问题，而应该跳出部门、岗位甚至公司的框框，站在整个行业价值链的高度设置流程绩效指标。

（2）端到端。不要为了便于考核就切分流程，而应该直接设置端到端指标。

（3）客户导向。要时刻问自己，并确保这是外部客户关心的，而非内部客户一厢情愿。

（4）少而精。一个流程设置3个指标，所以，不要贪多。

第五步：流程绩效测评

定期对流程做绩效测评是必要的，而且相关部门、岗位要对这些测评结果负责。常见的做法就是流程绩效考核与部门和个人的绩效考核挂钩。

第六步：流程持续改进

大部分企业忽视了这一步，认为流程绩效得到测评和考核就是工作的终点。这绝对是一个误解，因为流程绩效考核的目的不是为了考核，而是通过定期、客观分析流程当前绩效值与客户期望值及竞争对手标杆值的差距，持续优化并提升流程绩效。这同样是虚拟组织需要主导推动的，而不是让各部门自己去"揣摩"。

资料来源：中国MBA案例共享中心、豆丁网、道客巴巴、百度文库等。

任务三　流程的律特法则

律特法则由麻省理工学院斯隆商学院（MIT Sloan School of Management）教授 John Little 于 1961 年提出来的。其英文名称为：Little's Law。流程中的库存、单位时间产出和流程时间三者之间存在一种特殊关系。只要测出了其中两个指标，就可以方便地计算出第三个指标。那么另外两个指标之间的关系就非常明确了。我们将揭示出的流程中的库存、单位时间产出和流程时间三者之间的规则称为律特法则。

平均库存＝平均单位时间产出×平均流程时间

律特法则是一个有关流程中库存与单位时间产出关系的简单数学公式，这一法则为精益生产的方向指明了道路。如何有效地缩短生产周期呢？律特法则已经很明确地指出了方向。一个方向是提高产能；另一个方向是压缩存货数量。然而，提高产品往往意味着增加更大的投入。另外，生产能力的提升虽然可以缩短生产周期，但是，生产能力的提升总有个限度，我们无法容忍生产能力远远超过市场的需求。一般来说，每个公司在一定时期内的生产能力是大致不变的，而从长期来看，各公司也会力图使自己公司的产能与市场需求相吻合。因此，最有效地缩短生产周期的方法就是压缩在制品数量。

律特法则不仅适用于整个系统，而且适用于系统的任何一部分。

律特法则用于已知绩效度量的两个指标，再求另一个指标的情况。例如，如果你想找出放射科的病人等待做 X 光所需要的时间，你可以按照以下步骤进行：

（1）如果平均库存一致，观察当天中一些随机时刻的病人库存数。假定是 7 个病人，其中 4 人在等候室、2 人已经换了房间在手术室外等候、1 人正在手术。

（2）计算手术单的数量或者显示当天接待过的病人数目的记录，即当天的产出。如果假定是 8 个小时 60 个病人，那么单位时间产出就是 7.5（60/8）个病人/小时。

采用律特法则计算的流程时间＝库存/单位时间产出＝7/7.5＝0.933 小时＝56 分。

从中得到，病人进入放射科室指导完成 X 光需要的时间是 56 分钟。

律特法则在任何情况下都成立。例如，律特法则不受流程单位接受服务的顺序（如先进先出和后进先出原则）的影响，律特法则也不受随机因素的影响。

【例 3-1】假定我们所开发的并发服务器的访问速率是 1 000 个客户/分钟，每个客户在该服务器上平均将花费 0.5 分钟，根据律特法则，在任何时刻，服务器都将承担500（1 000×0.5）个客户量的业务处理。假定过了一段时间，由于客户群的增大，并发的访问速率提升为 2 000 个客户/分钟。在这种情况下，我们该如何改进系统的性能？

根据律特法则，有两种方案：

（1）提高服务器并发处理的业务量，即提高到：2 000×0.5 = 1 000。

（2）减少服务器平均处理客户请求的时间，即减少到：500 / 2 000 = 0.25。

【例 3-2】一家小型机场的行李登记处，登记信息表表明从早上 9：00~10：00 有 255 个乘客登机。此外，根据排队等候的乘客数量，机场管理人员得出等待登机的乘客平均数量是 35 人。那么平均每位乘客需要排队等候多久呢？

解：从早上 9：00~10：00 有 255 个乘客登机是指一个小时的产出是 255 个乘客，机场管理人员得出的等待登机的乘客平均数量 35 人是指平均库存是 35 人，平均每位乘客需要排队等候多久是指平均流程时间。

根据律特法则：

$$平均库存 = 平均单位时间产出 \times 平均流程时间$$

得出：

$$平均流程时间 = 平均库存/平均单位时间产出$$
$$= 35/255$$
$$= 0.127\ 25 \text{（小时）}$$
$$= 8.24 \text{（分钟）}$$

也就是说，平均每位乘客需要排队等候 8.24 分钟。

任务四 瓶颈和流程能力

一、瓶颈

通常把一个流程中生产节拍最慢的环节叫做"瓶颈"（bottleneck）。瓶颈一般是指在整体中的关键限制因素。生产中的瓶颈是指那些限制工作流整体水平（包括工作流完成时间、工作流的质量等）的单个因素或少数几个因素。

流程中存在的瓶颈不仅限制了一个流程的产出速度，而且影响了其他环节生产能力的发挥。更广义地讲，所谓瓶颈是指整个流程中制约产出的各种因素。例如，在有些情况下，可能利用的人力不足、原材料不能及时到位、某环节设备发生故障、信息流阻滞等，都有可能成为瓶颈。正如"瓶颈"的字面含义，一个瓶子瓶口的大小决定着液体从中流出的速度，生产运作流程中的瓶颈则制约着整个流程的产出速度。瓶颈是指实际生产能力小于或等于生产负荷的资源。

瓶颈还有可能"漂移",这取决于在特定时间段内生产的产品或使用的人力和设备。因此,在流程设计和日常生产运作中都需要引起足够的重视。同时,旧的瓶颈被打破,新的瓶颈就会立刻产生。只有不断地消除新的瓶颈才能提高生产的整体效率。

(一)生产瓶颈的表现方式

1.工序方面的表现:A工序日夜加班赶货,而B工序则放假休工。

2.半成品方面的表现:A工序半成品大量积压,而B工序则在等货。

3.均衡生产方面的表现:如生产不配套。

4.生产线上的表现:A工序大量滞留,而B工序则流动正常。

(二)引发生产瓶颈的原因

引发生产瓶颈的原因包括材料、工艺技术、设备等,如表3-2所示。

表3-2

原因	细节描述
材料供应	个别工序或生产环节所需要的材料若供应不及时,就可能会造成生产停顿,而在该处形成瓶颈
工艺	工艺设计或作业图纸跟不上,从而影响生产作业的正常进度
设备	设备配置不足,或设备的正常检修与非正常修理也会影响该工序的正常生产
品质	若个别工序在生产上出现品质问题,会造成生产速度降低、返工、补件等情况,而使得生产进度放慢
时间	有些工序是必须要等待若干时间才能完成的,且不可人为缩短,这类工序也将会出现瓶颈
人员因素	个别工序的人员尤其是熟练工数量不足
突发性事件	因偶然事件或异动而造成瓶颈问题,比如人员调动、安全事故、材料延期、因品质不良而停产整顿等

(三)解决生产瓶颈的方法

1.生产进度瓶颈的解决

生产进度瓶颈是指在整个生产过程或各生产工序中,进度最慢的时刻或工序。它分为先后工序瓶颈和平行工序瓶颈,具体如图3-6、图3-7所示。

(1)先后工序瓶颈

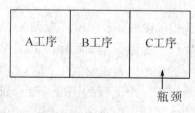

图3-6

存在着先后顺序的工序瓶颈,将会严重影响后工序的生产进度。

（2）平行工序瓶颈

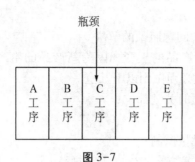

图 3-7

如果瓶颈工序与其他工序在产品生产过程中的地位是平行的，那么瓶颈问题将会影响产品配套。针对进度瓶颈，主要按以下步骤解决：

（1）寻找进度瓶颈所处的位置点；

（2）分析该瓶颈对整体进度的影响及作用；

（3）确定该瓶颈对进度的影响程度；

（4）找出产生瓶颈的因素并进行具体分析；

（5）确定解决的时间，明确责任人和解决办法；

（6）实施解决办法，并在生产过程中进行后续跟踪；

（7）改进后再次对整体生产线进行评估。

2. 材料供应瓶颈的解决

材料供应不及时会造成瓶颈或影响产品某一零部件的生产进度，甚至会影响产品最后的安装与配套；也可能影响产品的总体进度，这主要视瓶颈材料在全部材料中所处的地位而定。

由于材料的供应工作存在着一定的周期性和时间性，因此应及早发现、及早预防并及早解决。具体步骤如下所示：

（1）寻找造成瓶颈问题的材料；

（2）分析其影响程度；

（3）对材料进行归类分析；

（4）与供应商就该材料进行沟通协调，并努力寻找新的供应商，从而建立可靠的供应网络；

（5）进行替代品研究，或要求客户提供相关材料。

3. 技术人员瓶颈的解决

技术人员的短缺会影响生产进度，特别是特殊人才或者是技术人员、重要的设备操作员，一时缺失又难以补充，因此这一瓶颈也会影响生产进度。

在生产空间允许的情况下，特别是实行计件工资的企业，应注意人员的充分配置，加强人员的定编管理，确保各工序的生产能力，防止瓶颈的出现。具体方法如下：

（1）找到人员或技术力量不足的工序或部门；

（2）分析这种情况所造成的影响；

（3）进行人员定编研究；

（4）确定人员的定编数量、结构组成；

（5）进行技术人员的培训；

（6）积极招聘人员，及时补充人员；

（7）平时应积极进行人员储备。

4. 工艺技术与产品品质问题瓶颈的解决

此类瓶颈主要体现在新产品的生产。因为新产品的生产往往需要新的工艺技术与质量，所以要做好新产品就必须做到以下几点。

（1）找到工艺技术瓶颈的关键部位；

（2）寻找解决方案；

（3）进行方案实验或批量试制；

（4）对于成功的工艺技术方案，建立工艺规范；

（5）制定品质检验标准；

（6）进行后期监督。

二、流程能力

从生产角度看，对企业来说最重要的一个问题是在给定的单位时间（如 1 天）中能够生产多少产品或者能够服务多少客户，这个度量我们称为流程能力（process capacity）。

流程能力的度量是指流程能够生产的数量，而不是流程实际生产的数量。例如，当机器发生故障或者发生其他外部事件导致流程没有生产任何东西时，流程的能力是不受影响的，但是单位时间产出则降为零。

流程能力不但可以用整体流程的层面来衡量，而且可以用构成流程的个别生产设施的层面来度量。类似于我们定义的流程能力，我们定义一个生产设施的能力为生产设施在给定的时间单位里最大的产出数量。

经过了流程中所有的生产设施后，一个流程单位就完成了。整体流程能力由生产设施中最小的生产设施能力（即瓶颈）决定。瓶颈是全部流程链中最弱的环节。因此，我们定义流程能力的表达式如下：

流程能力 = min ｛生产设施 1 的能力，……，生产设施 1 的能力｝

如果需求小于供应链的能力（也就是有充足出入以及流程具有足够能力），流程就按照需求的速度生产，而与流程能力无关，我们将此种情形称为需求约束（demand constrained）。

如果需求大于供应，此时流程被称为供应约束（supply constrianed）。供应约束分两二种：一是输入不足，即流程的原材料输入不足；二是能力不足，即受到瓶颈的限制。

【例3-3】草籽娃娃通过一个混合批量流水生产，6 个填充机操作员同时工作，制成基本球形体，每盒可装 25 只。在另一个作业地，一个操作工人把带有塑料外衣的电线在一个简单的模具上缠绕一下就制成草籽娃娃的眼镜。接下来的作业过程是一个流水线。三个塑形工把球形体从装载盒拿出来，塑造鼻子和耳朵。在塑形工的旁边有两个工人，在球形体上制作眼镜。经过塑形和组装的草籽娃娃都转交给一个工人，由他负责用织物染料给它画上一个红红的嘴马，画完后把它们放在一个晾架上，晾干以后，两个包装工人把草籽娃娃放进盒子，然后再把它们装入便于运输的箱子里。对草籽娃娃的各加工工序及转移时间估计如下：填充——1.5 分钟；塑形——0.8 分钟；制作眼睛——0.4 分钟；构造眼镜——0.2 分钟；涂染——0.25 分钟；包装——0.33 分钟。

一天工作 8 小时，实际工作 7 小时。

表 3-3 中总结了每个流程步骤的能力。根据我们的瓶颈和流程能力相关的定义，现在我们可以确定塑造鼻子和耳朵为草籽娃娃生产过程的瓶颈。整个流程能力是每个生产设施的能力的最小值（单位都为个/天）：

流程能力 = min {1 608, 2 100, 1 575, 2 100, 1 680, 2 545} = 1 575

表 3-3　　　　　　　　　　　　　能力计算

流程步骤	计算（个）	能力（个/天）
填充	6× (7×60) /1.5 = 1 680	1 680
构造眼镜	1× (7×60) /0.2 = 2 100	2 100
塑造鼻子和耳朵	3× (7×60) /0.8 = 1 575	1 575
制作眼睛	2× (7×60) /0.4 = 2 100	2 100
涂染	1× (7×60) /0.25 = 1 680	1 680
包装	1× (7×60) /0.33 = 2 545	2 545
流程合计		1 575

【案例】3-2　JXC-1700 型继电器瓶颈分析

根据年初市场部提供的销售大纲，预计月产量为 4 万~5 万台。JXC-1700 型继电器为 AX 系列继电器的标准型号。车间针对生产流程，以 JXC-1700 型继电器为例，进行生产瓶颈分析如下：

一、JXC-1700 型继电器装配任务明细表

表 3-4

序号	工序代码	任务描述	紧前任务
1	1	电源片工序	无
2	2	铆/焊动接点	无
3	3	压轴/予弯	2
4	4	串上下压片/选配动接点	3
5	5	接点组装	1、3
6	6	平紧工序	5
7	7	车铁芯序	无
8	8	磁路组装工序	7
9	9	衔铁组装工序	无
10	10	接点磁路组装工序	6、8
11	11	焊线圈工序	10
12	12	挂衔铁	11、9
13	13	铆销工序	12
14	14	底座工序	13
15	15	中检工序	14

表3-4(续)

序号	工序代码	任务描述	紧前任务
16	16	调整	15
17	17	组立工序	16
18	18	扫描入库	17

二、JXC-1700型继电器生产瓶颈分析

1. 流水线平衡表

表3-5 　　　　　　　　　　　　　　　　　　　　　　　　　　　单位：S

工序	电源片工序	铆/焊动接点	压轴/予弯	串上下压片/选配动接点	接点组装	平紧工序	车铁芯序	磁路组装工序	衔铁组装工序	接点磁路组装工序	焊线圈工序	挂衔铁	铆销工序	底座工序	中检工序	调整	组立工序	扫描入库	合计
正常作业时间	62.00	190.00	35.29	63.00	59.50	46.00	15.05	44.42	44.00	60.95	90.00	126.00	30.32	73.89	31.00	1 350.00	290.00	85.76	2 697
人数	4	12	3	4	4	3	1	4	4	4	6	8	2	5	2	90	19	6	180
正常作业时间/人数	15.50	15.83	11.76	15.75	14.88	15.33	15.05	11.11	14.67	15.24	15.00	15.75	15.16	14.78	15.50	15.00	15.26	14.29	265.86

计算：正常作业时间/人数平均时间＝14.77S

2. 流水线平衡图

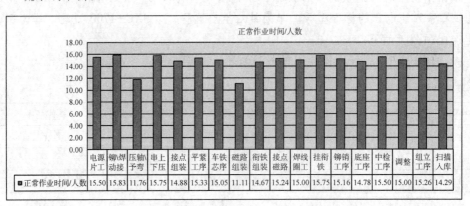

图3-8

三、JXC-1700型继电器生产瓶颈计算

循环时间＝工序最长时间＝15.83S

线平衡率＝各工序平均时间/最长工序时间×100%＝14.77/15.83×100%＝94%

平衡损失率＝1-线平衡率＝1-94%＝6%

偏差率：5%～15%

月生产能力（以最长工序时间计算）＝22天×8小时×60分×60秒/15.83秒＝40 025台，达到继电器预计产量目标。

JXC-1700型继电器无生产瓶颈。

四、比对分析

JXC-1700型继电器为AX系列继电的标准型产品，车间每天生产继电器3~5个品种。各工序的生产情况如下：

（1）车间整体生产进度控制平稳；

（2）车间无计划加班赶进度现象；

（3）车间未出现工序等料现象；

（4）生产线流动平稳，未出现在制品滞留情况；

（5）生产能力相对较为平衡，生产协调的灵活性加强。

结论：车间无生产瓶颈工序。

五、预防措施

（1）车间将加强人力资源管理，实现人员的充分配置；

（2）车间将不断进行员工的技术培训，达到一人多能，实现岗位互换，以便应对紧急情况，进行必需的岗位调整与补充；

（3）车间将认真进行工序研究，实现各工序生产能力的相对平衡；

（4）车间将加强工艺技术管理，消除其对生产的影响；

（5）根据产品不同、工艺不同，车间将及时进行生产能力调整。

资料来源：http://wenku.baidu.com/view/f7160a17453610661ed9f46b.html.

任务五　流程利用率与能力利用率

当除去工厂计划的设备维护和检查时间，工厂计划每天能获得 1 575 个生产能力，而客户的需求每天只有 1 500 个生产能力，因此，存在需求和潜在供应能力（流程能力）的不匹配。量化这个不匹配的常用度量指标是流程利用率。流程利用率的计算公式如下：

$$流程利用率 = 单位时间产出 / 流程能力$$

为了度量流程利用率，我们要考虑相对于流程在全速运转时能够生产的产品数量，流程真正生产了多少产品。

一般来说，流程没有达到 100% 的利用率有多种原因。

• 如果需求小于供应，流程一般就不能全力运转，而只是以需求的速度进行生产。

• 如果流程的输入没有充足的供应，流程就不能全力运转。

• 如果有一个或几个工序只有有限的能力可得性（如维修和故障排除），流程在运转时有可能达到全力但是当有些工序不能运转时，流程就会进入不生产任何产出的时期。

就像我们定义流程能力和单个生产设施的能力一样，我们不仅能够定义整个流程层面的利用率，还能定义单个生产设施的利用率。生产设施利用率的计算公式如下：

$$生产设施利用率 = 单位时间产出 / 生产设施的能力$$

已知瓶颈是能力最低的资源，而且通过所有生产设施的单位时间产出相同，那么瓶颈就是具有最高利用率的资源。

在草籽娃娃的例子中，对应的利用率如表 3-6 所示。注意，流程中的所有生产设施只有一个流程单位，而且拥有相同的单位时间产出。这个单位时间产出等于整体流程的单位时间产出，为 1 575 个 / 天。

表 3-6　　　　　　　　　　　草籽娃娃流程步骤的利用率

流程步骤	计算（个/天）	利用率（%）
填充	6×（7×60）/1.5＝1 680	89
构造眼镜	1×（7×60）/0.2＝2 100	71.4
塑造鼻子和耳朵	3×（7×60）/0.8＝1 575	95
制作眼睛	2×（7×60）/0.4＝2 100	71.4
涂染	1×（7×60）/0.25＝1 680	89.3
包装	1×（7×60）/0.33＝2 545	58.9
流程合计	瓶颈：1 500/1 575	95

度量设备利用率在资本密集的行业中最为普遍，而度量工人利用率则在劳动力密集行业中最为普遍。给定有限需求，即使在原料供应充足的情况下，草籽娃娃生产流程的瓶颈也没有达到100%的利用率。注意：如果没有充足的市场供应和物料供应，在不允许有在制品库存的情况下，只有瓶颈能达到100%的利用率。

如果草籽娃娃的瓶颈利用率是100%，我们就能得到整体单位时间产出为1 575个/天，对应的能力利用率水平在表3-7中做了总结。

表 3-7　　　　　需求无限的不允许在制品库存的草籽娃娃各流程步骤利用率

流程步骤	计算（个/天）	利用率（%）
填充	6×（7×60）/1.5＝1 680	93.75
构造眼镜	1×（7×60）/0.2＝2 100	75
塑造鼻子和耳朵	3×（7×60）/0.8＝1 575	100
制作眼睛	2×（7×60）/0.4＝2 100	75
涂染	1×（7×60）/0.25＝1 680	93.75
包装	1×（7×60）/0.33＝2 545	61.89
流程合计	瓶颈：1 575/1 575	100

【案例】3-3　一位效率专家使本田公司重获新生

设计汽车发动机的赛事专家长期以来一直支配着本田汽车公司。工业工程师马色凯·爱维是一位效率专家，他强调减少成本，他确信本田汽车公司通过将汽车生产的精度和效率提高一倍可以获得规模经济。他反对公司通过合并或者兼并的方法来扩大生产规模。本田公司内部管理层的一位有影响力的高级经理认为："本田永远不必追求数量，我们可以取得与工业巨头相当的利润，而且只需要生产他们一半的数量。"

爱维设定了一个很高的目标，他希望通过改装本田的组装线，使他们能够生产公司产品线上任何一款产品，从最小的 CIVIC 到最豪华的 ACURA。他计划将本田最终组装线缩短一半，减少将新产品和样本投入生产所需要的时间与资金。最后，他认为每个组装线应该有大约20个外线分支，而如今的组装线却只有几个分支。这些生产线不仅可以安置发动机，而且可以实际生产发动机。目前这项工作大多是由专业化工厂进行的。本田的目标是完成发动机生产和最终组装的同步，以使公司没有任何发动机的库存，这样可以减少资金占用。

在某些情况下，改革措施包括增加劳动力。去年，日本铃木公司的工厂拆除了一套全自动化的发动机安装系统，取而代之的是 3 名工人和一些半自动化的生产设备。结果是不管什么车型，该工作站都可以按照标准的方式将发动机安装到各种各样的汽车中。爱维命令将生产线上的座位的安装也进行同样的改变，增加 2 名工人。他经常比其他经理早几个小时就来到工厂，巡视是否因为设备空闲而造成浪费或者存在不均匀的零件流。

资料来源：任建标. 生产运作管理［M］. 2 版. 北京：电子工业出版社，2010.

任务六　流程分析的 6 步法

上面我们介绍了流程中的一些重要的概念，而在流程分析中还有很多其他一些主要指标。虽然不同的公司、不同的业务各有不同的流程，但是流程分析具有一般的规律，可以按照下面的 6 步法来进行。

第一步：画出流程图

根据工艺的实际情况，考察流程中的原材料投入、各道加工工序以及产出情况，画出流程图。

第二步：确定每道工序的特征

在绘制出流程图的基础上，详细收集各道工序的信息，如每道工序的机器设备数、人员安排、工序加工时间、具体运作情况等。

第三步：确定工序间的特征

工序之间通过信息流和物料流进行着沟通与交流。我们需要确定前后相邻的两道工序之间的转运批量和转运时间。流程的推拉方式是非常关键的，它决定了信息和物料传递的方式。所谓推动方式，是指每一道工序都将自己生产的产品放在一个库存中，其作用是在它与紧接着的后一道工序之间充当"缓冲"。这个紧接着的后一道工序将从这个库存中提取产品，进行加工，然后再将它们放入下一个缓冲库存。这种方式能够降低意外事件所造成的干扰，从而提高它们的工作效率。这种方式的缺点是：库存占用大量的流动资金，加工时间较长，从而导致反应速度较慢。所谓拉动方式，是指每一道工序的产品加工完成之后，都会准时而且直接地交付给下一道工序进行加工。这种方式往往是通过来自顾客的订单来拉动各道工序，因而效率高，而且反应速度较快。

第四步：确定流程的瓶颈

由于流程中各道工序的流程能力没有加以平衡（实际上也不可能完全平衡），所以整个流程存在瓶颈工序。通过分析计算各工序的流程能力，找出瓶颈工序，即产能最小的那道工序。

第五步：分析流程的产能及每道工序的效率

根据瓶颈工序来分析流程的产能，计算出流程中其他工序的赋闲时间、时间利用率，以及所形成的在制品库存等绩效考核指标。

第六步：流程改善的措施及建议

通过前面的分析，找出流程中存在的问题后，针对产生的原因提出相应的解决方法和建议。

下面我们来对【例3-3】中的玩具小熊案例进行详细的分析。

第一步：画出流程图

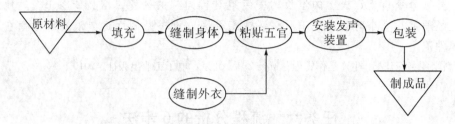

图3-9 玩具小熊的粗糙流程图

根据案例给出的材料，画出小熊制作的流程图。这是一条以手工操作为主的生产流水线。请注意缝制外衣和填充、缝制身体两道工序是并行关系。

第二步：确定每道工序的特征

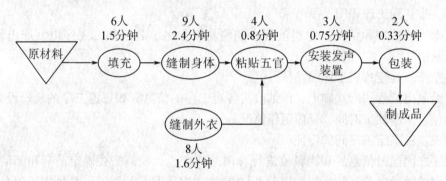

图3-10 玩具小熊的带有工序特征的流程图

根据案例资料可以确定工人数和工序时间。例如，填充的1.5分钟是指工业工程部门用秒表测定平均一名工人填充一个产品的时间为1.5分钟。

注：测定的时间是指平均时间。在市级企业中，工序时间是有波动的，如设备的加工时间有长短，工人的操作时间也有长短，但这里我们做平均处理。

第三步：确定工序间的特征

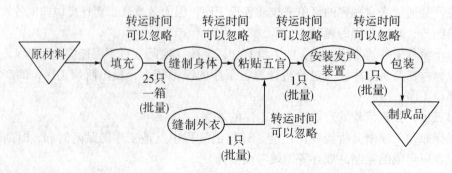

图3-11 玩具小熊的带有工序之间特征的流程图

在分析各道工序之间的特征时，我们首先要确定整个流程的运转方式，是拉动式还是推动式的，然后确定相邻的两道工序之间的转运批量、转运时间。由于相邻的工序所在的工作地之间的距离很近，所以产品转运时间在流程分析中可以略去，但在发生装置与包装之间的对小熊制品进行 2 小时晾干为这两道工序之间的准运时间，晾干 2 小时也可以理解为从安装发声装置运到包装的时间为 2 小时。转运的批量除了填充与缝制身体之间为 25 只一盒外，其他工序之间都是 1 只。

本流程是一条推动式而不是拉动式的流水线。这是因为工厂根据预测而不是顾客的订单生产，从而流程之间必然存在在制品。

第四步：确定流程的瓶颈

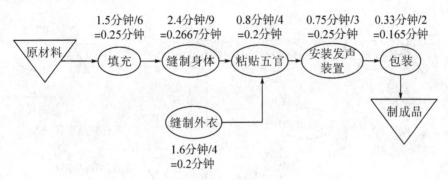

图 3-12　玩具小熊的确定流程瓶颈特征的流程图

根据前 3 步确定的特征，可以计算出每道工序完成单位产品的平均加工时间。结果很明显，瓶颈为缝制身体工序，因为 0.266 7 分钟是加工时间最长的工序，即加工速度最慢的工序；另外一种计算 1 小时内按照测定的工序时间，计算哪道工序用的时间最少，结果当然是一样的。

第五步：分析流程的产能及每道工序的效率

（1）工厂的日流程能力。

一天一个班次（7 小时工作时间）能够生产的产品 1 575 （$\frac{7\times60}{0.266\ 7}$）个。

（2）瓶颈作业为缝制身体工序。

（3）各工序的工人工作时间利用率。

（4）在制品库存分析。

表 3-8　　　　　　　　　　玩具小熊的各工序的时间利用率

流程步骤	时间利用率
填充	按照 0.25 分钟的产能生产，所以为 100%
缝制身体	瓶颈工序为 100%
缝制外衣	按照 0.2 分钟的产能生产，所以为 100%
粘贴五官	0.2/0.266 7×100% = 74.99%
安装发声装置	0.25/0.266 7×100% = 93.74%
包装	0.165/0.266 7×100% = 61.87%

67

由于本流程是一条推动式的流水线，所以工序之间可能会出现在制品库存。这里的在制品库存含有工艺在制品和运输在制品。

工艺在制品是由于前后两道工序的加工时间不一致造成的。运输在制品是指在紧前工序转运到下一道工序的过程中累积的库存，比如由于要晾干 2 小时再安装发生装置和包装之间累积的在制品库存。

分解下列我们需要确定所有在制品的工序位置。查找相邻两道工序之间的产品加工时间，如果前面一道工序的单位产品加工时间比紧后那道工序快，就有可能出现在制品库存。但是在推动系统中还需要分析瓶颈工序的具体位置对其他工序产生的影响。

根据流程图中分析的数据，工艺在制品会出现两个位置（见图 3-13）。

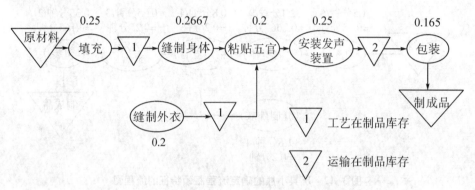

图 3-13　玩具小熊的确定在制品库存位置的流程图

（1）填充与缝制身体之间一个班次的在制品库存为：

$7 \times 60/0.25 - 1\ 575 = 105$（个）

（2）缝制外衣与粘贴五官之间一个班次的在制品库存为：

$7 \times 60/0.2 - 1\ 575 = 525$（个）

（3）安装发生装置与包装之间一个班次的运输在制品库存为：

$1\ 575 \times 2/7 = 450$（个）

第六步：流程改善的措施及建议

流程改善的措施很多，如我们可以为瓶颈工序增加设备或为瓶颈工序增加人员，提高设备的效率，创建多工位共享的流水线布局（U 形流水线）以及平衡流水线等方式平衡各道工序的流程能力。当然我们还可以考虑通过生产班次的调整或者通过某些关键程序的加班来平衡各道工序的流程能力。

下面我们采用 U 形流水线并且多工位共享的方式来改善流程绩效，其效果图如图 3-14 所示。

围绕瓶颈工序——缝制身体，其他工序的赋闲工人可以帮助完成缝制身体这道工序工作，但是需要对缝制外衣和包装工序的工人进行技能培训。

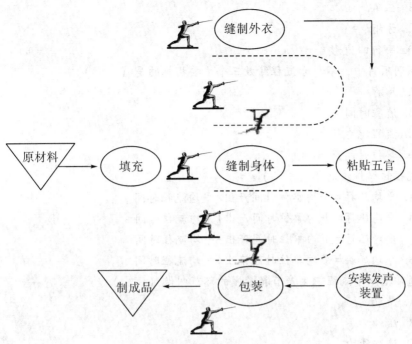

图 3-14　改善后玩具小熊的 U 形流程图

知识巩固

一、填空题

1. 开始对一个运作系统进行分析的最好方法是描绘_____。

2. 理解复杂流程的方法是研究_____是如何在流程中经过的，我们要把物料或者产品作为_____，并且要关注他们经过整个流程的过程。

3. 流程绩效的三个主要指标是_____、_____、_____。

4. 一个流程是流程单位流过运作的过程，流程图由一系列_____、_____、_____、_____和_____、_____组成。

5. 律特法则不仅适用于_____，而且适用于系统的任何一部分。

6. 通常把一个流程中生产节拍最慢的环节叫做_____。

7. 对企业来说最重要的一个问题是在给定的单位时间（如 1 天）中能够生产多少产品或者能够服务多少客户，这个度量我们称为_____。

8. 度量_____在资本密集的行业中最为普遍，而度量_____则在劳动力密集行业中最为普遍。

9. 工序之间通过_____和_____进行着沟通与交流。

10. 流程分析的六步法：_____、_____、_____、_____、_____、_____。

二、选择题

1. 下列项目中，不属于流程图元素的是（　　）。

A. 圆圈

B. 三角

C. 方框

D. 平行四边形

2. 下列项目中，不属于流程绩效三个主要指标的是（　　）。

   A. 库存

   B. 流程时间

   C. 流程能力

   D. 单位时间产出

3. 流程的律特法则是（　　）。

   A. 平均库存＝平均单位时间产出×平均流程时间

   B. 平均库存＝平均单位时间产出＋平均流程时间

   C. 平均库存＝平均单位时间产出－平均流程时间

   D. 平均库存＝平均单位时间产出÷平均流程时间

4. 通常把一个流程中生产节拍最慢的环节叫做（　　）。

   A. 节拍

   B. 瓶颈

   C. 流程能力

   D. 流程时间

5. 工序之间通过（　　）和物料流进行沟通与交流。

   A. 信息流

   B. 产品流

   C. 资金流

   D. 员工流

6. 单位时间产出/流程能力的结果是（　　）。

   A. 单位时间产出

   B. 流程能力率

   C. 流程利用率

   D. 工人利用率

7. 下列项目中，不属于流程分析6步法的一项是（　　）。

   A. 画出流程图

   B. 确定每道工序的特征

   C. 确定工序间的特征

   D. 确定流程的产品

案例分析

A 企业的流程管理过程

背景概述

A 企业集团前身是 A 企业军工厂，原厂址在湖南永州；1995 年，该公司领导看准改革时机，率先改制，并与日本 A 企业开展技术合作，生产轻型越野车 SUV，其中高档越野车冠以 A 企业标记，中低档越野车冠以 A 企业商标。改制以来，在繁荣的市场环境和宽松的竞争环境中，该公司业务发展迅速，利润连年成倍增长；到 2003 年，该公司纯利润从改制前的数百万元上升至近 6 亿元；该公司规模同时也迅速扩张，现已在长沙市、永州市、衡阳市、广东惠州市等地已经建立起两大生产基地和四个零部件生产基地；该公司现有员工 5 000 多人，是改制前的数十倍。自 2000 年起，A 企业连续四年进入中国 500 强企业；2004 年，A 企业总部从永州迁至长沙，并于同年在上海主板市场上市。

然而，随着市场环境和竞争环境的变化，传统小企业式的管理方法与日益庞大的公司规模和日益复杂的组织结构之间的矛盾变得越来越明显。以往"在一个院子中干活"时的那种灵活、机动、协调方便的工作模式已经不能适应公司集团化运作的需要。科学管理，规范管理，向管理要效益已经提上了 A 企业高层考虑的议事日程。在这种背景下，A 企业引入蓝凌公司进行企业流程的咨询。通过咨询，规范了 A 企业整个流程体系，重点理顺和优化了公司的几个关键流程，并建立了流程持续优化的管理制度。而且有效解决了公司存在的问题，提高了公司的工作效率，使公司的管理水平上了一个台阶。

A 企业流程管理现存的问题

在现在的市场环境中，整车厂之间的竞争不再是价格和性能的竞争，而是企业整体管理和运作的竞争。面对今天以客户、竞争、变化为主要特征的时代背景，和中国加入 WTO、市场与竞争对手国际化带来的机遇和挑战，A 企业如何面对，是摆在公司决策者面前的重要课题。今天市场的游戏规则已经发生了变化，速度和应变能力成为市场竞争的关键，所谓快鱼吃慢鱼。同时今天的客户消费观念已经成熟，而且越来越挑剔，今天的客户关系维系变得比以往任何时候的难度都大。如何提高整个业务体系和管理体系的运作效率，快速响应客户的需求，已经成为 A 企业公司市场竞争成败的关键。

随着业务的拓展、客户的增加、公司规模的扩张，A 企业深深意识到下列问题已经成为公司进一步发展的障碍。

1. 流程层面的问题

美国著名管理学家迈克尔·哈默曾提出，对于 21 世纪的企业来说，流程将非常关键。优秀的流程将使成功的企业与其他竞争者区分开来。为什么流程对企业来说如此重要呢？因为流程是一个企业所有运作活动的路径和范式，企业通过执行流程来实现其战略决策和经营目标。所以，流程的优劣直接关系到企业运作和管理的效率，进而影响到其最终经济效益。

A 企业在流程层面存在着以下问题：

（1）流程未标准化

改制之前，A 企业还是一个只有几百名员工的小企业。那时所有员工都在永州的"一个院子里"干活，彼此非常熟悉，工作主要靠沟通和交流，书面的、成文的流程很少。当公司发展到五千多名员工，拥有地理上分散的本部、研发中心、两大生产基地和四个零部件生产基地这样的规模时，企业的管理和运作仍没有一套体系化的流程加以规范，因此导致员工缺乏遵循的依据，工作多以个人经验为标准，随意性很大；而且流程结果无人负责，部门之间责任推诿严重。在 A 企业，这就不可避免地造成很多需要不同部门配合完成工作的问题和矛盾丛生，只能由部门领导出面协调解决，导致很多工作进展缓慢、效率低下；而且企业领导往往陷于日常事务，不能将大部分精力用于思考企业发展等策略性问题。

（2）流程的功能缺乏，效率不高

A企业成文的流程大部分是各部门编制的部门内部流程，跨部门的流程很少；流程大部分规范一些简单的日常办公活动，与公司业务运作和管理紧密相关的业务与管理流程比较少。如A企业的产品研发未以市场为导向，大多靠研发中心"拍脑袋"。流程的功能较低，难以透过流程的整合来聚合企业核心能力，进而提升整体生产力。

（3）流程的执行缺乏强制性

A企业现有的流程中，相关部门的权责与角色不明确或界定模糊；部门与部门之间或员工与员工之间的职责内容与合作方式缺乏统一的规范，导致工作流程中的有些部门或角色重复操作，造成资源浪费。

2. 绩效层面的问题

A企业目前尚无成形的绩效考核体系，基本是大锅饭——干多干少一个样。对一些关键流程也没有设置考核指标；流程考核指标的缺失导致流程缺乏执行的指导性与管理重点，最终使得流程形同虚设。

3. 信息层面的问题

（1）纵向信息采集处理和使用的效率低下

在A企业，从基层到决策层的信息传递随意性较大，无相应制度和流程规定。特别是总部搬到长沙后，指挥中心与生产基地在空间上分开了，纵向信息的高效传递更为困难。纵向信息沟通不畅，决策层在决策时得不到及时、准确的信息，只好凭经验和感觉进行决策，决策质量很难保证。

（2）横向信息沟通不畅，供应链管理薄弱

在供应链管理领域，把供应链上信息失真程度沿着整条链逐步扩大的现象称为"牛鞭效应"。在A企业，这种牛鞭效应尤为明显。

（3）信息系统基础薄弱

A企业的信息化建设尚不完善，信息分散于不同的部门，分散的信息形成了孤岛。信息不准确、不及时、不完整，不利于信息的加工和综合利用。导致信息的不一致，影响正确的决策；信息无法共享，造成信息利用率低，影响管理效率，公司无法有效地监控各个业务的运作。

解决方案

根据前期的分析和诊断，针对A企业的管理问题，蓝凌提出了从流程入手，带动其他管理问题的解决，从而全面提升A企业整体管理水平的思路。并设计了"点面结合，以点带面"的流程优化解决方案。

1. 理念的培训和宣传贯彻

为了帮助A企业的员工打破以往以部门为中心的思考模式，建立起流程的思想，蓝凌在项目启动会上就为A企业客户做了流程理念的培训。培训系统地为客户描述和解释了流程的概念、流程的思想、流程管理的好处、规范和优化流程管理的工具、方法等内容。

2. 从面上建立 A 企业的流程体系

流程体系包括流程清单、流程描述、流程的责任矩阵和流程管理制度。流程清单为 A 企业的所有重要的流程进行了结构化的分类和分级，最终形成 A 企业的流程树。通过流程清单，可以了解 A 企业所有重要的业务和管理活动；蓝凌还为 A 企业确定了流程描述的规则，统一了每个部门流程描述的方法；为了使流程真正具有可执行性，减少工作中责任推诿的现象，蓝凌采取了流程责任矩阵方法，使流程的每个环节的工作都落实到了具体的部门和岗位；流程的建立和优化不是一个项目就可以全部完成的，还需要在执行中对其进行不断的优化。针对 A 企业流程的持续优化，蓝凌设计了一套管理制度，包括流程管理组织设置、流程执行的考核和监督、流程的建立、修改和优化的流程。

3. 从点上选择关键流程，并进行细化和优化

关键流程与 A 企业的生产运作紧密相关。关键流程功能的不规范和功能缺乏必然会对 A 企业的效益产生负面的影响。以月度生产经营计划为重点，在与客户相关部门反复进行沟通的基础上，蓝凌进行了如下流程优化的工作：

（1）将市场预测和订单管理作为流程前端重要的环节，对其市场预测的准确性提出了考核要求。如此一来，改变了以往靠领导拍脑袋制订生产计划，现在改为以市场来引导生产经营计划的制订。

（2）采用了一些流程分析的工具和方法，合并了以前流程中不增值的某些环节，从而达到提高流程效率、降低流程成本的目的。

（3）对流程的每个工作环节规定了相应的时间节点，保证流程进行的有序性。

（4）对流程的每个工作环节规定了责任部门/岗位，使得每项工作都可以落到实处。

（5）在流程每个环节，对相应参与部门提出了衡量工作完成质量的考核指标，为流程执行的考核奠定了基础。

（6）设计了流程中要使用到的表格、模版等工具，降低了流程执行的成本，保证了流程执行的质量。

解决方案的实施

流程规定了企业所有业务和管理的运作规范，是一个复杂的企业管理的系统工程，从公司普通员工到总经理都要参与。

1. 总体规划、分步实施

A 企业流程梳理包含的内容较广，蓝凌的实施是采取总体规划、分步实施的原则进行的。根据需建立或优化的流程的重要性和紧急性，先选取眼前迫切需要解决的月度经营共享作为切入点，在效益驱动、重点突破的指导下，分阶段、分步骤实施。保证成熟一个，发布一个，执行一个。以科学的方法保证项目的顺利推行。总体规划、分步实施也降低了蓝凌公司的风险和先期投入。

2. 高层领导的大力支持和推动

本次流程的建立、优化和实施自始至终得到了公司高层管理者的大力支持和推动，由董事长秘书直接参与项目的实施，保证了资源调配和部门间的协同配合，保证了项目实施按照既定的目标、进度进行。

73

效益评估

为 A 企业建立了一套标准化的流程体系，使得工作的执行"有法可依"。通过流程体系的建立和实施，使得各部门的工作，特别是跨部门的工作执行更为顺畅，减少了部门间的推诿扯皮，提高了工作效率；并且，流程的实施将领导从协调和救火中解放出来，使得他们有精力关注一些更为重要的企业发展的问题。

（1）优化了《月度滚动生产经营计划流程》《月度资金计划流程》《年度经营计划流程》《年度预算制定流程》，增强了这些流程的功能。其中，《月度滚动生产经营计划流程》已经试运行了两个月，效果明显——仓库中原材料和产品库存大大下降了。

（2）对关键流程的一些关键环节，设置了相应的工作目标和考核指标，为下一步流程绩效体系的建立奠定了基础。

（3）确定了流程中要使用的表单和参考的模板，并对流程中的输入、输出信息进行了梳理和界定，初步解决了流程信息传递不畅的问题。

总之，通过流程管理方案的设计和实施，蓝凌帮助 A 企业打通了流程的经脉，在提高工作效率、降低成本、提升客户满意度等方面表现出了比较明显的成效。

思考题：

1. A 企业面临的流程方面的问题具体有哪些？依据本章所介绍的知识谈谈你的看法。

2. 针对 A 企业面临的问题，如果你是管理人员，你应该如何解决？

（关键知识点提示：流程绘制、流程分析、流程优化）

实践训练

项目 3-1　认识制造企业产品生产流程

【项目内容】

带领学生参观制造企业的生产车间，观察产品的生产流程。

【活动目的】

通过对制造企业产品生产流程的感性认识，课堂知识联系观察实践，帮助学生进一步加深对生产流程、流程图、瓶颈、流程能力等知识的理解。

【活动要求】

1. 经过观察，重点了解产流程、流程图、瓶颈、流程能力等知识的实际操作和运用。

2. 每人写一份参观学习提纲。

3. 保留参观主要环节和内容的详细图片、文字记录。

4. 分析企业车间的设施布置类型、形式、布置重点。

5. 每人写一份参观活动总结，记录课堂内外学习的时间和内容。

【活动成果】

参观制造企业的生产车间的过程记录、活动总结。

【活动评价】

由老师根据学生的现场表现和提交的过程记录、活动总结等对学生的参观效果进行评价和打分。

项目 3-2 认识流程分析的 6 步法

【项目内容】

参观一家玩具制造企业，应用流程分析的 6 步法为其生产过程进行流程分析，找出服务过程中可能出现的瓶颈并提出流程改善的措施及建议。

【活动目的】

通过观察玩具制造企业的生产流程，结合课堂知识对生产流程进行具体分析，强化学生对于流程分析的 6 步法的认识和运用。

【活动要求】

1. 以小组（4~5 人）形式进行。

2. 每个小组提交一份服务设计报告。

3. 每个小组派代表介绍流程分析的 6 步法、每个步骤的实施，解释该企业流程组织的特点并提出流程改善的措施及建议。

4. 介绍内容要包括书面提纲。

【活动成果】

参观玩具制造企业的过程记录、活动总结。

【活动评价】

由老师和学生根据各小组的活动成果及其介绍情况进行评价打分。

模块四
产品和服务设计

【学习目标】

1. 设计流程的四个阶段和主要内容。
2. 研究与开发的概念、分类与特征、常见形式。
3. 标准化的意义和主要内容。
4. 产品标准化的优点和缺点。
5. 产品生命周期和并行工程。
6. 服务设计的要求和步骤。
7. 服务设计和产品设计的区别。
8. 质量功能展开的概念及质量屋的构成。

【技能目标】

1. 了解设计流程的概念和步骤。
2. 了解企业研究与开发的概念、研究与开发领域的选择和研究与开发方式。
3. 了解产品市场寿命周期和工艺设计的主要内容
4. 理解产品市场生命周期和研究与开发任务的关系。
5. 了解标准化的定义、内容及其优缺点。
6. 了解产品设计与服务设计的区别，掌握服务设计的方法。
7. 掌握服务设计的流程和步骤。
8. 理解质量功能展开的概念及其在产品设计过程中的作用。
9. 掌握质量屋的概念及其主要内容。

【相关术语】

设计流程（design process）
研究与开发（research and development）
产品设计（product design）
产品生命周期（product life cycle）
基础研究（fundamental research）
应用研究（applied research）

开发研究（development research）

标准化（standardized）

大规模定制（mass customization）

并行工程（concurrent engineering）

质量功能展开（Quality Function Deployment）

服务设计（Service design）

【案例导入】

海尔小神童系列洗衣机的研发

1995 年，海尔洗衣机的研发部门在做市场调研时发现一个奇怪的现象：每年 6~10 月是洗衣机生产的淡季，每到这段时间，很多厂家就把商场里的促销员撤回去了。难道天气越热出汗越多老百姓越不洗衣服？进一步调查发现，不是老百姓不洗衣服，而是夏天 5 千克的洗衣机不实用，既浪费水又浪费电。可见，并不是人们不想用洗衣机，而是没有合适的产品。于是，研发部门经过上百次的论证和 200 多个日日夜夜的研发，1996 年一类新型的小洗衣机走向市场，这就是小神童及小小神童等系列洗衣机。该系列洗衣机的关键技术是在最小的空间内将零件合理分装，把洗衣机结构做得更紧凑，使洗衣机体积变小。很快，该产品成为夏季洗衣机市场的明星，上市 45 天销量就超过 10 万台。还挺进欧美、日本等发达国家市场，多年来一直雄踞国内洗衣机的销量第一。

小神童系列洗衣机的成功揭示了一个道理："只有淡季的思想，没有淡季的市场；只有疲软的思想，没有疲软的市场。"用户需求无处不在，产品研发关键是如何抓住机会，推出具有市场竞争力的产品，企业的"卖点"恰恰就是买家的"买点"。

任务一　设计流程

设计流程开始于设计动机。对于一个新企业或一项新产品来说，它的动机可能很明显：实现组织的目标。对于一个现有企业来说，除了通常的动机外，还需要考虑很多因素，如政府规定、竞争压力、顾客需要以及可运用与产品或流程中的新技术。

典型的产品设计流程包含四个阶段：概念开发和产品规划阶段、详细设计阶段、小规模生产阶段、增量生产阶段。

一、概念开发和产品规划

在概念开发与产品规划阶段，将有关市场机会、竞争力、技术可行性、生产需求的信息综合起来，确定新产品的框架。

这包括新产品的概念设计、目标市场、期望性能的水平、投资需求与财务影响。在决定某一新产品是否开发之前，企业还可以用小规模实验对概念、观点进行验证。

二、详细设计阶段

详细设计阶段，一旦方案通过，新产品项目便转入详细设计阶段。该阶段的基本活动是产品原型的设计与构造以及商业生产中的使用的工具与设备的开发。

详细产品工程的核心是"设计—建立—测试"循环。所需的产品与过程都要在概念上定义，而且体现于产品原型中（利用超媒体技术可以在计算机中或以物质实体形式存在），接着应对产品的模拟进行测试。如果原型不能体现期望性能特征，工程师则应设法弥补这一差异，重复进行"设计—建立—测试"循环。详细产品工程阶段结束以产品的最终设计达到规定的技术要求并签字认可作为标志。

三、小规模生产阶段

在该阶段中，在生产设备上加工与测试的单个零件已装配在一起，并作为一个系统在工厂内接受测试。在小规模生产中，应生产一定数量的产品，也应当测试新的或改进的生产过程应付商业生产的能力。正是在产品开发过程中的这一时刻，整个系统（设计、详细设计、工具与设备、零部件、装配顺序、生产监理、操作工、技术员）组合在一起。

四、增量生产阶段

在小规模生产阶段中，开始是在一个相对较低的数量水平上进行生产；当组织对自己连续生产能力及市场销售产品的能力的信心增强时，产量开始增加，进入增量生产阶段。

归根结底，顾客是产品和服务设计的推动力量。不能使顾客满意将导致顾客的抱怨、退货、索赔等。如果不能满足顾客，市场份额的减少将成为一个潜在的问题。

设计流程开始之前，一个企业必须有新的或改进性的设计思路。这些思路有不同的来源，其中大多来自客户。市场营销部门能够通过许多方法，如运用重点客户群、调查及购买模式的分析等来拓宽这种思路来源。

有些组织拥有的研究与开发部门也能够为创新的或改进的产品及服务提供思路。

竞争对手是另一个重要的思路来源。通过研究竞争对手的产品或服务及其运作情况（如价格策略、回收策略、担保），组织能够学到如何改善设计的方法。除此以外，有些公司在竞争对手新设计的产品在市场上出现时就买下它，运用被称为反转工程的程序，小心地拆解、检查该产品。这样能发现对方产品的先进之处并吸收到自己的产品中。福特汽车就用这种方法研发成功了 Taurus 车型；福特检查竞争对手的汽车，搜寻其最优的产品部件（如最好的仪表板、最好的车窗摇柄）。有时，反转工程所带来的产品比它借鉴的产品更加优越，即设计者在构思一个改进性的设计时，通过迅速引进竞争对手产品的改进版本，能够实现竞争中的"蛙跳"。通过这种方法，公司不必进行按部就班式的研究，就能获得部分率先向市场推出新产品或特色产品时所能获得的回报。

有关产品或服务的思路不能是凭空想象的，必须以组织的生产能力为基本出发点。设计者在进行设计时要清楚了解生产能力（如设备、技能、材料类型、计划、技术、特别能力）。当市场机遇与生产能力不符时，管理者就必须考虑扩大或改变生产能力的可能性，以充分利用这些机遇。

预测产品或服务的将来需求是非常有用的，它能提供产品需求的时间点和数量，以及顾客对新产品或新服务的需求信息。

一种产品或服务的设计必须考虑它的成本、目标市场及功能。可制造性是制造商品时的关键因素；产品制造和装配的容易程度对产品成本、生产能力、质量非常重要。对服务业而言，提供服务的难易性、成本及质量等都有非常大的相关性。

任务二　研究与开发

一、研究与开发的概念

研究与开发（research and development，R&D）的含义广泛，设计的机构、群体众多，如国家的科学研究机构、大学、企业等，不同的机构从事 R&D 的动机和目的不尽相同。这里主要探讨企业的 R&D。所谓企业的 R&D 是指企业的新产品或产品生产的新技术研究与开发。

从宏观上讲，科研的发展是推动生产力发展的主要因素。纵观世界发达国家的经济发展史，尤其是 20 世纪 50 年代以来，现代经济的成长以及各种工业的发展越来越多地依赖于科技的进步。据统计，美国在 20 世纪 60 年代取得了显著发展的电气机械设备、通信、电子仪器、飞机制造业等 10 个行业，用于 R&D 的平均费用达到其每年销售总额的 4% 以上，其中飞机制造业、通信、电子仪器等已经超过了 10%。目前国家所投入的科技预算，美国占其 GDP 的 0.91%，德国占其 GDP 的 0.95%，日本占其 GDP 的 1%，法国占其 GDP 的 1.1%。可见，科学技术的发达与否，已成为国家经济增长和工业发展的先决条件。

R&D 在企业的生产经营中同样也起着越来越重要的作用。在科学技术飞速发展、市场发展十分迅速、需求日益多样化的今天，企业为了生存与发展，必须能够创造性地、有机地适应未来的变化。R&D 作为一种"对企业未来的投保"，是左右企业未来的最重要的企业活动之一。R&D 直接影响到企业的竞争力，原因有以下几点：

（1）R&D 的质量直接影响企业的产品质量。例如，当装配的质量提高之后，影响产品质量的主要因素可能会变成零部件的加工质量，而当零部件的加工质量也提高之后，影响产品质量的主要因素就会变成产品的设计质量。日本著名的质量管理专家田口玄一认为产品的质量问题 80% 以上与产品设计有关。

（2）R&D 的效率直接影响产品的生产和上市的时间。随着市场需求的多样化和产品生命周期的缩短，新产品的研发周期对产品投放时间的影响也越来越大，这也对企业快速占领市场而获取的竞争优势越来越重要。如欧美等国家的汽车厂推出一款全新的汽车可能需要 3~5 年时间，而日本仅需要 2 年，显然日本汽车更具竞争优势，近些年的汽车市场也证实了这一规律。

（3）R&D 直接影响产品的成本。同样的产品，同样的功能，采用的零部件和材料不同，甚至采用的设计原理与方法不同，会使得产品的成本差异很大。

总之，企业 R&D 的成功与否在一定程度上会影响企业的竞争力和经营业绩。

二、研究与开发的分类与特征

关于 R&D 的分类方法，目前尚未有统一的标准。但一般来讲可以分为以下 3 类：①基础研究（basic research，fundamental research）；②应用研究（applied research）；③开发研究（development research）。

基础研究按其研究对象的差异可以进一步分为纯基础研究和目的基础研究。纯基础研究以探索新的自然规律、创造学术性新知识为使命，与特定的应用、用途无关。纯基础研究主要在大学、国家的科研机构中进行。目的基础研究是指为了取得特定的应用、用途所需的新知识或新规律而用基础研究的方法进行的研究。通常企业中进行的基础研究大多属于此类。无论是纯基础研究还是目的基础研究都是非经济性的。

应用研究是指探讨如何将基础研究所得到的自然科学上的新知识、新规律应用于产业而进行的研究；或者说应用研究是运用基础研究的成果或知识，为创造新产品、新技术、新材料、新工艺的技术基础而进行的研究。所以，应用研究有时也称为产业化研究。如产品孵化中心、中试基地等，也就是将实验室的产品或技术变为可工业化生产的产品或技术。

开发研究就是利用基础研究或应用研究的结果，为创造新产品、新技术、新材料、新工艺，或改变现有的产品、工艺、技术而进行的研究。这种研究也称为企业化研究，具有明确的生产目的，就是获取企业可以生产的新产品或可以实际应用的新技术，带有明显的竞技性特征，追求开发与研究的投入产出比。

随着市场竞争的日益激化，新产品和新技术在竞争中的地位也越来越重要，企业越来越青睐原创的、独特的产品和技术。因此，R&D 在企业中也逐步升级。R&D 在企业中的发展，一般是从开发与研究阶段开始的，经过应用研究和目的基础研究，达到纯基础研究。现代国家级的大企业在目的基础研究和纯基础研究的投资越来越大。

三、研究与开发领域的选择

R&D 领域的选择的目的是发现能够最适度发挥企业资本效益，提高企业竞争力的事业领域，并对如何发挥新产品、新事业的各种机会进行探索。从企业的现有技术和现有市场向新事业领域的探索分为 4 种类型。

（1）现有事业领域，依靠现有的技术开发多种类型或规格的产品，以扩大现有的市场。该类型的特点是市场和技术都是成熟的，不成功的风险很低。例如，采用显像管技术的普通彩色电视机，在已有 21 英寸规格的基础上，可以研制其他不同的规格，如 25 英寸、29 英寸等，形成系列产品，但这样的研发对提高企业产品的竞争力也是有限的。

有关系列产品的开发，可以采用两种常用的设计方法，即内插式设计和外推式设计。

内插式设计主要用于新产品规格处于既有产品规格之间的产品设计上。采用内插式设计时，对新产品不必进行大量的科研和技术开发工作，只须选用相邻产品的原理、结构乃至计算公式等进行产品设计，根据需要进行小量的研究实验。内插式设计实际上是一种生产经验与实验研究相结合的半经验性的设计方法。采用这种方法的关键是选择适当的相邻产品。只要相邻产品选择适当，就可以充分利用相邻产品的结果及长处，取得事半功倍的效果，在短期内设计出成功的产品。

外推式设计是利用现有产品的设计、生产经验，将实践和技术知识外推，设计出比现有规格更大或更小的产品。从表面上看，外推式设计与前述的内插式设计相似，但实际上二者之间有本质的不同。内插式设计可以说是在已知领域内涉及新产品，而外推式设计是在未知领域内设计新产品。在现有设计基础上做外推时，需要运用基础理论和技术知识，对过去的实践经验进行分析。对有关质量、可靠性等的重要环节，应进行试验，把经验总结与实验研究成果结合起来进行新产品设计。设计外推量越大，技术开发性的工作量也越大。

另外，成组技术在系列产品研发中的应用也越来越广泛，它可以大大减少设计工作量、缩短设计周期、节省设计费用，使设计人员摆脱大量的一般性重复劳动，集中力量抓关键性的零部件设计，提高设计工作的质量。

（2）向现有市场推出用新技术开发的新产品，将市场细分为不同的层次或群体。例如，在普通彩电的基础上推出采用等离子和液晶技术的平板电视，服务于高端客户。平板电视的原理和技术与普通彩电有很大的差别，属于新技术的产品。

（3）将利用现有技术的产品打入新市场。企业依托核心技术的关联发展就属于该范畴。例如，生产摩托车的企业，利用其微型发动机核心技术拓展其他新的产品线，如割草机、微型发电机、摩托艇、机动雪橇等产品。这种所谓的"新市场"对该企业是新的，而对于社会并非新的，至于企业能否真正进入这样的"新市场"，还要看其新产品的竞争力。

（4）用新技术开发新产品，并开辟新的市场。这种类型的技术和市场都是新的，因此其风险来自于两个方面，研发的成功率较小或者说风险很大，但是一旦成功，就会在技术和市场两个方面形成暂时的垄断，从而获得高额利润。

产品研发的动力有两种：市场驱动型和技术驱动型。

市场驱动型是指根据市场的需求开发新产品，即通过市场调查了解需要什么功能和技术内容的新产品，按照新产品的要求对其生产技术、价格、性能方面的特性进行研究，再通过对该新产品的销售预测决定如何研发。其思路是"市场需要什么，我就生产什么"。当然，采用这种方式的前提是所需的技术是成熟的。市场驱动型产品也称为销售导向性产品。

技术驱动型是指从最初的科学探索出发，按照新发现的科学原理来开发新产品。其研发思路是"我能做什么，就做什么，再去卖什么"，所以技术驱动型产品也称为产品导向型产品。当然，这种方式的研发不是盲目的，也必须具备一定的现实或长远的市场基础。如果某种产品或技术根本没有市场，那么对其的研发工作就不是企业行为了，仅仅是科学探索而已。

四、研究与开发方式的选择

决定采用何种 R&D 方式，应考虑的因素主要有如下两个方面：

（1）资源因素。R&D 工作是企业先期投入再有回报的。为了保证研发工作的进行，研发人员和资金两个要素是必须具备的，两者缺一不可。

（2）R&D 的组织与预期效果。这方面的因素有研发周期、研发风险和研发收益等。

不同的研发项目其影响因素是不同的，采用的策略和方式也就不尽相同。一般来说，R&D 可以采用以下三种方式：

（一）独立研发方式

这是根据研发项目的要求，完全依托企业自身的技术和经济实力就能实现时所选择的方式。该方式的有利方面是，可以独享 R&D 成果及其带来的全部经济利益；该方式的不利方面是研发周期会较长，需独自承担全部的费用和 R&D 的风险。在市场竞争日趋激烈的环境下，多数大企业甚至一些中型企业都采取这种方式，以保持新产品、新技术研发上的主动权。当然，这种 R&D 方式是以企业较雄厚的资金和技术人才队伍做后盾的。

（二）委托研发方式

当企业的研发缺乏技术或人才要素时，通过部分或全部借助外部的技术力量来进行的 R&D，称为委托研发方式。这种方式通常发生在中小企业，很多中小企业自身没有足够的技术力量，但却对市场需求变化敏感，对新产品有基本的构想，因此往往会借助外部的技术力量来实现自己的目标，完成产品的研发工作。采用这种方式的有利方面是研发周期较短，风险小，见效快；不利方面是没有主动权，易受制于他人，且从长远的利益考虑，对企业的可持续发展不利。

（三）共同研发方式

当企业的研发要素的某些方面存在某种不足，或者从研发的利益考虑，利用本企业和其他企业或研究机构各自不同的研究基础与优势，共同或合作进行 R&D 的方式，称为共同研发方式。这种方式的成因可以归纳为三种：一是为了达到研发目标，仅仅依靠本企业的力量有困难，只有依靠外部合作者的专长才有可能实现，如资金的短缺或缺乏专门的技术人才；二是缩短研发周期，快速推出产品抢占市场；三是在取得开发成果的利益之外，还能获得其他经营利益，如合作营业、建立承包关系、特许经营、共享销售网络、人才培养等。共同研发存在多种形态：基于产业链或供应链的纵向合作，如主机厂和配套厂的零部件与生产技术的研发；共同承担风险的同行业横向合作；产、学、研合作；政府协调下的多方合作，如载人航天工程、"歼 20"的研制和生产。采取共同研发方式要解决的关键问题是如何根据各个企业、机构所投入的资源和分担的责任来分配今后应得的利益。

【案例】4-1　中国企业研发管理的 10 大典型问题

1. 缺乏系统、正确的研发理念

- 偏向于从技术的角度看待研发，缺乏从投资的角度对待研发。
- 局限于从功能及性能实现的角度来定义产品研发，缺乏从客户的角度定义研发。
- 研发观点上存在诸多误区。比如：研发只是研发部门的事情；重技术，轻管理；强调"失败是成功之母"，试错式开发；重"一招制胜"，轻持续改进；重天才和灵感，轻系统性创新。

2. 缺乏前瞻性、有效的产品规划

- 产品战略愿景过于抽象和笼统，缺乏清晰的方向和明确的竞争定位。
- 产品是一个一个地被立项和开发的，没有产品平台规划，无法平台化、系列化的开发产品。

- 产品开发计划和实际的产品立项，往往是被动响应市场和竞争的结果，缺乏主动的、基于充分市场研究的、前瞻性的产品线规划。
- 产品开发计划容易流于形式，不顾有限的资源而不断地立项，摊子铺得很大，欲速则不达。

3. 在开发过程中缺乏业务决策评审

- 产品立项后偏重考虑技术风险而很少评估业务风险，不应继续投资的项目没有在开发过程中发现并及时砍掉，导致大量产品上市后失败造成研发资源的巨大浪费。
- 高层在研发过程中缺乏授权，在技术方面干预太多，造成中基层缺乏主观能动性。

4. 职能化特征明显的组织结构阻碍了跨部门的协作

- 各部门对产品开发的成功标准缺乏一致的目标。
- 各部门各自为政，职能化壁垒导致协作困难。
- 产品开发项目经理往往有责无权或有责少权，项目缺乏有效的运作原则和机制。
- 部门意识太强，官本位思想较严重，造成跨部门协作的"土壤"不良。

5. 不规范、不一致、接力式/串行的产品开发流程

- 流程比较粗放、缺乏系统性、层次不清、不够规范、不具体、不细化、操作性不强。
- 流程执行方面缺乏纪律性，比较随意，各自按自己的理解行事，没有一致的流程。
- 流程不切合实际。
- 只有零散的功能性流程，缺乏跨部门的、集成的产品开发流程。
- 流程是接力式的、串行的，运行缓慢，问题留到了后面，造成返工和拖延。

6. 技术开发与产品开发未分离，缺乏技术规则与运作机制

- 产品开发中需要解决技术难题，加长了开发周期，带来了更大的风险，影响产品成功。
- 缺乏专门团队/机构开展技术开发工作，缺乏有效的评价和激励机制，关键技术和核心技术难以积累和提升。
- 没有明确、清晰地技术规划及路标，技术研发体系薄弱。

7. 项目管理薄弱（包括进度、质量、成本、风险等）

- 时间估计不准确，总体进度计划缺乏完整性，也得不到及时修正。
- 职能部门各自制定进度表，计划衔接性差，造成实际工作经常脱节。
- 进展情况得不到汇报，缺乏有效的监控措施和手段。
- 对成本目标缺乏关注，也没有有效地降低设计成本的方法。
- 对风险估计不足，缺乏预防措施。
- 资源管理头绪多，尤其在矩阵结构下，更是无所适从。
- 质量管理比较薄弱，需求定义不完整、不准确、不清晰，产品测试和技术评审有效性不足。

8. 缺乏CBB（共用模块）与经验教训的积累及共享机制

- 缺乏通用化、标准化、模块化设计，缺乏对共用构建模块（Common Building

Block，CBB）的规划、开发、应用及维护，零部件种类过多。

- 前人的经验无法传承，教训及问题无法提示后人，经常犯同样的错误。
- 专家们没有时间总结，对知识难以结构化，缺乏评价及奖励措施，缺乏分享知识的文化。

9. 缺乏有效的培训机制，研发人员的职业化素质不足

- 未建立清晰任职资格和发展通道，培训手段单一，师傅带徒弟留一手，专业培训不足。
- 缺乏周边部门的锻炼及轮换机制，智能化组织带来横向责权缺失，难以培训合格的产品经理、项目经理等产品经营性人才。
- 研发人员普遍职业化素质不足，存在"幼稚病"，体现为市场意识不足，重功能轻性能，重技术轻管理，缺乏商品化意识，缺乏成本管理，甚至缺乏质量意识。

10. 缺乏有效的研发绩效管理与激励机制

- 片面强调量化绩效考核，绩效计划和绩效辅导环节薄弱，缺乏绩效反馈及沟通，绩效考核流于形式。
- 缺乏科学、合理的研发薪酬体系，薪酬与绩效基本不挂钩或者挂钩过于紧密，采用浮动工资、项目奖等过于功利化的计酬方式带来的很大的负面作用。
- 缺乏全面报酬理念，缺乏个人发展、关注、信任、授权、荣誉等非经济激励手段。

资料来源：http://www.233.com/pm/Case/20120522/100244581-2.html.

任务三　标准化

一、标准化的概念和发展历程

产品设计中经常提及的一个重要问题就是标准化程度。标准化是指构成同一种产品的不同个体之间的无差异性，即个体或零件的互换性、通用性。

标准化是随着近代大工业生产的发展而发展起来的。1798 年，美国 E.惠特尼（1765—1825）提出零部件互换性建议，应用于生产，开始了最初的标准化。1850—1900 年蒸汽动力的采用和轮船、铁路运输的发展，促使西方国家商业竞争加剧，要求产品规格、质量和性能统一化，标准化工作也有了相应发展。1901 年，英国成立了世界第一个国家标准团体——英国标准学会。1906 年，英国成立了世界最早的国际性标准团体——国际电工委员会。1947 年，英国成立了目前世界上最大的国际标准化机构——"国际标准化组织"，中国于 1978 年 9 月加入。

标准按其适用范围可分为国际标准、国家标准、专业标准和企业标准。标准化是现代技术经济科学体系的一个重要组成部分。实行标准化能简化产品品种，加快产品设计和生产准备过程，保证和提高产品和工程质量；扩大产品零件、部件的互换性，降低产品和工程成本；促进科研成果和新技术、新工艺的推广；合理利用能源和资源；便于国际技术交流。产品的标准化是指不管销往哪个国外市场，产品都基本不做修改。

二、标准化的主要内容

标准化是在经济、技术、科学及管理等社会实践中，对重复性事物和概念通过制定、发布和实施标准，达到统一，以获得最佳秩序和社会效益。标准化的主要内容包括：

（1）标准化是一项活动过程。这个过程由三个关联的环节组成，即制定、发布和实施标准。标准化三个环节的过程已作为标准化工作的任务列入《中华人民共和国标准化法》的条文中。《中华人民共和国标准化法》第三条规定："标准化工作的任务是制定标准、组织实施标准和对标准的实施进行监督。"这是对标准化定义内涵的全面、清晰的概括。

（2）标准化在深度上是一个永无止境的循环上升过程。即制定标准，实施标准，在实施中随着科学技术进步对原标准适时进行总结、修订，再实施。每循环一周，标准就上升到一个新的水平，充实新的内容，产生新的效果。

（3）标准化在广度上是一个不断扩展的过程。如过去只制定产品标准、技术标准，现在又要制定管理标准、工作标准；过去标准化工作主要在工农业生产领域，现在已扩展到安全、卫生、环境保护、交通运输、行政管理、信息代码等。标准化正随着社会科学技术进步而不断地扩展。

（4）标准化的目的是获得最佳秩序和社会效益。最佳秩序和社会效益可以体现在多方面，如在生产技术管理和各项管理工作中，按照 GB/T19000 建立质量保证体系，可以保证和提高产品质量，保护消费者和社会公共利益；简化设计，完善工艺，提高生产效率；扩大通用化程度，方便使用维修；消除贸易壁垒，扩大国际贸易和交流。应该说明，定义中的"最佳"是从整个国家和整个社会利益来衡量的，而不是从一个部门、一个地区、一个单位、一个企业来考虑的。尤其是环境保护标准化和安全卫生标准化主要是从国计民生的长远利益来考虑的。在开展标准化工作过程中可能会遇到贯彻一项具体标准对整个国家会产生很大的经济效益或社会效益，而对某一个具体单位、企业在一段时间内可能会受到一定的经济损失。但为了整个国家和社会的长远经济利益或社会效益，应该充分理解和正确对待"最佳"的要求。

三、标准化的优缺点

标准化的产品由于其需求量大，可以采用高效的专用设备生产，这就大大提高了其生产能力和生产效率，同时极大地降低了生产成本。与定制的产品或零件相比，标准化的产品或零件的设计成本很低，更换和维修也便捷。例如，丰田公司有"成本杀手"美誉的前任社长渡边捷昭为降低汽车的成本，将丰田汽车车门扶手的型号由原来的 35 种减少至 3 种。由于减少了产品零件的多样性，丰田汽车在降低产品成本的同时，也提高了产品的质量和可靠性。标准化的另一个优点是减少培训员工的时间和成本，也减少了设计工作岗位的时间。

缺乏标准化经常带来麻烦和不便，如计算机中不同的操作系统的文档不能互换，电视机和手机的制式不同而不能通用，度量单位存在公英制等。

当然，任何事情有利必有弊。标准化的不利之处在于产品多样性的降低，这会限制产品吸引顾客的程度。如果竞争对手推出一种更好或更多样的产品，就会在竞争中取得优势。如 2005 年我国南北大众汽车销量大幅下滑，其罪魁祸首就是产品品种少，新品推出的速度慢。标准化的另一个不利之处在于，在产品设计不成熟时被标准化（固化），一旦固化，就会有种种强制因素使设计难以修改。例如，某种零件存在设计缺陷，但是生产该零件的昂贵专用设备已经到位，更改设计就意味着专用设备的报废，代价太大。另一个熟悉的例子就是计算机键盘的排列。研究表明，另一种按键排列顺序更有效，但更换现有键盘并培训人们使用新的键盘的成本会远远大于其带来的收益。

因此，设计者在进行选择时，必须要考虑与标准化相关的重要问题。

标准化的优点包括：

（1）在存货和制造中需要处理的零件更少；

（2）减少了培训成本和时间；

（3）采购、处理及检查程序更加常规化；

（4）可按照清单订购产品；

（5）产品能长期并自动化生产；

（6）有利于简化产品设计和质量控制；

（7）生产与服务的成本低、经济性好。

标准化的缺点包括：

（1）变动设计的高成本增加了改善设计的难度；

（2）产品缺乏多样性，导致对顾客的吸引力降低。

【案例】4-2　迪士尼的标准化服务

迪士尼乐园是世界闻名的游乐场所。自从第一个迪士尼乐园 1955 年在美国加州建立，迪士尼已经在包括中国香港在内的世界各地建立了多个迪士尼乐园。

迪士尼全职、兼职和临时员工多达几千人，工作种类达 1 500 种。为了达到标准化管理，迪士尼对每项工作都做了细致的工作说明，制定了标准作业程序，要求员工按照标准行事。迪士尼的每位新员工都要学习服务准则。这些准则主要包括：如何与顾客进行目光接触与微笑；如何寻找并接触顾客；如何展示自己的肢体语言；如何向客户致谢。此外，迪士尼对员工的外表也做了规范，规定了服饰与形体的有关标准化要求，包括头发的颜色、指甲、裙子的长度、发型等。

迪士尼这种一丝不苟的标准化作业规范，使其在客户心中留下了美好的印象。客户源源不断地涌入这个老人与小孩都喜欢的王国，在其中享受生活的乐趣。

资料来源：李全喜. 生产运营管理 [M]. 3 版. 北京：北京大学出版社，2010.

四、标准化与大规模定制

尽管标准化大量生产的经济性好，尽管标准化也有一定的客户群体，但在市场被逐步细分的今天，其所占份额必然受到限制。因此，需要解决的是在不失其标准化好处的基础上，也避免标准化带来的问题，这就是大规模定制。

大规模定制设计是在标准化的基础上实现产品的个性化、多样性的设计。对装配式产品而言，零件的生产采用标准化的手段，可降低其制造成本，在产品的装配上采用定制或多样化的策略。

大规模定制设计的主要方法是延迟差异化和模块化设计。

（一）延迟差异化

延迟差异化是一种延迟策略，是指当生产一种商品时，暂不完全定性，直至确认顾客的个性化需求时再完成定型。也就是说，整个产品的生产过程分为两个阶段：第一个阶段是产品的共性部分的生产或工艺过程；第二个阶段是完成其个性化的生产或工艺过程，实际上是把每个和个性化有关的过程延迟到最后进行。例如，羊毛衫的生产有染色和编制两个环节或阶段。在款式一定的前提下，颜色即为个性化需求。传统的方法是先给毛线染色，再编制成衣，这就是将个性化的环节前置了。企业在满足消费者个性化方面的能力降低，对市场的快速反应能力也降低。按照延迟差异化的策略，羊毛衫的生产应该是先编制成衣并且存放至成品库，出厂前按订单的具体要求染色，这就增加了企业对市场个性化需求的应变能力。类似的例子还有很多，如家具的延迟上色、裤子的裤腿口不缝边等。

（二）模块化设计

模块化设计是标准化的变形，类似于堆积木的游戏，即运用不同种类的标准化的零部件，通过不同的组合形式，形成多种性能有一定差异的个性化产品。

模块化设计分为两个不同的层次：第一个层次为系列模块化产品研制过程，需要根据市场调研结果对整个系列进行模块化设计，本质上是系列产品研制过程；第二个层次为单个产品的模块化设计，需要根据用户的具体要求对模块进行选择和组合，有时需要必要的设计计算和校核计算，本质上是选择及组合的过程。通常的模块化设计是指第二个层次。模块化设计的关键是模块标准化和模块的划分。

1. 模块标准化

模块标准化即模块结构标准化，尤其是模块接口标准化。模块化设计所依赖的是模块的组合，即连接或吻合，又称为接口。显然，为保证不同模块的组合和相同功能模块的互换，模块应具有可组合性和可互换性两个特征。而这两个特征主要体现在接口上，必须提高其标准化、通用化、规格化的程度。例如，具有相同功能、不同性能的单元一定要具有相同的安装基面和相同的安装尺寸，才能保证模块的有效组合。在计算机行业中，由于采用了标准的总线结构，来自不同国家和地区厂家的模块都能组成计算机系统并且协调工作，使这些厂家可以集中精力，大量生产某些特定的模块，并不断进行精心研究和改进，促使计算机技术得到空前的发展。相比之下，机械行业针对模块化设计所做的标准化工作就逊色一些。

2. 模块的划分

模块化设计的原则是力求以少数模块组成尽可能多的产品，并在满足要求的基础上使产品精度高、性能稳定、结构简单、成本低廉，模块结构应尽量简单、规范。因此，如何科学、有效地划分模块，是模块化设计中具有艺术性的一项工作。模块划分的好坏直接影响到模块系列设计的成功与否。总的来说，划分模块前必须对系统进行仔细的功能分析和结构分析。

（1）模块在整个系统中的作用及其更换的可能性和必要性；

（2）保持模块在功能和结构方面具有一定的独立性与完整性；

（3）模块间的接合要素要便于连接和分离；

（4）模块的划分不能影响系统的主要功能。

任务四　产品设计

一、产品生命周期

产品生命周期也称为产品寿命周期，泛指产品在某种特征状态下经历的时间长度。按特征状态的不同，产品寿命周期可以分为三种，即自然寿命、技术寿命和市场寿命。

自然寿命是指产品从用户购买开始，直至丧失使用功能而报废所经历的时间长度。自然寿命长度与产品的有形磨损程度有关。所谓有形磨损是指产品在使用过程中零部件产生摩擦、振动、疲劳、锈蚀、老化等现象，致使产品的实体产生磨损，称为产品的有形磨损。其特征是物理磨损和化学磨损。

技术寿命是指产品从用户购买开始，到功能落伍或贬值而被淘汰所经历的时间长度。自然寿命长度与产品的无形磨损有关。所谓无形磨损是指由于科技进步而不断出现新的、性能更加完善、效率更高的产品，使原产品价值降低，或者是同样结构的产品价格不断降低而使原有产品贬值。

市场寿命是指产品从投放市场开始，直到逐步被淘汰出市场的整个过程所经历的市价。本节谈及的产品生命周期就是指市场寿命。通常市场寿命分为四个阶段：投入期、成长期、成熟期、衰退期。

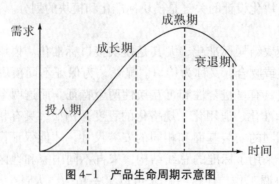

图 4-1　产品生命周期示意图

（一）投入期

在投入期阶段，市场需求不明显，消费者在考察和认可新产品。该阶段的研发活动的重点有以下几个方面：

（1）对产品进行创新设计，确定最具竞争力的型号；

（2）消除设计中的缺陷；

（3）缩短生产周期；

（4）完善产品性能。

（二）成长期

成长期阶段的特征：用户需求增长迅速，产品的产量大幅增加。该阶段的研发工作的重点有以下几个方面：

（1）产品工艺改进；

（2）降低产品的生产成本；

（3）产品结构的标准化与合理化；

（4）稳定产品的质量。

（三）成熟期

成熟期阶段的特征：销售和利润达到最高水平，成本竞争是关键。该阶段的研发工作的重点有以下几个方面：

（1）产品系列化与标准化；

（2）提高工艺的稳定性；

（3）创新服务与质量创新；

（4）产品局部改革。

（四）衰退期

衰退期的特征：销量下降，利润降低，预示更新换代的开始。进入该阶段，企业应放弃那些生命周期即将结束的产品。因此，该阶段的研发工作的重点有以下几个方面：

（1）不进行或很少进行产品细分；

（2）精简产品系列；

（3）决定淘汰旧产品。

从图 4-1 中还可以看出，虚线表示的曲线展示了后续产品进入市场的时间及销售收入的变化情况。并非老产品退出市场，新产品才开始进入。企业的研发工作通常是生产一代、储备一代、构思一代的阶梯式研发计划。

需要注意的是，不同产品的市场寿命周期变化规律是不同的。下面举几个例子。

（1）音乐产品：数码磁带或数码产品，如 MP3/MP4 等处于增长期末端和成熟期前期，CD 唱片处于成熟期后期并开始步入衰退期，将逐步被数码产品所替代，盒式磁带基本已经退出市场。

（2）电视机：液晶电视、等离子电视等平板电视已处于成熟期，普通彩电进入衰退期并淡出市场，黑白电视已经离开市场。

另外，有些产品没有显示出其在生命周期所处的阶段或者说其生命周期变化比较缓慢，如铅笔、剪刀、餐具、水杯等类似的日常用品。

二、产品设计

产品设计阶段必须对产品进行全面定义、确定产品性能指标、总体结构和布局，并确定产品设计的基本原则。经过企业主管部门审核认可了设计之后就开始产品的定性设计了。对其中关键技术进行原型设计、测试和试制。据统计，目前在 100 项新产品构思中只有 6 项进入样品原型设计。因此，为了评估和检验新产品的市场业绩与技术性能，以进一步去确认产品构思的市场价值与竞争力，原型设计也是一个重要的筛选环节。在服务业中，著名的餐饮连锁企业麦当劳起初就是在加尼福尼亚州建立了一个原型餐馆——非常干净整洁的门面、独特的红白两色装饰、标准的菜单、时尚的附赠玩具、丰富的亲子项目等，获得成功后，麦当劳走上了对外扩张道路，成功地复制了这些服务设施和服务理念。

借助于计算机与因特网，人们可以在虚拟环境对产品和服务进行原型设计、测试。例如，波音公司采用虚拟原型技术在计算机上建立了波音777飞机的原型模型，从整机设计、部件测试、整机装配乃至各种环境下的试飞均是在计算机上完成的，其开发周期从过去的8年缩短为5年，从而抓住了宝贵的市场先机。

【案例】4-3 波音787——虚拟设计

虚拟设计将准确直观的三维模型作为传递设计和产品规划信息的基本手段，这种基于三维模型的生产过程仿真使美国波音公司和法国三维设计与产品生命周期管理（PLM）解决方案提供商DS集团能够对生产系统进行优化，避免因为没有对产品设计和生产规划进行测试而在产品生命周期后期发生的错误所带来的成本代价。虚拟设计标志着航空工程、生产规划和装配仿真新纪元的到来。

这次史无前例的虚拟设计展示不仅仅是对机身设计的简单模仿，更是对整个制造过程的仿真和验证。在展示过程中，所有参与者都能访问到零件、装配和系统的三维数据模型；波音采用这种PLM解决方案所开发的数字资源被运用到787的整个生命周期中，包括销售、营销和今后推出的同系列飞机。"像波音787梦幻线这样具有突破性的项目，需要在性能、质量、成本和时间上都处于领先地位，而这以有效灵活的生产规划为支撑。三维PLM能够很好地满足这些需求"，波音787梦幻线过程集成副总裁Kevin Fowler说。

波音787梦幻线采用的PLM解决方案包括：用于虚拟规划和生产的DELMIA、用于虚拟产品设计的CATIA以及用于企业级协同的ENOVIA VPLM。在波音787项目中，波音与全球合作伙伴通力协作，使用现有零件和装配工具的三维模型进行生产线规划和布局，极大地减少了重复劳动。这种数字化的制造环境提供了波音787梦幻线设计和制造工程师之间的信息交换，不论他们身在何方。这样，就不会在投产时才发现设计具有不可制造性，或者需要对其他组件进行变更而造成成本增加。

波音787梦幻线项目构建在波音正在使用的虚拟设计工具（CATIA）和协同技术（ENOVIA）之上，是历史上第一次在这么大型和复杂的项目中，从产品概念设计到生产和支撑全过程使用三维模型和仿真。在实际加工工具和生产设施构建之前，DELMIA软件作为波音及其合作伙伴提供了对波音787制造过程进行仿真和优化的环境。

资料来源：任建标. 生产运作管理［M］. 2版. 北京：电子工业出版社，2010.

三、工艺设计

工艺设计通常指的是面向顾客或面向制造的产品设计。

面向顾客的产品设计强调顾客的使用性，即顾客使用产品的方便性、安全性、维护性，不要做多余的无用的功能等。

面向制造的产品设计强调产品的工艺性，即产品加工和拆装的简易性，降低制造成本。

作为新产品的研发和设计者必须具备这样的理念或常识，并用其指导自己的工作。这种理念是：企业设计的产品是要满足顾客的使用要求的，用户的要求就是设计的依据，即要做到"物美"。另外，设计的产品还要能很方便地制造出来，或者说生产产品的成本比较低，也就是说，不仅要"物美"，还要"价廉"。只有这样设计和制造出来的产品在市场上才具有竞争优势。

【案例】4-4 德芙巧克力的外观设计

德芙巧克力是世界最大宠物食品和休闲食品制造商美国跨国食品公司玛氏（Mars）公司在中国推出的系列产品之一，1989年进入中国，1995年成为中国巧克力领导品牌，"牛奶香浓，丝般感受"成为经典广告语。包装主题设计理念：色彩主要以暖色调为主，围绕LOGO的是咖啡色丝带，呼应了其倡导的"丝般感受"口感，直观地表现了产品特点。德芙的所有产品包装均是在此基础上来设计的。

图 4-2

德芙包装分析：

第一，在包装图形上面德芙巧克力包装主要以写实的产品形象为主，以此给消费者一种信任感和美感。

第二，在色彩上面德芙巧克力仍然沿用巧克力行业的经典咖啡色，并根据不同的产品辅以不同的系列色彩。在上面的包装中，主要的辅助色彩是粉红，浪漫的粉红营造一种温馨的感觉。

第三，在字体设计上，德芙巧克力采用了以曲线为主的设计方法，以此更接近消费人群（青年情侣）。

德芙的外包装基本上都以巧克力色为底色，直接对购买者的视觉进行诱惑；同时金色的德芙字体和封口镶边，突出了巧克力的华丽，丝绸飘动的背景衬托出了德芙巧克力所推崇的丝滑诱惑，让人一看到包装就有一尝为快的冲动。

德芙巧克力的包装风格定位偏向于感性设计，将德芙巧克力"牛奶香浓，丝般感受"那般诱人表现得淋漓尽致。

四、并行工程

时间竞争是当代市场竞争的焦点之一。快速地将产品投放市场是企业获取竞争优势的主要手段。时间竞争包括两个方面：一是产品开发周期的缩短；二是制造销售周期的缩短，而产品开发周期缩短的主要方法是并行工程（concurrent engineering）。

并行工程的概念是美国国防部防御研究所于 1986 年首先提出来的，即并行工程是对产品及其相关各种过程（包括制造过程、服务过程、维修过程等支持过程）进行并行、集成的设计的一种系统工程。

当然，对研发者而言，并行工程是指在产品设计的早期，工艺人员就介入进来，与设计人员一道共同进行产品设计与工艺准备工作。

并行工作是相对传统的串行工作而言的，将串行工作变为并行工作的途径，如图 4-3 所示。

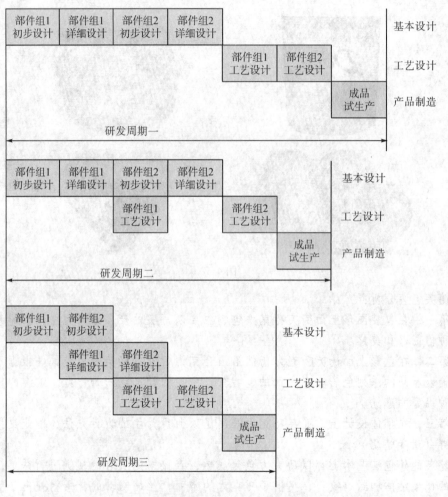

图 4-3　并行工程工作示意图

在图 4-3 中，新产品研发工作分为 3 个阶段，即基本设计、工艺设计和产品制造。基本设计完成产品的设计工作；工艺设计完成产品的制造工艺方案设计，即生产技术准备工作；产品制造即是完成新产品的试生产工作。再进一步假设产品由两个部件组成，基本设计分为初步设计和详细设计，工艺设计按部件组进行。

传统研发过程按照图 4-3 中研发周期一所示的串行进行，可以理解为基本设计和工艺设计分别由一组设计人员和一组工艺人员完成，他们采用串行的工作方式进行。

显然这种形式的研发周期很长。

基于并行工程的思想，工艺人员在设计人员完成部件组 1 的设计后就进入部件组 1 的工艺设计，如图 4-3 中的研发周期二。此种形式下的研发周期较第一种方式缩短。

如果在基本设计阶段再投入较多的人力，可以分为两个设计小组，分别负责各部件组的初步设计和详细设计。这两个小组也可以采用并行的工作方式，整个研发周期可以进一步缩短，如图 4-3 中的研发周期三。

除了缩短研发周期外，并行工程还有其他的优点。例如：工艺人员可以帮助设计人员全面了解企业的生产能力；较早地设计或采购关键的设备和工具；较早地考虑一种特殊设计或设计中的某部分的技术可行性等。

当然并行工程也存在缺点，如设计和工艺属于不同的部门，不同部门之间存在的界限很难马上克服等。

任务五　服务设计

一、产品设计与服务设计的比较

产品设计与服务设计有许多相似之处，但由于服务的本质与产品存在差异，这就导致二者在设计上存在重大的差别。产品设计和服务设计的区别主要有以下几个方面：

（一）顾客对产品仅仅强调结果，对服务既强调结果也重视过程

顾客购买产品通常只关注其功能和价格等因素，即表现在产品实体上的特征，产品是如何生产出来的，其过程如何，顾客一般不会关注，何况产品的生产和用户的购买使用不仅在时间上是不同步的，而且地点也是不同的。然而，大多数服务的行程在时间上是同步的，地点也基本相同，也就是说顾客是参与到服务过程中去的。因此，顾客不仅关注服务的结果，也关注服务的过程。例如，顾客去饭店就餐，多数人不仅要关注是否吃饱和吃好，也关注就餐的环境、服务员的服务态度和服务质量等服务过程中的问题。因此，员工培训、流程设计及与顾客的关系就显得非常重要。

（二）评价产品质量的标准客观，而服务质量标准常常难以统一

产品是有形的，反映其质量特征的标志是实实在在存在的，评价标准和结果都是客观的，如一个水杯，它的容积、材质、形状和款式等特征是可以客观度量的，不可能因人而异。服务往往因服务对象个体的差异性导致服务的质量和顾客的满意度差异很大。因为服务质量的评价标准除少部分是客观的以外，多数是人为主观的，不同的人其评价标准也就不同。因此，就会出现同一个服务项目除服务对象不同外，其他的因素都相同但评价结果的差异很大的现象。

（三）产品可以允许有库存，而服务不能有库存，这就限制了其柔性

产品的生产和销售是分离的。一般来讲，生产能力是均衡的，销售则随需求而变化，是波动的，这可以通过库存调节生产与销售的平衡，不会因为需求的小幅变化而影响生产的正常进行。也就是说，当产大于销时，生产能力可以转化为产品的库存。服务业则没有服务能力的弹性，也就是说其闲置能力不能追加到后续的服务过程中去。例如，一个宾馆有 200 个床位，某天的入住率为 50%，100 个床位闲置，但第二天的床

位数量不能因为今天床位的闲置而增加到 300 个。也就是说，服务能力或服务资源是不能在不同的时间段互相转移的。因此，提高服务资源的利用率是服务设计的重要策略之一。

（四）相对产品制造而言，有些服务进入、退出的阻碍很小

与制造业相比，服务业在资金投入、人才和技术等方面要求较低。也就是说，服务业企业开办很容易，门槛较低，其竞争也就很激烈。因为除了某些特殊的服务行业外，服务业很难有暴利行业，其原因就在这里。因此，服务创新和降低服务成本是服务设计的关键。

（五）便利性设计是服务设计的主要因素之一

遍布城市居民区各个角落的便民店或小卖部，在购物环境和提供的商品种类、质量、价格等方面与大商场、超市相比均处于劣势。这些便民店之所以能生存，就是因为其具有便利性。因此，服务设计的选址非常重要。

二、对服务设计的需求

詹姆斯·海克特（James Hekett）认为服务设计涉及四个要素。

（1）目标市场。即服务的对象或群体的定位，如是面向高收入阶层还是大众，主要是男性还是女性等。

（2）服务概念或服务创新。如何使服务在市场中与众不同？

（3）服务策略或服务内容。全部服务是什么？服务运作的着眼点是什么？

（4）服务过程。应采用什么样的服务过程，雇佣什么样的服务人员，采取什么样的服务设施来完成服务？

在服务设计的过程中，要注意的两个关键点是服务要求变化的程度及与顾客接触的程度。一般来讲，顾客接触程度和服务要求变化的程度越低，服务能达到的标准化程度越高。

另外，服务设计还需要遵循以下几个原则：

（1）服务系统具有稳定性和标准化的特点，保证服务人员和服务系统提供一致的服务；

（2）服务系统为后台和前台之间提供有效的联系方式；

（3）强调服务质量证据的管理，使顾客了解系统提供服务的价值；

（4）服务系统所耗费的都是有效成本。

三、服务设计的步骤

产品设计的结果是形成全套的产品与零部件的图样，或者完成样机。服务设计则要形成服务蓝图或服务流程图。

服务流程图的主要步骤有以下几步：

（1）划分各服务环节的分界线；

（2）确定和描绘各服务环节包括的步骤；

（3）准备主要环节各步骤的流程图；

（4）指出可能出现故障的步骤及防范措施；

（5）建立执行服务的时间框架，估计各服务环节所需时间的可变性；

（6）分析盈利能力。

【案例】4-5 汽车修理厂的服务蓝图设计

随着我国轿车进入家庭的步伐加快，汽车维修保养业也迅速发展，但目前汽车修理企业在规模、服务设施、技术水平和服务质量等方面参差不齐。一个规范的汽车修理的服务蓝图如图4-4所示。

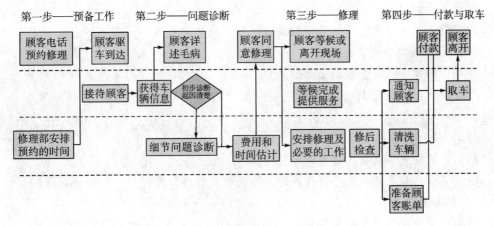

图 4-4 汽车修理服务蓝图

本服务蓝图分为4个层面，用虚线和点划线分开，对应于服务系统中的4个群体或人员，分别是顾客、服务前台、服务后台和财务人员。蓝图由4个环节组成，即预备工作、问题诊断、修理、付款与取车。每个环节包含若干个步骤。

蓝图设计的一个重要内容就是找出可能出现的问题并制定相应的避免措施。

本蓝图中可能出现问题的有如下11处：

（1）顾客电话预约修理。

问题：顾客忘了修理的要求；顾客忘了电话号码；顾客要去其他修理店。

防误设计：给顾客发送××折的自动服务卡。

（2）修理部安排预约的时间。

问题：未接顾客的预约电话；未注意到顾客的到来。

防误设计：与前台明确电话预约的接待者；用提示音提示顾客到来。

（3）顾客驱车到达。

问题：顾客找不到修理地点或正确的流程。

防误设计：用简洁的标志引导顾客。

（4）接待顾客。

问题：顾客未按到达的顺序得到服务。

防误设计：当顾客到达时给顾客排号。

（5）获得车辆信息。

问题：车辆信息不准确或处理太费时间。

防误设计：保存顾客数据和历史信息表。

（6）顾客详述毛病。

问题：顾客难以将毛病讲清楚。

防误设计：设检修顾问，帮助顾客澄清问题。

（7）细节问题诊断。

问题：毛病诊断错误。

防误设计：配高科技检测设备，如专家系统和诊断仪。

（8）费用和时间估计。

问题：估计错误。

防误设计：核对表上根据普通的修理类型开列各类费用。

（9）顾客同意修理。

问题：顾客不明白修理的必要性。

防误设计：预先印好多项服务项目、工作细节和理由的资料，尽可能使用图文信息。

（10）安排修理并进行必要工作。

问题：配件库里没有所需要的零件。

防误设计：当零件数低于订购点时，限量开关打开信号灯。

（11）顾客离开。

问题：没有得到顾客的反馈信息。

防误设计：将车钥匙和调查问卷一同交给客户。

【案例】4-6　美国"阿西乐快线"

美国铁路公司想要推出新的高速铁路线"阿西乐快线"，从华盛顿沿着美国东海岸一路向北到波士顿。美国铁路公司要求设计公司提交重新设计的列车内饰的提案，想以此吸引更多的乘客。

IDEO 的反应却是说"不"。IDEO 认为适当的解决方案是一个系统的方法，而不是重新设计很多部分中的一个。最终美国铁路公司同意做一个彻底的关于全部服务体验的概念重构。

IDEO 将火车服务分为以下几个步骤：了解线路、时间表、价格，计划，开始，进站，购票，等待，上车，乘车，抵达。

他们重新设计了整个系统，设计团队包括许多学科，包括人机工程学专家、环境专家、工业设计专家和品牌专家。结果创造了全美国最受欢迎的火车线路。

资料来源：http://www.zhihu.com/question/21723934.

任务六　质量功能展开

一、质量功能展开的起源

质量功能展开（Quality Function Deployment，QFD）是一种立足于在产品开发过程中最大限度地满足顾客需求的系统化、用户驱动式质量保证方法。它于20世纪70年代初起源于日本，由日本东京技术学院的Shigeru Mizuno博士提出，进入20世纪80年代以后逐步得到欧美各发达国家的重视并得到广泛应用。

目前，QFD已成为先进生产模式及并行工程环境下质量保证最热门的研究领域。它强调从产品设计开始就同时考虑质量保证的要求及实施质量保证的措施，对企业提高产品质量、缩短开发周期、降低生产成本和增加顾客的满意程度有极大的帮助。丰田公司于20世纪70年代采用QFD以后，取得了巨大的经济效益，其新产品开发成本下降了61%，开发周期缩短了1/3，产品质量也得到了相应的改进。世界上著名的公司如福特公司、通用汽车公司、克莱思勒公司、惠普公司、麦道公司、施乐公司、电报电话公司、国际数字设备公司等也都相继采用了QFD。从QFD的产生到现在，其应用已涉及汽车、家用电器、服装、集成电路、合成橡胶、建筑设备、农业机械、船舶、自动购货系统、软件开发、教育、医疗等各个领域。

二、质量功能展开的概念

目前尚没有一个统一的QFD定义，但对QFD的一些认识是共同的。例如：

（1）QFD的最显著的特点是要求企业不断地倾听顾客的意见和需求，并通过合适的方法，采取适当措施在产品形成的全过程中予以体现这些需求。

（2）QFD是在实现顾客需求的过程中，帮助在产品形成过程中所涉及的企业各职能部门制定出各自相应的技术要求的实施措施，并使各职能部门协同工作，共同采取措施保证和提高产品质量。

（3）QFD的应用涉及了产品形成全过程的各个阶段，尤其是产品的设计和生产规划阶段，被认为是一种在产品开发阶段进行质量保证的方法。

总之，QFD通过一定的市场调查方法获取顾客需求，并采用矩阵图解法和质量屋的方法将顾客的需求分解到产品开发的各个过程与各个职能部门中去，以实现对各职能部门和各个过程工作的协调与统一部署，使它们能够共同努力、一起采取措施，最终保证产品质量，使设计和制造的产品能真正满足顾客的需求。故QFD是一种由顾客需求所驱动的产品开发管理方法。

三、QFD的结构和质量屋

QFD的结构是以一系列矩阵为基础的，主体的矩阵联系顾客的要求和相应的技术要求。基本的QFD主题矩阵如图4-5所示。较典型的是需要增加竞争性评估和重要性衡量，加上这些附件特征，矩阵系统就有了如图4-6所示的形式。由于它的外形像一座房子，故而经常被称为质量屋。通过构造一个质量屋矩阵，QD 交叉职能团队能够利用顾客反馈信息来进行工程、营销和设计的决策。矩阵帮助团队将顾客要求转换为具体操作或技术目标。这一过程鼓励各部门之间紧密合作，并且使各部门的目标和意见得到充分的理解，帮助团队致力于生产满足顾客需求的产品。

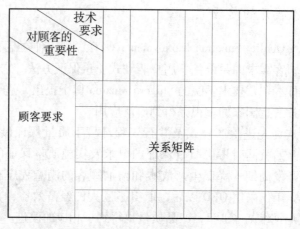

图 4-5　QFD 主题矩阵

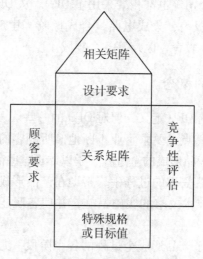

图 4-6　质量屋

构造质量屋的第一步是列出顾客对于产品的要求，这些要求应该按照重要性排序。接下来请顾客将本公司的产品与竞争者的产品进行比较。最后确定所开发产品的一系列技术特征，这些技术特征直接与顾客的要求相关。对这些特征的评价标准是其是否符合顾客对于产品的要求，是否有助于提高产品的竞争力。

【案例】4-7　维纳斯——吉列新型女用可水洗剃刀

维纳斯——吉列新型女用可水洗剃刀于 2001 年 3 月进入市场，在 6 个月内就占据了女用水洗剃刀 45% 的市场。吉列对于维纳斯剃刀进行了众多的创新设计，以期给人们带来一个全新的女用剃刀的概念。维纳斯的开发采用了吉利的五十多个专利。

在制造维纳斯时虽然吉列采用了一些现有的流程，但它在研发和制造过程中还是重新投入了 3 亿多美元。维纳斯的成功的另一个重要因素在于吉利把一些供应商整合起来一起设计，并设计出便于放在零售商店出售的独特包装。

一直以来，吉列公司非常擅长把新产品导入市场，在同行业中占有并维持着很大的市场份额。吉列公司剃刀的销量是其他公司的 5 倍。在使用剃刀的美国女性中，大约 71% 使用吉列的维纳斯，而所有这些产品的利润率都接近 40%。与其他日用品相比，吉列公司剃刀的利润率之高令人震惊。这都归功于吉列对于产品与流程的研发、制造商与供应商之间良好的紧密合作。

资料来源：任建标. 生产运作管理 [M]. 2 版. 北京：电子工业出版社，2010.

知识巩固

一、判断题

1. 依据现有技术和市场开发产品可以降低风险，并能大大地提高产品的竞争力。
（　　）

2. 产品从用户购买开始到功能落伍或贬值而被淘汰所经历的时间长度称为产品的自然寿命。　　　　　　　　　　　　　　　　　　　　　　　　　　　　　　（　　）

3. 面向顾客的设计要强调产品加工和拆装的建议性。　　　　　　　　　（　　）

4. 大规模定制设计是在标准化的基础上实现产品的个性化、多样化的设计。
（　　）

5. 大规模定制设计的主要方法是延迟差异化和模块化设计。　　　　　　（　　）

6. QFD 是一种技术驱动型的产品开发方法。　　　　　　　　　　　　　（　　）

7. 产品的生命周期大致分为导入期、成长期、成熟期和衰退期。　　　　（　　）

8. 便利性设计是服务设计的主要影响因素之一。　　　　　　　　　　　（　　）

9. 目前 QFD 有统一的定义，对 QFD 的一些认识是共同的。　　　　　　（　　）

10. 产品处于生命周期中的投入阶段，其研发活动的重点是工艺改进。　（　　）

二、选择题

1. 产品处于生命周期中的投入阶段，其研发活动的重点是（　　　）。

　　A. 创新设计

　　B. 工艺改进

　　C. 稳定质量

　　D. 降低生产成本

2. 产品处于生命周期中的成长阶段，其研发活动的重点是（　　　）。

　　A. 创新设计

　　B. 生产周期缩短

　　C. 完善产品性能

　　D. 工艺改进

3. 产品处于生命周期中的成熟阶段，其研发活动的重点是（　　　）。

　　A. 工艺改进

　　B. 服务创新

　　C. 缩短生产周期

D. 完善产品性能

4. 质量功能展开瀑布式分解的第二个矩阵是（　　　）。

    A. 产品规划矩阵

    B. 零部件配置矩阵

    C. 工艺规划矩阵

    D. 工艺/质量控制规划矩阵

5. 标准化是指构成同一种产品的不同个体之间的无差异性，其优点不包括（　　　）。

    A. 生产能力提高

    B. 新产品推出快

    C. 生产成本降低

    D. 员工培训简化

6. 根据顾客竞争型评估和技术竞争性评估结果确定产品技术需求的目标值是（　　　）。

    A. 产品规划矩阵

    B. 零部件配置矩阵

    C. 工艺规划矩阵

    D. 工艺/质量控制规划矩阵

7. 下列（　　　）不是服务运作的特点。

    A. 生产率难以确定

    B. 质量标准难以确立

    C. 服务过程可以与消费者过程分离

    D. 纯服务不同通过库存调节

8. 新产品开发决策应该由企业（　　　）。

    A. 最高领导人制定

    B. 最低领导人制定

    C. 中间管理层制定

    D. 职工代表大会制定

案例分析

苹果 CEO 乔布斯脑子里是怎么想的

20 世纪 80 年代乔布斯凭借 Apple 电脑独步江湖、红极一时，后来因为太拽被自己创办的苹果公司撵出门外。但谁也没有想到，他十年后重新杀回来，凭借 iMac/ iPod/ iPhone 一个又一个产品重新成了 21 世纪的巨星。所有人倾倒之时都很好奇，他脑子里到底是怎么想的？

先介绍一下 Segway 代步车，该车设计新颖有趣，非常好玩。Segway 代步车为两轮电动车，能自动平衡，身体前倾车就前行，身体转动车也跟着转动，可以跑 40 千米/小时，售价为四五万元。去年我借了一辆 Segway 玩过几天，几乎每个人见了都想试试，2008 年奥运 Segway 还成了武警反恐新的装备。

Segway 代步车原型出来，乔布斯试用后彻夜未眠。第二天乔布斯参加了该产品的讨论会，他问了四个非常好的问题：

第一问：产品定位

Segway 公司想出两种型号，分别针对个人和商用市场。

乔布斯问他们为什么要出两款？为什么不先出一个普通版本，卖几千美元，真的热销了，再出一个价格翻倍的增强版，针对工业和军事领域呢？他开始讲自己做 iMac 的经历，为什么他在发布了第一款 iMac 之后等了 7 个月才推出其他花色品种？他希望他的设计师、销售人员、公关人员都 100% 的聚焦。也就是说，他一上来，会把自己的退路封死。乔布斯的思考方法，会让全公司上下永远孤注一掷，这也就是外界经常说的，他的员工会被他压迫得爆发出潜能来。

第二问：产品设计

乔布斯问 Segway 公司，你们觉得你们的产品怎么样。乔布斯一瞬间说出了三个评判标准：它的外形不创新、不优雅、也感觉不到人性化。"你拥有让人难以置信的创新的机器，但外形看上去却非常传统"。最后，他给了建议：去找一家最好的设计公司，一定要做出让你看到之后就会满意的产品！

这段信息量同样很足，因为它很简明地总结出乔布斯的三个设计标准：设计是否出奇，或者是否优雅，或者是否足够人性化。

第三问：产品生产

Segway 担心技术被仿制，想设立工厂自己生产。

乔布斯问，为什么你们要建个工厂？他坚决反对。乔布斯的想法是用时间和资金去找到其他壁垒。就像 iPod 和 iTunes 的相伴，iPhone 时代靠手机补贴获得的低价等构造了应用开发平台等一道道护城河，把 iPhone 小心地呵护起来。

第四问：产品营销

如何卖这个产品？

乔布斯先给了一个保守方案：把这种产品在斯坦福这样的一流大学、迪士尼这样的主题公园里做小规模推广。但他立刻补充说，这种做法风险也不小，如果有一个倒霉孩子在斯坦福里不小心摔一跤，然后在网上乱骂一顿、发帖等，公司就完蛋了。如果是一个大规模的发售呢，一点点麻烦不会从根本上伤害公司。老乔说"我是个大爆炸主义者"，说完这句话，他乐了，就是你把自己暴露给你的敌人，你需要很多钱跟仿制者作战。

经过乔大师指点后的 Segway 代步车产品，果然很酷、市场的认同度很高！

请分析 Segway 代步车的设计包含了哪些要素，从而在市场受到较大的认同和欢迎。

资料来源：中国 MBA 案例共享中心、百度文库。

实践训练

项目 6-1　认识科技企业的研究与开发

【项目内容】

带领学生参观某高科技企业的研究与开发部门。

101

【活动目的】

通过对制造企业研究与开发的感性认识，帮助学生进一步加深对研究与开发基础、研究与开发方法、研究与开发常见形式等知识的理解。

【活动要求】

1. 经过访谈，重点了解企业研究与开发的形式、企业研究与开发采用的是哪种方式。

2. 每人写一份参观学习提纲。

3. 保留参观主要环节和内容的详细图片、文字记录。

4. 分析企业车间的设施布置类型、形式、布置重点。

5. 每人写一份参观活动总结。

【活动成果】

参观过程记录、活动总结。

【活动评价】

由老师根据学生的现场表现和提交的过程记录、活动总结等对学生的参观效果进行评价和打分。

项目6-2　认识服务设计

【项目内容】

模拟一家汽车服务企业，应用服务设计的原则为其服务过程进行服务设计，找出服务过程中可能出现的问题并制定相应的防范措施。

【活动目的】

强化学生对于服务设计的认识。

【活动要求】

1. 以小组（4~5人）形式进行。

2. 每个小组提交一份服务设计报告。

3. 每个小组派代表介绍服务设计的原则、服务设计的理念，解释该组服务设计过程的原因及基本思想。

4. 介绍内容要包括书面提纲。

【活动成果】

参观过程记录、活动总结。

【活动评价】

由老师和学生根据各小组的活动成果及其介绍情况进行评价打分。

模块五
生产过程组织与工艺选择

【学习目标】

1. 企业生产过程组织的基本概念、基本原则常见形式。
2. 生产线的三种移动方式和周期的计算。
3. 流水线设计的原则、方法、实施步骤。
4. 节拍、负荷率的计算方法。
5. 工序同期化的概念和实施。
6. 成组技术的概念、特点和基本原理。
7. 柔性制造系统的概念、特点和应用范围。

【技能目标】

1. 理解生产过程组织的重要性。
2. 学会几种典型的生产过程组织的常见形式和方法。
3. 掌握顺序移动方式、平行移动方式、平行顺序移动方式的周期计算。
4. 了解流水生产线的特点和设计思想。
5. 理解流水生产线设计的要点和设计步骤。
6. 了解工序同期化的过程和实施方法。
7. 掌握成组技术的基本原理和实际意义。
8. 掌握柔性制造系统的特点和设计原则。

【相关术语】

生产线移动方式（production line moving）

顺序移动方式（order moving）

平行移动方式（parallel moving）

平行顺序移动方式（parallel sequence move）

流水生产线（assembly line）

工序同期化（assembly line balancing）

节拍（cycle time）

设备负荷率（load rate of plant）

成组技术（group technology）

系统分析方法（system analysis Method）

柔性制造系统（flexible manufacturing System）

【案例导入】

皮带流水线

对于机械以及相关行业来说，皮带流水线应该是再熟悉不过的一种非标准类输送设备。皮带流水线即皮带输送线（机），是一种以皮带线为输送载体命名的非标准输送线，在工业生产中的作用主要是用于成品、半成品以及零部件的加工输送。

皮带流水线具有运量大、结构简单、操作以及维护方便、运行高效等特点而深受各行业喜爱，因此在冶金、化工、电子、食品等行业被广泛应用。皮带流水线作为非标准定制类生产线需要工程师依据客户提供的信息要求进行详细定制。

图 5-1　转弯皮带生产线

图 5-2　皮带检测流水线

图 5-3　皮带流水线

任务一　生产线的移动方式与周期

生产系统的时间设计是用来确定所加工的劳动对象在各生产部门、各道工序之间的时间衔接方式。要合理组织生产过程，除了要求企业各生产部门之间在空间上紧密协作，还应尽量减少生产时间的等待和浪费，从而实现零件的节奏型、连续性生产。零件的各加工工序在时间上的移动方式通常分为三种：顺序移动方式、平行移动方式、平行顺序移动方式。

一、顺序移动方式

顺序移动方式是指一批零件的前一道工序全部加工完毕后，才整批移动到下一个工序进行整批加工。假设 n 表示零件批量，m 表示产品加工的工序数，t_i 表示第 i 道工序的单件加工时间。当 $t_1 = 4$ 分钟，$t_2 = 2$ 分钟，$t_3 = 6$ 分钟，$t_4 = 3$ 分钟时，这批零件的顺序移动方式的示意图如图 5-4 所示。

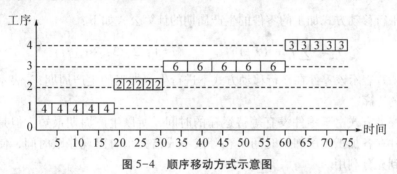

图 5-4　顺序移动方式示意图

同时，假设这批零件在生产过程中不存在停放等待被加工的时间，同时工序间的运输时间忽略不计，那么该批零件的生产周期就等于它们在所有工序上的加工时间的总和。

以 T_1 表示该批零件的生产周期，可以得到：

$T_1 = nt_1 + nt_2 + nt_3 + nt_4 = n(t_1 + t_2 + t_3 + t_4) = 5(4+2+6+3) = 75$（分钟）

采用顺序移动方式加工的零件的生产周期的计算公式如下：

$$T_1 = n \sum_{i=1}^{m} t_i \quad (i=1, 2, 3, \cdots, m) \tag{5-1}$$

顺序移动方式简化了企业的生产计划和组织管理工作，价值整批零件被集中加工和运输，因此提高了设备的利用率。但由于大多数零件在加工时有等待加工和运输而产生中断的时间，因此，所加工的生产周期较长，使得资金周转时间较慢。

二、平行移动方式

平行移动方式是指每个零件在上道工序加工完毕之后，立刻被转移到下一道工序继续进行加工，即一批零件同时在各个工序上可以平行进行加工。以前例的已知条件，根据平行移动方式进行加工的零件的生产流程如图 5-5 所示。

105

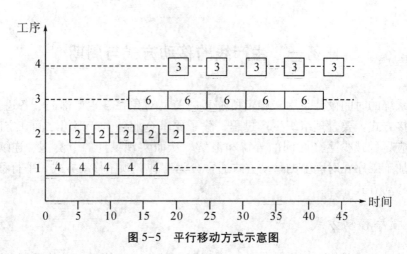

图 5-5　平行移动方式示意图

由图 5-5 可知，所有零件的生产周期为：

$$T_2 = t_1 + t_2 + nt_3 + t_4 = t_1 + t_2 + t_3 + t_4 + (n-1)\,t_3$$

$$= 4+2+6+3+4\times6$$

$$= 39（分钟）$$

采用平行移动方式加工的零件的生产周期的计算公式如下：

$$T_2 = \sum_{i=1}^{m} t_i + (n-1)\,t_l \qquad (i=1,\ 2,\ 3,\ \cdots,\ m) \tag{5-2}$$

其中：T_2 表示该零件在平行移动方式下进行生产加工的生产周期；t_l 表示单件加工时间最长的工序。

这种移动方式由于零件没有等待运输的时间，所以生产周期最短。但是运输工作频繁，零件在各加工工序加工时间不相等或不成倍关系时出现停歇时间，使得设备和人力得不到充分利用。

三、平行顺序移动方式

平行顺序移动方式是把平行移动和顺序移动综合运用的一种方式。根据相邻工序加工时间的不同，零件的移动共分为两种情况：

（1）当前道加工工序的加工时间小于或等于后道加工工序的加工时间时，加工完毕的每一个零件应及时转入后道工序加工，即按平行方式进入下一道工序的加工。

（2）当前道工序的加工时间大于后道加工工序的加工时间时，只有在前道工序完工的零件数量足以保证后道工序连续加工时，才将前道工序加工完毕的零件转入下一道工序进行加工。

这种移动方式是平行移动方式和顺序移动方式的优点的结合，不仅保证各道工序能连续进行加工，而且使得所用的生产周期尽可能地被缩短。零件在工序之间的转移是成批的，也有单件的。

仍以前例为已知条件，按照平行顺序移动方式加工的产品生产流程如图 5-6 所示。

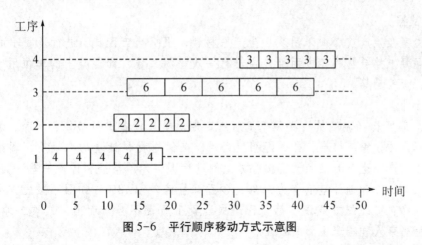

图5-6　平行顺序移动方式示意图

由图5-6可知，所有零件的生产周期为：

$T_3 = 5t_1 - 3t_2 + 5t_3 + t_4 = 5×4 - 3×2 + 6×5 + 3 = 47$（分钟）

采用平行顺序移动方式加工的零件的生产周期的计算公式为：

$$T_3 = \sum_{i=1}^{m} t_i - (n-1) \sum_{j}^{m-1} t_j \qquad (i=1,\ 2,\ 3,\ \cdots,\ m) \qquad (5\text{-}3)$$

其中：T_3表示在平行顺序移动方式下进行加工的生产周期；t_j表示相邻工序两两比较后较短工序的加工时间。

与平行移动方式相比，平行顺序移动方式使得各道工序在加工过程中不会出现等待停歇的时间，设备能够得到充分利用；与顺序移动方式相比，它缩短了产品的生产周期。但采用这种移动方式加工产品的运输次数多，所以生产组织管理工作比较复杂。

107

在实际生产中，在选择零件生产移动方式时应综合考虑零件的批量大小量、加工时间、生产单元布局形式、生产类型等诸多因素。

如表5-1所示，顺序移动方式适用于单件小批量、加工时间比较短的生产类型；平行移动方式和平行顺序移动方式适用于大批量、加工时间长的生产类型。采用工艺专业化的生产单元适合选择顺序移动方式，采用对象专业化的生产单元可以选择平行移动或者平行顺序移动方式。

表5-1　　　　　　　　　　选择移动方式应考虑的因素

移动方式	批量大小	加工时间	专业化形式	适用生产类型
顺序移动方式	小	短	工艺专业化	单件小批
平行移动方式	大	长	对象专业化	大批
平行顺序移动方式	小	长	对象专业化	大批

【案例】5-1　混凝土生产工艺流程案例

混凝土工作性能的好坏是保证工程质量的关键条件之一，必须切实做好混凝土生产前的准备工作，任何新配方的实施，必须有1周至1个月的试产期，试产配方只能用于次要工程、次要部位，或考虑降级使用。另外，在混凝土试产期间，应加强计量设备的校正，过磅检查，以及加强混凝土抽检频率。

1. 试拌

试验室在生产前必须采用现场生产原材料，根据生产配比，进行混凝土的试拌工作，对混凝土拌合物的各方面性能再进行一次检测工作，如混凝土的单位用水量、凝结时间、含气量等。

2. 计量

（1）调度长（调度员）必须负责组织定期对生产设备进行检修、保养、调试，进行计量器具的检查、校准，并做好相应记录，确保原材料计量的准确度，调试合格后才能进行生产。生产时必须严格按配方比例进行下料，严格控制计量偏差，其中水泥、混合材、水及外加剂计量偏差为±2%，砂石计量偏差为±3%。如因不按配方生产、误用配方、私自更改配方或设备等原因造成混凝土质量不合格而出厂，被工地退回的，则应追究当事人和当班主管的责任。

（2）每天必须不少于两次对搅拌车进行过磅验证砼容重，出现异常情况及时向QC主管反映，做出相应的处理，并做好相关记录。

（3）定期对各原材料电子磅进行自检校验工作，保证计量系统的准确性。自检时发现有误差，须重新标定，检验结果及时间须做好记录备查。在使用过程中发现严重异常情况应立即停用，并上报主管领导，安排相关人员检查维修处理，必要时与计量单位机构联系维护处理，维护处理后经检验合格才可继续使用。

（4）外加剂磅必须每天在开始生产之前用砝码进行校验一次，砂、石、水泥、矿渣、粉煤灰等磅每两周进行校验一次。

3. 生产配料

（1）配料员应严格按生产操作规程配制每槽砼，准确、均匀地将拌合物投入搅拌车滚筒内。在搅拌工序中，拌制混凝土拌合物的均匀性应符合GB50164-92的规定。

（2）混凝土搅拌最短时间应符合设备说明书的规定。根据公司搅拌设备的情况，每槽搅拌时间不少于20~30秒，对有特殊要求的混凝土，应根据实际情况适当调整。

（3）生产过程中应测定骨料的含水率，每个工作班不应少于一次。特别是在下雨天含水率有显著变化时，应增加测定次数，依据检测结果及时调整用水量和骨料用量，并根据骨料含水量的变化，及时调整用水量。

（4）在生产过程中，QC员必须密切注意观察混凝土的流动性、保水性、黏聚性、砂率、混凝土的含气量、混凝土的凝结时间等。

4. 搅拌车装料与卸料

（1）搅拌车装料前必须进行反鼓卸干净鼓内积水。如不反鼓装料，造成坍落度过大，造成的损失，由该司机负全责。

（2）搅拌车进机位装货时，定位后，应向中控室报车号。若司机不报车号，中控室有权指令该车离开，重新等候入位或拒绝装料，造成的后果由该司机承担。

（3）司机收到送货单后，必须看清送货单上的车号和工程名称等，必要时与中控室重复送货单上的内容，如工地名称、混凝土级别、坍落度、方量等，互相核对无误后方可出车送货，送错工地或卸错部位，造成的后果由司机承担。

（4）搅拌车进入工地后，应服从工地管理人员的安排与调度，到达准确的位置卸料，并将随车混凝土的资料交予工地管理人员，再次核实工地名称、混凝土强度等级、方量、坍落度要求等，避免卸错工地、卸错部位。经核对无误后方可卸料。司机有义务劝阻工地外加水等不符合施工规范的操作。

（5）为树立公司良好的服务形象，司机有义务协助工地方卸料，并有义务将工地方对公司关于质量、配送、服务等的信息及时反馈给中控室。

5. 混凝土出厂外观质量检查或抽查

（1）对出厂前的混凝土，严格按照抽样制度进行检测，以控制出厂混凝土的稳定性，结合外观质量检查制度，每车混凝土装车后应在厂内搅拌 1~3 分钟，然后观察其和易性及坍落度情况。

（2）混凝土出厂质量主要由当班 QC 员负责控制、跟踪和技术质量服务，确认合格并在送货单上签字后，方可让搅拌车出厂。如因 QC 员失职而造成的混凝土质量问题，应追究当班 QC 员和 QC 主管的责任。如因司机不按规定进行检查而造成退料，应由司机负全责。

6. 混凝土的运输

（1）搅拌车司机要经常对车辆进行检查、保养，使车辆保持良好的技术状况，并对发现的问题协助汽车修理工一同认真处理，严禁隐瞒车辆故障而进行装料。装料前必须对车辆进行一些常规检查，如油料是否足够、轮胎是否完好、拌筒里的清洗水是否倒干净等。如因司机原因造成混凝土的质量问题，应由司机负全责。

（2）司机要熟识混凝土性能，运输途中不得私自载客和载货，行使路线必须以工作目的地为准，尽量缩短运输时间。到达目的地后，要在签收单上注明到达时间。当搅拌车卸完砼后，要求用户在签收单上注明卸完时间，并签字及核实数量。

（3）司机在装料前必须把搅拌车水箱灌满，减水剂塑料罐装满司机专用后掺减水剂，以备调整坍落度用，如司机不带后掺减水剂，导致坍落度无法调整而退料，由司机负全责。

（4）混凝土出厂前后，不得随意加水。若施工人员擅自加水，司机应在签收单上注明原因，并向中控室汇报。当混凝土在运输过程中，如发生交通事故、遇到堵车或搅拌运输车出现故障及因工地原因造成搅拌车在施工现场停留时间过长而引起混凝土坍落度损失过大，难于满足施工要求时，必须及时通知中控室，由中控室对整车料做出处理指令。这时可以根据混凝土停留时间长短，考虑采取多次添加减水剂的办法来提高混凝土的坍落度，即在现场搅拌车中加入适量高效减水剂。同时必须在 QC 员监督下进行而不得擅自加水处理。如果还达不到施工要求，或混凝土已接近初凝时间，则应对整车料做报废处理，以确保混凝土的施工质量。

（5）在运输过程中，应控制混凝土运至浇筑地点后，不离析、不分层，组成成分不发生变化，并能保证施工所必需的坍落度。如混凝土拌合物出现离析或分层现象，应对拌合物进行二次搅拌。

（6）混凝土运到浇筑地点后，应检测其坍落度，所测坍落度应符合设计和施工要求，且其允许偏差符合有关规定。

（7）混凝土从搅拌时间起至卸料结束，一般要求在 1.5~3 小时内完成，运输时间不宜超过 2 小时。

7. 混凝土质量跟踪与技术服务

（1）现场 QC 员必须密切监督施工现场混凝土质量。当混凝土拌合物质量出现少量波动时，必须及时如实地向 QC 主管反映混凝土情况，及时调整，出现问题，及时解决，确保向客户提供优质混凝土。

（2）在混凝土施工过程中，现场 QC 员必须注意检查混凝土拌合物质量。当出现异常情况，如混凝土坍落度过大而超过试配允许范围时；混凝土拌合物出现离析现象；由于种种原因造成混凝土已出现初凝迹象等时，为保证混凝土工程质量，现场 QC 员必须及时采取措施，阻止使用该车混凝土，并做退料处理，同时及时向分站经理反映。

（3）QC 员应督促和指导施工人员进行正确的浇筑、振捣、养护等工序。

8. 售后服务

各分站销售人员或客户部人员必须定期向客户征询出厂混凝土的质量、生产配送、服务等方面的意见，并填写相应记录表格，把信息及时反馈给所属分站有关部门，有关部门应做出合理分析以及及时给予客户合理的答复，不断改进工作，以更好地满足用户的施工要求，为公司树立良好服务形象。

资料来源：http://wenku.baidu.com/view/c462e22ced630b1c59eeb58e.html.

任务二　流水生产线设计

1769 年，英国人乔赛亚·韦奇伍德开办了埃特鲁利亚陶瓷工厂，在场内实行了精细的劳动分工，他把原来由一个人从头到尾完成的制陶流程分成几十道专门工序，分别由专人完成。这样一来，原来意义上的"制陶工"就不复存在了，原来的挖泥工、运泥工、拌土工、制坯工等制陶工匠变成了制陶工场的工人，他们必须按固定的工作节奏劳动，服从统一的劳动管理。从上述资料可以看出，韦奇伍德的这种工作方法已经完全可以定义为"流水线"。

流水线，顾名思义，就是生产线像流水一样按照一定的工艺顺序、按照统一的生产节奏连续的完成生产过程。流水线是把高度的对象专业化的生产组织与平行移动的零件生产方式有机结合起来的先进生产组织形式。

流水线又称为装配线，是指每一个生产单位只专注处理某一个片段的工作，以提高工作效率及产量；按照流水线的输送方式，可以分为皮带流水装配线、板链线、倍速链、插件线、网带线、悬挂线及滚筒流水线这七类流水线。一般流水线由牵引件、承载构件、驱动装置、涨紧装置、改向装置和支承件等组成。流水线可扩展性高，可按需求设计输送量、输送速度、装配工位、辅助部件（包括快速接头、风扇、电灯、插座、工艺看板、置物台、24V 电源、风批等），因此广受企业欢迎；流水线是人和机器的有效组合，最充分体现设备的灵活性，它将输送系统、随行夹具和在线专机、检测设备有机地组合，以满足多品种产品的输送要求。输送线的传输方式有同步传输的（强制式），也有非同步传输的（柔性式），根据配置的选择，可以实现装配和输送的要求。输送线在企业的批量生产中不可或缺。

一、流水线的特征

流水线具有如下特征：

（1）工作的专业化程度高。一般流水线只固定生产一种或少数几种产品或零件，每个工作地只负责加工 1~2 道工序。

（2）连续性强。流水线是按照工艺顺序安排加工对象，劳动对象在生产线上做单向流动，具有高度的连续性。

（3）按照规定节拍进行生产，生产过程具有节奏型。

（4）生产过程具有较高比例性。生产过程各工序工作的数量与各道工序的生产时间比例一致。

由于这些特点，流水线生产具有生产效率高、自动化程度高、生产周期短、充分利用人力和场地与设备、成本低等优点。福特汽车公司采用流水线进行生产以来，生产率大大提高，降低了汽车的生产成本。流水线生产成为大规模生产的一种高效的生产组织形式。

二、流水线的形式

（1）按照流水线上的品种数目，分为单一对象流水线和多对象流水线。单一对象流水线固定生产一种产品，而多对象流水线生产多种产品。多对象流水线根据生产对象的轮换方式，又分为可变流水线、混合流水线、成组流水线。可变流水线是固定成批轮换生产几种产品，当更换产品时，工艺装备要换；混合流水线是同一时间内流水线同时生产几种产品，而且遵循一定的投产顺序；成组流水线也是生产多种产品，但是不成批轮换生产，而是成组地生产，即几种产品形成一个产品组，按产品组轮换生产。

（2）按照流水线的连续程度，分为连续流水线和间断流水线。连续流水线是指在生产过程中，产品从一个工序转到下一个工序，中间没有停顿；间断流水线是指由于各工序的能力或者生产量不同，产品在生产过程中会出现停顿与等待。

（3）按照流水线的生产节奏，分为强节拍流水线、自由节拍流水线。强节拍流水线对工艺、操作工人与输送装置都有严格要求；自由流水线不要求严格按照节拍生产，生产节拍靠工人的熟练程度掌握。

（4）按照流水线的生产对象是否流动，分为移动流水线与固定流水线。移动流水线是指加工对象要经过不同的加工工序，工人与设备是固定在一定的位置上进行加工；固定流水线的加工对象是固定的，工人与设备携带着工具沿着顺序排列的加工对象完成加工过程。

除了以上分类，流水线还可以按照运输方式、机械化程度、工作方式等划分。

三、流水线组织的条件

（1）产品结构与工艺相对稳定。流水线的设备与工艺是为专业化设计的，因此加工对象必须具有相对稳定的工艺与结构。

（2）产品要有足够高的产量。流水线是高投资的生产设备，如果产量不够高，难以保证生产线上的工作的负荷，同时不具有经济规模效应。

（3）工艺过程可以划分为简单的工序，可以进行工序的细分与合并。

四、流水线设计的步骤

流水线设计有下面一系列基本步骤。

（一）确定流水线节拍

节拍是流水线上相邻两个制品的时间间隔，它表示生产线的速度快慢或生产线生产率的高低。节拍的计算公式如下：

$$r = \frac{F_e}{N} = \frac{F_o \cdot \eta}{N}$$

式中：r——流水线的平均节拍；

F_e——计划期的有效工作时间；

F_o——计划期制度工作时间；

η——时间利用系数；

N——计划期的产出。

【例5-1】汽车装配线的设计日产量是1 000辆，每日两个班次工作，每班8小时，每班中间休息30分钟，则流水线节拍为：

$$r = \frac{2 \times 8 \times 60 - 2 \times 30}{1\ 000} = 0.9 \text{（分钟/辆）} = 54 \text{（秒/辆）}$$

如果在计算节拍时考虑废品率，则计划期的产量为：

$$\text{计划期实际产量} = \frac{\text{计划期计划产量}}{1 - \text{废品率}}$$

【例5-2】某厂一条电子生产线，计划生产800个电子管，每日两个班次工作，每班8小时，每班中间休息15分钟，计划废品率为5%，则流水线节拍为：

$$r = \frac{2 \times 8 \times 60 - 2 \times 15}{800\ (1 - 5\%)} = 1.1 \text{（分钟）}$$

（二）计算设备（工作地）数量与设备（工作地）负荷率

流水线上设备（工作地）数等于工序时间与节拍的比，即：

$$S_i = \frac{t_i}{r}$$

式中：S_i——第i道工序的设备（工作地）数目；

t_i——第i道工序的单件产品时间定额。

上面公式计算结果S_i通常不是整数，需要把它化为整数S_{ei}。一般要求$S_{ei} \geq S_i$，那么需要采用向上取整的方法：$S_{ei} = [S_i]$。

由于理论计算的设备数与实际的设备数不同，因此就存在实际能力大于理论需求，供需之间存在不连续。则间断时间为：

$$t_{ei} = r - \frac{t_i}{S_{ei}}$$

式中：t_{ei}——第i道工序的间断时间。

设备（工作的）的负荷系数为：

$$K_i = \frac{S_i}{S_{ei}}$$

工序数为m的流水线的总的设备负荷系数为：

$$K = \sum_{i=1}^{m} S_i \Big/ \sum_{i=1}^{m} S_{ei}$$

一般而言，设备的负荷系数不应低于 0.75。如果负荷系数在 0.75 和 0.85 之间，宜组织间断流水线。

（三）工序同期化

工序同期化就是使各道工序的加工时间与流水线的节拍相等，或者是节拍的整数倍，从而保证生产线按照节拍生产。在手工生产的流水线，工序同期化比较好实现。将原工序细分为更小的工步，然后按照同期化要求把相邻的工序与工步重新组合为新的工序，从而使调整后的工序时间接近节拍或者节拍的倍数。

表 5-2 是一个工序同期化的示例，原来流水线共有 6 个工序、13 个工步、11 个工作地。经过同期化后的新工序为 7 道、9 个工作地（见表 5-3）。具体处理如下：原来 1 号工序的工步 1、2 与原来 2 号工序的工步 3 合并为 1 号新工序，1 号新工序的时间为 9.1（2.1+1.4+5.6）分钟，因为节拍为 4.5，需要 2 个工作地。原来的 2 号工序的工步 4 和 5 组合为新工序 2、工序时间为 4.3（3.2+1.1）分钟，需要 1 个工作地。原来的 3 号工序的工步 6 作为新工序 3，工序时间为 4.2 分钟，需要 1 个工作地。原来 3 号工序的工步 7 和 4 号工序的工步 8 组合为新工序 4，工序时间为 4.5（3+1.5）分钟，需要 1 个工作地。原来 4 号工序的工步 9 形成新工序 5，工序时间为 4 分钟，需要 1 个工作地。原来的 4 号工序的工步 10 和 5 号工序的工步 11 组成新工序 6，工序时间为 4.4（1+3.4）分钟，需要 1 个工作地。原来的 6 号工序的工步 12 和 13 组成新工序 7，工序时间为 8.6（6+2.6）分钟，需要 2 个工作地。

表 5-2　　　　　　　　　工序同期化的实例（原工序组成）

工序号	1		2			3		4		5	6	
工序时间（分钟）	3.5		9.5			7.2		6.5		3.4	8.6	
工步号	1	2	3	4	5	6	7	8	9	10	11	12	13
工步时间（分钟）	2.1	1.4	5.6	3.2	1.1	4.2	3	1.5	4	1	3.6	6	2.6
工作地数量（个）	1		3			2		2		1	2	
流水线节拍（分钟）	4.5											
同期化程度	0.78		0.73			0.8		0.72		0.76	0.96	

表 5-3　　　　　　　　工序同期化的实例（同期化后的工序组成）

工序号	1		2	3	4	5	6	7	
工序时间（分钟）	9.1		4.3	4.2	4.5	4	4.4	8.4	
工步号	1	2	3	4	5	6	7	8	9	10	11	12	13
工步时间（分钟）	2.1	1.4	5.6	3.2	1.1	4.2	3	1.5	4	1	3.6	6	2.6
工作地数量（个）	2		1	1	1	1	1	2	
流水线节拍（分钟）	4.5								
同期化程度	1.01		0.96	0.93	1.00	0.89	0.98	0.96	
负荷系数（%）	101		96	93	100	89	98	96	

同期化程度的计算公式为：

$$\varepsilon_i = \frac{t_i}{r \cdot S_{ei}}$$

例如，原第 1 道工序，同期化程度为：

$$\frac{3.5}{4.5 \times 1} = 0.78$$

新同期化后的第 1 道工序 r 同期化程度为：

$$\frac{9.1}{4.5 \times 2} = 0.78$$

从表 5-3 中可以看出，经过工序同期化后，各工序的同期化程度提高，接近 1，比进行工序同期化之前大大改善。另外，第 1 道工序的设备负荷系数大于 100%，达到满负荷。

上例是简单问题的工序同期化方法。如果在复杂流水线上进行工序同期化，就需要采用更加科学的生产线平衡技术。

（四）计算工人数

流水线设备确定以后，就可以确定各工序的单位时间的结构与工作班次，据此配备工人。

（1）以手工劳动为主的流水线工人数计算。其计算公式为：

$$P_i = S_{ei} \cdot g \cdot W_i$$

式中：P_i——第 i 道工序的工人数；

S_{ei}——第 i 道工序的实际设备数；

g——每日工作班次；

W_i——第 i 道工序每一工作地同时工作的人数。

（2）以设备为主的流水线工人数计算要考虑后备工人数与工人设备看管定额。其计算公式为：

$$P = (1+b) \sum_{i=1}^{m} \frac{S_{ei} \cdot g}{f_i}$$

式中：b——后备工人百分比；

f_i——第 i 道工序的工人设备看管定额（台/人）。

（五）确定流水线节拍性质与实现节拍的方法

流水线有强节拍、自由节拍与粗略节拍等，选择节拍的主要依据是工序的同期化程度与加工对象的重量、体积、精度与工艺性等。不同节拍需要选择不同形式的流水线运输装置。

（1）强节拍流水线。由于各工序时间与节拍吻合很好，生产连续性高，生产节奏明显，因此这种流水线一般采用连续式的工作传送带、间隙式工作传送带、分配传送带。

（2）自由节拍流水线。由于它是工序同期化程度和连续化程度比较低的流水线，因此这种流水线采用连续式运输带或者滚道、平板运输车等运输装置。

（3）粗略节拍流水线。由于各工序时间差别比较大，不能按照生产线整体节拍进行连续生产，连续性比较差，因此这种流水线一般采用滚道、重力滑道、手推车、叉车等运输装置。

在采用机械化传送带时，需要计算传送带的速度与长度。

传送带长度的计算公式为：

$$L = 2\left(\sum L_1 + \sum L_2\right) + L_3$$

式中：L——传送带长度；

$\sum L_1$——工作地长度之和；

$\sum L_2$——工作地之间距离之和；

L_3——传送带两端的余量与技术上需要的长度。

传送带速度的计算公式为：

$$v = \frac{L_{间}}{r} = \frac{L_1 + L_2}{r}$$

式中：v——传送带速度；

$L_{间}$——流水线上两个相邻产品的距离；

r——流水线节拍。

（六）流水线的平面布置

流水线的平面布置可以按照形状分为直线形、开口形、山形、环形、蛇形等。

流水线上的工作地布置有两种形式：单列式与双列式。

（七）流水线的标准作业计划与作业标准图

流水线布置完成后，需要建立标准作业计划与作业标准图，以指导工人的操作。

（八）流水线的经济效益分析

流水线是一次性投资，需要对流水线的经济效益进行评价，包括生产率、流动资金占用与节约额、成本降低额、投资回收期等。此外，还需要对劳动条件改善、环境保护改善等进行定性分析。

【案例】5-2 非标准流水线的分类和案例

流水线是当今企业生产的一种作业形式，在工业生产中具有广泛的适用性，同时具有高效率、标准化的作业特点。流水线形式的生产作业改变了以往企业生产劳动密集型的生产方式，将零散、无序的加工过程集成为系统化的生产。

流水线是一种作业方式，非标准流水线就是这种流水线作业方式所需的设备。非标准流水线具有非标准设备的普遍特点：定制性、生产的周期性、极强的针对性、使用的高效性等。下面我们就来认识一下不同的非标准流水线以及相关的设备案例：

一、非标准流水线案例：流水线工作台

流水线工作台是非标准流水线设备中使用最多、应用行业最为广泛的设备之一。流水线工作台是由各种不同形式的工作台，根据特定工艺要求定制、组装成设备加工生产线。这类工作台包含超净工作台、独立工作台、重型装配工作台、线棒工作台、防静电工作台、周转工作台、双边工作台、多层工作台等。

案例展示：

图 5-7　重型装配工作台　　　　　　图 5-8　双边工作台

二、非标准流水线案例：带式输送线

带式输送线又称皮带输送机，主要是指皮带式输送线，是一种轻型的输送流水线。该输送流水线以皮带作为输送载体，可以用于散状、小件、块状、箱装类等产品的加工输送。皮带输送线具有防静电的功能，因此在电子产品加工行业应用非常广泛。

案例展示：

图 5-9　斜坡皮带输送线　　　　　　图 5-10　循环皮带流水线

三、非标准流水线案例：倍速链系列

倍速链系列输送线是工业流水线中非常重要的一类非标准流水线，通常称为倍速链、倍速链输送、倍速链输送机，有时候又被叫作差速链、差速链流水线等。倍速链输送线可以根据不同的加工要求，针对不同行业进行设计，使用跨度非常大。一般的大型流水线设备中，都会有倍速链系列产品的特殊设计。

案例展示：

图 5-11　倍速链装配线　　　　　　图 5-12　倍速链装配线

四、其他非标准流水线

非标准流水线根据不同的功能和特点会有很多不同的分类，由于分类较多，本篇不再一一列举介绍。其他非标准流水线还有网带输送线、链板输送线、悬挂链输送、烘干流水线等。

任务三　成组技术与柔性制造系统

一、成组技术

随着社会的不断进步和先进技术的发展，市场竞争日益激烈，导致市场环境更加复杂多变，企业越来越多地面临着需要满足多品种、中小批量的市场需求。而传统的流水线只适用于大规模生产，为适应这种多品种、小批量生产方式的特点，20世纪50年代初，苏联米特罗凡诺夫提出了成组技术原理，随后迅速在全国推广，同时在机械制造、电子设备制造和生产管理等各个领域得到广泛应用。

（一）成组技术的基本原理

成组技术又称群组技术，它是将企业生产的多种产品、部件、零件，按照一定的相似性准则进行分组，并以这些零件组为基础来组织生产，最终实现多品种、中小批量的生产设计以及生产的科学化管理。

成组技术的核心在于鉴别和利用零件结构以及加工工艺上的相同性或相似性，从零件的个性中选取共性。它不以单一产品作为组织生产的唯一对象，也没有把产品和零件看成孤立的、相互无关的个体，而是按照零件结构或工艺上的相似性对其分类，形成一个零件组。

（二）成组技术的生产组织形式

成组技术的生产组织形式主要有三种基本形式：成组加工单机与单机封闭、成组加工单元、成组加工流水线。

1. 成组加工单机与单机封闭

成组加工单机是成组技术中生产组织的最简单的形式。它是在一台机床上实施成组技术。单机封闭则是成组加工单机的特例，它是指一组零件的全部加工工艺过程可以在一台机床上完成。前者适用于多工序零件的组织生产，后者适用于单工序零件的组织生产。

利用这种方式进行零件加工时，零件组中的每个零件必须具备如下特点：

- 零件必须具有相同的装夹方式；
- 零件的空间位置和尺寸必须具有相同或相似的加工表面，但并不要求零件的形状相同，而是只考虑加工表面位置和尺寸的相似性。

2. 成组加工单元

成组加工单元是指在车间的一定生产面积内来配置一组机床和一组工人，用以完成一组或几组在加工工艺上相似的零件的全部工艺过程。

成组加工单元和流水线形式相似。单元内的机床基本上是按零件组的统一工艺过程排列的。成组加工单元具有流水线的许多优点，但并不要求零件在工序间做单向顺

117

序依次移动，即零件不受生产节拍的控制，又允许在单元件任意流动，具有相当的灵活性，目前已成为中小批生产中实现高度自动化的有效手段。

3. 成组加工流水线

成组加工流水线是在机床单元的基础上，将各工作地的设备按照零件组的加工顺序固定布置。它与一般流水线的区别在于：在这一流水线上流动的并不是一种零件，而是一组工艺相似度很高、产量较大的零件。这组零件应有相同的加工顺序，近似相等的加工节拍，允许某些零件越过某些工序。这样，其成组加工流水线的适应性较强，能灵活加工多种零件。

（三）成组技术的意义

成组技术改变了传统的生产组织方法，使得同类零件在加工过程中的情况一目了然，便于管理和监督。它不仅是一种新的生产组织方法，使得零件按成组加工工艺进行，不仅大大缩短了生产周期、提高了生产效率和质量，而且精简了生产管理人员，从而降低了产品成本、提高了企业的经济效益。

随着成组技术的进一步深入研究和广泛应用，它已发展成为合理性和现代化生产的一项基础性技术。为了使计算机辅助设计（CAD）、计算机辅助制造（CAM）、计算机辅助编制工艺规程（CAPP）、自动编制零件数控程序（NCP）、计算机集成制造系统（CIMS）在生产领域中发挥作用，近年来，计算机技术的应用与成组技术如何紧密地联系结合已成为人们非常关注的问题。

【案例】5-3　浙东某冲床企业的成组技术应用

基于成组技术的精益生产方式已在企业得到了一定程度的应用。浙东某冲床企业就是一个典型的例子。该企业对拟实施的新的生产管理模式进行了总体规划，确定了合理的分步实施办法。该企业现已实施了成组技术、全面质量管理、并行工程和准时化生产等技术，取得了较为明显的效益。具体实施过程为：①采用成组技术，对所有非标件都进行了编码，建立了产品数据库。新零件结构设计、工艺过程制定、生产准备、加工都参照编码相同或相近零件的技术文件进行。成组技术的采用为实施精益生产打下了良好的基础。②实施并行工程。从产品确定生产之日起，一些采购或生产周期长，结构形状、性能及尺寸相对固定的零部件，如床身、飞轮等在全套产品图纸生成以前就通过成组技术调用以前相同或相似零件的图纸，工艺规程和工装要求提前采购或提前加工，极大地缩短了整机的加工周期。在加工、采购过程中，生产部门、供应部门与设计部门能根据以往相似产品的数据及时交换信息，发现问题得以尽早解决，实现并行工程。③开展全面质量管理。该企业非常重视质量管理，提出"中国人要让人瞧得起就让我从本职工作做起"，采用早讲会、评议会等形式通过渐进的方式使质量意识深入人心。现在，每位职工都从内心深处认同了"品质由我做起，从我负责，以专业、敬业追求完美品质""决不让相同的缺失发生第二次""决不让前工程的缺失流入后工程"等观念。公司各部门员工都能采用成组技术，通过相似性原理确定产品及其零部件的设计、加工、装配等的检验方法和检验程序，保证了检验方法和检验程序的合理性与准确性。④推行准时化生产。该公司产品绝大多数按订单生产，少数按市场预测生产。在确定产品交付日期或面市时间后，其设计、零部件加工、装配等都按倒推的时间表进行，采用成组技术后，产品、零部件设计及其加工、装配的时间及机床、夹具、刀具等的准备时间大大缩短，更精确地实现了准时制生产。采用这些管理技术后，该企业产品生产周期比原来缩短 1/3，零部件和产品的废品率与返修率降低 20%，准时交货率明显提高。零部件库存从原先的平均半年缩短到现在的 30 天。该公司还计划在两年内把库存周期压缩到平均 5 天以内。产品的生产成本也有很大程度地降低，企业的整体形象和市场竞争力获得了进一步提升。

基于成组技术的精益生产方式的实施过程，该公司专门制订了实施规划，绘制了实施的流程图，并根据这一规划对全体员工进行了分层次的培训，在实施过程中注重效果，实施一项，见效一项。

通过实例分析可以看出：企业实施基于成组技术的精益生产方式应遵循教育先行、效益驱动、总体规划、分步实施的原则。在实施之前必须对企业从领导层到普通职员进行教育，使他们深入理解成组技术和精益生产的技术特点、实施条件、能为企业带来的利益以及实施中可能遇到的困难等以减少实施过程的障碍和阻力。成组技术和精益生产是两种理念，其各要素在生产实际中是可以分别得以实现的。具体操作时，应对这些要素分别实施。至于实施哪一项要素？何时实施？要视具体条件而定，条件成熟一项，实施一项，以追求企业最大整体效益为目标。同时各项要素的实施要紧紧围绕企业的总体规划，最终实现基于成组技术的精益生产方式。而对于占我国企业总数 99% 以上的中小企业而言，尽管他们具有管理层次少、决策过程简单、富于创新精神、能较快地对市场的变化做出反应等优势，但也存在技术人员数量少、人员素质相对较低、企业管理思想和管理手段落后、资金不够雄厚等缺陷。中小企业欲实施基于成组技术的精益生产方式，首先应对企业管理层、技术人员和全体员工进行不同层次的培训，使企业上下都认识到实施基于成组技术的精益生产方式的必要性和紧迫性；同时也认识到本企业在技术、管理、资金等方面的薄弱环节实施时要因地制宜，量力而行，积极创造条件一步一步地实施成组技术，直至最终实现基于成组技术的精益生产方式。

119

二、柔性制造系统

成组技术能够解决外结构形和加工工艺相差不大的工件的加工问题，但不能很好地解决多品种、中小批量生产的自动化问题。随着科技、生产的不断进步，人们生活需求的多样化，产品规格将不断增加，产品更新换代的周期将越来越短，无论是国际还是国内，多品种、中小批量生产的零件仍占大多数。为了解决机械制造业多品种、中小批量生产的自动化问题，除了用计算机控制单个机床和加工中心外，还可以借助计算机把多台数控机床连接起来组成一个柔性制造系统。

（一）柔性制造系统的概念

柔性制造系统（Flexible Manufacturing System，FMS）是指以数控机床、加工中心以及辅助设备为基础，将自动化运输、存储系统有机地结合起来，由计算机对系统的软、硬件实施集中管理和控制而形成的一个物流与信息流紧密结合，没有固定的加工顺序和工作节拍，主要适用于多品种、中小批量生产的高效自动化制造系统。

（二）柔性制造系统的类型

柔性制造系统可以分为柔性制造单元和柔性自动生产线两种类型。

1. 柔性制造单元

柔性制造单元是以数控加床或数控加工中心为主体，依靠有效的成组作业计划，利用机器人和自动运输小车实现工件与刀具的传递、装卸及加工过程的全部自动化和一体化的生产组织。它是成组加工系统实现加工合理化的高级形式，具有机床利用率高、加工制造与研制周期缩短、在制品及零件库存量低的优点。柔性制造单元与自动化立体仓库、自动装卸站、自动牵引车等结合，由中央计算机控制进行加工，就形成柔性制造系统；而柔性制造单元与计算机辅助设计等功能结合，就成为计算机一体化制造系统。

2. 柔性自动生产线

当生产批量较大并且品种较少时，柔性制造系统的机床可以按照工件加工顺序而排列成生产线的形式，这种生产线与传统的自动生产线不同，它能同时或依次加工少量不同的零件。而当零件更换时，就需要对其生产节拍进行相应的调整，而各机床的主轴箱也可以自行进行更换。较大的柔性制造系统由两个以上柔性制造单元或多台数控机床、加工中心组成，并用一个物料储运系统将机床连接起来，工件被装在随行夹具和托盘上，自动按照加工顺序在机床间逐个输送，并能够根据需要自动调度和更换刀具，直到加工完所有工序。

（三）柔性制造系统的特点

柔性制造系统中的柔性体现在以下几点：

1. 机器柔性

机器柔性是指当生产一系列不同类型的产品时，机器可以随产品变化而加工不同零件的难易程度。

2. 工艺柔性

工艺柔性不仅指工艺流程不变时系统自身适应产品或原材料变化的能力，也可体现为制造系统内为适应产品或原材料变化而改变相应工艺的难易程度。

3. 产品柔性

产品柔性既是产品更新换代或完全转向之后，系统能够非常经济和迅速地生产出新产品的能力，也是产品更新后对老产品有用特性的继承和兼容能力。

4. 维护柔性

维护柔性是指采用多种方式查询、处理故障，保障生产正常进行的能力。

5. 生产能力柔性

生产能力柔性是指当产量改变时，系统也能经济地运行的能力。

6. 扩展柔性

扩展柔性是指当生产需要时，可以容易地扩展系统结构、增加模块，构成一个更大的系统的能力。

7. 运行柔性

利用不同的机器、材料、工艺流程来生产一系列产品的能力和同样的产品，换用不同工序加工的能力。

这些柔性所体现的内容及系统自身性质决定了柔性制造系统具有以下优点：

（1）设备利用率高。由于采用计算机对生产进行调度，一旦有机床空闲，计算机便给该机床分配加工任务。在典型情况下，采用柔性制造系统中的一组机床所获得的生产量是单机作业环境下同等数量机床生产量的 3 倍。

（2）减少生产周期。由于零件集中在加工中心上加工，减少了机床数和零件的装卡次数。采用计算机进行有效的调度也减少了周转的时间。

（3）具有维持生产的能力。当柔性制造系统中的一台或多台机床出现故障时，计算机可以绕过出现故障的机床，使得生产可以继续。

（4）生产具有柔性。当市场需求或设计发生变化时，在 FMS 的设计能力内，系统具有制造不同产品的柔性。并且，对于临时需要的备用零件可以随时混合生产，而不会影响 FMS 的正常生产。

（5）产品质量高。FMS 减少了卡具和机床的数量，并且卡具与机床匹配得当，从而保证了零件的一致性和产品的质量。同时，自动检测设备和自动补偿装置可以及时发现质量问题，并采取相应的有效措施，保证了产品质量。

（6）加工成本低。FMS 的生产批量在相当大的范围内变化，其生产成本是最低的，它除了一次性投资费用较高外，其他指标均优于常规的生产方案。

如上所述，通过柔性制造系统能够克服传统的刚性自动化生产线只适用于大批量生产的局限性，展示了对于中小批量、多品种生产的适应性，缩短了产品生产周期，提高了生产过程的柔性和质量，提高了设备利用率，也提高了企业对市场需求变化的响应速度和竞争能力。

（四）柔性制造系统的关键技术

1. 计算机辅助设计

未来 CAD 技术发展将会引入专家系统，使之具有智能化。当前设计技术最新的一个突破是光敏立体成形技术。该项新技术是直接利用 CAD 数据，通过计算机控制的激光扫描系统将三维数字模型分成若干层二维片状图形，并按二维片状图形对池内的光敏树脂液面进行光学扫描，被扫描到的液面则变成固化塑料。如此循环操作，逐层扫描成形，并自动地将分层成形的各片状固化塑料黏合在一起。仅需确定数据，数小时内便可制出精确的原型。它有助于加快开发新产品和研制新结构的速度。

2. 模糊控制技术

模糊数学的实际应用是模糊控制器。最近开发出的高性能模糊控制器具有自学习功能，可在控制过程中不断获取新的信息并自动地对控制量做调整，使系统性能大为改善。其中尤其以基于人工神经网络的自学方法更引起人们极大的关注。

3. 人工智能

迄今，FMS 中所采用的人工智能大多是指基于规则的专家系统。专家系统利用专家知识和推理规则进行推理，求解各类问题（如解释、预测、诊断、查找故障、设计、计划、监视、修复、命令及控制等）。由于专家系统能简便地将各种事实及经验证过的理论与通过经验获得的知识相结合，因而专家系统为 FMS 的诸方面工作增强了柔性。展望未来，以知识密集为特征、以知识处理为手段的人工智能（包括专家系统）技术必将在 FMS（尤其智能型）中起着关键性的作用。人工智能在未来 FMS 中将发挥日趋重要的作用。目前用于 FMS 中的各种技术，预计最有发展前途的仍是人工智能。

4. 人工神经网络技术

人工神经网络（ANN）是模拟智能生物的神经网络对信息进行并行处理的一种方法。故人工神经网络也就是一种人工智能工具。在自动控制领域，神经网络不久将并列于专家系统和模糊控制系统，成为现代自动化系统中的一个组成部分。

（五）柔性制造系统的发展趋势

1. 柔性制造单元将成为发展和应用的热门技术

这是因为柔性制造单元（FMC）的投资比 FMS 少得多而经济效益相接近，更适用于财力有限的中小型企业。目前国外众多厂家将 FMC 列为发展之重。

2. 发展效率更高的柔性制造线

多品种大批量的生产企业如汽车及拖拉机等工厂对柔性制造线（FML）的需求引起了 FMS 制造厂的极大关注。采用价格低廉的专用数控机床替代通用的加工中心将是 FML 的发展趋势。

3. 朝多功能方向发展

由单纯加工型 FMS 进一步开发以焊接、装配、检验及板材加工乃至铸、锻等制造工序兼具的多种功能 FMS。FMS 是实现未来工厂的新颖概念模式和新的发展趋势，是决定制造企业未来发展前途的具有战略意义的举措。目前反映工厂整体水平的 FMS 是第一代 FMS。日本从 1991 年开始实施的"智能制造系统"（IMS）国际性开发项目，属于第二代 FMS。而真正完善的第二代 FMS 预计至 21 世纪才会实现。届时智能化机械与人之间将相互融合、柔性地全面协调，从接受订单至生产、销售这一企业生产经营的全部活动。20 世纪 80 年代中期以来，FMS 获得迅猛发展，几乎成了生产自动化之热点。一方面，是由于单项技术如 NC 加工中心、工业机器人、CAD/CAM、资源管理及高度技术等的发展提供了可供集成一个整体系统的技术基础；另一方面，世界市场发生了重大变化，由过去传统、相对稳定的市场发展为动态多变的市场。提高企业对市场需求的应变能力，人们开始探索新的生产方法和经营模式。近年来，FMS 作为一种现代化工业生产的科学哲理和工厂自动化的先进模式已为国际上所公认，可以这样认为：FMS 是自动化技术、信息技术及制造技术的基础。将以往企业中相互独立的工程设计、生产制造及经营管理等过程，在计算机及其软件的支撑下构成一个覆盖整个企业的完整而有机的系统，以实现全局动态最优化，总体高效益，高柔性并进而赢得竞争全胜的智能制造系统。FMS 作为当今世界制造自动化技术发展的前沿科技为未来机构制造工厂提供了一幅宏伟的蓝图，将成为 21 世纪机构制造业的主要生产模式。

4. 模块化的柔性制造系统

为了保证系统工作的可靠性和经济性，可将其主要组成部分标准化和模块化。加工件的输送模块，有感应线导轨小车输送和有轨小车输送方式；刀具的输送和调换模块，有刀具交换机器人和与工件共用输送小车的刀盒输送方式等。利用不同的模块组合，构成不同形式的具有物料流和信息流的柔性制造系统，自动地完成不同要求的全部加工过程。

5. 计算机集成制造系统

1870—1970 年的 100 年中，加工过程的效率提高了 2 000%，而生产管理的效率只提高了 80%，产品设计的效率仅提高了 20%。显然，后两种的效率已成为进一步发展生产的制约因素。因此，制造技术的发展就不能局限在车间制造过程的自动化，而要全面实现从生产决策、产品设计到销售的整个生产过程的自动化，特别是管理层次工作的自动化。这样集成的一个完整的生产系统就是计算机集成制造系统（CIMS）。CIMS 的主要特征是集成化与智能化。集成化即自动化的广度，它把系统的空间扩展到市场、产品设计、加工制造、检验、销售和为用户服务等全部过程；智能化即自动化的深度不仅包含物料流的自动化，而且包括信息流的自动化。

【案例】5-4　柔性制造系统在发动机生产中的应用

当前，车型的市场寿命周期越来越短，小批量、多品种生产成为各大汽车厂商的追求目标。与此相适应，发动机的生产制造模式也必须适应多品种、不同批量的市场需求。由于市场需求的多样性，产品更新换代的周期加快，促使许多发动机企业先后引进了以加工中心为主体的柔性生产线——柔性制造系统（FMS）。它能够根据制造任务和生产环境变化迅速进行调整，适应多品种、中小批量的生产需求。

奇瑞公司的发动机二厂是根据汽车制造业多品种、柔性化生产的需求而建造的一个具有国际领先水平的现代化柔性工厂。该工厂在产品设计时就采用同步工程并充分预留后期产品的共用性，以便根据市场及产品需求，在生产线上共线生产多个品种。

下面以该厂为例，介绍柔性生产在箱体和轴类生产中的应用及实际使用中所需考虑的问题。

奇瑞公司柔性生产线

一般柔性制造系统包括以下组成部分：2台以上数控加工设备或加工中心及相应的辅助设备；自动装卸的运储系统；一套计算机控制系统。

奇瑞发动机箱体类零件的主要加工部分均由数十台全柔性加工中心组成，几个加工中心组成一个工岛——柔性制造单元（FMC）。各个柔性制造单元之间均通过自动辊道或机械手连接起来，其中还包括所必需的清洗、压装、试漏、珩磨、在线测量、线外测量设备以及切削液集中处理装置等。辅助设备一般采用通过式辊道输送上料，并通过型号识别，选择相应的工位及试漏、拧紧程序。在柔性制造单元内，由全自动机械手进行上下料，整线设有数个机械手。在生产线的自动辊道上，设置有产品型号自动识别装置，机械手、辊道及加工中心通过 Profibus 总线连接起来，由一套西门子数控系统自动控制各部分的一致性。同时，控制计算机还能根据各机床的加工情况，选择最优的上下料顺序，并根据设定的范围，将需要抽检的工件自动放入检测站。

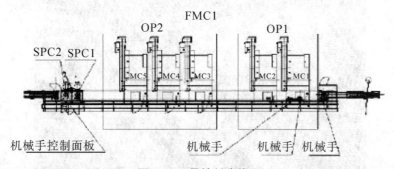

图 5-13　柔性制造单元

每个 FMC 都由几道工序组成，每道工序分别由多台相同型号的加工中心组成。每个 FMC 前面是上料辊道，后面是下料辊道及检测站。各个 FMC 之间也是相应的辊道，可以起到工件暂存的作用。

加工中心是 FMC 最核心的部分，FMC 中的加工中心采用大容量刀库的自动换刀系统，可以满足多品种生产所需的快速换刀及刀具存储需求。系统具有刀具寿命管理、

123

激光刀具折断检测和 ARTIS 扭矩监控等丰富的刀具监控管理功能，使得设备的自动化及可靠性得到有效充分的保证。

奇瑞发动机二厂的轴类生产线也是由高精度加工中心、CNC 自动车床和全自动磨，以及抛光、清洗及检测等各个制造单元 FMC 所组成的柔性制造系统。

举例来说，凸轮轴生产线内的机床选用了 Siemens 840D、FANUC18i 这些目前顶尖的系统来实现 FMS 的自动控制；通过奇瑞的技术人员与机床、控制系统开发商的共同研究，在原有平台上新扩展和开发了多种控制功能和软件。如端面加工单元，其控制系统为 Siemens 840D。为了配合多品种生产所需的大容量刀具存储单元以及高速切削中的刀具寿命管理，Siemens 数控系统中增加了 ARTIS 刀具检测软件，在切削过程中检测主轴电机扭矩的变化，通过仿真及对比来监控刀具状态，确保加工的可靠性及稳定性。同时，生产线的自动控制系统还扩展了主动检测功能，在切削过程中实时对加工尺寸进行检测，并将数据反馈至控制系统，随机修正切削参数，以保证加工精度。

运储技术直接关系到 FMS 的自动化程度以及可靠性，影响生产线的物流、开通率及品种切换周期等。轴类生产线利用高速龙门式机械手以及带工件识别功能的中转料仓组成了生产线的运储系统，机械手在 X 轴的运行速度可达 120 米/分钟，同时能够根据各个加工单元发送的上料信号，在控制系统中通过高速、高精度的计算，在 0.01 秒内确定出最优化路径的上料次序，保证生产线的加工节拍。

凸轮轴生产线的运储系统还考虑到高湿环境以及地区地基的特点，增加了温度的自动补偿以及地基下沉补偿功能。系统能够周期性地检测外界环境的变化以及自身精度的差异，通过系统中模块化软件的计算，进行自我诊断及补偿，减少定位偏差。

凸轮轴生产线（见图 5-14）能够共线加工多种型号的凸轮轴，加工范围覆盖了长度范围为 300~600 毫米的三缸/四缸汽/柴油发动机用凸轮轴。可以说建立这样一条柔性生产线，相当于建立了 7 条以上的传统凸轮轴线，其意义已不仅是一个柔性制造系统，而是一个凸轮轴制造集中厂。

图 5-14　凸轮轴生产线

FMS 的主要特点是能够实现多品种共线生产，同时各品种之间的切换能够快速且较为简单地完成。此生产线通过寻找及对比多型号轴共同的定位及装夹基准，来实现最为便捷的换型。

　　根据市场需求，奇瑞公司 2006 年开发了新的铸铁发动机。为缩短投产周期，该公司决定在原有铸铝缸体线上进行共线生产。通过产品的对比分析，我们对机械手的夹爪、夹具的定位销及夹爪进行了调整和更换；同时，增加相应的刀具，修改加工程序和机械手的输送控制程序，扩展工件型号装置。控制方面，我们在机床操作界面上对加工类型的选择进行了扩展，在机械手系统上增加了钥匙开关选择加工类型。在生产换型中，切换机床上的 NC 程序选择 1.6L、1.8L 或者 2.0L 的产品程序，并在机械手上选择相应的铸铁或铸铝工件，控制系统会自动控制型号识别装置放行相应的工件，机械手自动调用上下料程序，并自动调整上下料位置，机床则根据程序进行加工。整个单元的一致性由机械手的控制系统进行协调控制。由于生产线采用的是 3 个相对独立的柔性制造单元，因此，可以一个单元一个单元的换型，即当第二、三加工单元还在加工铝缸体时，第一加工单元已经进行了铸铁缸体的生产。

　　奇瑞公司的 72 系列发动机是装载在 QQ 系列车型上的一款自主研发的发动机。2005 年，随着 QQ 的热销，为补充 72 系列发动机产能，我们在发动机厂的 481 缸盖线上抽出部分加工中心来加工 72 系列产品。由于两个产品差异较大，因此我们采用了更换夹具的方式，将 372 设备的夹具安装在 481 缸盖线加工中心的托盘上，把 372 设备原有的数控加工程序直接拷贝过来，即可快速投入生产。

　　除了能共线生产同类型的产品外，还可利用自制组合夹具在箱体类个别工序能力富余的设备上进行进气管的加工。组装夹具和程序编制同时进行，只用了 2 天时间，就完成了进气管设备的调试。生产结束后，拆下组合夹具，重新装上缸盖的夹具，设备又立即恢复了正常的加工。

　　利用加工中心的柔性特点，对于已经定型的产品来说，多个品种在一条线上生产优势更为明显。奇瑞公司新建的一条缸盖线可共线加工数个品种，包含汽油机和柴油机。由于这些产品都已基本定型，因此夹具和上料系统可以进行通用设计，刀具的设计也充分考虑多品种共用，以便节约成本并减少换刀时间。由于输送辊道及上料装置上设置了型号识别，夹具上也进行了防错设计，机床已经具备了混流生产能力。

　　此外，产品切换也是多品种共线的关键部分。以轴类品种切换为例，首先，操作者在产品切换的界面中选定将要切换的型号，系统会提取事前输入在系统中此型号对应的换型内容，提示及监控整个换型过程；运储系统中机械手的夹爪为伺服电机控制，由自动化控制系统发出指令，夹爪自动调整到位，同时机械手会返回完成信号至控制系统；机械手上还具备诊断开关，对位置进行判断，如发现调整不到位，会立即反馈至控制系统，发出报警信号，由操作者根据报警提示信息进行下一步的操作；机床的夹具部分可通过伺服系统在几秒钟内自动调整到位，部分辅件需要人工进行调整或更换。生产线各制造单元，对于人工更换的部分均配备了机械辅助模块及接近开关判断，以保证换型的快捷和准确无误。例如，生产线上的凸轮磨床，磨床在不同品种切换时，需要更换卡盘顶尖以及中心架的位置，在机床一侧配备一个工具台，工具台内放置不同型号凸轮轴所对应的工装。每套不同型号的工装都通过信号开关与操作系统相连接，由操作系统进行监控，如操作者忘记更换相应的顶尖，系统将提示并发出报警信号。只有所有相应的工装全部拿出去并安装在机床内部，同时原机床内部被更换下的工装放回工具台内，系统经过判断后才能确定换型完成，发出可以继续加工的指令。

　　生产线通过自动控制及在自动控制系统监控下的人工调整来实现品种间的切换，

生产线的品种切换可在 15 分钟内完成，保证了 FMS 的高柔性化、高效率。

奇瑞公司 FMS 应用的注意事项

FMS 的使用对产品设计、工艺规划及生产组织提出了更高的要求。根据使用经验，以下几点应引起注意：

1. 根据产品系列特点，决定是否选择及选择何种程度的柔性制造系统。当生产纲领比较大（超过 30 万），后续系列产品较少且产品比较稳定时，不太适合选择柔性系统。

2. 根据产品工艺特点，确定加工单元的分布，并选择合适的物流运输储备方式。

3. 当生产线产品差别较大时，为减少夹具更换时间，应尽量采用备用托盘；更换时夹具和托盘一起更换，减少安装及调整时间。

4. 在生产线规划阶段，要明确后期加工产品的范围及材料，确定机床加工行程范围、功率扭矩等的选型。

5. 由于生产线上的产品较多，产品的型号识别及防错非常重要。

6. 柔性生产换型，主要是夹具和刀具及程序的更换。夹具主要考虑夹具的轮廓尺寸，机床和夹具液压油路的接口及控制；当批量小、品种较多时，可以考虑采用通用的组合夹具。刀具主要考虑刀柄接口形式，机床最大装刀直径及长度，合适的刀库容量。设备上应采用刀具寿命监控、备用刀具自动选择、刀具破损检测及刀具扭矩监控等装置。

7. 针对发动机制造而言，柔性系统除了加工，还要考虑其他辅助设备，如试漏、清洗等。可以采用随行夹具或多工位方式，通过型号识别，自动选择加工工位，实现柔性化生产。

8. 生产部门应合理组织生产，毕竟每次换型都会有加工效率的损失，包括首件检测等。尤其是在需要更换或调整的情况下，时间的损失及加工精度风险很大。

9. 由于后期产品扩充的需要，柔性制造系统的控制系统应选择通用的开放式数控系统，整条线的控制系统应尽量一致。

奇瑞公司 FMS 的发展方向

目前，FMS 的控制技术已经达到了较高的水平，集成化、标准化以及模块化程度日益提高，自动化控制系统制造商以及用户根据实际运用不断开发出新的平台及控制软件。FMS 日后的发展重点在于对控制技术在生产线上的延伸，开发新的控制平台，通过仿真、模拟以及高位的计算，实现自学习、自维护功能；在日常加工过程中，自动控制系统能够自动检测其运行状态，自动调节相应的参数以达到最佳状态，从而具备自组织、自安排的能力，真正实现高速、高效和全自动的柔性制造单元。

FMS 由于其产品适应性强、产品换型迅速等特点，顺应了当前汽车行业产品多元化、产品生命周期短的特点和需求，其应用日趋广泛。另外，FMS 还具有随机加工能力和故障容忍能力强及加工方式和生产纲领柔性强的特点，特别是生产纲领的柔性，使得生产规模可以分期逐步提升，降低了投资风险。面对计算机技术、通信技术、检测技术及传感器技术的飞速发展，刀具芯片自动识别技术、模块化夹具及机床的广泛应用，以及市场多元化需求的增加，FMS 正在发挥越来越大的作用。

知识巩固

一、填空题

1. 生产线的三种移动方式：＿＿＿＿＿＿ 、＿＿＿＿＿＿ 、＿＿＿＿＿＿ 。

2. 顺序移动方式是指一批零件的前一道工序全部加工完毕后，才＿＿＿＿＿ 到下一个工序进行整批加工。

3. 平行移动方式是指＿＿＿＿＿＿＿ 在上道工序加工完毕之后，立刻被转移到下一道工序继续进行加工，即一批零件同时在＿＿＿＿＿＿＿ 可以平行进行加工。

4. 平行顺序移动方式是把＿＿＿＿ 和＿＿＿＿ 综合运用的一种方式，根据相邻工序加工时间的不同。

5. 流水线是把高度的＿＿＿＿＿＿ 的生产组织与平行移动的零件生产方式有机结合起来的先进生产组织形式。

6. 流水线具有如下特征：＿＿＿＿ 、＿＿＿＿ 、＿＿＿＿ 、＿＿＿＿ 。

7. 工序同期化就是使各道工序的加工时间与＿＿＿＿＿＿ 相等，或者是节拍的整数倍，从而保证生产线按照节拍圣餐。

8. 成组技术又称＿＿＿＿＿＿ ，它是将企业生产的多种产品、部件、零件，按照一定的相似性准则进行分组，并以这些零件组为基础来组织生产，最终实现＿＿＿＿＿＿ 的生产设计以及生产的科学化管理。

9. 柔性制造系统是指以＿＿＿＿ ，＿＿＿＿＿ 以及＿＿＿＿ 为基础，将＿＿＿＿＿ 、＿＿＿＿＿＿ 有机地结合起来，由计算机对系统的软、硬件实施集中管理和控制而形成的一个物流与信息流紧密结合，没有固定的加工顺序和工作节拍，主要适用于＿＿＿＿＿ 生产的高效自动化制造系统。

10. 柔性制造系统可以体现在：＿＿＿＿ 、＿＿＿＿ 、＿＿＿＿ 、＿＿＿＿ 、＿＿＿＿ 、＿＿＿＿ 、＿＿＿＿ 。

二、选择题

1. 下列（ ）不是生产线的移动方式。

   A. 顺序移动方式

   B. 垂直移动方式

   C. 平行移动方式

   D. 平行顺序移动方式

2. 流水生产线的特征是（ ）。

   A. 工作地专业化程度高

   B. 连续性弱

   C. 生产过程具有节奏型

   D. 生产过程具有较高比例性

3. 流水生产线的划分方式不包括（ ）。

   A. 运输方式

   B. 机械化程度

   C. 工作方式

D. 产品设计

4. 成组技术的意义不包括（　　　）。

    A. 缩短了生产周期

    B. 提高了生产效率和质量

    C. 提高了生产管理人员

    D. 降低了产品成本

5. 成组技术的形式不包括（　　　）。

    A. 成组加工单机

    B. 单机开放

    C. 成组加工单元

    D. 成组加工流水线

6. 柔性制造系统不可以体现在（　　　）。

    A. 机器柔性

    B. 工艺柔性

    C. 产品柔性

    D. 制造柔性

7. 柔性制造系统的优点是（　　　）。

    A. 设备利用率高

    B. 减少生产周期。

    C. 具有维持生产的能力

    D. 生产具有柔性

案例分析

    草籽娃娃迅速成为风行一时的新产品。从开始生产以来，Seiger Marketing 已经两次搬迁和扩建它的草籽娃娃生产分厂及仓库。即使这样，现在的生产水平仍然使它们在安大略省的多伦多工厂的设备生产能力达到了其物理极限。

    现在，一切都是不确定的，然而草籽娃娃的合伙人，也是西方商学院的新近毕业生安顿·拉比和龙能·哈拉里，却不愿意给草籽娃娃的生产主管——他们的商学院同学本·瓦拉蒂任何实质性建议，只是会说："保持弹性。我们也许会拿到 10 万件订单，但是如果这些订单没有来，我们将保持现有人员，并不承担巨大的库存。"基于这种不确定性的背景，本正在寻求提高生产能力的方法，这些方法的实施是不能以牺牲弹性和提高成本为代价的。

    当草籽娃娃的主人把它们从盒子里取出时，他们会发现一个光秃秃的惹人喜爱的人头状的小东西，这个小东西的直径大约 8 厘米。在水中浸泡后，把草籽娃娃放在潮湿的环境中待上几天，它就会长出一头漂亮的绿发。草籽娃娃主人的创造力能够通过发型的变化表现出来。草籽娃娃的销售工作是从多伦多地区的花店和礼物商店开始的，但由于产品获得了广大顾客的普遍欢迎和认可，分销工作通过 K-Mart，Toys R Us 和沃尔玛特这样的商店在全国范围内展开。到 7 月中旬，有 10 万多草籽娃娃在加拿大出售，向美国的出口工作也已经开始。

　　草籽娃娃通过一个混合批量流水生产过程加工出来。6 个填充机操作员同时工作，把锯末和草籽装进尼龙装子里，这样就制成了基本的球形体。操作员把球形体放入塑料的装载盒里，每盒可装 25 只。在另一个批量作业地，一个操作工人把带有塑料外衣的电线在一个简单的模具上缠绕一下就制成草籽娃娃的眼镜。接下来的作业过程是一个由人工组成的流水线。三个塑形工把球形体从装载盒拿出来，通过加工使球形体看起来更像人头，这包括为它们塑造出鼻子和耳朵。在塑形工的旁边有两个工人，他们把先前做好的眼镜架在草籽娃娃的鼻子上，并把两只塑料的小眼睛用胶水粘在镜框里。经过塑形和组装的草籽娃娃都转交给一个工人，他负责用织物染料给它画上一个红红的嘴马，画完后把它们放在一个晾架上，经过 5 个小时的晾干以后，两个包装工人把草籽娃娃放进盒子，然后再把它们装入便于运输的箱子里。

　　为了分析研究生产能力，本和他的日常监管鲍勃·韦克莫对草籽娃娃的各加工工序及转移时间做了估计。估计的时间如下：填充——1.5 分钟；塑形——0.8 分钟；制作眼睛——0.4 分钟；构造眼镜——0.2 分钟；涂染——0.25 分钟；包装——0.33 分钟。除去不可避免的拖延和休息时间，本得出他可以对一个 8 小时班次按 7 小时计算实际工作时间。

　　思考题：

　　1. 按照本的计算方法，目前一个班次可生产多少草籽娃娃？如果一周生产七天，一天三个班次，那么一周的产量能达到多少。

　　2. 安顿从沃尔玛特接到一张大订单，预计还会有更多的订单，于是他要求本将产量提高到每天 4 000 件。本应该如何处理？

资料来源：任建标. 生产运作管理［M］. 2 版. 北京：电子工业出版社，2010.

129

实践训练

项目 5-1　认识制造企业的生产过程组织

【项目内容】

带领学生参观某制造企业的生产车间。

【活动目的】

通过对制造企业生产车间的生产过程组织的感性认识，帮助学生进一步加深对生产过程组织基础知识、生产过程组织方法、生产过程组织常见形式等知识的理解。

【活动要求】

1. 重点了解企业生产车间生产过程组织的形式、企业生产过程组织采用的是哪种方式。

2. 每人写一份参观学习提纲。

3. 保留参观主要环节和内容的详细图片、文字记录。

4. 分析企业车间的设施布置类型、形式、布置重点。

5. 每人写一份参观活动总结。

【活动成果】

参观过程记录、活动总结。

【活动评价】

由老师根据学生的现场表现和提交的过程记录、活动总结等对学生的参观效果进行评价和打分。

项目5-2 认识生产过程组织选择和设计

【项目内容】

模拟一家装配企业，应用流水线生产设计、成组技术、柔性制造系统其中一种方法和思想为其生产过程组织进行设计，阐述设计思想。

【活动目的】

强化学生对于生产过程组织设计的认识，

【活动要求】

1. 以小组（4~5人）形式进行。

2. 每个小组提交一份生产过程组织报告。

3. 每个小组派代表介绍生产过程组织的原则、生产过程组织设计的理念，解释选择该生产过程组织的原因及基本思想。

4. 介绍内容要包括书面提纲。

【活动成果】

参观过程记录，活动总结。

【活动评价】

由老师和学生根据各小组的活动成果及其介绍情况进行评价打分。

模块六
车间、工作中心和设备布置与维护

【学习目标】

1. 企业设施布局的基本概念和基本原则。
2. 企业设施布局常见形式。
3. 制造业与服务业的差异。
4. 掌握设施布局的基本方法。
5. 工艺原则布置与产品原则布置的优缺点。

【技能目标】

1. 理解设施布置的重要性及影响因素。
2. 学会布置企业的各种设施。
3. 掌握几种典型的设施布置方法。
4. 掌握工艺原则布置设计和产品原则布置设计。

【相关术语】

设施布置（facility layout）

工作单元（the unit of work）

单元布置（unit layout）

产品原则布置（product specialization layout）

工艺原则布置（process specialization layout）

【案例导入】

一组图片的启示

图 6-1

从上面的图片可以看出，飞机和轿车的装配形式、超市和商场服务方式的不同导致了布局与组织各异。可见，产品结构和生产方式的差异会导致企业的生产单元设置与布局千差万别；服务企业因服务对象、服务内容和服务方式的不同也会导致服务单元设置与布局的天壤之别。

因此，不同产品、不同工艺组织的公司对于设置与布局的要求是不同的。

任务一　设施布置的基本规划

一、背景

生产和服务的设施布置是生产运作管理工作中的一个非常重要的问题，也可以说是一个非常经典的问题。今天随着社会经济的发展，企业的生产经营水平也发生了翻天覆地的变化。但是设施布置依然是企业生产组织管理的一个主要工作。设施布置工作已经从生产制造企业中扩展出来，各种社会组织都面临着科学地进行设施布置的要求。本任务旨在帮助学生了解设施布置的基本知识，为具体设施布置方法的学习打下基础。

二、基本内容

（一）设施布置的概念

设施布置（facility layout）是指合理安排企业或者某组织内部各功能单位（生产或

者服务单位）及其相关的辅助设施的相对位置与面积，以确保系统中工作流（客户或者物资）与信息流的畅通。

从设施布置的定义可知其中有两个关键词：一是相对位置；二是面积。前者指不同设施之间的位置关系，后者指各设施的规模。设施布置是生产运作组织中的空间组织问题，目的是使企业的物质设施有效组合，取得最大经济效益。

（二）设施布置的目的

设施布置的目的是要将企业内的各种物质设施进行合理安排，使其组合成一定的空间形式，从而有效地为企业的生产运作服务，以获得更好的经济效果。设施布置在设施位置选定之后进行，它要确定组成企业的各个部分的平面或立体位置，并相应地确定物料流程、运输方式和运输路线等。

（三）设施布置要考虑四个问题

1. 应包括哪些经济活动单元

这个问题取决于企业的产品、工艺设计要求、企业规模、企业的生产专业化水平与协作化水平等多种因素。反过来，经济活动单元的构成又在很大程度上影响生产率。例如，有些情况下一个厂集中有一个工具库就可以，但另一些情况下，也许每个车间或每个工段都应有一个工具库。

2. 每个单元需要多大空间

空间太小，可能会影响到生产率和工作人员的活动，有时甚至会引起人身事故；空间太大，是一种浪费，同样会影响生产率，并且使工作人员之间相互隔离，产生不必要的疏远感。

3. 每个单元空间的形状如何

每个单元的空间大小、形状如何以及应包含哪些单元，这几个问题实际上相互关联。例如，一个加工单元，应包含几台机器，这几台机器应如何排列，因而占用多大空间，需要综合考虑。如空间已限定，只能在限定的空间内考虑是一字排开，还是三角形排列等；若根据加工工艺的需要，必须是一字排开或三角形排列，则必须在此条件下考虑需多大空间以及所需空间的形状。在办公室设计中，办公桌的排列也是类似的问题。

4. 每个单元在设施范围内的位置

这个问题应包括两个含义：单元的绝对位置与相对位置。有时，几个单元的绝对位置变了，但相对位置没变。相对位置的重要意义在于它关系到物料搬运路线是否合理，是否节省运费与时间，以及通信是否便利。此外，如内部相对位置影响不大时，还应考虑与外部的联系，如将有出入口的单元设置于靠近路旁。

（四）设施布置的类型

工艺导向布置也称车间或功能布置，是指一种将相似的设备或功能放在一起的生产布局方式。例如，将所有的车床放在一处，将所有的冲压机床放在另一处。被加工的零件，根据预先设定好的流程顺序从一个地方转移到另一个地方，每项操作都由适宜的机器来完成。医院是采用工艺导向布置的典型。

产品导向布置也称装配线布局，是指一种根据产品制造的步骤来安排设备或工作过程的布局方式。鞋、化工设备和汽车清洗剂的生产都是按产品导向原则设计的。

（五）设施布置方式的比较

工艺导向布置适合于处理小批量、顾客化程度高的生产与服务。其优点是：设备和人员安排具有灵活性。其缺点是：对劳动力的标准要求高，在制品较多。

产品导向布置适合于大批量的、高标准化的产品的生产。其优点是：单位产品的可变成本低，物料处理成本低，存货少，对劳动力的标准要求低。其缺点是：投资巨大，不具有产品弹性，一处停产影响整条生产线。

工艺导向布置与产品导向布置之间的区别就是工作流程的路线不同。工艺导向布置中的物流路线是高度变化的，因为用于既定任务的物流在其生产周期中要多次送往同一加工车间。在产品导向布置中，设备或车间服务于专门的产品线，采用相同的设备能避免物料迂回，实现物料的直线运动。只有当给定产品或零件的批量远大于所生产的产品或零件种类时，采用产品导向布置原则才有意义。

（六）设施布置类型选择的影响因素

在设施布置中，到底选用哪一种布置类型，除了生产组织方式战略以及产品加工特性以外，还应该考虑其他一些因素。也就是说，一个好的设施布置方案，应该能够使设备、人员的效益和效率尽可能好。为此，还应该考虑以下一些因素：

1. 所需投资

设施布置将在很大程度上决定所要占用的空间、所需设备以及库存水平，从而决定投资规模。如果产品的产量不大，设施布置人员可能愿意采用工艺对象专业化布置，这样可以节省空间，提高设备的利用率，但可能会带来较高的库存水平，因此这其中有一个平衡的问题。如果是对现有的设施布置进行改造，更要考虑所需投资与可能获得的效益相比是否合算。

2. 物料搬运

在考虑各个经济活动单元之间的相对位置时，物流的合理性是一个主要考虑因素，即应该使量比较大的物流的距离尽可能短，使相互之间搬运量较大的单元尽量靠近，以便使搬运费用尽可能小，搬运时间尽可能短。曾经有人做过统计，在一个企业中，从原材料投入直至产品产出的整个生产周期中，物料只有15%的时间是处在加工工位上，其余都处于搬运过程或库存中，搬运成本为总生产成本的25%~50%。由此可见，物料搬运是生产运作管理中相当重要的一个问题。而一个好的设施布置，可以使搬运成本大为减少。

3. 柔性

设施布置的柔性一方面是指对生产的变化有一定的适应性，即使变化发生后也仍然能达到令人满意的效果；另一方面是指能够容易改变设施布置，以适应变化了的情况。因此，在一开始设计布置方案时，就需要对未来进行充分预测。

4. 其他

其他还需要着重考虑的因素包括：①劳动生产率。在进行设施布置时要注意不同单元操作的难易程度悬殊不宜过大。②设备维修。注意不要使空间太狭小，这样会导致设备之间的相对位置不好。③工作环境，如温度、噪音水平、安全性等，均受设施布置的影响。④人的情绪。要考虑到是否可以使工作人员相互之间能有所交流，是否给予不同单元的人员相同的责任与机会，使他们感到平等。

（七）设施布置的原则

1. 工艺原则

厂区布置首先应该满足生产工艺过程的要求，即全厂的工艺流程要顺畅，从上工序转到下工序，运输距离要短、直，尽可能避免迂回和往返运输。

2. 经济原则

生产过程是一个有机整体，只有在各部门的配合下才能顺利进行。其中，基本生产过程（产品加工过程）是主体，与它有密切联系的生产部门要尽可能与它靠拢，如辅助生产车间和服务部门应该围绕基本生产车间安排。在满足工艺要求的前提下，寻求最小运输量的布置方案。

3. 安全和环保原则

厂区布置要有利于安全生产，有利于职工的身心健康，如易燃易爆物品库应远离人群密集区，并有安全防范措施，有足够的消防安全设施，各生产部门的布置要符合环保要求，还要有"三废"处理措施等。

设施布置还应当兼顾各方面的要求，合理布局、精心安排，讲究整体效果。一般应遵循以下原则：①最短路径原则。最短路径原则要求产品通过各设备的加工路线最短。②关联原则。关联原则要求把紧密关联的设施紧靠在一起，加工大型产品的设备应布置在有桥式吊车的车间里。加工长形棒料的设备尽可能布置在车间的入口处。③确保安全原则。确保安全原则要求各设备之间、设备与墙壁、柱子之间应有一定的距离。设备的传动部分要有必要的防护装置。④协调原则。协调原则要求分工必须协调，用系统的、整体的观念合理规划各设施之间的关系。协调包括内部协调与外部协调。内部协调保证了企业内部各设施的整体性；外部协调需要考虑企业设施对环境的影响，如旅游城市的工厂设施布局就要考虑市政的要求。⑤充分利用车间的生产面积。在一个车间内，可因地制宜地将设备排列成纵向、横向或斜角，不要剩下不好利用的面积。⑥专业化原则。设施布置应在分工的基础上符合专业化原则，如按照工艺专业或者对象专业化，从而提高生产率与管理效率。⑦分工原则。设施之间要合理分工，如生活区、生产区、办公区等，合理分工有利于管理、环境保护和安全。⑧弹性原则。设施布置要考虑未来发展的需要，要留有余地，为企业今后的发展留有可扩展的空间。

【案例】6-1　某变压器厂箱体车间设施布局优化管理案例

在充分考虑了原有箱体生产加工的工序、工艺设计的基础上，引入设施布局思想，对某变压器厂箱体车间的物流设施布置进行了深入的分析，通过对原有设备进行改动，大大减少了产品和在制品的库存量及产品的交货时间，增加了生产线的柔性，提高了生产率。

1. 生产车间的现状及存在的问题

箱体车间主要生产 S9/10KVA-2000KVA 的 19 个种类变压器的箱体，箱体车间的布置现状图见图 6-2。由于每个箱体的大体结构相同，其加工工艺也十分相似，因此，该车间将箱体的生产分为大件生产区和小件生产区，其中小件工件通常是由人工搬运，而大件工件通常是由车间内部的天吊来完成。通过对箱体车间的深入分析，得出该车间存在如下几个问题：

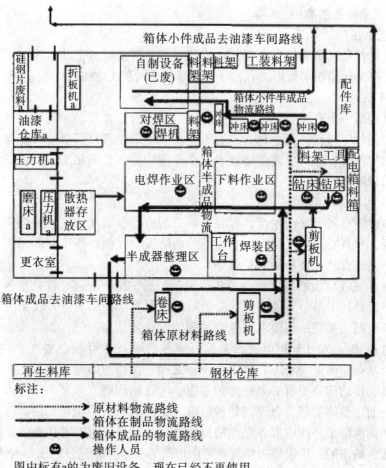

图中标有a的为废旧设备，现在已经不再使用。

图 6-2

（1）物流的路线太长（见图6-2），造成运输时间的浪费，并且各工序之间的衔接过程存在许多浪费（Muda），造成各工序的生产效率很低；

（2）生产现场存在大量闲置不用的生产设备，占用了大量的空间，同时生产现场显得十分混乱；

（3）生产设备之间的距离较大，操作人员移动距离较大，使得操作人员每人每次只能操作一台机床，不利于操作人员工作效率的提高。

2. 在设施布局思想指导下的生产车间的改善设计

针对以上存在的问题，以设施布局思想为基础，我们提出了如图6-3所示的设施规划改进程序模型。

（1）模型分析

①企业现有状况的分析并确定设施目标：该厂多年来对生产物流系统、车间的总体布局、各车间内的物流设施从未做过详尽的、系统的规划和设计。近年来，由于市场竞争愈加激烈，该厂迫切需要有一个合理的物流规划系统来降低成本，从而提高效益。其目标是要应用目前最为先进的设施布局生产方式，因此，公司领导决定通过某一个车间的转型形成示范带头作用，从而带动整个企业精益生产的实施。并组成了由设计人员、生产人员和采购、营销人员构成的团队，共同设计改善企业加工生产线。

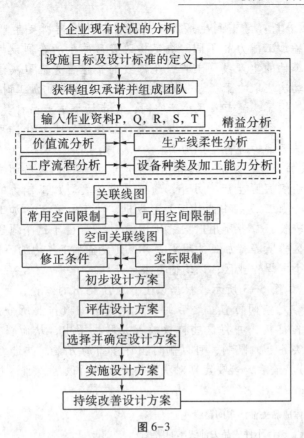

图 6-3

②PQRST 分析：输入作业资料 P，Q，R，S，T：在设计改善生产线之前，要明确所要生产的产品（product）、数量（quantity）、途程安排（rouing）、辅助劳务（supporting service）与时间（time）。

③设施布局分析：设施布局分析包括价值流分析、生产线柔性分析、工序流程分析和设备种类及加工能力分析。

A. 价值流分析：该车间产生价值的部分在于箱体的加工，箱体的价值流从原材料开始，沿着整个生产加工的工序进行流动，直至流到该车间生产加工的终端。在此过程中，对于那些不产生价值但由于目前生产系统的需要，又不能马上取消的行动（通常称为一型浪费，如原材料、在制品及产成品的流动）应尽可能地减少；而对于那些不产生价值，并且可以立即取消的行动（通常称为二型浪费，如由于整个生产系统不能均衡，经机加后的零件在焊接工序之前需要等待的过程）则应立即取消。另外，可以看到，如图 6-2 所示的车间布置中，存在大量固定的料架，其导致的直接后果是操作人员不得不自行走动去搬取货物，从而阻碍了产品价值的流动。考虑到供应商与箱体生产车间的关系不是十分紧密，经仔细分析，决定采用可以移动的料架来代替原有固定的料架，并按照生产看板的要求主动地为每一个生产单元供货，使生产线上每一个加工单元始终都保持有少量的库存。这样，不但可以节省大量的人力和物力，而且能够使整个产品的价值流按照"一个流"的方式移动。

B. 工序流程分析：该箱体车间的改善布置是在采用原有工序的基础上，对原有不合理的工序（如对某些不利于生产加工的零件按其性能强度的要求进行重新设计）进行了改进，从而缩短某些不合理工件的加工时间。

C. 生产线柔性分析：考虑到生产加工的柔性，并根据所要生产的箱体零件的大小、生产工艺及设备加工能力的不同，决定将改善后的生产车间设计成两条分别用于加工大小不同箱体零件的生产线（其中，生产线的布置首先应取决于所要生产产品加工过程的相似性，其次应取决于所划分的每一个基础工作单元加工时间的相近性）。这样，不仅物流路线缩短了，还节省了生产空间，在市场需求产品种类变化不大的时候，这些空出来的空间作为预留地，一旦市场需求产品种类发生变化，可以利用这部分空间安装设备，对特殊零部件进行生产加工。

D. 设备种类及加工能力分析：选用那些生产能力较强的设备组成柔性生产线，并采用快速换模技术组织实际生产。另外，通过对设备之间加工能力的分析，了解到在如图 6-2 所示的各个加工设备中的钻床、剪板机、冲床及卷床的加工时间较短，而电焊所用的加工时间较长，二者所用时间的比例是 1：2。由于这个原因，该厂经常出现大量在制品在电焊区排队等待加工的现象。考虑到设备加工能力的不同，决定在图 6-2 的基础上各增加一个电焊作业区，以均衡整个生产。

E. 其他分析：如图 6-3 所示，根据以上分析所得出的结论，可以做出关联线图，以表现各项作业的相对空间位置。之后的工作是决定每项作业所分配的空间的大小，并为每一个设备制作样板，并将这些样板放入关联线图中，从而获得空间关联线图。根据修正的考虑及实务上的限制，可以制订出许多布局方案，并进行评估与推荐较佳的方案（见图 6-4）。最后，需要定期对现有的方案进行改善，已达到趋近于最佳的车间布置方案的目的。

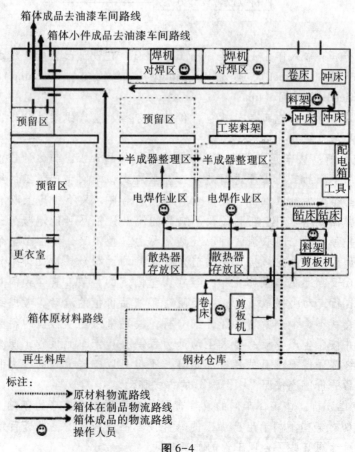

图 6-4

（2）改善布置结果分析

在如图 6-2 所示的车间中，几乎每一台加工设备都要有专人（车间中的直接参与操作的工人大约有 14 人）来负责管理，这样，无形中产生了人员的浪费，因为操作人员在整个加工过程中，大多只是在装卸工件时直接参与其中，而加工中的大部分时间都是用来检查加工中的工件是否存在问题（根据经验，这种问题发生的概率是很小的，而且完全可以通过经常性的检修设备予以避免）。如图 6-4 所示的改善后的生产线是根据工业工程中人机操作分析确定的。由于其均衡了整条生产线，因此，仅需要 7 人（其中每个工人都要经过培训，使之具有操作多种机床的能力）就可以完成上述工作。

根据调查，该箱体车间采取两班工作制，且每班每天工作 8 小时，车间平均每天的生产能力为 10 个箱体。由此可以计算出改善后的生产线的工作节拍为：

节拍=（每班工作的分钟数×每天的班数）/每天的实际生产能力

＝（8×60×2）/10

＝96（分钟/件）

由于采取了"一个流"的设施布局思想对车间进行了改善布置，使整个车间的生产效率提高了 30%，产品的质量问题也比往常有了较明显的下降。

3. 生产管理改善

除了进行基于设施布局生产的车间改善设计、实施外，还对其生产管理进行改善。只有二者能够有机地结合，相辅相成，改善设计后的车间才会达到预想的效果。其生产管理改善如下：

（1）建立持续改善的管理体系

以车间设施规划改善为契机，建立企业领导、车间主任及班组长和员工参与的持续改善的三级管理体系，充分发挥员工参与的积极性。促使企业在保持现有改善成果的基础上，进一步完善和改进其生产组织和现场管理。

（2）5S 管理

5S 管理的五个要素是整理、整顿、清扫、清洁和素养。通过全体员工的共同努力，把无用的杂物清理干净，把有用的物品按照使用频率的不同进行合理摆放，并长期加以保持。根据这个思想，在图 6-4 中去掉了图 6-2 中标有 a 的无用设备，使整个生产现场井井有条。

（3）人员管理

按照设施布局思想的要求，每一名现场操作员工都需要经过设施布局思想的培训，使之对所采用的管理模式有一个深入的了解；同时，他们还需要经过各个工种的培训，并在实际工作中经常轮换工作。只有这样，才能适应 U 形生产线的要求。

4. 结论

这里结合一个具体的实例（某变压器厂箱体车间），引入了基于设施布局思想的设施规划改进程序模型。通过对价值流的分析，减少或消除了一些不产生价值的部分；通过对工序流程的分析，对原有的工序进行合理改善；通过对生产线柔性的分析，节约了大量的生产空间，使工厂内部的物流路线大大缩短；通过对设备种类及加工柔性的分析，平衡了加工生产线。

改善后的箱体车间基本上实现了"一个流"的思想，均衡了整条生产线，节约了大量的人力、物力和生产空间，提高了生产效率，产品的质量问题也比以前有了明显的下降。

资料来源：http://wenku.baidu.com/view/43901835a32d7375a41780b0.html？re＝view.

任务二　工艺原则布置设计

一、背景

工艺原则布置是很多制造加工企业采用的一种车间布置方法。本任务主要介绍了设施布置中的一种经典布置方法——工艺原则布置设计，不仅介绍了工艺原则布置的概念、特点、应用原则，还重点介绍了工艺原则布置设计的优、缺点。

二、基本内容

工艺原则布置是按照产品生产的工艺流程，将相同的机器设备、生产功能设置在同一生产单位的布局方式。它又称为工艺专业化布置、工艺导向布置、车间布局、功能布置。

在这样的生产工作单位里，集中了同类型的机器设备和同工种的工人。所有被加工的零部件，根据事先设定好的工艺流程，顺序地从一个工作地点加工完成后，被转移到下一个工作地。每一个工作单位只完成产品生产过程中的部分加工任务。在这里，工艺方法是相同的，而加工对象是不同的。

例如，机械制造企业设置的铸造车间、机加工车间、转配车间等。机加工车间还可按同种设备、同工种分别设立车工组、铣工组、磨工组等，如图6-5所示。

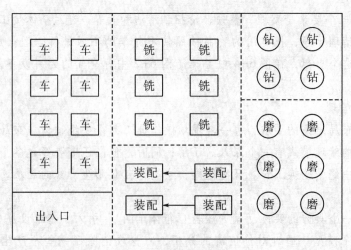

图6-5　工艺原则布局实例

服务业中的超级市场——迪士尼游乐场（如图6-6所示）是采用工艺原则布置的典型例子。

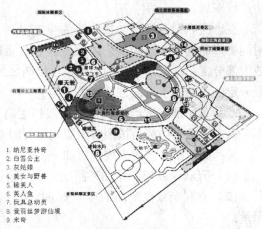

1. 纳尼亚传奇
2. 白雪公主
3. 灰姑娘
4. 美女与野兽
5. 睡美人
6. 美人鱼
7. 玩具总动员
8. 爱丽丝梦游仙境
9. 米奇

图 6-6　迪士尼游乐场的现场图和布置图

按工艺原则布置的主要优点如下：

(1) 产品品种适应市场需求变化能力强，有利于更新换代；

(2) 设备可以替代使用，生产面积利用充分；

(3) 系统受个别设备出故障的影响不大；

(4) 采用通用设备，投资和维护费用不高；

(5) 有利于设备维修工具供应等工艺管理；

(6) 有利于工人技术熟练程度的提高。

按产品原则布置的主要缺点如下：

(1) 产品加工路线长，生产环节多，生产周期长；

(2) 运输投入和中间仓库增多，使场内运输费用增加；

(3) 在制品数量多，资金占用大；

(4) 计划管理、在制品管理、质量管理工作难度大。

这种生产布置方式一般适合于多品种、单件小批量生产。

任务三　产品原则布置设计

一、背景

在制造企业中，由于产品加工特点不同，对车间设施布置提出了不同的要求。产品原则布置在制造企业中被广泛运用。本任务旨在让学生了解产品原则布置设计的基本知识，不仅介绍了产品原则布置的概念、特点、应用原则，还重点介绍了产品原则布置设计的优缺点，从而帮助学生理解产品原则布置的原则和基本思想。

二、基本内容

产品原则布置是指按照生产线的产品特点，将不同机器设备、生产功能设置在同一生产工作单位的布局方式。它又称为对象专业化布局、产品导向布局、产品布局、生产线布局。

在产品原则布置中，集中了为生产某种产品所需要的各种设备和各工种的工人，对同类产品进行不同的工艺加工，基本上能独立完成某几种产品（或零部件）的全部或大部分工艺。所以，这种车间也可以叫做封闭式车间（或工段）。在这里，加工对象是一定的，而加工工艺方法则是多样的。

产品布局是对生产大批量、相似程度高、少变化的产品进行组织规划。例如，汽车、家电等的生产都是按照对象原则设计的。

按产品原则布置的主要优点如下：

（1）有利于缩短产品加工路线，节约运输能力，减少仓库等辅助面积；

（2）有利于减少产品的生产时间，缩短生产周期，减少在制品占用量和资金占用量；

（3）减少车间之间的联系，简化计划与核算工作，有利于建立健全生产责任制；

（4）有利于按计划完成生产任务，提高劳动生产率和降低成本；

（5）有利于采用先进的生产组织形式。

按产品原则布置的主要缺点如下：

（1）不利于充分利用设备和生产面积；

（2）不利于对工艺进行专业化管理；

（3）对产品变化的适应性差；

（4）不利于工作单位的工艺管理；

（5）不利于工人技能水平的提高。

工艺原则布置与对象原则布置的比较如图6-7所示。

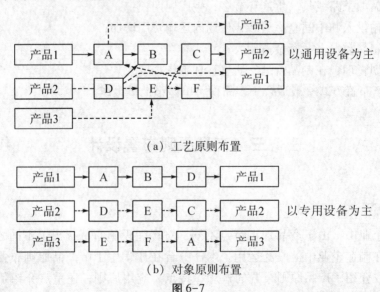

（a）工艺原则布置

（b）对象原则布置

图6-7

与工艺原则相似，对象原则的布局也不限于制造业，服务业也存在这种形式。自助餐服务线就是其中的一个例子，如图6-8所示。

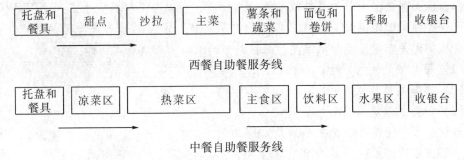

图6-8 自助餐服务线示意图

【案例】6-2 化工厂现场布局设计的安全问题

化工厂安全贯穿规划、设计、建厂、试车、投产的全过程。工厂的布局、设备配置和结构材料的微小变化都会对化工安全产生重大影响。安全问题在工厂设计的初始阶段就应该考虑到；否则，到了设计后期，投资和时限的紧迫有可能忽略这项内容。

工厂布局也是一种工厂内部组件之间相对位置的定位问题，其基本任务是结合厂区的内外条件确定生产过程中各种机器设备的空间位置，获得最合理的物料和人员的流动路线。化工厂布局普遍采用留有一定间距的区块化的方法。工厂厂区一般可划分为以下六个区块：①工艺装置区；②罐区；③公用设施区；④运输装卸区；⑤辅助生产区；⑥管理区。对各个区块的安全要求如下：

1. 工艺装置区

加工单元可能是工厂中最危险的区域。首先应该汇集这个区域的一级危险，找出毒性或易燃物质、高温、高压、火源等。这些地方有很多机械设备，容易发生故障，加上人员可能的失误而使其充满危险。在安全方面唯一可取之处是通常过程单元人员较少。

加工单元应该离开工厂边界一定的距离，应该是集中而不是分散分布。后者有助于加工单元作为危险区的识别，杜绝或减少无关车辆的通过。要注意厂区内主要的火源和主要的人口密集区，由于易燃或毒性物质释放的可能性，加工单元应该置于上述两者的下风区。过程区和主要灌区有交互危险性，两者最好保持相当的距离。

过程单元除应该集中分布外，还应注意区域不宜太拥挤。因为不同过程单元间可能会有交互危险性，过程单元间要隔开一定的距离。特别是对于各单元不是一体化过程的情形，完全有可能一个单元满负荷运转，而邻近的另一个单元正在停车大修，从而使潜在危险增加。危险区的火源、大型作业、机器的移动、人员的密集等都是应该特别注意的事项。

目前在化学工业中，过程单元间的间距仍然是安全评价的重要内容。对于过程单元本身的安全评价，比较重要的因素有：①操作温度；②操作压力；③单元中物料的类型；④单元中物料的量；⑤单元中设备的类型；⑥单元的相对投资额；⑦救火或其他紧急操作需要的空间。

2. 罐区

贮存容器，比如贮罐是需要特别重视的装置。每个这样的容器都是巨大的能量或毒性物质的贮存器。在人员、操作单元和贮罐之间保持尽可能远的距离是明智的。这

143

样的容器能够释放出大量的毒性或易燃性的物质，所以务必将其置于工厂的下风区域。前面已经提到，贮罐应该安置在工厂中的专用区域，加强其作为危险区的标识，使通过该区域的无关车辆降至最低限度。罐区的布局有以下三个基本问题：

（1）罐与罐之间的间距；

（2）罐与其他装置的间距；

（3）设置拦液堤所需要的面积。

与以上三个问题有密切关系的是贮罐的两个缺点：一个是罐壳可能破裂，很快释放出全部内容物；另一个是当含有水层的贮罐加热高过水的沸点时会引起物料过沸。如同加工单元的情形，以上三个问题所需要的实际空间方面，化学工业还没有具体的设计依据。

罐区和办公室、辅助生产区之间要保持足够的安全距离。罐区和工艺装置区、公路之间要留出有效的间距。罐区应设置在地势比工艺装置区略低的区域，决不能设在高坡上。

3. 公用设施区

公用设施区应该远离工艺装置区、罐区和其他危险区，以便遇到紧急情况时仍能保证水、电、气等的正常供应。由厂外进入厂区的公用工程干管，也不应该通过危险区，如果难以避免，则应该采取必要的保护措施。工厂布局应该尽量减少地面管线穿越道路。管线配置的一个重要特点是在一些装置中配置回路管线。回路系统的任何一点出现故障即可关闭阀门将其隔离开，并把装置与系统的其余部分接通。要做到这一点，就必须保证这些装置至少能从两个方向接近工厂的关节点。为了加强安全，特别是在紧急情况下，这些装置的管线对于如消防用水、电力或加热用蒸汽等的传输必须是回路的。

锅炉设备和配电设备可能会成为引火源，应该设置在易燃液体设备的上风区域。锅炉房和泵站应该设置在工厂中其他设施的火灾或爆炸不会危及的地区。管线在道路上方穿过要引起特别注意。高架的间隙应留有如起重机等重型设备的方便通路，减少碰撞的危险。最后，管路一定不能穿过围堰区，围堰区的火灾有可能毁坏管路。

冷却塔释放出的烟雾会影响人的视线，冷却塔不宜靠近铁路、公路或其他公用设施。大型冷却塔会产生很大噪声，应该与居民区有较大的距离。

4. 运输装卸区

良好的工厂布局不允许铁路支线通过厂区，可以把铁路支线规划在工厂边缘地区。对于罐车和罐车的装卸设施常做类似的考虑。在装卸台上可能会发生毒性或易燃物的溅洒，装卸设施应该设置在工厂的下风区域，最好是在边缘地区。

原料库、成品库和装卸站等机动车辆进出频繁的设施，不得设在必须通过工艺装置区和罐区的地带，与居民区、公路和铁路要保持一定的安全距离。

5. 辅助生产区

维修车间和研究室要远离工艺装置区和罐区。维修车间的人员密集，应该置于工厂的上风区域。研究室一般与其他管理机构比邻，但研究室偶尔会有少量毒性或易燃物释放进入其他管理机构，所以两者之间直接连接是不恰当的。

废水处理装置是工厂各处流出的毒性或易燃物汇集的终点，应该置于工厂的下风远程区域。

高温煅烧炉的安全考虑呈现出矛盾。作为火源，应将其置于工厂的上风区，但是严重的操作失误会使煅烧炉喷射出相当量的易燃物，对此则应将其置于工厂的下风区。作为折中方案，可以把煅烧炉置于工厂的侧面风区域。与其他设施隔开一定的距离也是可行的方案。

6. 管理区

每个工厂都需要一些管理机构。出于安全考虑，主要办事机构应该设置在工厂的边缘区域，并尽可能与工厂的危险区隔离。这样做有以下理由：首先，销售和供应人员以及必须到工厂办理业务的其他人员，没有必要进入厂区。因为这些人员不熟悉工厂危险的性质和区域，而他们的一些习惯如在危险区无意中吸烟，就有可能危及工厂的安全。其次，办公室人员的密度在全厂可能是最大的，把这些人员和危险分开会改善工厂的安全状况。

在工厂布局中，并不总是有理想的平地，有时工厂不得不建在丘陵地区。因此，有几点值得注意：液体或蒸汽易燃物的源头从火险考虑不应设置在坡上；低洼地有可能注水，锅炉房、变电站、泵站等应该设置在高地，在紧急状态下，如泛洪期，这些装置连续运转是必不可少的。贮罐在洪水中易受损坏，空罐在低水位中就能漂浮，从而使罐的连接管线断裂，造成大量泄漏，进一步加重危机。甚至需要考虑设置物理屏障系统，阻止液体流动或火险从一个厂区扩散至另一个厂区。

在工厂的定位、选址和布局中，会有各式各样的危险。为便于讨论，可以把它们划分为潜在的和直接的两种类型。前者称为一级危险，后者称为二级危险。对于一级危险，在正常条件下不会造成人身或财产的损害，只有触发事故时才会引起损伤、火灾或爆炸。典型的一级危险有：①有易燃物质存在；②有热源存在；③有火源存在；④有富氧存在；⑤有压缩物质存在；⑥有毒性物质存在；⑦人员失误的可能性；⑧机械故障的可能性；⑨人员、物料和车辆在厂区的流动；⑩由于蒸气云降低能见度等。

一级危险失去控制就会发展成为二级危险，造成对人身或财产的直接损害。二级危险有：①火灾；②爆炸；③游离毒性物质的释放；④跌伤；⑤倒塌；⑥碰撞。

对于所有上述两级危险，可以设置三道防护线。第一道防护线是为了解决一级危险，并防止二级危险的发生。第一道防护线的成功主要取决于所使用设备的精细制造工艺，如无破损、无泄漏等。在工厂的布局和规划中有助于构筑第一道防护线的内容，包括：

（1）根据主导风的风向，把火源置于易燃物质可能释放点的上风侧；

（2）为人员、物料和车辆的流动提供充分的通道。

尽管做出以上努力，但仍时有二级危险如火灾发生。对于二级危险，为了把生命和财产的损失降至最低程度，需要实施第二道防护线，在工厂的选址和规划方面采取一些步骤，包括：

（1）把最危险的区域与人员最常在的区域隔离开；

（2）在关键部位安放灭火器材。

不管预防措施如何完善，但仍时有人身伤害事故发生。第三道防护线是提供有效的急救和医疗设施，使受到伤害的人员得到迅速救治。最后一道防护线的意义是迅速救治未能防止住的伤害。

考虑完成上述防护线的工具和方法，其中有一些自然界可以提供，而另外一些则只能由人给出。下面我们先讨论自然的方法。

地形是规划安全时可以利用的一个因素。正如液体向下流一样，从运行工厂释放出的许多易燃或毒性气体也是如此。可以适当利用这个地理特征作为安全工具为我们排除这些危险气体。

巨大水量的水源灭火时极为重要，水供应得充足与否往往决定着灭火的成败。

主导风方向是另一个重要的自然因素。从地方气象资料可以确定刮各个方向风的时间的百分率，通过选址和布局使得主导风有助于防止易燃物飘向火源，防止蒸汽云或毒性气体飘过人口稠密区或穿越道路。

除自然方法以外，还有一种方法就是隔开距离。隔开距离实现不同危险之间以及危险和人之间的隔离。比如，燃烧炉和向大气排放的释放阀之间以及高压容器和操作室之间，都要隔开一段距离。类似的方法是用物理屏障隔离。一个典型的例子是用围堰限制液体的溢流，如围绕贮罐的围堰就是起这种作用的。

两种经常结合应用的方法是危险的集中和危险的标识。考虑压力贮存容器的定位，最好是把这类装置隔离在工厂的一个特定区域内，使得危险集中易于确定危险区的界限。这样做有两个好处：首先是使值班人以外的人员都远离危险区；其次是必须工作在或通过危险区的人员完全熟悉存在的危险情况，可以相对安全。同时还应该注意到危险集中的不利之处，一个容器起火或爆炸有可能波及相邻的容器，造成更大的损失。但是经验告诉人们，集中的危险会受到更密切的关注，有可能会减少事故，把危险分散至全厂而不为人所注意会更具危险。

作为安全工具，可以设计和配置一些物理设施，如救火水系统、安全喷射器、急救站等，以备对付危险之用。

资料来源：http://wenku.baidu.com/view/409116d86f1aff00bed51e83.html? re=view.

任务四　单元布置

一、背景

本任务主要介绍了一种结合了工艺原则布置和对象原则布置的设施布置方法——单元布置，即成组技术布局。本任务着重介绍了单元布置的概念、特点、应用原则，以此帮助学生理解单元布置（成组技术布局）的特点。

二、基本内容

单元布置又称成组技术布局，是指将不同的机器组成加工中心（工作单元）来对形状和工艺相似的零件进行加工。成组技术布局现在被广泛地应用在金属加工方面，计算机芯片制造和装配作业。

成组技术由苏联米特洛万诺夫创造，后来介绍到欧美，受到普遍重视。成组技术已发展到可以利用计算机自动进行零件分类、分组，不仅应用到产品设计标准化、通用化、系列化及工艺规程的编制过程，而且在生产作业计划和生产组织等方面也有较多的应用。20世纪五六十年代我国已有少数企业利用成组技术组织生产。20世纪70年代柔性制造系统出现并成为解决中小批量生产新途径后，成组生产组织的思想被融入柔性生产系统中，有效地提高了生产柔性，很好地解决了多品种、小批量生产的问题，有很好的应用价值。单元布置充分利用工艺和对象原则的特点，通过合理的设备布局和对零件科学的分类分组，并加以有效的组织，从而提高零件的加工效率。

中国于20世纪60年代初引进成组技术，至2010年，各国成组技术分类系统已有近百种。成组技术在发展初期仅作为一项科学的加工工艺，主要应用于机械加工行业中多品种、中小批量生产，因此在20世纪60年代初中国曾把GT译成成组加工或成组工艺。早期的成组技术是指对要加工的零件类型按某些工艺共性或结构共性归类分组，以便采用共同的工艺装备。其目的是使批量很小的各种零件在工序相同的前提下集中起来构成大批量加工件，从而能采用大批量生产所采用的设备和加工方法。成组技术与数据处理系统相结合，可从各种类型的零件中准确而迅速地按相似类型整理出零件分类系统。设计部门可根据零件形状特征把图纸集中分类，通过标准化方法减少零件种类，缩短设计时间。加工部门根据零件的形状、尺寸、加工技术的相似性进行分类，组成加工组，各加工组还可采用专用机床和工夹具，进一步提高机床的专业化自动化程度。按成组技术具体实施范围的不同，出现了成组设计、成组管理、成组铸造、成组冲压等分支。按照相似性归类成组的信息不同，出现了零件成组、工艺成组、机床成组等方法。采用成组技术可以获得较高的经济效益。20世纪70年代后，成组技术的发展已超出了机械制造工艺的范围，成为一门综合性的科学技术。

成组技术已涉及各类工程技术、计算机技术、系统工程、管理科学、心理学、社会学等学科的前沿领域。日本、美国、苏联和联邦德国等许多国家把成组技术与计算机技术、自动化技术结合起来发展成柔性制造系统，使多品种、中小批量生产实现高度自动化。全面采用成组技术会从根本上影响企业内部的管理体制和工作方式，提高标准化、专业化和自动化程度。在机械制造工程中，成组技术是计算机辅助制造的基础，将成组哲理用于设计、制造和管理等整个生产系统，改变多品种、小批量生产方式，以获得最大的经济效益。

成组技术的核心是成组工艺，它是把结构、材料、工艺相近似的零件组成一个零件族（组），按零件族制定工艺进行加工，从而扩大了批量、减少了品种、便于采用高效方法、提高了劳动生产率。零件的相似性是广义的，在几何形状、尺寸、功能要素、精度、材料等方面的相似性为基本相似性，以基本相似性为基础，在制造、装配等生产、经营、管理等方面所导出的相似性，称为二次相似性或派生相似性。

成组工艺实施的步骤为：①零件分类成组；②制定零件的成组加工工艺；③设计成组工艺装备；④组织成组加工生产线。

成组技术的优点：

（1）产品设计的优势。①它能够使产品设计者避免重复的工作。换句话说，由于成组技术设计的易保存和易调用性使得它消除了重复设计同一个产品的可能性。②它促进了设计特征的标准化，这样使得加工设备和工件夹具标准化程度大大提高。

（2）刀具和装置的标准化。有相关性的工件分为一族，这使得为每一族设计的夹具可以被该族中的每一个工件使用。这样，通过减少夹具的数量从而减少了夹具的花费。显然，一个夹具为整个族的零件只制造一次，而不是为每一个工件制造一个夹具。

（3）提高了材料运输效率/当工厂的布局是基于成组原理时，即把工厂分为单元，每个单元由一组用于生产同一族零件的各种机床组成，这时原材料的运输是很有效的。因为这种情况下零件在机床间的移动路径最短，这与以工艺划分来布局的传统意义上的加工路线形成对比。

（4）分批式生产提高了经济效益。通常，批量生产是指大范围的表面上看起来没有什么共同之处的各种非标准的工件的生产。因此，应用成组技术生产的工件可以获得只有在大批量生产才能够获得的很高的经济利益。

（5）加工过程和非加工过程时间的减少。由于夹具和材料等非加工时间的减少，使得加工过程和非加工时间相应地减少。这与典型的以工艺布局的工厂形成对比，加工时间大大缩短。这样，以成组技术原理设计的工厂的生产非加工时间相比以工艺布局的工厂要短得多。

（6）更加快捷、合理的加工方案。成组技术是趋于自动化的加工方法。在这里，对于每一个工件，通过它的编码，可以很容易地从计算机中调出有关该工件的详细加工方案。

成组技术布置和工艺原则布置的相似点是：加工中心用来完成特定的工艺过程，但生产的产品种类有限。

成组原则应用的目的是要在生产车间中获得产品原则布局的好处，包括：

（1）改善人际关系，工人组成团队来完成整个任务。

（2）提高操作技能。在一个生产周期内，工人只能加工有限数量的不同零件，重复程度高，有利于工人快速学习和熟练掌握生产技能。

（3）减少在制品和物料搬运。一个生产单元完成几个生产步骤，可以减少零件在车间之间的移动。

（4）缩短生产准备时间。加工种类的减少意味着模具的减少，因而可以提高模具的更换速度。

工艺原则布局转换为成组技术布局可以通过以下三个步骤来实现。

（1）将零件分类，建立并维护计算机化的零件分类与编码系统。目前零件编码系统有百种以上，比较典型的是奥匹兹分类系统。该分类系统由9位码组成，其中：前5位码为主要编码，分别表示零件类、主要形状、回转面加工、平面加工、辅孔＆齿形＆成型加工；后4位码为辅助编码，分别表示尺寸、材料、毛坯形状、精度。

（2）识别零件组的物流类型，以此作为工艺布置和再布置的基础。

（3）将机器和工艺分组，组成工作单元。

在分组过程中经常会发现，有一些零件因为与其他零件联系不明显而不能分组，还有公用设备由于在各加工单元中的普遍使用而不能具体分到任意单元中去。这些无法分组的零件和设备通常放到公用单元中。

任务五 服务业布局

一、背景

服务业由传统的局限于生活消费领域，转向为整个社会生产、生活服务的各个领域。提起传统的服务业，人们一般会想到百货、餐饮、旅馆、理发等。但时至今日，服务也已经从这些传统的行业扩张到金融、保险、通信、运输、租赁、咨询、维修等众多行业。

服务业因为其特殊的产品属性，其布局方式与传统的制造业设施布局方式截然不同。本任务旨在介绍服务业中设施布置的特点和需要关注的重点问题，进一步加深学生对设施布置类型的理解，拓展学生对于服务业中设施布局的理解，从而全面、系统地认识设施布置的基本思想和布置原则。

二、基本内容

随着经济的发展，各国服务业发展迅速。

随着服务业的发展，知识密集型企业的地位日益重要，其占服务业全部产出的比重也越来越大。服务业的迅猛发展，使生产服务组织日益复杂。在新形势下，服务的工作组织、组织结构和管理方式也必然要进行相应的提升。

由于服务业是包含了众多运作过程差异很大的行业，因此，服务业布局也不尽相同，其中，零售服务业布局是比较具有代表性的。

零售服务业布局的目的是要使零售店铺的面积净收益最大。在实际布局中，面积净收益最大的一般表现为搬运费用最少、产品摆放最多、空间利用率最大等，同时还考虑到许多其他人性化因素。一般而言，零售服务场所有 3 个组成部分：环境条件，空间布置及设施功能，徽牌、标识和装饰品。

（一）环境条件

这是指零售服务场所的背景特征。如卖场的照明、温度、音乐、噪声等，这些条件都会直接影响雇员的业务表现和工作士气。同时也会极大地影响顾客的满意程度、顾客的逗留时间以及顾客的消费态度。虽然其中的许多特征主要受建筑设计的影响，但建筑内的布置也对其有影响。比如，剧院外走廊里的灯光必须是暗淡的，靠近舞台处会比较嘈杂，而入口处的位置往往通风良好。

零售服务场所的背景特征必须进行科学的设计，包括设计光线、颜色、空气、声音、音乐。这些要素不能分开单独设计，因为它们之间具有非常紧密的联系，与服务场所的位置、布置、设备等都密切相关。譬如，光线与颜色有关，而颜色又与商品的布置有关。

1. 光线

充足的光线是零售服务场所环境的重要因素之一。光线应使服务人员易看并且不易疲劳。只有光线充足、舒适才能使服务人员减少疲劳、减少错误，做更多的工作，保持更加充沛的精力。合适的单一、彩色光线设置，有助于使消费者情绪兴奋，增加购买欲，刺激消费。

2. 颜色

颜色会影响人的情绪、意识及思维。通常颜色对于人的血压及情绪产生重要的影响。有的颜色使人舒适，而有的颜色却使人难受；有的颜色使人心情愉快，而有的颜色却令人压抑；有的颜色加速心智活动，而有的颜色却减少心智活动。零售服务业场所的颜色一般是丰富多彩的，这是与卖场成千上万的玲珑商品相适应的。当然，卖场中各个部分的颜色也应与对应的商品相适应。

3. 空气

空气调节即控制空气的温度、湿度、流通与清洁4个基本状态。

温度会影响人的舒适和效率，也会影响消费者的购买情绪，理想的温度是20℃～25℃。特别潮湿的空气，会引起呼吸器官的不舒适并引起沉闷疲倦的感觉。同样，特别干燥的空气则会经常引起焦虑与精神急躁之感。零售服务场所的相对湿度应该在40%～60%。如缺乏必要的通风，浑浊的空气使人容易感到疲劳。

4. 声音

在零售服务场所里，由于人来人往，询问回答此起彼伏，人们说话走路、物品敲击碰撞等应接不暇，场所内一般比较嘈杂，噪声令人感到不愉快、分散注意力、增加工作成本，且容易造成工作的失误。

因此，在实施布局上应尽量减少或消除声音的发生。要求员工减少不必要的谈话，养成职工相互低谈的习惯。将发出声音的音响和设备置于一个独立的场所。地板、天花板与墙壁采用防音板或者消音的物质。窗户宜用隔音玻璃，当街市声音太嘈杂时将窗户关闭。按照购买流程布置位置，减少消费者往返走动。

5. 音乐

在零售服务场所中，适当播放轻柔、舒缓的音乐，则可以改善工作的条件，减轻消费者的部分听觉、心理疲劳，缓解精神紧张。

音乐应当适当地控制，音乐一般以播放轻柔的古典音乐与节奏轻快的音乐为主。令人分散注意力或者过分引起注意力的音乐，如沉闷的管乐、高昂的独奏曲等应予以排除。音乐选播应配合特别的时段，视员工与消费者的心情而定。早晨宜播放轻松愉快的音乐，最大激励的音乐应于中午前或者下午播放。节假日可以播放一些人们喜闻乐见的富有特色的乐曲。

（二）空间布置及设施功能

这有几个非常重要的方面：科学设计、合理安排商品分组场地、空间位置、顾客的行走路径。行走路径的设计是要为顾客提供一条线路，使他们沿着这条路径行走可以尽可能多地看到商品，按需要程度接受各项服务。通道也非常重要，除了要确定通道的数目外，还要确定通道的宽度。

布置一些可以吸引顾客注意力的标记，这也是主动引导顾客沿着设想的路线行进的好办法。当顾客沿着主要通道行进时，为了扩大他们的视野，沿主要通道分布的分支通道可以按照一定的角度布置。

将顾客认为相关的物品放在一起，而不是按照商品的物理特性、货架大小、服务条件来摆放物品是目前比较流行的做法，也是比较符合人性化需求的做法。

对于流通规划和商品分组，市场研究提供了以下几条值得注意的指南：

（1）人们在购物中倾向于以一种环形的方式购物。将利润高的物品沿墙壁摆放可以增加他们购买的可能性。

（2）在超市中，摆放在通道尽头的减价商品总是要比存放在通道里面的相同商品卖得快。

（3）信用卡付账区和其他非卖品区需要顾客排队进行等候服务，这些区域应当布置在上层或者"死角"等不影响销售的地方。

（4）在百货商店中，离入口最近和邻近前窗展台处的位置最具有销售潜力。

图6-9是法国家乐福超市的部分布局。

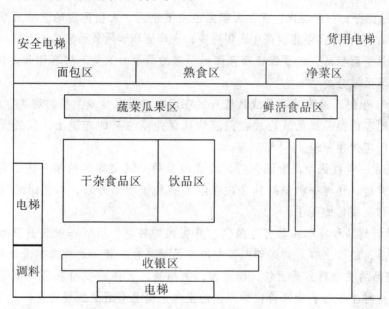

图6-9　家乐福超市布局示意图

（三）徽牌、标识和装饰品

徽牌、标识和装饰品是服务场所中极具重要意义的标志物。这些物品和周围环境常常体现了建筑物风格、零售服务场所的价值取向。如麦当劳、肯德基、必胜客、奔驰、宝马的标识都能使人很容易在众多品牌中一眼就识别出来。

【案例】6-3　大中型超市的布局设计与注意事项

一、超级市场的主要区域

经营生鲜食品是超级市场的一大特色。因此，超市的区域设置除了应有卖场区、辅助区、储存区外，还应有生鲜食品加工区，有的超级市场将加工区与储存区合为储存加工区。卖场区是顾客选购商品、交款、存包的区域，有时还包括顾客休息室、顾客服务台、婴儿室等。

储存加工是储存加工商品的区域，包括商品售前加工、整理、分装间、收货处、发货处、冷藏室等。

辅助区是超级市场行政管理、生活和技术设备的区域，包括各类行政、业务办公室、食堂、医务室及变电、取暖、空调、电话等设备用房。

店内面积分配。商店场地面积可分为营业面积、仓库面积和附属面积三部分。各部分面积划分的比例应视商店的经营规模、顾客流量、经营商品品种和经营范围等因素的影响。合理分配商店的这三部分面积，保证商店经营的顺利进行对各零售企业来说是至关重要的。

通常情况下，商店面积的细分大致如下：

1. 营业面积：陈列、销售商品面积，顾客占用面积。

2. 仓库面积：店内仓库面积、店内散仓面积、店内销售场所面积。

3. 附属面积：办公室、休息室、更衣室、存车处、饭厅、浴室、楼梯、电梯、安全设施占用面积。

根据上述细分，一般说来，营业面积应占主要比例，大型商店的营业面积占总面积的60%~70%，实行开架销售的商店比例更高，仓库面积和附属面积各占15%~20%。

在安排营业面积时，既要保证商品陈列销售的需要，又要为顾客购物提供便利。

二、卖场区域分类

1. 熟食、生鲜、速冻等商品或区域应放在门店的最深处或主要的通道上。

最吸引顾客的商品或区域应放在门店的最深处或主要的通道上，以便吸引顾客完全将自己的门店光顾一遍。

2. 果蔬区一般被认为高利润部门，通常的布局是满足顾客的相关购物需求，安排在肉食品的旁边。还有一种安排就是放在顾客购物流程的开端，以免随着顾客购物的增加，无力购买高价的蔬果。

3. 由于奶制品和冷冻品具有易融化、易腐蚀的特点，所以一般它被安排在顾客购买流程的最后，临近出口。同时奶制品和冷冻品通常在一起，这样有利于设备的利用。

4. 烘焙品的主力商品是面包，销量大，毛利高，大多被安排在第一货架和靠近入口的地方。这样不仅会刺激高价位的面包的出售，而且会避免顾客遗忘。

5. 杂品部分主要摆放在超市卖场的中央，采取落地货架形式，布局为纵向陈列。这样顾客就可以透视纵深，其他的陈列方式一般不会被接受。

6. 商店里会有门店专门设计的一些烘托卖场氛围的商品展示，来渲染顾客的购物情绪，给顾客形成一个良好的购物印象。同时这个商品展示的平台要注意摆放合适，做到便于顾客出入的原则。

7. 一般部门的设置规划本着防盗防损的目的，一些丢失率较高的商品会专门安排在一些特定的角落，如口香糖总是放在收银台前，化妆品总是放在门店内的醒目的地方。

三、商品配置的面积分配

如果不分商品的类别品种，假设每一平方米所能陈列的商品品项数相同，那么超级市场卖场内各项商品的面积配置应与消费者支出的商品投向比例相同。因此要正确地确定商品的面积分配，必须对来超市购物的消费者的购买比例做出正确的判断与分析。下面是一种超级市场的商品面积分配的大致情况：水果蔬菜所占面积为10%~15%、肉食品所占面积为15%~20%、日配品所占面积为15%、一般食品所占面积为10%、糖果饼干所占面积为10%、调味品南北干货所占面积为15%、小百货与洗涤用品所占面积为 15%、其他用品所占面积为 10%。

需要说明的是，中国幅员辽阔，每一个地区消费水平差异较大，消费习惯也不尽相同，每个经营者必须根据自己所处商圈的特点和超市本身定位及周边竞争者的状况做出商品所占面积配置的抉择。

四、商品位置的配置

商品位置的配置应该按照消费者的购买习惯和人流走向来分配各种商品在卖场中的位置。一般来说，每个人一天的消费总是从"食"开始的，所以可以考虑以菜篮子为中心来设计商品位置的配置。通常消费者到超级市场购物顺序是这样进行的：蔬菜水果—畜产水产类—冷冻食品类—调味品类—糖果饼干—饮料—速食品—面包牛奶—日用杂品。

为了配置好超级市场的商品，可以将超级市场经营的商品划分为以下几个商品部：

第一，面包及果菜品部。这一部门常常是超级市场的高利润部门。由于顾客在购买面包时，也会购买部分蔬菜水果，所以，面包和果菜品可以采用岛式陈列，也可以沿着超级市场的内墙设置。在许多超级市场中，设有面包和其他烘烤品的制作间，刚出炉的金黄色的、热气腾腾的面包，常常让顾客爽快地掏腰包。现场制作已成为超级市场的一个卖点。

第二，肉食品部。购买肉食品是大多数顾客光顾超级市场的主要目的之一，肉食品一般应沿着超级市场的内墙摆放，方便顾客一边浏览一边选购。

第三，冷冻食品部。冷冻食品主要用冷柜进行陈列。它们的摆放既可以靠近蔬菜，也可以放置在购物通道的最后段。这样，冷冻食品解冻的时间就最短，给顾客的携带提供了一定的便利性。

第四，膨化食品部。膨化食品包括各种饼干、方便面等。这类食品存放时间较长，只要在保质期内都可以销售。它们多被摆放在超级市场卖场的中央，用落地式的货架陈列。具体布局以纵向为主，突出不同的品牌，满足顾客求新求异的偏好。

第五，饮料部。饮料与膨化食品有相似之处，但消费者更加注重饮料的品牌。饮料的摆放也应该以落地式货架为主，货位要紧靠膨化食品。

第六，奶制品部。超级市场中的顾客一般在其购买过程的最后阶段才购买容易变质的奶制品，奶制品一般摆放在蔬菜水果部的对面。

第七，日用品部。日用品包括洗涤用品、卫生用品和其他日用杂品，一般摆放在超级市场卖场的最后部分，采用落地式货架，以纵向陈列为主。顾客对这些商品有较高的品牌忠诚度，他们往往习惯于认牌购买。这类商品的各种价格方面的促销活动，会使顾客增加购买次数和购买量。

以下沃尔玛超级市场的某一商品配置图，非常具有代表性。

153

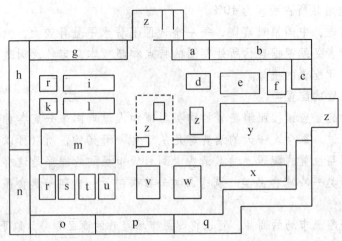

a: 茶叶区　　　b: 药品区　　　c: 快速冲印区　　　d: 鲜花区

e: 糕点区　　f: 烟酒区　　g: 面包区　　　h: 糕点区

i: 面包区　　j: 乳制品、水果区　　k: 饮料区　　l: 乳制品区

m: 饮料、调味品、膨化食品、饼干、日式食品、酒、豆腐、泡菜区

n: 鲜肉区　　o: 蔬菜区　　p: 鲜鱼区　　q: 家庭用品区

r: 蔬菜区　　s: 冷冻食品区　　t: 冰淇淋区　　u: 鲜鱼冷冻区

v: 推荐商品区　　w: 日用品区　　x: 厨房用品区

y: 超市收银区　　z: 电梯区

图 6-10

五、门面宽广的卖场容易吸引顾客

（1）卖场的门面：要具有开放感的门面。就是从卖场外能直接透视卖场内，一般采用玻璃门来提高透视性，从商场外面能看到卖场内一切或能看到大部分。这样顾客能舒心地进入卖场，反之顾客会产生不安情绪，降低购买欲望。

（2）卖场里面宜宽不宜窄，正面宽度大的卖场容易吸引顾客。

六、对超市的通道设计

（1）足够的宽。所谓足够的宽，即要保证顾客提着购物筐或推着购物车，能与同样的顾客并肩而行或顺利通过！

（2）通透。通道要尽可能避免迷宫式通道，要尽可能地进行笔直的单向通透通道设计。在顾客购物过程中尽可能依货架排列，将商品以不重复、顾客不回头走的设计方式布局，避免顾客在购物时产生疲惫感。

（3）少拐角。少拐角处是指拐角尽可能少，即通道途中可拐弯的地方和拐的方向要少。有时需要借助于连续展开不间断的商品陈列线来调节。我们可以看到，大多零售卖场都是以十字线路来设计通道的，商品货架笔直整齐地排列于主通道的两端。

（4）没有障碍物。通道是用来诱导顾客购买商品的，通道应避免死角。在通道内不能陈设、摆放一些与陈列商品或特别促销无关的器具或设备，以免阻断卖场的通道，损害购物环境的形象。

进卖场后的第一主通道是欢迎远道来店顾客的重要通道，各种商品的陈列琳琅满目，POP 广告如欢迎的旗帜，顾客品尝良好沟通的购物就将开始。

让顾客进入第一主通道，就能明确了解本卖场的特长。为此，第一主通道必须呈现出细致差别化。其差别化主要体现在以下三项：

（1）第一主通道要宽广，宽广是欢迎的证明，狭窄是不欢迎的证明。以大众为对象的商场是以宽广的主通道、两侧富有特色和吸引力的商品来欢迎任何人的。（一般指四辆购物推车能一起进入的宽广通道）

（2）第一主通道的商品要让顾客进入卖场后，感到惊讶和兴奋。在第一主通道要布置具有巨大冲击力的商品：超市大副食、休闲服饰、家电等。

第一主通道是获得最大单位面积利益的地方，既有特价商品也有畅销商品。陈列商品上架快速，利益重复。在一天营业结束后，第一主通道是销售额和毛利额最大的地方。

顾客从右侧入口容易进入

卖场的入口设在右侧就能畅销。入口究竟设在中央、左侧或右侧曾产生很多议论，而结论往往由领导来决定。从结论来说，入口应设在右侧。入口设在右侧较好的理由是：

（1）开设超市、大卖场较成熟的美国、法国、日本等国家，大卖场入口都设在右侧。

（2）视力右眼比左眼好的人多。

（3）使用右手的人较多等。

人都有用自己比较强的一面来行动。以右手做主要动作的人，注意力往往集中在右侧，这是为弥补左手的弱点。实际上进卖场，从右侧进店以后，以左手拿购物篮，右手自由取出右侧壁面的陈列商品，放入左侧的购物篮。以这种动作来前进，然后向左转弯。如果从左侧的入口进店，左侧的壁面陈列的商品以左手很难取出，所以必须转身用右手来拿。向前进时右手不能动，向右转弯时，左手变成无防备因而感到不安。最有力的座右铭是：右边比左边占有优位。对顾客来说，能自由使用右手的卖场，便会成为顾客的第一卖场。卖场把顾客的方便置于卖场的方便之上，整个卖场都贯彻这种方针，卖场将变成优良的卖场。

七、注意事项

1. 卖场通道设计、商品陈列设计都属于硬布置，即此类布置较稳定，不会经常更换。也有的卖场会定期根据销售情况，对卖场的货架排面进行调整。但由于消费者对卖场的熟悉程度影响到了购物的便利性，所以卖场的整体硬布置是不能经常调整的，但一成不变的购物环境又会使消费者产生疲惫感。为解决这种变与不变的矛盾，卖场通常引入软布置的方法。

2. 软布置的点位包括卖场大门、卖场上空、促销活动区、促销背景墙、地面、收银区、服务台等。应用的包装形式以软性的可更换的印刷品、广告制品为主！

资料来源：http://wenku.baidu.com/link? url = 0vFcQ9GNo6z7x7N1jAl69h9JdFZvfDWDlzEK8Vpu4R8 xzRJPPs0rdQd3KjZxDwl1pWnqDBfTsHvUCVrDgy22h6FXG5vVSazcJfx1nZt4JJe.

知识巩固

一、判断题

1. 企业将相同工艺的设备和人员布置在一个工作区内，这符合对象原则。（　　）
2. 流水线上连续生产前后两批零件之间的时间间隔称为节拍。（　　）
3. 成组生产单元既有对象专业化的优点，也有工艺专业化的长处。（　　）
4. 产品专业化是未来发展的主要方向。（　　）
5. 设施布局就是将企业内的各种设施进行合理布置，因此不包括操作者。（　　）
6. 企业生产的协作化水平提高，企业需要设置的工作单元就越多。（　　）
7. 以工艺原则来进行工作单位布局，其产品品种适应市场需求变化的能力强，有利于更新换代。（　　）
8. 传统的图书馆和医院采用对象原则来进行工作单位布局。（　　）
9. 以对象原则进行工作单位布局，可以缩短加工路线，减少在制品数量。（　　）
10. 对象原则一般适合于多品种、单件小批量生产。（　　）

二、选择题

1. 按工艺原则建立生产单位，优点是（　　）。
   A. 生产系统可靠性高
   B. 可采用高效专用设备
   C. 缩短生产周期
   D. 简化管理工作

2. 设施布局的目标是将企业内的各种设施进行合理布置，应实现（　　）。
   A. 生产成本合理
   B. 库存较少
   C. 保证产品质量
   D. 合理的物料流动

3. 按工艺原则建立生产单位，优点是（　　）。
   A. 采用通用设备
   B. 在制品减少
   C. 缩短生产周期
   D. 简化管理工作

4. 适合多品种、单件小批量的生产设施布局是（　　）。
   A. 对象原则布置
   B. 工艺原则布置
   C. 混合布置
   D. 固定位置布置

5. 按对象原则建立生产单位，优点是（　　）。
   A. 生产面积充分
   B. 有利于工艺管理
   C. 工人技术提高

D. 生产周期缩短

6. 大批量、生产相似度高、少变化的产品组织规划使用的设施布局形式是（ ）。

A. 对象原则布置

B. 工艺原则布置

C. 混合布置

D. 固定位置布置

7. 按对象原则建立生产单位，适用于（ ）。

A. 单件生产

B. 小批生产

C. 大批大量生产

D. 工程项目

8. 汽车装配宜采用（ ）。

A. 流水线布置

B. 固定位置布置

C. 功能布置

D. 以上都不是

9. 若以产品多样化来满足顾客个性化需求，最为理想的生产方式是（ ）。

A. 大量生产

B. 大批生产

C. 小批生产

D. 单件生产

案例分析

【案例分析 6-1】

正如作业技术能为工厂、商店、医院的作业布局提供帮助一样，这些技术也有助于机场作业布局的设计。作业布局的重要标准包括拥挤程度、距离及延误的可能性。这些标准已经成功地运用于美国匹兹堡机场。匹兹堡机场能够为乘客提供方便，成本、可扩建性以及传统的生产作业操作效率也得到了满足。为了给乘客提供方便，设计者独具匠心地将候机楼设计成 X 形状。该候机楼包括一个中心购物商厦，各种不同的自动扶梯和一个耗资 3 400 万美元的行李运送系统。这种 X 形状设计明显地影响着乘客和飞机的运动。

通过自动扶梯、移动人行道、"短程穿梭火车"在大约 11 分钟内将乘客送达 75 个登机门中的任何一个。这种 X 形状的候机楼就作业效率而言是非常出色的。这种设计为喷气式登机门提供了双重的停机坪跑道，使得飞机在所有位置的起飞和降落都变得非常高效有序。此外，附加的双向出租车道往返于现有的飞机跑道。所有的这些设计减少了飞机延误并且使飞机起飞更加迅速，效率的提高意味着那些使用匹兹堡机场的航线每年能够节约 1 500 万美元的运行费用。

匹兹堡机场通过运用生产作业布置技术为效率设立了一个新标准。

思考题：

1. 匹兹堡机场作业布局的特色是什么？这种设计的优势有哪些？
2. 调研本地区机场的规划布局特色，并分组讨论其优劣势。

资料来源：李全喜. 生产运营管理［M］. 3版. 北京：北京大学出版社，2014.

【案例分析6-2】

国民银行（Des Moines National Bank，DNB）最近在繁华的商业区建成一幢新楼。银行迁入新址，需要重新安排各部门的位置，以获得最优的工作效率和效果。DNB 的主要作业部门之一是支票处理部门。这一部门是个人和商业支票的清算机构。这些支票既来自于与 DNB 有支票处理合同的小型金融机构，也来自于楼下的出纳员。根据支票底部的磁条，这些支票可按其提取处来分类。最后，把这些支票束成捆，从分配部门运送过来。这个部门的人员也负责处理政府支票和通过该系统退回的支票，因为这些支票需要不同的处理作业，所以将它们放在商业银行同一层楼上的不同部门里。

电梯只能从一层上到二层，于是支票处理部门便安排在 DNB 新楼的第二层。第二层楼如图6-11所示，分为8个面积相等的房间（它们之间虽没有墙隔开，但我们仍称为房间）。每间房为 75 英尺。幸运的是位于这层楼上的8个部门的每一个都需要约5 000 平方英尺的空间，所以银行管理者没有必要担忧。这些空间可用于存贮或日后的扩展。

"物料"的流动，如要处理的支票、计算机输出核对和记账的结果，都在位于房间之间的过道上进行，如图6-11所示。支票由电梯运送上来并进行分配。所以，应该将分配部门安排在靠近电梯的房间里。除此之外没有其他对部门位置的限制。

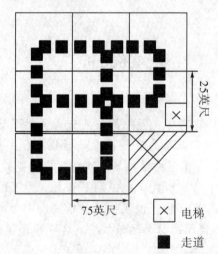

25英尺

75英尺

× 电梯

■ 走道

图6-11　DNB 大楼第二层的计划

分析的第一步是要确定部门间的物流量。以几周流量的平均值来作为部门间流量的平均值。虽然一周的不同日子里处理的支票量不同，但平均值较好地体现出各部门间的物流量。通过对物流量数据的研究，会揭示出几个未被考虑到的重要关系。例如，虽然在商业支票分类部门和政府支票部门间没有物料流动，但它们使用相同类型的设备。这种设备有很大的噪声，需要隔音墙来控制噪声。所以，将设备安排在一起降低建筑成本是很有必要的。根据以上类型的注意事项，我们将每个部门的接近关系列成如下等级表：

表 6-1　　　　　　　　　　部门间的物流量和紧密关系

部门	1	2	3	4	5	6	7	8
1. 支票分类	—	50	0	250	0	0	0	0
2. 支票核对	X	—	50	0	0	0	0	0
3. 支票记账	X	A	—	0	0	0	0	10
4. 支票分配	U	U	U	—	40	60	0	0
5. 政府支票	A	U	U	E	—	0	0	0
6. 退回的支票	U	U	U	E	U	—	12	0
7. 记账调整	X	A	A	U	U	E	—	10
8. 办公室	X	I	I	U	O	O	I	—

A——非常必要临近

E——临近特别重要

I——临近重要

O——一般临近

U——临近不重要

X——不考虑

　　表的左上角部分是部门间每天的平均物流量，左下角是接近关系程度。例如，支票分类部门和核对部门每天的物流量是 50，接近关系程度为"X"。

　　思考题：

　　1. 考虑总物流量，做出规划。

　　2. 考虑关系程度来做出一个布局。

资料来源：李全喜. 生产运营管理 [M]. 3 版. 北京：北京大学出版社，2014.

实践训练

项目 6-1　认识制造企业的设施布置

【项目内容】

带领学生参观某制造企业的生产车间。

【活动目的】

　　通过对制造企业生产车间的设施布置的感性认识，帮助学生进一步加深对设施布置基础知识、设施布置方法、设施布置常见形式等知识的理解。

【活动要求】

　　1. 重点了解企业生产车间设施布置的形式、企业设施布置采用的是哪种原则。

　　2. 每人写一份参观学习提纲。

　　3. 保留参观主要环节和内容的详细图片、文字记录。

　　4. 分析企业车间的设施布置类型、形式、布置重点。

　　5. 每人写一份参观活动总结。

【活动成果】

参观过程记录、活动总结。

【活动评价】

由老师根据学生的现场表现和提交的过程记录、活动总结等对学生的参观效果进行评价和打分。

项目6-2　认识工艺原则布置设计

【项目内容】

模拟一家汽车装配企业，应用设施布置的原则为其车间布局进行工艺原则设计，画出设施规划图。

【活动目的】

强化学生对于工艺原则布置设计的认识。

【活动要求】

1. 以小组（4~5人）形式进行。

2. 每个小组提交一份车间布局图。

3. 每个小组派代表介绍车间设施布置的原则、工艺原则布置设计的理念，解释布局的原因及基本思想。

4. 介绍内容要包括书面提纲。

【活动成果】

参观过程记录，活动总结。

【活动评价】

由老师和学生根据各小组的活动成果及其介绍情况进行评价打分。

模块七
选址规划与分析

【学习目标】

1. 能列举部门必须进行选址决策的主要原因。
2. 了解企业选址的一般程序。
3. 了解影响企业选址的因素。

【技能目标】

1. 描述影响选址的主要因素。
2. 掌握基本的企业选址方案评估方法。
3. 讨论选址决策的可行性。

【相关术语】

重心法（center of gravity method）

因素评价法（factor rating）

成本-利润-产量定址分析（locational cost-profit -volume analysis）

微型工厂（micro factory）

【案例导入】

宝马选址莱比锡案例

宝马汽车公司，亦称巴伐利亚机械制造厂股份公司（德文：Bayerische Motoren Werke，缩写为 BMW）。宝马是驰名世界的汽车企业之一，也被认为是高档汽车生产业的先导。宝马公司创建于 1916 年，其总部设在德国慕尼黑。80 年来，它由最初的一家飞机引擎生产厂发展成今天以高级轿车为主导，并生产享誉全球的飞机引擎、越野车和摩托车的企业集团，且现已名列世界汽车公司前 20 名。

高成本的德国似乎是最不适合建汽车厂的地方。比起东欧同行，德国汽车工人的平均收入要高 7 倍，但工作时间却要少 10%。但时任德国总理格哈德·施罗德为宝马在原东德莱比锡的一家新工厂剪彩。该工厂投资达 13 亿欧元。眼下，其他欧洲和亚洲汽车生产商都把生产厂转移到东欧的低成本国家。因此，生产宝马最畅销的 3 系车型的莱比锡车厂，看来像个巨大的赌注。

经过竞争激烈的选址过程，宝马舍弃捷克而选择在莱比锡设厂。该决定令许多业内分析师震惊。一些分析师认为，这可能是最后一家建在西欧的大型汽车厂，显示了德国政客对汽车业的影响力。在德国，每 7 个人中就有 1 个在汽车业工作。

德国的失业率现已处在第二次世界大战后创纪录的高水平，假如将更多工作移出这个国家，那将会是件非常敏感的事。法兰克福私人银行梅茨勒分析师尤根·皮珀说道：“毫无疑问，这在很大程度上是个政治决策。”

宝马、梅塞德斯或保时捷没有一家在东欧拥有大型工厂。即使是欧洲产量最大的汽车生产商大众，在斯洛伐克工厂的汽车产量也比它在德国其他工厂的产量少很多。相比之下，菲亚特、标致、丰田和起亚等汽车制造商均已在东欧大举投资。

皮珀说道：“如果大家（德国汽车商）对于在何处设厂采取另一种策略，那么它们也许都能赚更多钱。”而宝马首席执行官赫穆特·庞克认为，莱比锡工厂是有关德国制造业生存之道的蓝图。他坦承，即使把欧盟为支持在莱比锡投资所提供的 3.63 亿欧元补贴考虑在内，在捷克设厂也要比在莱比锡设厂更便宜，但区别在于“质的因素”。

比起宝马现有的那些工厂，莱比锡工厂具有更高的劳动力弹性，而且既靠近现有工厂，又靠近宝马的供应商。此外，莱比锡工厂的最大优势在于如下简单的事实，即所有工人都讲德语，这省却了棘手且成本高昂的翻译。

莱比锡备受失业问题的困扰。当地失业率为 22%，接近全国平均水平的两倍。而宝马的新厂最终将雇用 5 000 名员工。它是这座城市未来的希望。工程工会 IG Metall 的当地代表西格林德·默比茨表示：“这笔投资使莱比锡时来运转。该厂给这座城市的未来带来了真正的希望。”

在宝马投资建厂之前，保时捷和敦豪也已在该地区投资建厂。同时，宝马的投资使得东德投资促进机构柏林工业投资理事会的史蒂芬·亨宁预言，这项投资将帮助改变东德在德国西部和国际上的不良形象。他说道：“大牌公司进行这类投资表明，问题确实可以解决。”

就连工厂的设计也会带来益处。工厂办公楼由在伊拉克出生的获奖建筑师扎哈·哈迪德设计。在这些未来主义风格的办公楼之间，布满了纵横交错的传输带。这让工人和来访者看到汽车在生产设施间移动穿梭。

但对宝马来说，最大的创新在于该厂的劳动力方面。长期以来，高工资令德国汽车业在竞争中处于很大的劣势。尽管莱比锡工厂位于东德地区，但是该厂工人的报酬将接近该行业的正常水平。

不过，该厂的工作时间将更为灵活。工厂已从今年 3 月开始生产，但要到明年才会开足产能。工人每周的工作时间将是 38 小时而不是 35 小时，同时这座工厂每周的生产时间可以从 60 到 140 小时不等，且不需要提前通知。

该安排允许宝马对需求的涨落做出反应。当某些车型的需求多于其他车型时，宝马还能在莱比锡和它的其他德国工厂之间转移工人。当地失业水平长期居高不下，反映了 1990 年两德统一以来原东德地区遭受的严重经济问题。因此，IG Metall 做出让步也是很实际的做法。但即使在这方面，宝马也希望通过一项创新的招募政策来提供帮助。这项政策积极面向失业者和年老的工人。1/4 的工人将来自以上两类人群。目前其最年长的新工人 61 岁。

随着供应商们跟随保时捷（它在莱比锡也有一家工厂）和戴姆勒克莱斯勒等公司

进入原东德地区，一个汽车业聚集地开始在那里成长起来。对宝马来说，这也是吸引它的一个方面。

当选择在哪里为 Smart 和三菱 Colt 建一家合资发动机工厂时，戴姆勒考察了 49 个地方。最终，他选定在原东德图林根的 Kolleda 与匈牙利之间的地方建厂。戴姆勒公司表示："如果你把大量合格工人、良好的基础设施、灵活的劳动力等都考虑在内，那么德国就会胜出。这表明它具有国际竞争力。"

思考题：

1. 宝马公司在莱比锡设厂这一方案有何优势和劣势？

2. 为什么当地工会向宝马让步？

3. 就选址决策问题谈谈宝马公司在莱比锡设厂对你的启示。

选择地址是企业运作系统启动的第一步。它对企业战略的实施具有直接的影响，对企业以后的经营结果具有先天性的决定意义。对于制造企业来说，选址是其控制成本的主要决定因素；对于服务企业来说，选址是其获得收益的主要决定因素；对于跨国企业来说，公司各部门的选址是其全球价值链的重要组成部分。

任务一 制定选址决策的一般程序

一、企业选址通常包括以下几个步骤

1. 明确企业选址的优化目标，列出评价选址地点优劣的标准

一般来说，制造业选址的优化目标是追求成本最小化；服务业选址的优化目标是追求收益最大化。对于有的企业，选址目标追求靠近顾客；有的企业要靠近原材料供应地。选址的第一步就是要明确企业选址的优化目标是什么，然后根据具体的优化目标，列出评价选址地点优劣的标准。

2. 识别选址决策所要考虑的重要因素

选址的重要因素包括市场位置、环保法规、运输条件等。我们将在下一节详细介绍。

3. 找出可供选择的选址方案，并列出可供选择的地点

（1）选择方案。

①第一种选择是扩建现有的厂址。当选择这种方案时，选址工作比较简单。需要注意的问题只是现有的厂址是否具有可扩建性，不需要考虑重新选择厂址的问题。

②第二种选择是在保留现有厂址的基础上，在其他地点增加新的厂址。此时，对制造业来说，新增加的厂址不能距原厂址太远，因为两个厂址之间会存在业务联系，若距离太远，会增加不必要的运输费用。对服务业（如零售业）来说，新店的选址需要考虑的因素还有很多，包括交通的便利性、劳动力条件、与供应商的距离、物流配送条件、租金和税金问题以及政府政策（主要针对外资超市）等。在通常情况下，增加新的厂址是扩张性战略的一种反映。但是也不排除它是防御竞争对手进入市场的防御性战略的体现。

③第三种选择是放弃现有厂址，迁到新的地点。产生这种选择的原因可能有以下三点：

一是出于环保的考虑。比如，某化工厂的厂址处于市内的优良地段，但是由于生产污染比较严重，这时就要考虑放弃现有的厂址，搬迁到新的地点。

二是原地址与生产或者产品特点不符合。比如，对原材料质量有严格要求的生产企业，厂址应该选择在靠近原材料供应地的地方，以降低运费，得到较低的采购价格。如果现有的厂址距离原材料供应地很远，就有必要调整厂址，搬迁到距原材料近的地址。

三是由于行业环境、自然条件、政府政策等影响选址的因素发生变化，企业不得不做出迁址的选择。比如，原材料供应地的原材料资源已经耗尽，这时企业就不得不寻找新的厂址。

迁址要考虑的因素也有很多。比如，企业必须对迁址的成本及因此而获得的利润与留在原址的成本和利润进行比较和权衡。此外，市场的转移、运输成本的变化等也是要慎重考虑的因素。

（2）可供选择的地点。

在企业做出具体的选址决策之后，就要找出几个可供选择的地点。一般按照如下顺序：先选择一般性地区（如中国），再选择具体地区（如华东地区、华北地区），最后选择具体位置（如上海、北京）。

4. 选择适宜的评价方法，评估几种选择并做出决策

常见的方法包括因素评分法、重心法以及线性规划的运输方法等。

任务二　影响选址决策的因素

前面已经介绍了制定选址的一般过程。本节将对影响选址决策的因素进行具体的介绍。

一、区域因素

区域因素主要包括原材料位置、市场位置和劳动力因素。

1. 原材料位置

企业选址对原材料供应地的远近的考虑主要有以下几个主要因素：原材料的可运输性、原材料的运输成本、原材料的需求量以及原材料的易损坏性等。原材料的可运输性越差、运输成本越高、对原材料的需求量越大、原材料越容易损坏，企业选址就应该靠近原材料的位置。比如，采掘厂、钢铁厂、造纸厂、发电厂、奶制品厂等。

2. 市场位置

企业选址对距市场位置的远近的考虑主要有销售成本、交易惯例等。

（1）制造业通常因为运输、交货期的原因，选择靠近目标市场的位置。比如，汽车制造厂通常更靠近目标市场。一个重要的原因就是汽车在制造过程中，重量不断增加，整车运输的成本很高。而且随着交货期竞争日益激烈，很多汽车制造厂家将厂址选择在目标市场国家。这一方面可以降低整车运输的巨额成本；另一方面，可以缩短

交货提前期，提高交货速度。

（2）服务业（比如，超市、购物中心、快餐店、酒店、银行）总是选择人口众多、交通便利的地点，通过提供便利的产品和服务，吸引更多的顾客。

（3）政府机构的位置应该以社区居民的需要为基础，靠近需要服务的地区和居民。比如，邮电局、急救中心和警察局等。

接近目标市场的位置确保了生产的产品和服务能够与顾客的需求保持高度的一致。

3. 劳动力因素

劳动力因素主要包括劳动力的年龄、工作态度、素质、薪资水平和有关法律法规等。劳动力的教育程度和技术水平必须与企业的需求相匹配。更重要的是，劳动者必须具有持续学习的热情和能力。

（1）从企业的角度来说，技术密集型企业对劳动力技术水平的要求较高；劳动力密集型企业对劳动力水平要求较低；以低成本为竞争战略的企业和以差异化为竞争战略的企业，对劳动力的技术要求、薪资水平各不相同。

（2）从劳动资源的角度来说，城市劳动力与农村劳动力的素质、对工资的要求等方面有很大的差异；发展中国家和发达国家的劳动生产率、劳动力成本、劳动力素质也各不相同。

（3）劳动者的再学习能力与热情也是企业选址时要考虑的重要因素。企业首先要明确本企业的成员是否需要具有再学习的能力和热情，然后要考察备选地区劳动力学习能力的整体水平，最后确定两者是否相匹配。

【案例】7-1　香港迪士尼乐园选址

香港迪士尼乐园位于青葱的大屿山，地处竹篙湾，属世界级家庭娱乐中心。设施包括迪士尼主题乐园、香港迪士尼乐园酒店（400 间客房）、迪士尼好莱坞酒店（600 间客房）以及迪欣（毗邻 3.5 万平方米的植物园，并有小艇出租）。香港迪士尼乐园是米奇老鼠、白雪公主、花木兰与众多迪士尼朋友的家。它们都为世界各地人民所钟爱。不论是大人还是小朋友，只要置身其中，就可分享迪士尼独有的想象力和创造力。

香港迪士尼乐园由华特迪士尼公司和香港特区合作兴建，雇用了多达 5 000 名演艺人员。兴建计划于 1999 年正式宣布。2003 年动工。香港迪士尼乐园所在的大屿山竹篙湾在此之前完全是一片荒芜的生态地，没有任何工业、商业和住宅开发。它离香港市区非常远。美国人之所以选择这个不毛之地，是因为迪士尼乐园本身的商业开发需要。它的酒店必须自己建、自己经营。它的商业设施具有排他性。这使得乐园周围其他的商业设施无法抢走其垄断性的商业利益。

香港迪士尼也有很多局限性。最大的问题是面积太小。它是全球 11 个迪士尼乐园中面积最小的一个。很多主题公园无法拓展。因此，上海市向国家发改委递交迪士尼主题乐园的申请时，将首选地定在上海浦东，但最终仍要等待发改委的批文。迪士尼主题乐园项目主体可能落户在浦东川沙新市镇的西南面，其占地约 500 万平方米，其规模将是香港的 3.7 倍，南汇六灶是与之相配套的地区。

因此，结合上海成为中国金融中心的预期以及迪士尼自身商业经营的需要，迪士尼选址上海，并将其作为正式进军中国内陆市场的第一步是十分明智的。

二、社区因素

社区因素主要包括社区基本情况、公共基础设施、环保法规和政府政策等。

1. 社区基本情况

社区基本情况是指社区的人口密度以及教育、购物、娱乐、交通、医疗收入等方面的情况。社区情况会影响企业员工的工作、生活条件，直接影响企业对员工的吸引力以及员工对企业的忠诚度。

2. 公共基础设施

交通的便利性（如公路、铁路、航空和海运能力）以及通信设施是至关重要的。此外，当地的自然条件、供水、供电、供煤以及排污能力也是要重点考虑的。这些因素对日后的投资、生产、运输、服务都具有重大的影响。

3. 环保法规

今天，人们追求创造一个和谐社会。环境保护的问题日益受到人们的重视。各国、各地区都制定了保护当地居民和生态环境的环保法规和条例。因此，企业选址决策还必须包括这一点。除了对成本的直接影响外，它还将影响企业与所在社区的关系。

4. 政府政策

当地政府的政策包括是否鼓励企业在当地罗湖的政策（如设立经济开发区、低价出售或出租土地、税收减免、低息贷款、授予特权、支持改建基础设施等）或者限制企业在当地罗湖发展的政策（如设置文化和法律壁垒等）。

三、地点因素

地点因素主要包括当地的发展情况、土地情况以及运输条件等。

与土地相关的因素有土地费用、土地的可扩展性、土壤条件、现有的设施、排水与排污能力、地理位置等。

运输条件包括上面提到的物流运输的便利性以及员工通勤的便利性（如距离地铁站和公交车站的距离）。

需要说明的是，企业在不同时期的选址依据和关键因素不同。表7-1是美国厂址选择的调查结果。

此外，在具体的选址过程中，应该具体问题具体分析。不同性质、不同类型的企业的选址依据也不同。

表7-1　　　　　　　　不同时期影响美国企业选址的关键因素排序

优先顺序	1973 年	1993 年
1	环境	可接近消费者和顾客
2	劳动力供应	交通运输
3	基础设施情况	较低的房地产成本
4	交通（主要是高速公路）	熟练工人及供应数量
5	可向农村和郊区扩展	与政府的关系
6	社区态度	较低的工资成本

表7-1（续）

优先顺序	1973 年	1993 年
7	可低成本融资	合理稳定的设备收费率
8	土地情况	较低的生活费用
9	市场	较低的营业税
10	税收	文化和休闲设施

【案例】7-2 家乐福的物流选址

1. 基本情况

家乐福 1995 年正式进入中国市场，在很短的时间内家乐福便在相距甚远的北京市、上海市和深圳市三地开辟了大卖场。家乐福之所以会如此进行扩张，就是因为它们各自独立地发展了自己的供应商网络。根据家乐福自己的统计，从中国本地购买的商品占了商场所有商品的95%以上。仅 2000 年采购金额就达 15 亿美元。除了已有的上海市、广东省、浙江省、福建省及胶东半岛等各地的采购网络，家乐福在 2001 年年底还分别在北京市、天津市、大连市、青岛市、武汉市、宁波市、厦门市、广州市及深圳市开设区域化采购网络。

2. 家乐福开拓市场的独特方法

家乐福在开拓市场的时候形成了一套独特的方法。下面从它的实际例子来领略其独特性。

（1）一人开辟一个市场。家乐福开拓一个新市场的独特方法是：每次家乐福进入一个新的地方，都只派 1 个人来开拓市场。进中国台湾家乐福只派 1 个人，到中国内地也只派了 1 个人。这样一种开拓市场的方法相信每一个人第一次听到都会感到震惊，但家乐福确实是这样做的，而且也做得很好。

（2）深入市场调查。家乐福派来的第一个人就是这个地区的总经理。他所做的第一件事就是招一位本地人做他的助理。然后，这位空投到市场上的总经理，和他唯一的员工做的第一件事，就是开始市场调查。他们会仔细地调查当时其他商店里有哪些本地的商品出售，哪些产品的流通量很大，然后再与各类供应商谈判，决定哪些商品会在将来的家乐福店里出现。一个庞大无比的采购链，就这样完完全全地从零开始搭建。尽管家乐福这种进入市场的方式粗看起来难以理解，但是这的确是家乐福在世界各地开店的标准操作手法。这样做背后的逻辑是，一个国家或地区的生活形态与另一个国家或地区的生活形态经常是大大不同的。在法国超市到处可见的奶酪，在中国很难找到供应商；在中国台湾十分热销的槟榔，可能在上海市一个都卖不掉。因此，国外家乐福成熟有效的供应链，对于以食品为主的本地家乐福来说其实意义不大。最简单有效的方法，就是了解当地，从当地组织采购本地人熟悉的产品。

3. 家乐福选址所要考虑的因素

"Carrefour"的法文意思是十字路口。家乐福的选址不折不扣地体现了这一标准：几乎所有的店都开在了路口，并且巨大的招牌 500 米开外都可以看得一清二楚。而像家乐福这样一个投资几千万的店，当然不会拍脑袋想出店址，其背后精密和复杂的计算，常令业外的人士大吃一惊。根据经典的零售学理论，一个大卖场的选址需要考虑

167

以下几个因素并经过详细的测算。

（1）商圈内的人口消费能力。

第一，测定商圈所覆盖的范围。中国目前并没有现在的资料（GIS 人口地理系统）可资利用，因此店家不得不借助市场调研公司的力量来收集这方面的数据。有一种做法是以某个原点出发，测算 5 分钟步行范围、10 分钟步行范围、15 分钟步行范围。根据中国的本地特色，还需要测算以自行车出发的，小片、中片和大片半径范围，最后以车行速度来测算小片、中片和大片各覆盖了什么区域。如果有自然的分隔线，如一条铁路线，或是另一个街区有一个竞争对手，商圈的覆盖就需要依据这种边界进行调整。

第二，分析商圈内人口的规模及其特征。在分析完商圈所覆盖的范围后，接着需要对这些区域进行进一步的细化，计算这片区域内各个居住小区的人口规模并进行特征调查，计算不同区域内人口的数量、密度、年龄分布、文化水平、职业分布、人均可支配收入等许多指标。家乐福的做法还会更细致一些。家乐福会根据这些小区的远近程度和居民可支配收入，再划出重要销售区域和普通销售区域。

（2）所选区域内城市的交通和周边的商圈的竞争情况。

第一，考虑商圈内的交通状况。交通状况对于一个大型卖场来说很重要的。如果一个未来的店址周围有许多的公交车，或是道路宽敞，交通方便，那么销售辐射的半径就可以大为放大。上海市的大卖场都非常聪明，例如家乐福古北店周围的公交线路不多，家乐福就干脆自己租用公交车定点在一些固定的小区间穿行，方便这些离得较远的小区居民上门一次性购齐一周的生活用品。

第二，对商圈内竞争对手的分析。因为未来潜在销售区域也会受到很多竞争对手的挤压，所以家乐福也会将未来所有竞争对手计算进去。传统的商圈分析中，需要计算所有竞争对手的销售情况、产品线组成和单位面积销售额等数据，然后将这些估计的数字从总的区域潜力中减去，未来的销售潜力就产生了。但是这样做并没有考虑到不同对手的竞争实力。因此家乐福在开业前，索性把其他商店的情况摸透，以打分的方法发现它们的不足之处，比如环境是否清洁、哪类产品的价格比较高、生鲜产品的新鲜程度如何等，然后依据这种精确调研结果进行具有杀伤力的打击。

（3）顾客群体的构成。

第一，对顾客群体的构成进行统计分析。任何一个商圈的调查不会随着一个门店的开始营业而结束，而是随着门店的开业继续对顾客群体进行统计分析。家乐福在这方面特别重视。家乐福自己的一份资料指出，顾客中有 60% 的顾客在 34 岁以下，70% 是女性，然后有 28% 的人步行，45% 的人乘坐公共汽车而来。

第二，大卖场依据目标顾客的信息来调整自己的商品线。家乐福在上海市的每家店都有小小的不同。这一点最能体现家乐福的用心。例如在虹桥门店，因为周围的高收入群体和外国侨民比较多，其中外国侨民占到了家乐福消费群体的 40%，所以虹桥店里的外国商品特别多，如各类葡萄酒、各类肉肠、奶酪和橄榄油等，而这些都是家乐福为了这些特殊的消费群体特意从国外进口的。又如南方商场的家乐福因为周围的居住小区比较分散，干脆开了一个迷你商场，在商场里开了一家电影院和麦当劳，增加自己对较远处的人群的吸引力度；而青岛的家乐福做得更到位：因为有 15% 的顾客是韩国人，所以干脆就做了许多韩文招牌。

4. 家乐福的运作管理

（1）以商品的高流转率进行商品的选择。

第一，家乐福在进行商品的选择时，重点考虑了商品的高流转率与大批量采购的关系。高流转率与大批量采购的一个误区是，总以为大批量采购压低成本是大卖场修理其他小超市的法宝，但是这其实只是"果"而非"因"。商品的高流转率才是大卖场真正的法宝。相对而言，大卖场的净利率非常低，一般来说只有 2%~4%，但是大卖场获利不是靠毛利高而是靠周转快。大批量采购只是所有商场商品高速流转的集中体现而已。而体现高流转率的具体支撑手段，就是实行品类管理，优化商品结构。根据沃尔玛与宝洁的一次合作，品类管理的效果使销售额上升了 32.5%，库存下降了 46%，周转速度提高了 11%。

第二，高流转率是家乐福对商品的首选要求。家乐福选择商品的第一项要求就是要有高流转性。比如，如果一个商品上了货架销得不好，家乐福就会把它 30 米的货架缩短到 20 厘米。如果销售数字还是上不去，陈列货架再缩短 10 厘米。如果没有任何起色，那么宝贵的货架就会让出来给其他的商品。家乐福这些方面的管理工作全部由电脑来完成，由 POS 机实时收集上来的数据进行统一的汇总和分析，对每一个产品的实际销售情况、单位销售量和毛利率进行严密监控。这样做，使得家乐福的商品结构得到充分的优化，完全面向顾客的需求，减少了很多资金的搁置和占用。

（2）具体动作管理。

涉及家乐福的具体动作管理，可以用"Retail Is Detail"这句简洁无比的英语来解释。下面以实例来介绍：以生鲜食品为例，流动的每一个过程都要加一个控制点，从农田里采摘下来，放在车上，放在冷库里，放到商场货架上，全都要加以整理剔除和品质控制。当生鲜食品放在货架上被第一批顾客采购了以后，还需要进一步整理。所有这一切，都需要对一些细节进行特别的关注。家乐福在这方面有一套非常复杂的程序和规则。例如，食品进油锅的时候油温是多少度，切开后肉类保鲜的温度是多少度，多长时间必须要进行一次货架清理，商品的标签和商品新鲜度的管理，全都有详细的规定，用制度确保"新鲜和质量"的卖点不会变形。为了使制度能够被不折不扣地执行，员工的培训也完全是从顾客的角度出发的，让他们把自己当成消费者来进行采购。当作为消费者的他们看到乱成一团的蔬菜，自己也不愿意买时，便对管理制度有了深刻的理解。

5. 家乐福的成功

家乐福虽然是从"一个空降兵"开始的，但是现在已经变成了 15 个城市里的 27 个商场。转眼间，家乐福的旗帜插上了中国各个消费中心城市的制高点。沃尔玛"以速度抢占市场"的经典哲学被家乐福占了先机。

[案例评析]

家乐福在物流选址及运作方面的特点及启示：

1. 本土化

紧密地与周围的环境条件结合是家乐福选址的一个突出特点，例如环境调查人员本土化。从选址的第一步——环境调查开始，家乐福就体现了本土化的特点。它招聘本地人协助总经理了解当地，组建了一条新的采购链。

2. 与周围环境的融合化

家乐福的选址与一般配送中心的选址是有所区别的。作为一个大型卖场，其选址要考虑其商圈人口的消费能力、顾客群体的构成以及所选区域的城市交通和周边商圈的竞争情况。

3. 商品结构的最优化

家乐福的运作注重优化商品的结构。商品的流转率也体现出商品物流运作的顺畅程度。

4. 各运作方式的制度化

家乐福的具体营运的管理非常注重细节。员工需严格执行家乐福所发展的一套复杂的程序和规则。

任务三　选址方案评估

对选址方案进行评估，是选址程序的最后环节。常见的方法包括因素评分法、重心法以及线性规划等。

一、因素评分法

因素评分法（Factor Rating System）作为一种决策技术，在现实中应用广泛。这里介绍因素评分法在企业选址时的应用。它的价值在于：对每个备选方案的各种相关因素进行综合评分，从而为评估提供合理的基础，有利于对备选地点进行比较和做出选择。因素评分法的一个限制就是在过程中会或多或少地融入决策者的主管因素，使得根据这种方法做出的评估和决策可能不够客观。

因素评分法有如下五个步骤：

（1）列出相关因素（如原材料位置、社区态度、运输条件、环保法规等）；

（2）对每个因素赋予一个权重，不同方案的相同因素的权重值一致，每个权重代表每个因素的相对重要性，各权重之和一般为1.00；

（3）给所有因素确定一个统一的数值范围（如1~100），并在这个范围内对每个备选方案的所有因素进行打分；

（4）将每个因素的得分与它的权重值相乘，再把每个方案各因素的这个乘积数相加，得到各备选方案的总分；

（5）比较各方案的总分，选择总分最高的地点。

【例7-1】一个超市要新开一家分店，表7-2是几个备选地点的信息。

表 7-2   备选地点信息

因素 (1)	权重 (2)	得分（0~100）			加权得分		
		地点1 (3)	地点2 (4)	地点3 (5)	地点1 (2)×(3)	地点2 (2)×(4)	地点3 (2)×(5)
交通条件	0.15	100	70	80	0.15×100=15	0.15×70=10.5	0.15×80=12
附近人口	0.15	80	80	100	0.05×80=4	0.05×80=4	0.05×100=5
租金	0.30	50	90	70	0.30×50=15	0.30×90=27	0.30×70=21
面积	0.05	40	80	60	0.05×40=4	0.05×80=4	0.05×60=3
社区繁华	0.20	90	60	80	0.20×90=18	0.20×60=12	0.20×80=16
已有超市	0.15	80	90	60	0.15×80=12	0.15×90=13.5	0.15×60=9
停车场	0.10	50	80	100	0.10×50=5	0.10×80=8	0.10×100=10
合计	1.00				71	79	76

可见，这三个地点的总分差距不大，但是地点2的总分略高于其他两个地点的总分。如果没有其他情况，按照因素评分法，将选择地点2作为分店的地址。

二、重心法

重心法（Center of Gravity Method）主要用于选择配送中心或中转仓库。为了使分销成本达到最低，它把分销成本看成运输距离和运输数量的线性函数，求得使分销成本最低的位置，作为目的地（重心）。

重心法的假设是：在同一种运输方式下，运输数量不变，运输单价相同。

重心法的步骤如下：

（1）建立坐标系，确定各地点在坐标系中的相对位置。

（2）运用计算公式，计算出重心的模拟坐标值，并在坐标系中找到相对应的位置，一般计算如下：

$$C_x = \sum d_{ix}V_x / \sum V_x \qquad C_y = \sum d_{iy}V_y / \sum V_y$$

式中：C_x——重心的横坐标；

C_y——重心的纵坐标；

d_x——第 i 地点的横坐标；

d_y——第 i 地点的纵坐标；

V——第 i 地点运往目的地的运输量。

$$C_x = \sum d_{ix}/n; \qquad C_y = \sum d_{iy}/n$$

式中：n——可选择的地点数。

【例7-2】某大型超市要在 A，B，C，D 各个分店之间建立一个配送重心 M。各分店的分布及其到配送重心的物流量如图 7-1 和表 7-3 所示，问 M 应设在何处？

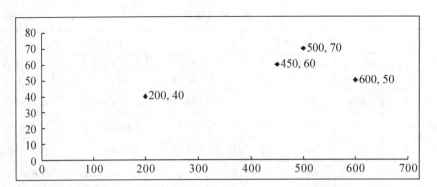

图 7-1　各分店的分布

表 7-3　　　　　　　　　　　各分店的分布

位置	各分店到配送中心的物流量
A （200，40）	1 000
B （450，60）	500
C （500，70）	1 500
D （600，50）	2 000

解：用重心法求 M 的坐标值 C_x 和 C_y：

$C_x =$ （40×1 000+60×500+700×1 500+50×2 000）/（1 000+500+1 500+2 000）= 55

中心的分布如图 7-2 所示。

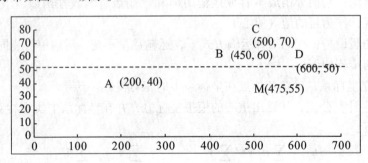

图 7-2　配送中心 M 的位置图

三、线性规划法

线性规划法可以帮助企业找到成本最小、利润最大的选址方案。这种方法适用于这样的情况：从多个地点出发，运输货物到达多个不同的目的地。

线性规划法的步骤如下：

（1）建立目标函数；

（2）建立约束方程；

（3）求解；

（4）运用求解结果以及已知的运输成本，计算总成本，并在各备选方案中进行比较，选择使总成本最小的方案。

【案例】7-3 大方超市选址方案

一、零售业发展现状

20世纪90年代以来，中国的零售业正经历着一场深刻的变革。它不仅使零售业成为经济发展的热点行业，而且对整个流通业乃至经济运行方式都产生了积极影响。这种变化和影响主要表现在如下三个方面：

（1）国内零售市场容量迅速扩大。社会商品零售总额从1990年的8 300亿元增加到2003年的45 842亿元。这意味着中国的零售市场规模每4年左右就要翻一番。中国已成为亚太地区乃至全世界最具增长潜力的市场之一。

（2）连锁经营方式成功导入。超级市场、便利店、专卖店、仓储式商场等新的业态形式层出不穷。近几年连锁经营在大中城市、沿海经济发达地区发展很快，并受到消费者和经营者的普遍认同。2003年年底，全国各种形式的连锁公司已达5 000多家，经营网点100 000多家。连锁企业的销售额逐年提高，2003年增长52%。1996年，上海市、北京市连锁企业实现的销售额占当地社会商品零售总额的比重分别达到30%和18%。

（3）新的经营理念、营销方式、管理手段和管理技术被零售业率先采用，并向整个流通业传播。POS系统、电子订货系统的业务流程、管理方式发生了变化，引发了国内以流通社会化、现代化和逐步与国际市场接轨为主要内容的流通革命。零售业作为流通的最终通道，对上游产业的拉动作用和主导化趋势日益明显。2000年以来，我国消费品市场的增幅已连续三年超过同期国民生产总值的增幅。国内市场对国民经济增长的贡献率稳步提高。经济增长由原来的投资驱动、生产导向逐渐转向消费驱动和市场导向。流通产业对国民经济和产业结构调整的相关作用增强。

从发展角度看，中国零售业的变革还只是处在起步阶段。伴随中国经济的发展和活跃人口（即人均年收入800美元以上居民）数量的增加，国内零售业今后的发展空间十分广阔，变化的节奏会进一步加快，内涵也会更加丰富。

二、企业概况

大方株式会社是日本的一家大型零售企业，是日本国内的大型零售类企业。早在1994年，日本大方就在中国大陆的北京市、上海市等大城市开设了数家分店。由于大方超市具有货物全、深入社区等特点，开业以来，在各地都取得了很满意的效果，也获得了不菲的收入。

大方于1995年进入双水市，并于当年建立了3家分店。大方超市槐花路店成立于2000年，占地面积达1 500平方米，淡季客流量为1 500人左右，日常客流量为2 000~3 000人，高峰期时达5 000~6 000人。和大方所有分店一样，这是一家货物品种齐全的中型综合类超市。该超市的周边是居民密集区，附近又设有大型的综合类超市。因此，自开业以来，这渐渐成为了附近居民购物的首选地。同时，它又带动了周边的商业发展。现在在大方超市的附近，已经形成了一个有特色的、以大方超市为中心的商业圈。

大方超市和沃尔玛、麦德龙等国际著名大型超市相比，在货物品种方面和价格方面毫不逊色，同时，又具有自己的鲜明特点。首先，很多大型超市受其规模限制只能在郊区等居民少、地价较低的地区开店，影响了居民购买。而大方超市分店一般以中型店面为主，使得该超市可以深入居民聚集区，"开在居民最需要的地方"，更加方便居民就近购买日常商品，吸引了很多顾客。其次，大方超市背后的大方株式会社，为了保证货物的质量和价格，一般采用集团采购方式，在全国范围内通过招投标，选取最低价的供货商。这种方式能使成本达到最低水平。

这些因素使得大方超市能在家乐、麦德龙、沃尔玛等大型超市的包围下生存且不断发展。

三、大方超市的选址规划

1. 商圈理论

周围有多少潜在顾客才可开设 1 家超市？2 000 户的住宅小区可开设 1 家 600～800 平方米的小型超市；10 000 户的住宅小区可开设 1 家 2 000 平方米的中型超市。

（1）小型超市（120～400 平方米）选址的理想地点。

小型超市的店址一般设在居民聚集区或小型商业区。顾客步行 10 分钟，乘或骑车几分钟就可到达。

（2）中型超市（400～2 500 平方米）选址的理想地点。

中型超市的店址一般选在都市中小型的商业区，距离居民区只有步行 10 分钟或驾车 5 分钟左右的距离，还配有停车场及自行车和摩托车的停车位。

（3）大型超市（2 500 平方米以上）选址的理想地点。

大型超市一般选址在城市经济比较发达的中心商业区，顾客流量大，购买频率高，有利于实现超市低价格、大销量的营销策略。一般应配备大型的停车场，还必须配备自行车和摩托车存车处。

大方超市槐花路店位于双水市双桥道与湖山路交口，距这一地区的主干道闽江道仅百余米。它的对面就是公交 26，78，38 路的总站。又有 303，374，367，904，5 路在此设有停靠站。此店交通便利，便于市民光顾。它的东面、南面、西面有天秀里、地秀里、星光花园等十余处居民居住地，居民需求量大、购买力强。并且顾客以中青年的居民为主。他们除了为自己消费外，还为其子女消费。它的后面就是湖山路中学，西面以及东北有两所高校。这使它在商品采购上除了日常生活必需品外，还要有适当的前卫商品及文教用品。同时在它的周围又设有大中型超市，主要是零星的小贩和杂食店。

2. 大方超市与其他大型连锁超市的选址对比分析

国外的大型超市在进入一个新地方的时候，一般都只派 1 个人来开拓市场。例如，家乐福在进驻中国台湾时只派了 1 个人，到中国内地也只派了 1 个人。1995 年 9 月 11 日，家乐福的企划行销部总监罗定中用这句令记者吃惊不已的话做他的开场白。

罗解释说，这第一个人就是这个地区的总经理。他所做的第一件事就是招一位本地人做他的助理。然后，这位空投到市场上的总经理，和他唯一的员工做的第一件事，就是开始市场调查。他们会仔细地去调查当时其他商店里有哪些本地的商品出售，哪些产品的流通量很大，然后再与各类供应商谈判，决定哪些商品会在将来家乐福店里出现。一个庞大无比的采购链，完完全全从零开始搭建。

（1）二者的相同点。

第一，计算商圈内的人口。传统的商圈分析中，需要计算所有竞争对手的销售情况、产品线组成和单位面积销售额等情况，然后将这些估计的数字从总的区域潜力中减去，未来的销售潜力就产生了。但是这样做并没有考虑到不同对手的竞争实力，因此有些商店在开业前索性把其他商店的短板摸透，以打分的方法发现他们的不足之处，比如环境是否清洁，哪类产品的价格比较高，生鲜产品的新鲜程度如何等，然后依据这种精确的调研结果进行具有杀伤力的打击。中国目前并没有现有的资料（GIS人口地理系统）可资利用，因此店家不得不借助市场调研公司的力量来收集这方面的数据。有一种做法是以某个原点出发，测算5分钟的步行距离会到什么地方，然后是10分钟步行会到什么地方，最后是15分钟会到什么地方。根据中国的本地特色，还需要测算以自行车出发的小片、中片和大片半径，最后以车行速度来测算小片、中片和大片各覆盖了什么区域。

如果有自然的分隔线，如一条铁路线，或是另一个街区有一个竞争对手，商圈的覆盖就需要依据这种边界进行调整。然后，需要对这些区域进行进一步的细化，计算这片区域内各个居住小区的人口规模并开展特征的调查，计算不同区域内人口的数量和密度、年龄分布、文化水平、职业分布、人均可支配收入等许多指标。

第二，需要研究这片区域内城市交通和周边的商圈的竞争情况。如果一个未来的店址周围道路宽敞、交通方便，那么销售辐射的半径就可以放大。根据这些小区的远近程度和居民可支配收入，再划定重要销售区域和普通销售区域。

（2）二者的不同点。

大方属于小型连锁超市；而家乐福属于大型连锁超市：小型超市的店址一般设在居民聚集区或小型商业区，顾客步行10分钟，乘车或骑车几分钟就可到达。而大型超市的选址更为复杂，我们在这里不详细阐述。

思考题：

1. 根据上面所描述的大方超市的选址决策，试分析其决策是否合理，并总结出决定选址规划的因素有哪些，还有哪些因素未考虑？

2. 如果你是一家与大方超市相类似的超级市场的市场部主管，你在进行一家新店选址的时候，会考虑哪些因素？

【案例】7-4　某特殊钢材股份有限公司选址方案

一、行业背景

2004年我国生产钢27 279.79万吨，比上年增长22.7%；生产生铁25 185.05万吨，增长24.12%；生产钢材（含重复材）29 723.12万吨，增长23.29%。2004年按钢计算的直观消费增长率由2003年的25.8%降到了10.71%。根据我们对社会钢材库存的调查，由于社会库存的大量减少，钢材实际消费增长率在13%左右，比上年回落12.8个百分点。

由于2004年钢材、钢坯进口减少，出口增加，把净进口钢材和净出口钢坯折算成钢全年净进口。2004年钢全年净进口约1 383万吨，比2003年的净进口钢3 655万吨，减少了2 272万吨，下降了62.16%，即2004年增加的钢产量中有45%是用于顶替进口和扩大出口的。这是具有重大意义的转折。这一方面说明这几年钢铁工业发展总体上是健康的、积极的且卓有成效的，另一方面也提示我们，钢铁工业进一步扩大产能的空间比以前缩小了。

对我国钢铁行业而言，2005年是我国钢铁工业实现历史性转折关键的一年。2005年我国钢产量将达到或超过3亿吨，这将是一个历史的大跨越。它标志着今后的发展必须更加谨慎，必须由注重数量的增长，转向更加注重增长质量的提高和结构的优化，更加注重全面、协调、可持续的发展。

二、公司隶属的某特钢集团简介

于 2003 年 3 月完成重组的某特钢集团聚集了老工业基地三家最著名的特钢企业（A、B、C）。这一具有突破性的联合重组，被人们形容为伸开的指头握成了一个拳头。

重组后的该集团，运转仅一年，就显示了强劲的发展势头。集团工业总产值比重组前的 2002 年增长了 50%，钢产量突破 120 万吨，销售收入增长 40%。重组后，集团引入原 A 集团公司的改革和管理模式，并加快整合市场资源。仅一次统一公开招标采购耐火材料就降低了 18% 的采购成本。原 A 集团加工能力大于冶炼能力 30 万吨，而原 B 集团冶炼能力则大于加工能力 30 万吨。如果两家各自进行配套改造至少需要十几亿元。现在每月从 B 调 1 万吨钢坯到 A，使两个企业的设备能力都得到充分发挥。

集团下属某特钢连轧厂 1995 年从意大利引进的连轧机控冷设备，由于工艺原因，达不到设计能力，一直成为连轧厂生产的瓶颈。集团成立后，该瓶颈被一举突破。去年，该特钢股份公司质量损失金额同比下降幅度超过 80%。

通过改造，这条线生产的油杆钢将从过去的 C 级提高到高档的 H 级。今后，公司将通过技术创新，加快品种的结构调整，从而提高连轧线生产的轴承钢、汽车用钢等在国内、国际市场的品牌地位。

三、企业简介

某特殊钢股份公司（原某钢厂）始建于 1937 年，是我国大型特殊钢重点企业和军工材料研发及生产基地，现隶属于某特殊钢集团有限责任公司全资子公司。新中国成立后，该公司先后为我国冶炼出了第一炉不锈钢、第一炉超高强钢、第一炉高速钢、第一炉高温合金。该公司为我国第一颗人造地球卫星、第一枚导弹、第一艘潜水艇和多项国家重点工程、国防工程提供了大批关键的特殊钢新型材料。该公司现承担国家黑色冶金工业科研项目、重点航天航空材料用量的 50% 以上。该公司公开发行股票 1.2 亿股，募集资金 633 920 000 元，投入 2 号超高功率电炉技术改造项目、6 000 标准立方米制氧机技术改造项目及银亮材深加工技术改造项目。

公司主要从事轴承钢、齿轮钢、工模具钢、不锈钢及温合金等特殊制产品的开发、生产和销售。公司的主要工艺装备有由 50/60 吨超高功率电炉、60 吨 LF/VD 炉外精炼炉、一机四流合金制坯连铸机和 24 架合金钢连轧机组成的具有当今国际先进水平的"四位一体"短流程合金钢棒材生产线；有 30/60 吨 VOD/VHD 炉外精炼炉、八五零和六五零轧机、精快锻机、方扁制精轧机及各种先进的检测设备。公司目前有国家级技术中心，有密集的高科技人员，其生产研究与开发囊括了特殊钢的高新领域，具备年产特殊钢 85 万吨、特殊钢材 65 万吨以上的生产能力，并具有广阔的市场发展空间。

四、企业的选址决策

该公司在选址上主要考虑以下几个因素：

1. 能源优势

（1）公司主要实体钢厂采用电炉冶炼工艺，对电力资源需求量大。因而选择此地是为了利用当地电力资源。

（2）在钢材加工过程中，加热能源在当时主要是煤炭，因而此地的选择正是利用了当地出产优质煤炭的优势。

2. 交通便利优势

钢厂建立在长大铁路沿线。当时长大铁路是侵华日军军用物资主要运输线路之一。

3. 水源优势

由于钢铁企业耗水量大，因此钢厂建立在浑河边，方便取用水。

随着钢厂的发展，钢厂选址的优势日益弱化，劣势日趋明显。主要有：

（1）可扩展性不强。钢厂老厂区东临某铝厂，西接某矿机修厂，南靠矸子山，北接长大铁路，面积小，难以满足企业的发展需要。因此，不得不在矿机修厂西侧开辟发展新厂区。东西两厂区之间被矿机修厂隔断。这不利于物资运输与调配，无形加大了生产成本。

（2）随着电力建设的发展，钢厂所在地电力已经无优势可言。同时，当地煤炭日渐枯竭，其煤炭资源优势已荡然无存。

思考题：

1. 请从该特钢公司的选址方案总结出选址规划的因素。

2. 试分析该企业的选址决策是否合理。

【案例】7-5 沃尔玛选址案例分析

一、沃尔玛公司简介

沃尔玛公司（Wal-Mart Stores, Inc.）（NYSE：WMT）是一家美国的世界性连锁企业，以营业额计算为全球最大的公司，其控股人为沃尔顿家族。总部位于美国阿肯色州的本顿维尔。沃尔玛主要涉足零售业，是世界上雇员最多的企业，连续三年在美国《财富》杂志全球 500 强企业中居首位。沃尔玛百货有限公司由美国零售业的传奇人物山姆·沃尔顿先生于 1962 年在阿肯色州成立。经过四十多年的发展，沃尔玛公司已经成为美国最大的私人雇主和世界上最大的连锁零售企业。目前，沃尔玛在全球 15 个国家开设了超过 8 000 家商场，下设 53 个品牌，其员工总数达 210 多万人。每周光临沃尔玛的顾客 2 亿人次。

二、沃尔玛超市的选址可行性分析

对于零售企业来说，选址是关系到企业成败的一个重要环节。广告、价格、顾客服务、产品及服务种类都能够随着环境的变化较迅速地做出调整。相比之下，商店选址可以说是零售战略组合中灵活性最差的要素。零售商店的选址因为本身资金投入大，同时又与企业后期经营战略的制定，以及为适应消费趋向变动所做的经营决策的调整息息相关，所以很容易受到长期约束。

对于沃尔玛而言，假如它为追求投资最小化选择租赁的方式，而不是购买土地自己新建，它的投入仍然会是一笔很大的开销。因为除在合同期内需要支付租金以外，沃尔玛还需在照明、固定资产、门面等方面投入。对于沃尔玛这样的连锁零售店来说，由于其大多数的单店规模较大，位置固定，资金投入量大，合同期长，因此不可能轻易搬迁，也不太可能轻易改变经营方式。而如果沃尔玛自己购买土地新建商店，更难以变动。合适的买主通常很难寻找，需要花数月，甚至更长时间。一家商店若搬迁，会面临许多潜在的问题：首先，可能流失一部分忠诚的顾客和员工，搬迁距离越远，损失越大；其次，新地点与老地点的市场状况不同，可能需要对经营策略进行调整；最后，商店的固定资产及装修不可能随迁，处理时如果估价不当，也会造成资产流失。

这些因素使零售商店的选址变得异常重要，特别是外资零售企业在这方面表现得极为慎重。沃尔玛在进入中国之前，就对中国市场进行了长达数年的、深入的、细致的市场调查。其实早在1992年，沃尔玛就已经获准进入中国。但是沃尔玛在1996年才在深圳落户。在进入中国之前它一直在对当地商圈的交通、人口、竞争状况和市场发展格局进行考察，以便于选择一个好的店址。

随着越来越多的店铺的开发，沃尔玛总结出了一套自己的选址经验，并在新店的选址过程中应遵循一些原则。

（一）遵循的原则

1. 从连锁发展计划出发

沃尔玛设立门店要从发展战略出发，通盘考虑连锁发展计划，以防设店选址太过分散。沃尔玛门店分布有长远规划，并且具有一定的集中度。这有利于总部实行更加精细科学的管理，节省人力、物力、财力，而且每一个门店的设立都为整个企业的发展战略服务。

2. 选择经济发达的城镇

经济发达、居民生活水平较高的城市是零售商店的首选地。因为在这些城市人口密度大，人均收入高，需求旺盛，工商业发达，所以零售店在当地有较高的发展水平。有研究报告指出，有沃尔玛折扣店的小镇，一般比没有折扣店的小镇经济更发达。在这样的城镇中沃尔玛会保证自己有充足的客源。

3. 选择城乡接合部

以中小零售店和居民为主要目标市场的山姆会员店，其店址一般都选在远离市中心的城乡接合部，或在次商业区或新开辟的居民区中，且在该商场周围要有20万~30万人的常住人口。这样的地点也一般应具备这样两个条件：第一，该地点的土地价格和房屋租金要明显低于市中心，土地价格一般为市中心的1/10以下。这样减少了零售店投资，降低了运营成本，为沃尔玛仓储式零售店的低价格销售创造了条件。第二，要符合城市发展规划，与城市拓展延伸的轨迹相吻合。这使城市的发展为仓储式零售店带来大量客流量，降低了投资风险。

4. 交通便利性

主要需要了解两方面的情况：一是该地是否接近主要公路，交通网络能否四通八达，商品从火车站、码头运至商店是否方便，白天能否通过大型货车，因为大城市普遍对大型货车实行运输管制，中心区许多街道不允许货车通过，有的只允许夜间通行。二是该地是否有较密集的公交汽车路线，商店附近各条公交路线的停主点能否均匀、全面地覆盖整个市区。

5. 可见度

可见度用来衡量店铺被往来行人或乘车者所能看到的程度。该店的可见度越高，就越容易引起客流的重视，他们来店里购物的可能性越大。因此，沃尔玛选址时要选择可见度高的地点，一般都会选在两面临街的十字路口或三岔路口。

6. 适用性

如果要征用土地建房子，沃尔玛就要考虑土地面积形状与商店的类型能否相符。若租用现成的房子，就要考虑建筑的构造、材料、立面造型及其可塑性。沃尔玛仓储式零售店货架比一般商场高，相应地要求建筑物的层高也比较高。同时还要了解城市建设发展规划有关要求，详细了解该区的交通、市政、绿化、公共设施、住宅建设或改造项目的近期和远期规划。

在以上这些原则的指导下，沃尔玛对事先拟定的地点做市场调查。调查的主要方面包括如下三个方面。

（1）城市结构：交通条件、地形地貌。

（2）商业结构：销售动态、零售商店的种类和经营方式、竞争的饱和度情况分析。

（3）人口特征：人口的数量和密度、年龄分布、文化水平、职业分布、人口变化趋势、人均可支配收入、消费习惯。

（二）其对选址的要求

1. 对商圈的要求

（1）在项目 1.5 千米范围内人口达到 10 万以上为佳，2 千米范围内常住人口可达到 12 万~15 万人。

（2）须临近城市交通主干道，至少双向四车道，且无绿化带、立交桥、河流、山川等明显阻隔为佳。

（3）商圈内人口年龄结构以中青年为主，收入水平不低于当地平均水平。

（4）项目周边人气旺，道路与项目衔接性比较好，车辆可以顺畅地进出停车场。

（5）核心商圈内（距项目 1.5 千米）无经营面积超过 5 000 平方米的同类业态为佳。

2. 对物业的要求

（1）物业纵深在 50 米以上为佳，原则上不能低于 40 米，临街面不低于 70 米。

（2）层高不低于 5 米，对于期楼的层高要求不低于 6 米，净高在 4.5 米以上（空调排风口至地板的距离）。

（3）楼板承重在 800KG/m² 以上；对期楼的要求为 1 000KG/m² 以上。

（4）柱距间要求 9 米以上，原则上不能低于 8 米。

（5）正门至少提供 2 个主出入口，免费外立面广告至少 3 个。

（6）每层有电动扶梯相连，地下车库与商场之间有竖向交通连接。

（7）商场要求有一定面积的广场。

3. 对停车场的要求

（1）至少提供 300 个以上地上或地下的顾客免费停车位。

（2）必须为供应商提供 20 个以上的免费货车停车位。

（3）如商场在社区边缘需做到社区居民和商场客流分开，同时为商场供货车辆提供物流专用场地。40 尺货柜车转弯半径为 18 米。

4. 其他

（1）市政电源为双向回呼或环网供电或其他当地政府批准的供电方式。总用电量应满足商场营运及司标广告等设备的用电需求。备用电源应满足应急照明、收银台、冷库、冷柜、监控、电脑主机等的用电需求，并提供商场独立使用的高低压配电系统、电表、变压器、备用发电机、强弱电井道及各回路独立开关箱。

（2）配备完善的给排水系统，提供独立给排水接驳口并安装独立水表。给水系统应满足商场及空调系统日常用水量及水压使用要求。储水量应满足市政府停水一天的商场用水需求。

179

（3）安装独立的中央空调系统。空调室内温度要求达到 24 度正负度标准。

（4）物业租赁期限一般为 20 年或 20 年以上，不低于 15 年并提供一定的免租期。

这样复杂的决策过程使许多地点方案难以通过，但是这些分析决策的选址使沃尔玛取得了很好的业绩。正如山姆·沃尔顿说的："我们不仅希望处于一条合适的街道上，而且还要求位于这条街道合适的一侧。"山姆认为，在某个小镇里开店并不意味着市场范围就只局限于这个小镇之内。实际上，假如店址选得对，它还将吸引更多的外地顾客。比如，人们最初只是驱车经过而发现了沃尔玛的招牌，接着就会开始认识这家商店，最后往往就变成了沃尔玛的顾客。这一结果也许在很短的时间内就发生了，也可能要等上一段时间，但不管怎么说，它几乎总能实现。因此当沃尔玛进入一些所谓的新市场时，实际上这些地区往往已经存在着一批它的忠实顾客了。在每一个选址前的考察，是调研时选址的关键。这种详尽的选址计划使沃尔玛拥有了大量的客流。可以说，对于每一个选址的选择，沃尔玛都占尽了天时、地利、人和。

三、沃尔玛商圈分析

商圈，是指以零售店所在地为中心，沿着一定的方向和距离扩展的、能吸引顾客的范围。简单地说，商圈就是来店顾客所居住的地理范围。商圈包括三个层次，即中心商业圈、次级商业圈和边缘商业圈。

商圈分析是指对商圈的构成、特点和影响商圈规模变化的各种因素进行综合性的研究，也称为商圈实务，主要包括需求状况分析和竞争状况分析两个方面。

（一）需求状况分析一般从人口与商业气候两处入手

1. 人口分析

人口分析，是对人口总量、密度、年龄分布、平均教育水平、居住条件、总的可支配收入、人均可支配收入、职业分布、人口变化趋势和消费习惯、交通的便利性以及到城市购买商品的邻近农村地区顾客数量和收入水平的分析。

在店址选择上，沃尔玛也以方便顾客购物为首要考虑因素。沃尔玛选址在可迅速到达的人口密度大的地方。在项目 1.5 千米范围内人口达到 10 万以上为佳，2 千米范围内常住人口可达到 12 万~15 万人。商圈内人口年龄结构以中青年为主，收入水平不低于当地平均水平。人口可支配收入较多为最宜且有很好的消费习惯，习惯消费。

交通便利，临近城市交通主干道，至少双向四车道，项目周边人气旺，道路与项目街接性比较顺畅，车辆可以顺畅地进出停车场。

2. 商业气候分析

商业气候分析，是对主导产业及产业多角化程度等的分析。通过这些分析，商场可掌握商圈内是否存在产业、是什么产业以及会给商圈带来什么影响。

沃尔玛主导竞争力是天天平价的产品，以"帮顾客节省每一分钱"为宗旨，实现了价格最便宜的承诺。同时沃尔玛也向产业多角化发展，提出了"一站式"购物新概念。

在沃尔玛，消费者可以体验"一站式"购物（One-Stop Shopping）的新概念。在商品结构上，它力求富有变化和特色，以满足顾客的各种喜好。其经营项目繁多，包括食品、玩具、新款服装、化妆用品、家用电器、日用百货、肉类果菜等。另外，沃尔玛为方便顾客还设置了多项特殊的服务类型。免费停车就是其中之一。例如，深圳的山姆店营业面积 12 000 多平方米，有近 400 个免费停车位，而另一家营业面积达

17 800 多平方米的沃尔玛购物广场也设有约 150 个停车位。沃尔玛将糕点房搬进了商场，更设有"山姆休闲廊"。所有的风味美食、新鲜糕点都给顾客在购物劳顿之余以休闲的享受。店内聘有专业人士为顾客免费咨询电脑、照相机、录像机及其相关用品的有关情况，有助于减少盲目购买带来的风险。店内设有阗克施乐文件处理商务中心，可为顾客提供包括彩色文件制作、复印、工程图纸放大缩小、高速文印在内的多项服务。一次购物满 2 000 元或以上，沃尔玛皆可提供送货服务，在指定范围内每次 49 元（因为商品价格中不含送货成本）。另外，深圳山姆店办理一切移动电脑售机业务。移动局销售的所有机型的价格均比其他代办网点便宜 100 元；它还代理销售润讯的通信产品，代收各类机型的台费。各种中文机、数字机均比市面其他润讯网点便宜 50 元。

在社会环境方面，沃尔玛在自己国家会享受鼓励优惠等，但是在国外发展时会受到当地政府一些政策的影响，因为当地政府会保护国内企业的发展。

物业租赁期限一般为 20 年或 20 年以上，不低于 15 年并提供一定的免租期。

（二）竞争状况是指零售商业之间的"竞—合"关系及其对顾客的影响

就选购商品而言，顾客通常愿意去一个有两家或更多家商店的地方，以便进行挑选和价格比较。如果一个城市里有三家商店竞争销售相同的商品，那么集中在一起的两家商店比离开一段距离的另外一家商店更具有优势。因为消费者还是愿意到能够进行货物比较的地方购物（除非实力雄厚的零售商能使潜在的消费者确信比较购物毫无必要，那他就可以利用孤店租金较低的优势，经销品种齐全、价格更低的商品）。另外，当店址周围有多种商店类型协调并存，形成相关商店群时，往往会对经营产生积极影响，如经营相互补充类商品的商店相邻而设，就可在方便顾客的同时，扩大自己的销售。

（1）商业信誉。沃尔玛是全球零售业巨头，其产品质量、服务都是非常好的，且商品价格低。沃尔玛是信誉很好的商店，其商圈规模比同行业其他商店大。

（2）成本费用。沃尔玛超市的口号是：天天低价！沃尔玛超市能够把低价作为主要竞争手段，来自于规模经济性导致的成本领先，主要体现在卖场规模和采购规模这两个环节。自身的原因是采购成本、物流成本、配送成本等成本低。

（3）物流与供应链管理。沃尔玛在节省成本以及在物流配送系统与供应链管理方面取得了巨大的成就。与先进的信息技术应用有机结合，成本低，作业方式先进，迅速。

（4）经营规模。商店的经营规模越大，商品经营范围越广，花色品种越齐全，其吸引顾客的空间范围越大。

（5）竞争商店位置。相互竞争的商店之间的距离越大，它们各自的商圈也越大。但是，有时相互竞争的商店毗邻而设，顾客因有较多的选择而被吸引过去，则商圈也可能会因竞争而扩大。

（6）劳动力保障。善待员工，公平对待。在沃尔玛的整体规划中，建立企业与员工之间的伙伴关系被视为最重要的部分。这种以人为本的企业文化理念极大地激发了员工的积极性和创造性。员工为削减成本出谋划策，设计别出心裁的货品陈列，还发明了灵活多样的促销方式。

（7）促销活动。商店通过各种促销手段扩大其知名度和影响力，吸引更多的边缘商圈顾客慕名光顾，从而使其商圈规模扩大。

（8）竞争情况。竞争情况主要包括：现有商店的数量、现有商店的规模分布、新店开张率、所有商店的优点与弱点、商店的短期和长期变动以及饱和情况等。任何一个商圈都可能会处于商店过少、过多和饱和的情况。商店过少的商圈内只有很少的商店提供满足商圈内消费者需求的特定产品与服务；商店过多的商圈，有太多的商店销售特定的产品与服务，以致每家商店都得不到相应的回报。一个饱和的商圈的商店数目恰好满足商圈内人口对特定产品与服务的需要。饱和指数表明一个商圈所能支持的商店不可能超过一个固定数量，乐购、家乐福等都是沃尔玛强大的竞争对手，不可忽视。但是沃尔玛天天平价，质量有保证等具有极大的竞争力。

对商场来讲，商圈分析有重要的意义。它有助于企业选择店址，即在符合设址原则的条件下，确定适宜的设址地点。因为商场在选择店址时，总是力求以较大的目标市场，来吸引更多的目标顾客。这首先就需要经营者明确商圈范围，了解商圈内人口的分布状况以及市场、非市场因素的有关资料。在此基础上，进行经营效益的评估，衡量店址的使用价值，按照设址的基本原则，选定适宜的地点，使商圈、店址、经营条件协调融合，创造经营优势。

四、沃尔玛的商业区位选择及商圈实务

（一）不同空间尺度的沃尔玛商业区位的选择

（1）从宏观角度来看，沃尔玛作为全球最大的零售跨国企业，其在全球的分布是广泛的。

就其在中国的分布来看，呈"沿海—中部—西部"三级梯度的分布模式。其中广东、福建、浙江三省为全国沃尔玛布点最多的省，而且集中分布于东南沿海地区；中部各省都有分布，但数目较少；而广大的西部地区沃尔玛的足迹还未涉及。到目前为止，新疆维吾尔自治区、西藏自治区、青海省、甘肃省、陕西省、宁夏回族自治区、内蒙古自治区等还没有沃尔玛的零售点。

（2）从中观角度看，沃尔玛在浙江省的分布又不同于广东省、福建省这样的沿海省份。广东、福建省境内沃尔玛集中分布于沿海一带城市，而在浙江省其分布具有明显的中西部倾斜的趋势。可以说，在浙江省整个范围内沃尔玛的布局比较均衡。若完成金华市、嘉兴市、宁波市、衢州市和杭州市的布点，沃尔玛就基本覆盖了浙江省的大部分地区。

（3）从微观角度来看，2006年6月22日，沃尔玛进驻金华，成为浙江沃尔玛首店。在符合沃尔玛进军的"二线模式"下，沃尔玛在金华的选址定在了穿越金华市整个城区中心的婺江的北岸，也在整个市区的几何中心上（八一北街与婺江路交汇的十字路口处）。

（二）沃尔玛在金华市商圈的界定

在沃尔玛的商圈分析中，调查的主要内容包括商店所在地的人口总数、客流量、消费水平、营业额预计值、竞争对手情况等资料。

从分析中看出，金华沃尔玛的核心商圈北与浙赣铁路相交，与环城北路邻近，附近有五星公园等设施；南则与中洋购物中心、福泰隆广场等商场接壤；西边至金华九中、汽车西站和火车西站；东边则可以到下沿和清风公园，有一个半径大致为2千米的圆，人数占了消费人群的75.85%。这个范围几乎囊括了金华大半个市区的。金发广场等人流聚集地也在其核心商圈内。而沃尔玛的次级商圈北接杭金衢高速公路，与郊

区的一些村庄如六头塔村、上头塘等邻近；南面位于环城南路以南，附近与金华市技师学院、姜家村等接壤；西与金干铁路相交；东有艾青文化公园、赤山公园等景区。这大致是半径为5千米的圆。该圈人数占了12.92%。次级商圈的边界多位于郊区，甚至农村。可见沃尔玛的消费者覆盖面之广，影响力之大，而且在次级商圈中还包括了浙江师范大学、金华职业技术学院等高校。众多的学生也为其带来巨大市场。次级商圈以外则是边缘商圈，消费人群比较分散，交通工具多为自驾车、公交车，人数占了调查人口的11.23%。

（三）沃尔玛商圈实务分析

1. 需求状况分析

就金华市（婺城区和金东区）来说，2006年全市出生人口为47 235人，出生率10.37‰，人口自然增长率为5.11‰。年末总人口为456.80万人，其中市区92.21万人；非农业人口101.18万人，其中市区31.33万人。平均每户家庭人口为2.63人。2006年全市实现生产总值（GDP）1 228.57亿元，按可比价计算，比上年增长13.3%。其中：第一产业增加值为67.90亿元，增长4.3%；第二产业增加值为662.62亿元，增长14.2%；第三产业增加值为498.05亿元，增长13.6%。根据抽样调查，市区城镇居民人均可支配收入为17 806元，比上年增长15.8%，剔除物价因素后实际增长14.5%。全市农村居民人均纯收入为6 137元，增长11.3%，剔除物价因素后实际增长10.4%。从上面的数据可以看出，金华市具备了较强的支撑能力去满足诸如沃尔玛大型购物广场的需求。

同时，通过500份问卷调查了沃尔玛消费者的一些基本状况。在问卷统计中，男女比率分别为36.49%和53.51%；从年龄分布来看，大概以30岁为中心成正态分布，20~30岁的占59.86%，20岁以下的占14.29%，30~40岁的占14.65%，40~50岁的占6.80%，50岁以上的占3.40%。大部分为有可自由支配收入的人群，月收入在2 000元和2 999元之间的占17.65%，在3 000元以上的占9.15%。从购物交通方式来看，乘坐公交车的比重占了一半以上，其次为步行，使用小汽车的占12.16%。

另外，调查还显示，在商业网点的顾客中，有22.72%的消费者属于居住人口，23.76%的消费者属于工作人口，48.42%的消费者属于路过人口。不同顾客有着不同的购物特点和消费倾向。对于这样的购物人群结构来说，交通线的便捷和区位的选择就显得更为重要。

对于商业气候，从调查中发现，来沃尔玛的人群中从事第二和第三产业的人居多，从事第一产业的仅占4.41%。从金华市来看，尽管商圈内产业呈多角化发展，但是消费市场一般不会因某产业市场需求的变化而发生大的波动。而区域内的居民分散在很多行业，因此居民总体购买力水平的波动就不明显，对零售商店营业额的影响也相对较小。从这一点上看，金华市有着较好的购物环境。

2. 竞争状况分析

随着沃尔玛的进驻，金华市的零售业面临巨大的压力，而福泰隆、中洋等已经占据的市场，也对沃尔玛商圈分布有相当大的影响。特别是当乐购超市随之进驻，选择了离沃尔玛仅不到300米的地点时，沃尔玛更是面临着强大的竞争。

在乐购、福泰隆和中洋三大超市情况的分析中，乐购超市在规模、产品种类、价格或者服务态度上都与沃尔玛相当，但沃尔玛的国际效益略优于乐购，因此认为乐购的商圈略小于沃尔玛，但相差不大。虽然中洋和福泰隆的商圈在本身的优势上与沃尔玛和乐购的国际商场相差较大，但是由于其是本地商场，消费者对商店的倾向性和心理认同较强，往往有一种惯性作用，因此这两个商场的商圈和与乐购大小接近。

沃尔玛位于江北近江的位置，居于城市几何中心，因此其商圈覆盖了江北、江南大半繁华地区。这为它吸引消费者占据了极大的地利优势。但是同时也可以看到沃尔玛北有乐购的进驻，南有中洋、福泰隆等地方性商场。它们几乎成一条直线分布，其核心商圈与沃尔玛都存在一定的重合。因此，商圈在此很难表现出明显的区域界线。它因商店的经营特别是乐购，与之规模相当、距离较近，对消费者市场的竞争更是激烈。乐购和沃尔玛的商圈北至后地、火车西站，西至耀华大厦，东到待王府、婺州公园等。几乎有三分之二的商圈面积是叠置在一起的。中洋、福泰隆广场也与沃尔玛有较大的重合，而沃尔玛的核心商圈边缘也正好与中洋、福泰隆广场交汇。而三者都重叠的地方更是竞争最为激烈的地方。如何在这些地区吸引更多消费者、占据更大市场，是重中之重。

思考题：

1. 沃尔玛选址所要考虑的因素有哪些？
2. 沃尔玛的选址要求与家乐福的异同点有哪些？
3. 沃尔玛如何通过选址获取竞争优势？

知识巩固

（1）通常在什么情况下，企业会面临选址的问题？

（2）试举例说明，企业在选址时，要考虑哪些主要因素？

（3）试举例说明，制造业企业和服务业企业在选址过程中以及对选址方案的评估中，会有哪些差别？

（4）某眼镜公司正在为建立一个新工厂评估 3 个可能的厂址，为各个相关的因素分配了权重，并对各厂址相应的因素进行了评分，见表 7-4。根据表中提供的信息，对 3 个待选厂址进行评估，并做出选择。

表 7-4   3 个待选厂址的相关数据

相关因素	权重	得分（0～100）		
		A 厂址	B 厂址	C 厂址
生产成本	0.30	50	80	75
原材料供应	0.26	70	75	80
劳动力	0.18	65	50	55
环境	0.04	80	65	65
市场	0.16	40	70	80
其他费用	0.06	60	30	90

（5）运用重心法，从图 7-3 中找出重心位置。各地的物流量见表 7-5 所示。

表 7-5 各地的流量表

位置	物流量
	1 000
	200
	700
	650
	800

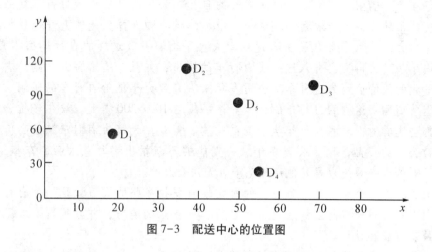

图 7-3 配送中心的位置图

案例分析

设施选址的困惑

安娜瑞尔登沉思着走过公司拥挤的写字间,对周围的嘈杂纷乱视而不见。在过去的 13 年里,安娜作为埃尔多拉公司(Eldora Company, EDC)的 CEO,引领公司取得了非常辉煌的业绩。当其他大型自行车制造商纷纷把制造工厂转移到海外,以利用低廉的劳动力成本时,安娜仍然坚持本地化生产策略,将其制造厂和公司办公地点设在一起——科罗拉多州的大石城。安娜认为,她把公司所有机构集中在一起的做法虽然有违常规,但是对协调各零部件的生产是非常有利的,并且最终导致了公司的增长——EDC 已经成为全美最大的和利润率最高的自行车生产商。但是,目前主管生产的副总经理肖恩安德鲁斯,正在劝说她在中国开设工厂。

那天早晨,他们说起这件事的时候,刚刚帮助 EDC 的一些职员摆好了放在展台上的公司宣传资料,正准备把公司最新的几个车模摆放在他们展区的周围。事实上,生产部门的领导很少会参加展销会。这也是肖恩的第一次,他早就想来,并且安娜也支持他的想法。"看看这里有多少家公司吧!这里的市场竞争对手太多了!"他说道,"我 2 个月前就说过了,而且你也知道,市场分析家的数据也有力地支持了我的观点。就算他们的数据还不能让你信服,你看看周围。在美国,我们这个行业已经饱和了。我们应该打入亚洲市场!"

"别说了,肖恩。"安娜回答道,"我知道你一直想推行这个计划,你早就对我说过。但是，我们定个时间以后再谈，现在不是说这个的时间，也不是地方！"

三个小时后的现在，随着展销会的全面展开，安娜终于明白了为什么肖恩急着要说出那些话。把所有的竞争者同时都集中在一间展厅里，的确能够让人对这一行业的变化有个最直观的感受。她想了想肖恩所说的关于美国市场的话。1992 年，EDC 的销售和盈利都创造了记录。现在，公司的产量占全美自行车销量的 30%。美国巨大的自行车市场在以每年 2% 的缓慢速度增长，而在亚洲，同种自行车的市场却几乎每年倍增。埃尔多拉公司不可能利用美国的制造厂来角逐亚洲的市场。世界上最大的两家自行车制造厂已经落户亚洲，分享着亚洲廉价的劳动力资源和分销成本以及迅速增长的市场。

她停在了一辆由一家年轻但快速成长的自行车公司生产的山地自行车展品前。有前置系统的山地自行车是最新的潮流——增加的缓冲和支撑力能够更好地吸收在路上骑车的冲击力，而且不会让骑手减速或者失去平衡。多数这样的自行车都非常昂贵。但是，埃尔多拉公司早已进入这一类自行车的制造，并且令安娜骄傲的是，它们能够以 190 美元的低价位销售这种车。公司多年来一直致力于低价自行车的研制，如果通过大的零售商购买这样的自行车的话，价格一般在 100~200 美元。埃尔多拉公司的售价一般都会比其他低端的自行车生产商高一些。但是，大零售商们宁愿出高价来购买埃尔多拉公司的产品，因为公司多年来一直能够不断推出堪称艺术品的车型，并且，其迅速及时的递送系统也是其他海外竞争者无法企及的。

公司成功的一个原因是因为公司的所在地科罗拉多州的大石城是一个自行车的圣地。埃尔多拉公司所有阶层的雇员都对自行车有真正的爱好，并且不断渴求了解这一领域的最新进展和设计。

成功的另一个原因是所有的市场部人员、工程师、设计师和制造人员都在同一个园区内工作，彼此之间只有 10 分钟路程。安娜在这一策略上下了大注，并且获得了丰厚的回报。交流变得更为容易。在样式设计、生产计划等方面的改动能够高效而迅速地完成。以山地车为例，市场占有率从 1988 年的零增长到了如今的 50%。并且埃尔多拉公司能够轻而易举地满足增长的市场需求。而且混合型车——山地车和公路车的结合体，曾经有过一阵子的风光。当需求开始下降的时候，埃尔多拉公司能够以中断来调整生产。

早在 12 年前，EDC 就已经进入了高端自行车（零售价 400~700 美元的自行车）的生产领域，并从中获利。安娜成为 CEO 后的头几个行动之一就是与瑞纳尔蒂（Rinaldi）公司——当时专攻赛车的一家意大利高端自行车制造商合作。作为合约的一部分，埃尔多拉公司开始从瑞纳尔蒂公司进口自行车并且以萨米特（Summit）的品牌通过专业自行车经销商销售。同时，瑞纳尔蒂公司也在欧洲市场推广 EDC 公司的产品。这项合约带来了回报：虽然赛车不再受欢迎，但是 EDC 的付出获得了最大的收益。通过这项合约以及其他合约，EDC 现在的总销售量有 20% 是在美国市场之外完成的（首先是欧洲和加拿大）。与瑞纳尔蒂公司和专业自行车商店的合作还让 EDC 公司的管理层了解了这些年来业界的最新潮流。

但是，当她想起公司海外销售业绩的时候，她的优越感消失了。1987—1991 年，EDC 公司的海外销售量一直在以 80% 的年增长率上升。但在最近点两年来，一直没有增长。

肖恩出现在安娜的身旁，把她从沉思中带回到她所处的环境里来。他说："博尔已经开完了第一轮零售商会议。我们现在要到酒店去吃午饭。顺便讨论一下我们的观点。"博尔斯图尔特（Dale Stewart）是 EDC 公司的营销副总经理。他关于公司出路的意见经常与肖恩的相左。但是他们两人的工作关系很和睦。

"你不会放过这个的，是吧？"安娜说道，举起手来做了个投降的姿势，"好的，让我们谈谈吧。但是你要知道，在下个月回大石城进行一次更正式的讨论之前，我是不会做决定的。"

在三明治旁，肖恩打开了他的话匣子。"我们的主要市场在北美和西欧，然而，这些市场却还不到世界需求总量的四分之一。去年全世界生产的 2 亿辆自行车中，有 4 000 万辆是在中国销售的，3 000 万辆在印度，还有 900 万辆在日本。从历史上看，在亚洲这一增长的市场上销售的自行车都是低端产品，仅仅用来作为基本的交通工具。但是，那里的经济情况在迅速改变着。那里的中产阶层不断增长。突然间，人们有了更多的可自由支配的收入。很多消费者现在需要更优质且新潮的产品。有悬挂系统的山地车是其中的一种。混合型自行车也还不错。事实上，在这个市场中，对我们所生产的这些产品种类的需求每年翻一番，并且这种增长看来是持续的。"

"如果我们要在亚洲市场开展竞争，我们就需要在当地设立一家工厂。我的部门同事已经对那里的许多地点进行了评估。我们考虑了工资水平、市场准入和原材料成本等，我们认为中国大陆是我们最好的选择。我们很愿意尽快在那里开设一家工厂，建立我们在那个市场的地位。"

德尔跳了起来。"我们最大的两个竞争对手，一个来自中国大陆，一个来自中国台湾，已经在那里供应市场了！"他说道，"1990 年，这两家公司产量的 97% 是用来出口的。1994 年，他们已经修改了计划，要把产量的 45% 投放到当地市场。我们没法在这里跟他们竞争。我们产品的 20% 是花在劳动力上的，但那些国家里，制造业工人的小时工资大约是我们的 5%～15%。另外，我们还要多花 20% 的运输费和关税才能使我们的自行车进入那些市场。"

他看了肖恩一眼，继续说道："但接下来的观点，我和他不同。我认为我们需要一个短期解决方法。这些公司在这些市场上比我们领先了一大截。我越想就越觉得我们应该首先在亚洲直接展开销售活动。"

"德尔，你疯啦！"肖恩说道，"没有制造厂在亚洲搞销售活动有什么意义？我知道我们正在亚洲市场上采购原材料，可是如果我们要在亚洲建厂的话，我们就又能省下 10% 来。那时我们就能把埃尔多拉自行车真正带入亚洲了。如果我们决定要在那里展开竞争，我们就要从我们的强项——质量开始。如果我们采纳你的方法的话，那么我们就根本不是在销售真正的埃尔多拉自行车，仅仅是在卖一些贴着我们标签的其他产品而已。产品质量得不到保证，也不可能建立像我们在这里所拥有的这样良好的信誉。这不是真正的埃尔多拉，从长远来看，这样肯定行不通。"

"我们造的是自行车，可不是登月火箭。"德尔反击道，"在亚洲有许多公司能够迅速为我们供货。只要我们给他们提供我们的设计，并且帮助他们完善生产工艺，我们就可以在短期内采用外包生产，直到我们有了更为长远的安排。"他转向安娜，说道，"别理肖恩，我们甚至可以在亚洲长期采取外包生产的策略。我们对在中国设厂和运营了解多少？我只知道甚至在我们坐在这里的时间里，我们都在丢失潜在的市场份额。亚洲的贸易公司没有给予我们的产品应有的重视，而且它们也没给我们提供有关当地顾客需要的到底是什么产品的信息。销售行动可以帮助我们一边进入市场，一边了解市场。先设立工厂的时间太长了，我们现在就应该进入亚洲，而销售行动是最为快捷的方法。"

安娜插话了，"德尔说得对，肖恩。我们在这里非常成功的很大一部分原因是我们所有的运营都在大石城这一个地方完成。我们对于我们自己的柔性生产运作有完全的控制。这是我们能够快速迎合本地市场变化的一个关键因素。我们如何面对在地球另一边的工厂中出现的生产问题的挑战？到时候你自己过去解决吗？又要花多少时间呢？"

"而且，可以考虑一下其他方案。如果妨碍我们进入这一市场的主要原因是成本的话，那你们都忽略了一些明显的备选方案。目前，只有我们的车架生产过程是全自动的。如果我们能让其他更多的生产过程都自动化的话，我们就能削减掉很大一部分劳动力成本。而且，为什么你们这么喜欢中国大陆？坦白地说，我上个月在那里参观工厂的时候看到的一些问题很让我担心。你们知道的，那天我们来准备去参观一个工厂，结果那天工厂停电了。从第二天工厂工人的表现来看，停电是常有的事。前去工厂的道路路况也很差。污水和洗涤剂经常不处理就直接倒入下水道。我们要在那里办厂的话，所面对的情况都会不同。这些因素又将如何影响我们的成本呢？"

"相比大陆而言，中国台湾的基础设施要好得多了。把我们的亚洲基地建在那里如何？并且我听说新加坡为新建的制造工厂提供非常有吸引力的减税措施。还有墨西哥。它离我们这里很近，不考虑配送成本的话，那里的工资水平与亚洲类似，但是其他风险要小得多了。我知道你们都对这个问题态度强硬，但这不是光凭热情就行的。"安娜把她的三明治包装纸揉成一团，喝光了杯子里的汽水。"我们回展览馆吧。我们要安排一次正式会议来讨论这个问题。我本来准备下个月开的，现在看来提前两周怎么样？"

在与德尔和肖恩一起回会展中心的路上，安娜觉得有一点挫折感，并且对 EDC 公司究竟应该采取什么措施感到迷茫。她觉得她真的不知道决策的哪些方面是重要的，哪些是无关紧要的。是不是应该在中国建立一个分厂？如果是的话，应该以哪种角色进入呢？制造商、销售商还是技术提供商？或者她应该考虑其他的厂址？中国大陆劳动力成本的低廉能否抵消因为基础设施差带来的其他问题呢？

增长对于埃尔多拉公司而言非常重要，因为增长不仅能为股东带来收益，而且还能提供一个有吸引力并能留住最优秀人才的工作环境。现在看来，安娜要在保持增长和本土化制造战略之间做出选择，虽然后者曾经非常适合。安娜清楚地知道，多年前她所做出的选址决策对公司今日的成功非常重要，但她也清楚，如今要制定的选址决策也同等重要。

资料来源：A. D. BARTNESS, MARCHAPRIL. THE PLANT LOCATION PUZZLE ［J］. HAVARD BUSINESS REVIEW, 1994.

思考题：

1. EDC 所面对的竞争环境是怎样的？
2. EDC 在制造方面的强项是什么？
3. EDC 应该在亚洲开设分厂进行生产吗？
4. 你认为安娜瑞尔登推荐的行动计划是怎样的？

模块八
质量管理

【学习目标】

1. 理解质量与质量管理。
2. 理解全面质量管理。
3. 了解基本的质量管理工具和管理思想。
4. 了解六西格玛管理模式。

【技能目标】

1. 掌握质量与质量管理的概念。
2. 理解全面质量管理的思维模式。
3. 掌握基本的质量管理工具。
4. 初步掌握实现六西格玛管理模式的途径。

【相关术语】

质量管理（quality management）
全面质量管理（TQM）
流程图（flow chart）
持续改善（continuous improvement）
PDCA 循环（PDCA cycle）
六西格玛管理（Six Sigma management）

【案例导入】

Troys 公司的问题

　　Troys 公司是一家有着20年历史的制造和销售玩具以及七巧板游戏的玩具公司，并以其产品质量和创新闻名于世。尽管该公司是玩具行业的佼佼者之一，但是近年来销售额却呈下降趋势。在刚刚过去的 6 个月内，公司的实际销售额与去年同期相比有所下降。生产部经理把销售额下降的原因归结为经济原因。他正在考虑采取一系列措施来解决这一问题，具体包括降低生产成本及精简设计和生产开发部门。尽管这些措施的效果还未显现出来，但他确信，在以后的 6 个月内，其效果将通过利润的增加反映出来。

主管销售的副总裁正在着手处理顾客的投诉。这些投诉都是有关公司生产的塑料玩具，如某些玩具的传动部件不能正常运转。他的助理提出了一个折价计划，即顾客可以拿失灵的玩具来换新玩具。助理相信这将有助于平息那些不满意顾客的怨气。他还提出可把换回的玩具进行修理并把它们在公司的批发部以一定的折扣卖掉。他认为这样做不会造成公司销售额的降低。试试这一计划，并不需要增加新的员工。正式员工可在销售淡季进行一些机器设备的维护保养工作，并使生产线处于良好状态。

生产部助理听到副总裁助理的计划后指出，更好的办法是在产品发运前加强对成品的检验。"采用百分比的检验，我们就能剔除不合格品并防止任何质量问题的发生。"

思考题：

如果你是一位被 Troys 公司聘用的咨询师，你能为公司总裁提出什么建议呢？

很多产品的生产和服务过程受到质量管理的困扰。例如，机场丢失行李，计算机制造商生产并装配已损坏的硬盘，医师给病人开了错误的药方，邮政系统丢失或寄错顾客的信件。除了这些对消费者来说显而易见的、直接的质量问题，还有一些质量问题是在生产过程中被发现、改进和解决的。因此，它们是消费者所看不到的。但是，它们对企业的经济效应产生了一定的影响。比如，产品在到达最后一道装配线的时候，可能没有通过最后的检验，因此产品零件不得不重新生产，重新装配。

本章的主要目的是帮助读者理解质量问题并加强对企业质量管理重要性的认识。

任务一　质量管理发展

一、质量与质量管理

质量、成本、交货期、服务及响应速度，是决定市场成败的关键要素。而质量更是居首位的要素，是企业参与市场竞争的必要条件。质量低劣的产品，价格再低也无人问津。为什么日本企业能够占据世界汽车市场和家用电器市场的领先地位？靠的是优异的产品质量。企业要想跻身国际市场，后来居上，首先要有优质的产品和完善的服务。

提高生产率是社会的永恒主题。企业的产品质量不能满足顾客的要求，就不能在市场上实现其价值，就是一种无效或低效率的劳动，就不可能有真正的高效率和高效益。

1. 质量的概念

质量是质量管理的对象。正确、全面地理解质量的概念，对开展质量管理工作是十分必要的。在生产发展的不同历史时期，人们对质量的理解随着科学技术的发展和社会经济的变化而有所变化。

什么是质量？国际标准 ISO8402—1986 对质量做了如下定义：质量（品质）是反映产品或服务满足明确或隐含需要能力的特征和特性的总和。现代质量管理认为，必须以用户的观点对质量下定义。最著名的也是最流行的，是美国著名的质量管理权威朱兰（J. M. Juran）给质量下的定义："质量就是适用性。"

所谓适用性，就是产品和服务满足顾客要求的程度。企业的产品是否使顾客满意？是否达到了顾客的期望？如果没有，就说明存在质量问题。不管是产品本身的缺陷还是没有了解清楚顾客到底需要什么，都是企业的责任。

但是适用性和满足顾客要求是比较抽象的概念。为了使之对质量管理工作起到指导作用还需将其具体化。在这方面，美国质量管理专家戴维斯教授将适用性的概念具体分为8个方面的含义，即：

（1）性能。性能是指产品主要功能达到的技术水平和等级，如立体音响的信噪比，灵敏度等。

（2）附加功能。附加功能是指为使顾客更加方便、舒适等所增加的产品功能，如电视机的遥控器功能。

（3）可靠性。可靠性是指产品和服务完全达到规定功能的准确性和概率。比如燃气灶、打火机每次一打就着火的概率；快递信件在规定时间内送达顾客手中的概率等。

（4）一致性。一致性是指产品和服务符合产品说明书和服务规定的程度，比如汽车的百千米油耗是否超过说明书规定的数值、饮料中天然固形物的含量是否达到所规定的百分比等。

（5）耐久性。耐久性是指产品和服务达到规定的使用寿命的概率。比如电视机是否达到规定的保障使用小时，烫发发型是否保持规定的天数等。

（6）维护性。维护性是指产品是否容易修理和维护。

（7）美学性。美学性是指产品外观是否具有吸引力和艺术性。

（8）感觉性。感觉性是指产品和服务是否使人产生美好联想甚至妙不可言的感觉。如服装面料的手感、广告用语给人的感觉和使人产生的联想。

以上这8个方面是适用性概念的具体化。人们也就更容易从这8个方面了解顾客对产品和服务的要求，并将这些要求转化为产品和服务的各种标准。这些标准包括：

（1）价值。服务是不是最大限度地满足了顾客的希望，使其觉得钱花得值。

（2）响应速度。尤其对于服务业来说，时间是一个主要的质量性能和要求。有资料显示，超级市场出口处的顾客等待时间超过5分钟，就显得很不耐烦，服务质量就会大打折扣。

（3）人性化。这是服务质量中一个最难把握但却非常重要的质量因素。人性化不仅仅针对顾客的笑脸相迎，还包括对顾客的谦逊、尊重、信任、理解、体谅和与顾客有效的沟通。

（4）安全性。无任何风险、危险和疑虑。

（5）资格。应具有必备的能力和知识，提供一流的服务。如导游的服务质量，就在很大程度上取决于导游人员的外语能力和知识素养。

从以上关于质量的概念的表述可以看出，随着社会的进步、人们收入水平和受教育水平的提高，消费者越来越具有丰富的文化和个性内涵，对产品和服务质量的要求越来越高。从而，如何正确认识顾客的需求，如何将其转化为系统性的产品和服务的标准是现代质量管理首先要解决的重要问题。要提高质量管理水平，首先要大大革新质量管理思想的观念。

2. 质量过程

产品质量根据其形成过程，有设计过程质量、制造过程质量和使用过程质量之分。

（1）设计过程质量，是指设计阶段所体现的质量，也就是产品设计符合质量特性要求的程度。它最终是经过图样和技术文件质量来实现的。

（2）制造过程质量。制造过程质量是指按设计要求，通过生产工序制造而实际达到的实物质量，是设计质量的实现；是制造过程中，操作工人、技术设备、原料、工艺方法以及环境条件等因素的综合产物。

（3）使用过程质量。这是在实际使用过程中所表现的质量。它是产品质量与质量管理水平的最终体现。

3. 工作质量

工作质量一般是指与质量相关的各项工作对产品质量的保证程度。工作质量所涉及的各个部门、各个岗位工作的有效性，同时决定着产品质量。然而，它又取决于人的素质，包括工作人员的质量意识、责任心、业务水平。其中，最高管理者（决策层）的工作质量起主导作用。一般管理层和执行层的工作质量起保证和落实的作用。

工作质量能反映企业的组织工作、管理工作和技术工作的水平。工作质量的特点是：它不像产品质量那样直观地表现在人们面前，而是体现在一切生产、技术、经营活动之中，并且通过企业的工作效率及工作成果，最终通过产品质量和经济效果表现出来。

产品质量指标可以用产品质量特性值来表示。而工作质量指标，一般通过产品合格率、废品率和返修率等指标表示。如合格率的提高，废品率、返修率的下降，就意味着工作质量水平的提高。然而，工作质量可以通过工作标准来衡量，对"需要"予以规定，然后通过质量责任制等进行评价、考核与综合评分。具体的工作标准依不同部门、岗位而异。

对于生产现场来说，工作质量通常表现为工序质量。所谓工序质量是指操作者（Man）、机器设备（Machine）、原材料（Material）、操作及检测方法（Method）和环境（Environment）5大因素（即4M1E）综合起作用的加工过程的质量。在生产现场抓工作质量，就是要控制这5大因素，保证工序质量，最终保证产品质量。

任务二　质量成本

一、全面质量管理

自20世纪50年代以来，由于科学技术迅速发展，工业生产技术手段越来越现代化，工业产品更新换代也越来越频繁。特别是出现了许多大型产品和复杂的系统工厂以后，质量要求大大提高了，特别是对安全性、可靠性的要求越来越高。此时，单纯靠统计质量控制已无法满足要求。因为整个系统工厂与试验研究、产品设计、试验鉴定、生产设备、辅助过程、使用过程等每个环节都有着密切关系，仅仅控制过程是无法保证质量的。这样就要求全面控制产品质量形成的各个环节、各个阶段。另外，由于在质量管理中的应用，行为科学的主要内容就是重视人的作用，认为人受心理因素、生理因素和社会环境等方面的影响，因而必须从社会学、心理学的角度去研究社会环境、人的相互关系以及个人利益对提高工效和产品质量的影响，发挥人的能动作用，调动人的积极性，以加强企业管理。同时，人们也认识到：不重视人的因素，质量管理是搞不好的。因而从 20 世纪 60 年代开始，我国进入全面质量管理（Total Quality Management，TQM）阶段。在质量管理中，也相应出现了"依靠工人""自我控制""无缺陷运动""QC 小组活动"等。

我们将 TQM 定义为："管理整个组织，使其在对顾客有重要作用的产品和服务的各个方面都非常出色。"这个定义比常用的另一个定义——"符合规范"更具有适用性。尽管第二个定义对于产品生产是有效的，但是对于大多数服务领域，该定义就不太适用了，因为服务质量很难精确定义和测量。不过，只要找出对顾客而言的重要因素，然后建立一种组织文化，就能激发员工提高服务质量的积极性了。

TQM 强调将质量看做公司运作的整体要素（如图 8-1 所示）。其一般使用工具包括：

（1）统计工序控制（Statistical Process Control，SPC），包括使用工序流程图、检查表、帕累托分析和直方图、因果（或鱼骨）图和趋势图等工具。质量小组常通过这种方式来解决质量问题，并进行持续改善；

（2）质量功能展开（Quality Function Deployment，QFD）。经理们尝试用这种方式将顾客的要求反馈到组织中。

（3）质量控制部门的常用工具主要是该部门的质量专职人员使用的统计质量控制方法（SQC）。SQC 包括抽样方案、工序能力和田口方法。本章我们只介绍一般的质量管理工具。

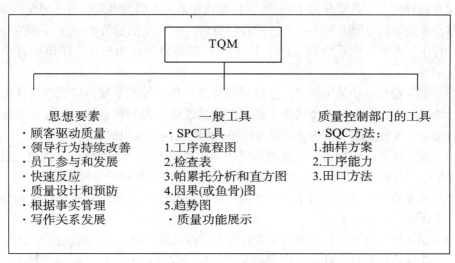

图 8-1 TQM 的组成部分

全面质量管理要求公司上下都要关注质量。这一质量管理方法有三个核心：第一是永远无止境地推进质量改进，也就是人们所说的持续改进；第二是全员参与；第三是追求顾客满意度，要不断地满足或超出顾客的期望。全面质量管理改变了原来质量管理的概念，引入了新的观念、新的理念，即从原来检查最终产品或服务变为监控产品的生产全过程。TQM 的出发点就是预防产品质量问题的发生。

我们可以这样来描述 TQM 方法：

（1）明确用户的需要。为此，要采取用户调查、特殊用户群体调查访问或一些别的方法；同时把用户的想法纳入公司的决策过程之中，一定要做到对内部用户（下道工序）与外部用户（顾客）同等对待。

（2）开发新产品或提供新服务以满足或超出用户的需求，使新产品便于使用，易于生产。

（3）设计生产过程，确保一次成功，判断有无差错产生，并努力防止其发生。当发生差错时，找出并消除原因，以便以后不再发生或很少发生。努力把生产过程设计为"可防止差错发生"，有时人们称其为防差错设计。在产品设计过程中各种因素交叉在一起，往往使得员工或顾客在制造或使用过程中不犯错误是不可能的。这种设计有很多实例，如在组装机器时，只有正确的方法才能进行下去；家用插座只有正确地安装在墙上才有效。这种设计方法还有一种叫法，即傻瓜型设计。但是，使用这种叫法会有认为员工和顾客是傻瓜的嫌疑。

（4）跟踪并记录生产结果，利用这些结果指导系统的改善，永不停止地改善工作。

（5）把这些概念扩展到供货商和分销商。

很多大公司成功实施了TQM。TQM的成功得力于公司内部每个人的无私奉献和通力合作。正像定义中所说的那样，高层管理者必须起到支持与保障作用并积极介入，否则，TQM将仅仅是一种时尚，昙花一现。

前面描述介绍了TQM的精髓，但没有涵盖TQM的全部内容。TQM还有一些重要的含义。其中包括：

（1）持续改进。在下面会展开说明。

（2）标杆法（瞄准竞争对手）。这包括确认在某一方面做得最好的公司或其他组织并学习与掌握他们的做法来改进自己的经营管理。所树立的榜样不一定与你的公司同属一个行业。例如，施乐公司选择了L. LBean邮寄公司作为榜样，规范其订单处理业务。

（3）员工授权。让员工承担一定的质量改进责任，并赋予其为完成改进任务采取必要行动的权利，以此来极大地激发员工在质量改进方面的积极性。这样做就是把决策权力交给一线员工以及那些对问题及其解决方案有深刻认识的员工手中。

（4）发扬团队合作精神。在处理和解决问题时要发挥团队的作用，行动一致，让大家都积极参与质量管理并发扬协作精神，在员工中树立共同的公司价值观。

（5）依据事实而不是个人主观判断做出决策。管理的任务之一就是收集和分析数据，并依此做出决策。

（6）掌握质量管理工具，对员工和管理者进行质量管理工具应用的技术培训。

（7）供应商的质量保证。供应商必须建立质量保证制度，努力进行质量改进，以确保其能够及时地交付所要求的零部件和原材料。

（8）宣传活动。在全公司内部宣传TQM的重要性和原则。

（9）强调源头质量。要每一位工人对他的工作负责，这体现了"把工作做好"以及"如果出了问题就纠正它"的观念。寄希望于工人能够制造出符合质量标准的产品，同时，能够发现并及时纠正出现的错误。实际上，每个工人都是其工作的质量检查员。当他所完成的工作成果传递给下一道工序（内部顾客）时，或者作为整个流程的最后一步传递给顾客时，他要保证所做的一切能够符合质量标准。

通过向全体员工灌输源头质量这一概念，就可以完成以下目标：

①可以使对质量生产有直接影响的员工负起质量改进的责任；

②可消除经常发生在质量检查员与工人之间的敌对情绪；

③可通过对工人的工作进行控制和自我控制以及使他们为自己的工作而骄傲这些方式来保证并改进质量。

（10）公司的供应商。提倡与他们建立一种长期的战略合作伙伴关系。这实际上是一种有价值的重要投资。通过这种方式，可以保证并提高质量。这样就没有必要检验他们提供的产品。

如果你认为 TQM 只是多年管理方法的简单汇集，那就错了。实际上，TQM 反映了人们对质量的一种全新看法，体现了一家公司的文化。

表 8-1 说明了一家贯彻 TQM 的公司文化和一家坚持传统的质量管理的公司之间的差异。

表 8-1　　　　　贯彻 TQM 的公司和坚持传统质量管理的公司的比较

项目	传统的质量管理	TQM
总使命	使投资得到最大的回报	达到或超过顾客期望
目标	强调短期效益	在长期效益和短期效益之间求得平衡
管理	不常公开，有时与目标一致	公开，鼓励员工参与，与目标一致
管理者的作用	发布命令，强制推行	指导，消除障碍，建立信誉
用户需求	并非至高无上，可能不清晰	至高无上，强调识别和理解的重要性
问题	责备，处罚	识别并解决
问题的解决	不系统，个人行为	系统，团队精神
改进	时断时续	持续不断
供应商	矛盾对立	合作伙伴
工作	狭窄，过于专业化，个人努力	广泛，更全面，更着重发挥团队作用
定位	产品取向	流程取向

195

在实际运作中，虽然同样是实施 TQM，所取得的成效却大不相同。成效显著的公司有之；经各种努力，却成效甚微的公司也不乏其数。收获不大的原因在于实施 TQM 的过程不当，而不是这种管理方法本身。综合一些文献上的成果，以下因素都是实施 TQM 的障碍。

（1）缺乏在全公司范围内对质量概念的统一认识和理解：各自为政，对成功的标准的理解也不同。

（2）缺乏改进规则：不能理解与重视改进规则所具有的战略意义。

（3）不能以顾客为关注点：增加了顾客不满的机会。

（4）公司内部的交流不够，彼此不通气：有矛盾，造成浪费并导致混乱。

（5）授权不够：不相信了解问题本身的员工能解决所遇到的问题，官僚作风严重，推诿扯皮。

（6）急功近利：认识不到提高质量水平的长期性和持续性。

（7）过于看重因改进产品所发生的费用。头痛医头，脚痛医脚。不能深刻地体会"今天少花一分钱，明天多花一元钱！"

（8）劳民伤财：表面文章做得多、实际行动少。

（9）激励不够：管理者不能采取有效手段激发员工提高质量的热情。

（10）不愿花时间实施质量改进计划。

（11）领导不够重视：管理者对质量工作不够重视。

无论对想要实施 TQM 的公司，还是对在实施过程中遇到问题的公司来说，以上诸多条都是极好的警示语。

任务三　质量控制

质量控制目标的实现，必须依赖于有效的质量管理工具的应用和质量管理方案的实施。

一、质量管理工具与管理思想

（一）质量管理常用工具

质量管理工具有很多，比如流程图、检查表、直方图、帕累托图、散点图、控制图、因果分析图以及趋向图等。它们被普遍用于质量管理和改进中。

1. 流程图

流程图直观描述一个工序，通过说明一个工序中各个操作步骤，帮助人们确定可能出问题的节点。流程图中的菱形代表工序中的决策点，矩形代表操作，箭头表示工序中各步骤发生的先后顺序（如图 8-2 所示）。

在绘制流程图时，首先要明确该工序有几个步骤，然后将这些步骤分类（决策点/操作）。在绘制流程图时，既不能过于详细，也不能遗漏关键步骤。

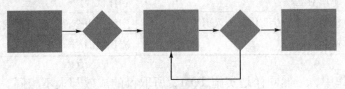

图 8-2　流程图

2. 检查表

人们经常使用检查表来确认发生的问题。通过检查表，人们可以方便地收集、整理及组织数据。检查表没有固定的格式，一般根据使用者需要解决的问题来具体设计。分析缺陷类型、原因和缺陷地点的检查表是最常见的检查表。从表 8-2 中可以清楚地看出产品出现缺陷的原因。

表 8-2　　　　　　　　　　　　　　检查表

		机器 1	机器 2
员工 A	上午	＊＊＊＊＊＊	＊＊＊＊＊
	下午	＊＊	＊＊
员工 B	上午	＊	＊＊＊＊＊＊
	下午	＊	＊＊

从检查表中可以看出，主要的缺陷出现在上午的员工 A 的机器 1 身上，而同样在上午，员工 B 操作机器 1 却没有太多问题。这说明员工 A 是上午机器 1 出现缺陷的主要原因。而在上午，不管是员工 A 还是员工 B，操作机器 2 都出现了较多缺陷。这说明机器 2 在上午是导致缺陷的主要原因。

3. 直方图

在质量管理中，直方图能很方便地将产品的质量状况、质量波动情况表化。他对收集到的数据进行处理，以反映产品质量的分布情况，判断和预测产品质量及不合格率。此直方图是质量分布图，是一种几何形图表。他的绘制方法是根据从生产过程中收集来的质量分布情况，画出以组距为底边、以频数为高度的一系列连接起来的柱状矩形图，如图 8-3 所示。

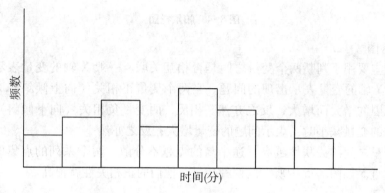

图 8-3　直方图

画直方图的目的就是通过观察图的形状，判断生产过程是否稳定，预测生产过程的质量。

4. 帕累托分析

帕累托分析是另外一种有效的、常用的质量管理工具。帕累托分析使用了帕累托法则，即通常所说的80/20法则：其中80%的问题是由占总原因数量的20%的原因引起的。这应用在质量管理里面，可以解释为：20%的原因引起了80%的质量问题。因此，找到引起绝大多数问题的主要问题是关键。帕累托分析就能帮助我们找到关键问题。其思想是：根据问题的重要程度将其分类，集中解决重要问题，适当关注次要问题。帕累托图是用于确认问题而进行排序的柱状图，根据问题发生的频率排序（如图8-4所示）。

有一个问题需要引起注意，一旦集中精力解决了最主要的问题，就要把第二重要的问题提到第一位。因此，每次解决了一个问题以后，都要重新收集数据，重新制作一张新的帕累托图。而此时，已经解决了的那个问题，就变为次要问题。

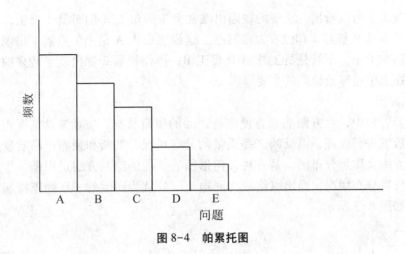

图 8-4　帕累托图

5. 散点图

散点图主要用于判断两个变量之间是否相互关联。一般 X 轴的变量表示问题的某一种原因，Y 轴的变量表示出现的问题。当两个变量正相关（向上倾斜）时，表示问题随着该原因的增大而增大；反之亦然。相反，两变量负相关（向下倾斜）时，说明当表示原因的变量减小时，表示问题的变量增大；反之亦然。

两种变量之间的关联性越高，途中高的点越不分散，两个系列的点集中在一条虚拟的直线附近。如图 8-5 中所示的两种变量，他们的正相关性就很高。

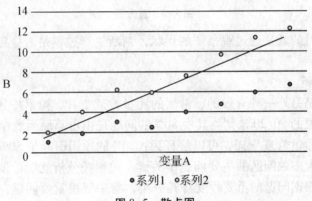

图 8-5　散点图

6. 控制图

控制图又称管制图，由美国贝尔电话实验室的休哈特（W. A. Shewhart）博士在 1924 年首先提出，逐渐成为一种重要的科学管理，特别是质量管理的有效工具。控制图用于检验某工序的产品，判断其特性值是否是随机的，区分引起质量管理波动的原因是偶然的还是系统的，从而判断生产过程是否处于受控状态。此外，控制图还可以揭示某一问题发生的时间及其原因。控制图的中心线代表零误差。位于中心线上方和下方的两条线分别代表上控制线和下控制线。它们代表可以接受的误差的范围（如图 8-6 所示）。

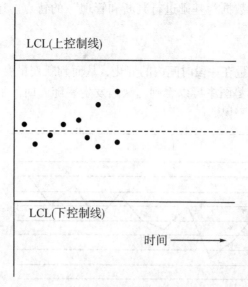

图 8-6 控制图

7. 因果分析图

因果分析图又称特性因素图。该图由于其形状像鱼刺或树枝，因而又称为鱼刺图或树枝图（如图 8-7 所示）。它由日本质量管理专家石川馨教授所创。

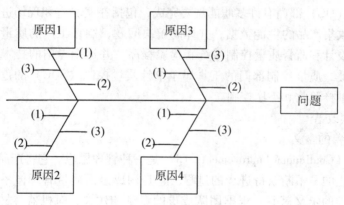

图 8-7 因果分析图

绘制因果分析图的步骤如下：

（1）明确要分析的质量问题并确定需要解决的质量特性。

（2）召开由与该质量问题有关人员参加的分析会，使用头脑风暴法，对造成质量问题的原因充分发表意见和看法。

（3）找出重要原因，并根据重要程度用顺序号表示，对重要原因要调查核实。

（4）按各原因引导大家展开分析，将大家提出的看法按各原因的组成部分及相互之间的关系，用长短不等的箭头线画在图上，展开分析直到再也无法分解原因为止。

有了因果分析图，能够更快捷、更有效、更全面地找到并解决问题。

通常我们可以对有可能成为问题原因的相关因素提出 5W1H 问题，即 Who，What，Where，When，Why 以及 How。

以上介绍的 7 种方法是质量管理中人们常说的 "QC 七工具"。这些方法集中体现

199

了质量管理"以事实和数据为基础进行判断和管理"的特点。还有一种常用的工具称为趋势图。

8. 趋势图

趋势图用于跟踪变量在一段时间内的变化，从而判断变量变化的趋势。

由图 8-8 所示的趋势图中可以看到，缺陷发生率随着时间的推移而上升。该生产系统应该引起管理者的警惕。

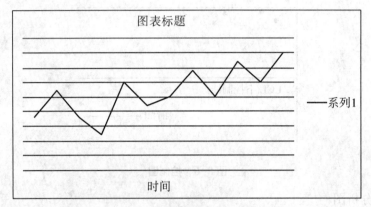

图 8-8　趋势图

全面质量管理的一般工具是那些为统计工序控制（SPC）而制定的工具。典型的生产质量控制（QC）部门有许多职能需要完成，包括在实验室和现场进行可靠性实验设计；在现场收集产品的性能数据，并即时解决问题；制订工厂的质量控制计划方案并进行预算；设计和监督质量控制系统和检验程序，并运用专门的技术知识在实际中实施检验。因此，质量控制部门的工具属于统计质量控制（SQC）的范畴。它包括两个主要部分：抽样验收和工序控制。

（二）持续改善

1. 持续改善的含义

持续改善（Continuous Improvement, CI）是一种管理思想。它将产品和工序改进作为一种永无中止的、不断获得进步的过程。它是构成全面质量管理体系所必需的指导思想。持续改善的定义就是：根据团队成员的意见和建议，对机器、材料、人力资源以及生产方法进行持续不断的改进。这种管理思想经常与传统的依靠主要技术和理论的革新而取得巨大改进的思想形成了鲜明的对比。在对北美 872 名生产经理的调查中发现，大多数世界级的生产企业对持续改善都特别重视与偏爱。

在这一部分，我们将讨论有关持续改善的关键管理要素以及一些与持续改善程序有关的基本工具的应用。我们还将讨论持续改善对质量提高的影响。

尽管在管理史上，制造企业已经成功地实施了持续改善，但是在服务行业，持续改善的应用正方兴未艾。

【案例】8-1　联邦快递公司的持续改善

一天我来到联邦快递公司，与一个团队一起共进午餐。这些人几乎都是新员工。他们当中大多数人只有高中学历。但他们边吃饭边谈论的却是一些复杂的管理术语，如日本持续改进的艺术"改善"和帕累托（一种解决问题的阶梯式工具）。有个团队成员提到，在某周例会上，质量控制部门的一个员工提出一个单据处理问题。他解释说，邮包越大，联邦快递公司收取的费用也越多。但是由于工作繁忙，工人有时忘了检查客户是否在单据上正确标明邮包重量。这意味着，联邦快递公司即使已经将运费降到很低也得不到保障，因而常常赔本。这个问题是由单据服务处的一个员工发现的。在联邦快递公司这样一个有 3 万人的邮递网络组织中，快递部门经常忘了校对邮包重量。他向快递部门陈述了这一问题的重要性。单据服务处的另一名工作人员建立了一个单据检查系统，以确保邮包重量得到核对。仅仅一年，这个办法就为公司节约了 210万美元。

2. 持续改善的工具和程序

许多公司将持续改善作为一种程序，其方法既有复杂的运用统计工序控制的结构化程序也有简单的头脑风暴法。

另一个工具是 PDCA 循环，即计划（plan）—执行（do）—检查（check）—处理（act），常被称为戴明循环（如图 8-9 所示）。该工具体现了持续改善过程的顺序性和连续性特征。循环的计划阶段是对改进领域（一些时候又称为主题）和与该领域相关的特定问题的识别。这也是分析问题时的重点。另外，在进行 PDCA 循环分析时，可应用 5W2H 方法。5W2H 代表了做什么（What）、为什么（why）、在何处做（Where）、何时做（When）、谁来做（Who）、怎么做（How）以及花费多少（How much），具体如表 8-3 所示。

在 PDCA 循环的执行阶段实施转变。专家们通常建议，首先应在小规模范围内执行计划，而且计划中的任何改变都应文件化（检查表 8-3 在此处是很有用的工具）。检查阶段主要评价在实施过程中收集的数据。目的在于了解原定目标与实际结果是否相吻合。在处理阶段，改进后的东西被编制成新的标准流程，并在整个组织中的相应之处加以贯彻执行。

图 8-9 PDCA 循环

表 8-3   5W2H 方法

类型	5W2H	说明	对策
主题	做什么？	要做的是什么？	取消不必要的任务
目的	为什么做？	为什么这项任务必须做？澄清目的。	

表8-3(续)

类型	5W2H	说明	对策
位置	在何处做？	在那里做这项工作？必须在那儿做吗？	改变顺序或组合
顺序	何时做？	什么时候是做这项工作的最佳时机？必须在那个时候吗？	
人员	谁来做？	谁来做这项工作？应该让别人做吗？为什么是我做这项工作？	
方法	怎么做？	如何做这项工作？这是最优方案吗？还有其他方法吗？	简化任务
成本	花费多少？	现在的花费是多少？	选择一种改进方案

注：人们已经制定了许多简单的指南用以帮助团队或小组创造出新的想法，并促使你从各种可以想象的角度对每一件事情提出疑问。

当企业在进行持续改善时，改善的过程常以手册的方式表示，如同写一个电影脚本。表8-4展示的就是像电影脚本一样的被称为"质量改进（QI）的故事"的步骤的总结。

表8-4 　　　　　　　　　　　　质量改进（QI）的故事

	步　骤	功　能	工　具
计划	1. 选择课题	• 确定改进主题 • 了解为什么选择这个主题	"下一道工序是我们的顾客" • 标准化 • 教育 • 及时校正与预防再发生
	2. 了解当前情况	• 采集数据 • 找出主题的关键特性 • 缩小问题范围 • 划分优先次序：将主要问题列在前面	• 检查表 • 直方图 • 帕累托法
	3. 进行分析	• 列出最严重问题的所有可能原因 • 研究可能的原因之间以及原因与问题之间的关系 • 选择一些原因并建立有关可能关系的假设 • 采集数据，研究因果关系	• 鱼骨图 • 检查表 • 散点图 • 分层技术
	4. 设计对策	• 设计对策以明确产生问题的原因	• 固有的技术 • 经验
执行		• 实施对策（实验）	
检查	5. 确认对策效果	• 手机有关对策实施效果的数据 • 进行前后对比	• SPC 工具
处理	6. 标准化对策	• 根据效果已被确认的对策修订现有标准	
	7. 识别遗留问题并评价整个流程		

注：P. Lillrank and N. Kano. Continuous Improvement：Quality Control Circles in Japanese Industry（Ann Arbor：University of Michigan, Center for Japanese Studies, 1989）.

3. 持续改善中的标杆设定（Benchmarking）

到现在为止，我们所描述的持续改善方法或多或少是立足于公司内部的。它们通过详细分析公司当前的实际情况来寻求改进。而外在标杆设定（External

Benchmarking）是走出去考察同行业竞争者以及其他行业的优秀公司正在做什么。外在标杆设定的基本目的很简单，那就是：寻找能够提高公司水平的最好方法，并看看你能如何运用这些方法。标杆设定的应用是马可姆·波里奇国家质量奖获得者的一个特征。并且，它已经被广泛应用于整个工业领域。标杆设定通常包括如下四个步骤：

（1）确认需要改进的流程。这等同于持续改善中的主题选择。

（2）识别在完成流程方面处于世界领先水平的公司。

对大多数流程来说，用来比较的公司有可能不属于同一行业。例如，施乐公司在评价它的订购系统时，将 L. L. 比恩公司（L. L. Bean）作为标杆设定的对象；而英国一个很大的计算机制造商 ICL（International Computers Limit）与英国一个很大的服装零售商麦克斯和斯班瑟公司（Marks and Spenser）进行比较，以改进它的分销系统。

（3）与作为比较对象的那个公司接触，并对该公司的经理和工人进行私人拜访。

许多公司从要比较的那个流程中选择一些工人组成一个标杆设定小组，并将此作为持续改进计划的一个部分。

（4）分析数据。

这能够使人们看到自己公司的行为与被比较公司的行为之间的差距。这项研究包括两个方面：一个是比较实际运作中的流程；另一个是按照一套方法比较这些流程的性能。流程经常用流程图或文字说明进行描述。

在流程的比较中，典型的性能评价指标是：成本、质量和服务的大幅度改进。比如，每次订购的成本、次品率和服务影响时间等。

【案例】8-2　佛罗里达电力和照明公司的质量管理改善

FPL（佛罗里达电力和照明公司）致力于提供稳定的电力和照明服务。2004 年的飓风季节中，在六周内连续有 3 次飓风袭击了佛罗里达州。这带给 FPL 改善前所未有的挑战。

对此，FPL 制订了周到的修复重建计划，包括在飓风过去后的 24 小时内在重灾区设立了大量的运输点。这些运输点相当于小型物资贮备中心，旨在快速恢复照明和日常生活必需品的供应。

FPL 奉行持续改善的理念，在 2005 年改进了灾区修复重建计划。改进的部分包括：优化从运输点到现场的人员调配；密切地与当地紧急救援中心合作；优先修复和重建医院、学校等关键基础设施机构；为顾客提供更快、更全的修复重建信息。

为了以最快的速度为最多的顾客服务，FPL 还准备与县市采购机构紧密合作，从而保证能够恢复对日常生活必需品的及时供应，此外还使用最先进的技术，实现事先测定灾情和修复重建工作的全程管理。这样即使无法预测风暴的强度，也可以为飓风季节做好充分准备。

任务四　六西格玛管理

六西格玛（Six Sigma）的概念是在 1987 年，由美国摩托罗拉公司通信业务部的乔治·费舍首先提出的。六西格玛是指企业在百万次操作中只有 3.4 次出现错误。当时的摩托罗拉虽然有一些质量方针，但是没有统一的质量策略。同很多美国和欧洲的其他公司一样，其业务正被来自日本的竞争对手一步一步蚕食。为了提高产品质量的竞争力，六西格玛这一创新的改进概念在摩托罗拉全公司得到大力推广。采取六西格玛管理模式后，该公司平均每年提高生产率12.3%。20世纪90年代中后期，通用电气公司的总裁杰克·韦尔奇在全公司实施六西格玛管理法并取得了辉煌业绩，这使得这一管理模式真正名声大振。

一、六西格玛目标

六西格玛法是一种管理业务和部门的系统方法。它把顾客放在第一位。它利用事实和数据来驱动人们更好地解决问题。六西格玛法主要致力于3个方面的改善：提高顾客满意度、缩短工作周期、减少缺陷。

这些方面的改善意味着业务费用的显著节省，留住客户机会的增加，以及产品和服务声誉的提高。

虽然六西格玛法中包含对业务过程的测量和分析，但是它不仅仅是一种质量改进方案，还是一种业务改进方案。要达到六西格玛的目标需要的不仅是细微的、逐渐的改善，而且还要在各个方面实现突破性进展。

二、实现六西格玛法的途径

企业可以根据需要通过业务变革、战略改进和解决问题三个途径来决定开展六西格玛法的广度和深度。

1. 业务变革

对于那些有开展六西格玛法的需要、愿望和动力，并且把它当做一场全方位的变革的企业来说，该途径是一种正确的道路。一个企业采取这种激进的方案可能是因为企业正在落后、正在亏损、无力开发新产品，员工变得懒散，企业的发展带来了管理上的混乱等。采用这种业务变革途径的有通用电气、摩托罗拉、福特和3M等公司。

2. 战略改进

这个途径提供了很多的可能性。战略改进的努力可能被局限在一两个关键的业务需要上，同时团队和培训的目标都是把握主要的机遇和应对挑战。采取战略改进途径的有美国强生、希尔斯美国运通、太阳微处理系统公司等。例如：一个大型的卫生洁具生产企业通过开展六西格玛法来解决制造缺陷、成本和生产率等关键问题。

3. 解决问题

企业可用这种方法来解决那些恼人的、长期存在的问题。这些问题在早期就试图被改进，但没有获得成功。那些受到六西格玛法理论和工具综合培训的员工可以在了解事实和真正理解问题原因的基础上应用六西格玛法工具来分析和解决问题。

三、精益生产

精益生产（Lean Production，LP）是日本的丰田生产方式（Toyota Production System，TPS）。它最早于20世纪90年达由美国麻省理工学院数位国际汽车计划组织（IMVP）的专家提出。精益是对日本丰田生产方式的赞誉。精，即少而精，不投入多余的生产要素，只是在适当的时间生产必要数量的市场急需产品（或下道工序急需的产品）；益，即所有经营活动都要有益有效，具有经济性。

精益生产综合了大量生产与单位生产的优点，力求在大量生产中实现多品种和高质量产品的低成本生产。精益生产成为当前工业界最佳的一种生产组织体系和方式。其指导思想是，通过生产过程整体优化，改进技术，理顺物流，杜绝超量生产，消除无效劳动与浪费，有效利用资源，降低成本，改善质量，达到用最少的投入实现最大产出的目的。精益生产的主要特点是：拉动式、准时化生产、均衡生产、一个流程等。

六西格玛是一项以数据为基础，追求几乎完美的质量管理方法。从实质上讲，六西格玛管理法是一种从全方面质量管理方法（TQM）演变而来的高度有效的企业流程设计、改善和优化技术，并提供了一系列同等的适用于设计、生产和服务的新产品开发工具。六西格玛管理法的重点是将所有的工作作为一种流程，采取量化的方法分析流程中影响质量的因素，找出最关键的因素加以改进从而达到更高的客户满意度。从目前的实践来看，六西格玛管理主要有两种类型：六西格玛改进和六西格玛设计。现今，六西格玛已经逐步发展成为以顾客为主体来确定企业战略目标和产品开发设计的标尺，是企业追求持续进步的一种质量管理哲学。

对于处于不同的管理水准又急切寻求管理改进的众多企业，究竟是采用精益生产方式还是推行六西格玛？每一种管理理念的提出和发展从来都不是孤立的，也不是静止不变的。精益生产还在发展，六西格玛理论也仍在充实和完善。对于企业的经营改进活动，二者既有区别，又有很多相同和互为支持之处。事实上已经有一些企业（如天津的中美史克制药有限公司）在推行二者的结合，即精益西格玛（Lean Sigma）革新。精益方法追求的是将生产活动中的所有浪费（在价值流中被称为 Muda）减到最小。所谓 Muda 包括所有的有缺陷的工作，不仅仅是有缺陷的产品。时间、动作和材料的浪费也是 Muda。在实施精益生产时，应用六西格玛的思考流程可以获得减少浪费的科学途径，有利于识别和减少波动，通过定量化的方式寻找产生波动和浪费的根本原因。

【案例】8-3　丰田公司的质量管理

丰田生产汽车时非常注意质量和效率。这使得丰田在北美洲销量最佳。每辆丰田汽车的生产流程仅需约 20 小时，经过模具制造、冲压、车身焊接、上漆、装配、检测、最后到测试跑道，每个环节都需要检测质量是否达标，逐个环节向下推进的前提是严格控制质量已达标。

丰田奉行持续改善和 JIT 理念，其核心是及时生产管理理念——精益生产，即消除生产过程中任何时间、物料甚至动作上的浪费。精益生产综合了大量生产与单位生产方式的优点，力求在大量生产中实现多品种和高质量产品的低成本生产。精益生产成为当前工业界最佳的一种生产组织体系和方式。其指导思想是，通过生产过程整体优化，改进技术，理顺物流，杜绝超量生产，消除无效劳动与浪费，有效利用资源，降低成本，改善质量，达到用最少的投入实现最大产出的目的。精益生产的主要特点是：拉动式、准时化生产等。

在持续改善的具体实施过程中，丰田授权员工在任何环节一旦发现质量问题，可立即暂停生产并讨论解决方案。这听上去可能是效率低下的，但实际上，它却提高了

205

效率，这样做能够避免接下来的环节出现更大的质量问题，消除浪费，最终带来质量和效率上的改进。

质量、成本、交货期、服务及影响速度，是决定市场成败的关键要素。而质量更是居首位的要素，是企业参与市场竞争的必备条件。

质量（品质）是反映产品或服务满足明确或隐含需要能力的特征和特性的总和。现代质量管理认为，必须以用户的观点对质量下定义。如何正确认识顾客的需求，如何将其转化为系统性的产品和服务的标准是现代质量管理首先要解决的重要问题。

全面质量管理（TQM）的定义为"管理整个组织，使其在对顾客有重要作用的产品和服务的各个方面都非常出色。"TQM强调将质量看做公司运作的整体要素。其一般的工具包括：①统计工序控制。质量小组常通过这种方式来解决质量问题，并进行持续改善。②质量功能展开。经理们尝试用这种方式将顾客的要求反馈到组织中。质量控制（QC）部门的常用工具主要是该部门的质量专职人员使用的统计质量控制方法（SQC）。

持续改善（CI）是一种管理思想，它将产品和工序改进作为一种永无中止的、不断获得进步的过程。它是构成全面质量管理体系所必需的。持续改善的定义就是：根据团队成员的意见和建议，对机器、材料、人力资源以及生产方法持续不断地进行改进。

六西格玛是指企业在百万件次操作中只有三四次出现错误。六西格玛管理的定义为：获得和保持企业经营成本并将其经营业绩最大化的综合管理体系和发展战略。

公司必须坚持以用户的观点对质量下定义。公司可以运用全面质量管理的一系列工具和程序对存在的问题进行分析，并且要进行持续改善，才能使公司的产品重新获得用户的肯定。

【案例】8-4　迎接质量世纪——约瑟夫·朱兰访谈录

约瑟夫·M.朱兰（Joseph M. Juran）现在的年龄正好是他出版《质量控制手册》时的两倍。这本书在质量领域就像保罗·塞缪尔森（Paul Samuelson）的《经济学》在经济领域一样经典。我们在沃里克饭店的会议室交谈，我们谈到了质量运动的过去、现在和未来。

为什么要强调质量的重要性？就经济而言，历史学家将把我们的这个世纪定义为"生产率的世纪"。其中最重大的事件之一是日本成为经济超级大国。这主要得益于日本的质量革命。尽管我们的消费者喜欢日本产品，但是我们的制造商不喜欢，因为竞争被大大加剧了。下个世纪必然成为"质量的世纪"。

为什么提高质量要花这么长的时间？这是一个缓慢的过程，其中一个制约因素是文化阻力。每个行业都异口同声地说："我们与其他公司不同。"在每家公司中每个经理人员又会强调其不同之处。但是就管理和质量而言，它们其实是相同的。

1. 提高质量的代价

对于提高质量是多花钱还是节省钱，有很多混乱的想法。从某种意义上讲，提高质量意味着某种产品或服务具有使人们愿意购买的特性。因此，提高质量的目的是增加收入。现在要创出自己的特点，通常需要投资。从这种意义上讲，提高质量意味着多花钱。提高质量也意味着没有麻烦，没有故障。因为如果内部出现问题受损失的是公司。如果外部出现问题，受损失是消费者。从这一点来看，提高质量又意味着节省钱。

在同戴维·基恩斯（David Kearns）——当时施乐公司的首席执行官谈论该公司的总战略之前，我参观了施乐公司。我感到很失望。高层人员没有与质量有关的计分板。我要了一张十个最频繁出现的故障记录。他们的运行故障率比日本要高得多。施乐在保修期间损失了大量金钱。因此我了解到目前型号复印器的十大故障。我问："你们以前的型号得到过类似的信息吗？列出的两个单子是一样的。"他们知道这些地方有问题，但是没有解决。因此，当我和基恩斯坐在一起时指出下面这一点并不困难："你们还在出售你知道会出故障的机器。"

2. 控制与创造性

看看这个例子：我们都在制定财务预算。每个月的实际支出是不同的：购买足够三个月用的办公用品，这会在图线上留下一个小的尖峰。现在统计人员又进了一步，说："你怎么知道只是一个小尖峰还是一次真正的变化？"他又说："我在这儿给你画出两条线。它们之间有足够的距离。95%的时间你的各种数字是在它们之间变化。"现在假定发生了显然是在线外的变化。很可能是什么地方出了大乱子。通常这是当地什么事引起的，因为整个系统的运行仍在控制之下。因此监督者聚集到现场，使运转恢复正常。

注意区分什么是长期的，什么是偶尔发生的。偶尔发生的事，我们用控制机制来处理。通常偶尔发生的问题是可以委托他人解决的，因为问题的起源和补救都在当地。而改变长期问题就需要创造性了，因为目的是打破现状——消除浪费。处理长期问题要求结构性的改变，在很大程度上需要上层的干预。你有两种截然不同的处理程序：控制程序，即保持现状；改进程序，即打破现状。这两种都需要，好的经理人员会善于利用这两种程序。

摩托罗拉公司的鲍勃·高尔文（Bob Galvin）不止一次地指出他的发现——"尽善尽美"是可能做到的。这是现实。对像飞机这样关系重大的设备，我们研究出许多尽善尽美的办法。例如冗余、备份，有意为一些材料的性能留出余量；禁止手工操作以减少人为的差错。我们现在必须更深入探求尽善尽美的办法，因为我们正在大量使用信息技术，使我们能依靠它传递信息以及提供金融服务。丰田公司每年进行一百多万项改进，可见人类的创造力是没有限制的。问题是我们如何最大限度地利用我们自己的创造力。

资料来源：《财富》中文版1999年4/5月刊。

思考题：

1. 为什么提高质量要花很长时间？
2. 提高质量是多花钱还是节省钱？
3. 如何理解质量管理中的控制与创造性的矛盾？
4. 信息技术在质量管理中的作用是什么？

【案例】8-5　丰田召回门质量案例分析

丰田汽车公司（Toyota Motor Corporation）是一家总部设在日本爱知县丰田市和东京都文京区的汽车工业制造公司，隶属于日本三井财阀。丰田汽车公司自2008始逐渐取代通用汽车公司而成为全世界排行第一位的汽车生产厂商。

作为世界第一大汽车企业，以安全性能著称的丰田汽车，却因为安全问题引发了"踏板门""脚垫门"等风波，这无疑是"搬起石头砸自己的脚"。2009年8月28日，在美国加州圣迭戈的高速公路上，一名警察驾驶一辆雷克萨斯 ES350 轿车突然加速导致一家四口死亡。经过美国媒体的轮番报道，丰田车的质量问题引发关注。政府部门介入，责令丰田公司对其汽车安全系统进行检查，由此引发了丰田的召回门事件。

事件发生的根本原因分析如下：公司扩张速度过快，产品质量管理和人员培训没有跟进，导致一系列部件存在缺陷。在扩张市场期间没有对员工提出的一些建议进行采纳，对顾客的质量问题反馈没有重视。高层的理念存在一定的误区，偏离了"切戒奢侈浮华，力求朴实稳健"的丰田纲领。盲目降低成本，生产扩张市场，没有注重汽车的售后维修服务及客户信息反馈，导致汽车问题的累积及最后的爆发。

第一，为配合美国讲求人权的特征，丰田就实行了"官民并重"的危机公关策略，在2010年1月召回8款上百万辆问题汽车后，即在美国报纸大打广告，安抚消费者。此外，在美国各电视台投放广告，强调丰田公司重视质量安全和消费者权益。

第二，作为丰田汽车总裁，丰田章男亲自道歉。2010年2月23日和24日，丰田章男出现在美国华盛顿国会举行的两场听证会。听证会开始后，丰田章男就向驾驶丰田车发生事故的驾驶员表示深深歉意。接着，他承诺将努力修好故障汽车，严格执行"安全和顾客第一"的产品理念。他说："我们家族的名字就在每辆汽车上，我也愿意在个人层面上做出承诺，丰田将竭尽全力工作，重塑消费者的信心。"

以下节选部分发言内容，帮助我们一同探讨丰田"质量门"的根本原因所在。

"我想着重谈三个主题：丰田对质量控制的基本理念、召回事件的原因以及我们将如何改进质量控制工作。

首先，我希望谈谈丰田的质量控制理念。我本人，以及丰田公司并不是完美的。有时候，我们也会发现缺陷。但在这样的情况下，我们通常会停下脚步，试着去弄清楚症结所在，做出改变以求进一步提高……在丰田公司，我们相信要想制造出合格的产品，就要有优秀的人员。每一名雇员都会思考自己所做的事情，不断地做出改进。这样一来，丰田可以打造出更为优质的汽车。我们积极培养雇员，让他们分享并践行这样的核心价值。丰田在美国已经有超过50年的销售历史，并于25年前开始在这个伟大的国度生产汽车。在这个过程中，丰田20万名运营人员、经销商与供应商能够分享这个核心价值。这也是我最骄傲的一点。

其次，我希望谈谈是何种原因导致丰田要面对今天的召回事件。在过去几年来，丰田一直快速扩展自己的业务。坦白地说，我担忧这样的增长速度有些过快了。我指出丰田一直以来遵循的几点重要原则：首先，安全性；其次，质量；最后，产量。这些重要原则出现了混淆，我们不能像以前那样，应该停下来思考并改进。我们听从客户意见以打造更优质汽车的基本立场也有些动摇。过快的发展速度令丰田无法培养自己的成员与架构。我们应当认识到这一点。这样的状况导致我们今天要面对召回事件，我感到后悔。我对曾经遭遇意外的丰田车主表示歉意。

最后，我希望谈谈在未来丰田将如何管理质量控制工作。到目前为止，任何召回决定都是由丰田汽车公司客户质量工程部做出的。该部门确认汽车是否存在技术故障，决定召回举措的必要性。但是，今天的问题反映出一点：我们缺乏的是客户的观点。

为了在这方面进行改进，我们将在召回决定环节做出如下改变。一旦公司做出召回决定，程序中将增加一个环节，确保管理层能够基于"消费者安全第一"的理念来做出负责任的决定。为了做到这一点，我们将开发一套系统，让管理层能够及时了解到客户的意见。在这套系统中，每一个区域能够做出必要的决定。此外，丰田将建立质量咨询小组，由北美以及世界上其他地区的知名专家组成，以确保丰田不会做出错误的决定。最后，我们将大力投资，确保在美国销售的汽车质量可靠。丰田将建立汽车卓越品质中心，设立产品安全总监一职。公司内部将就与汽车质量有关的决定分享更多的信息与责任。

以上便是我将采取的措施。目前丰田正在与美国国家公路交通安全局进行合作。无论最终丰田将承担何种后果，我都会努力提升丰田汽车的质量，践行将消费者放在第一位的原则。"

无论是从案例、网络，还是从丰田章男在听证会上的发言，我们都可以了解到，丰田生产方式的三大支柱之一是全面质量管理。它将质量控制下放到流水线的每一个环节，强调质量是生产而不是检查出来的。值得注意的是，丰田的质量管理体系在很大程度上依赖于流水线上的普通员工对部件进行质量控制，其核心特征之一就是全员参加。正如丰田章男所说的那样，"在丰田公司，我们相信要想制造出合格的产品，就要有优秀的人员"。而在这里面暗含着一个大前提，那就是——普通员工具备了足够的知识，来发现汽车制造过程中的质量问题。丰田认为他们对于其员工进行的深入培养，足以应付汽车制造中的各个环节。但是，这显然是不可能的。丰田章男认为，"过快的发展速度令丰田无法培养自己的成员与架构。"显然，他自己也认为是内部成员以及架构的问题导致了丰田的召回时间。但是更深一层次，是通过加大培养力度继续实行丰田固有的质量管理策略，还是重新建立一套适应现代汽车生产技术高速发展的、新的质量管理方案。我想这应该是丰田章男应该仔细考虑的。

近年来，汽车科技高度发展。同时丰田汽车以每年 50 万辆生产能力大幅扩张。质量与产量的天平不再平衡。丰田顺利获得重视产量而带来的产能扩张，却同时收获了产品质量下降的问题。而丰田的召回事件从 2005 年左右就已经开始显露苗头。

在过去的二十年间，汽车的电子化进程已经彻底改变了汽车制造业的核心技术体系。在丰田生产系统产生巨大影响的 20 世纪 70 年代，大部分汽车配置的是化油器发动机和手动变速箱。当时的汽车除了收音机之外，几乎没有任何电子器件，更没有计算机控制设备。今天，一辆高级轿车中计算机设备的处理能力相当于数台桌面电脑，而整车将近三分之一的成本被用在了电子设备和软件开发上。今天的丰田车驾驶者踩下油门踏板之后，会首先被转换成电子信号，再由电脑来控制发动机转速。在这一被延长的控制信号传递链中，任何一个环节出现问题，都会导致整个油门系统故障。当电子控制系统与发动机、转向和制动装置组合在一起，就会变成极为复杂的系统。在如此复杂的系统面前，丰田曾经引以为傲的"以人为本、全员参加"的全面质量管理理念显得颇为力不从心。在 20 世纪七八十年代，生产线上的任何员工都可以轻易找出汽车覆盖件表面的瑕疵。而在电子设备大规模应用于整车组装的今天，由电子设备以及大型软件系统带来的问题，并不是能够轻易发现的。且不说电子系统的复杂程度，仅是在无法预知的方面，就无法即时发现问题。举个例子，譬如行车电脑的油耗显示功能，可能前 5 000 千米都可以准确显示，但是如果是系统累加程序设计本身存在问题，那么很可能在 5 000 千米后的油耗计算便会出现问题。质量审查关节，在当时可能顺利通过，但并不代表在未来的某一时点，或者真正上路之后，也能做到无任何质量问题出现。

丰田公司的质量管理体系还面临另外一个颇具普遍意义的问题，那就是在大规模复杂产品生产过程中面临的质量控制极限。质量控制领域最有名的概念，当属六西格玛。这一管理方法设定的产品质量目标为 6 个标准差，也就是说每生产 100 万件产品，只有 3.4 件有缺陷。这个目标应该说已经趋近人类能够达到的极限。然而，2007 年丰田公司全年的汽车销量就已经达到 936 万辆。其中的每一辆车，均由 2 万~3 万个零部件组成。我们可以简单计算一下，此数量的汽车需要的零部件总数已经超过 2 000 亿，整合后的复杂系统近 1 000 万个。对此目标进行质量控制，早已超出目前人类能力的极限。

其实，对于任何一家产量与丰田类似的大型车厂来说，汽车质量问题已经是一种常态。在应对大规模复杂产品的质量控制挑战时，现有技术水平和管理体制造成了所有车厂都会力不从心。单靠车厂自身的质量控制与检测，无法完全排除缺陷产品的出现。而召回，就成为一种必然。

在丰田章男的听证会发言中，丰田今后提出的质量管理方案，大致分为四点：

一是开发新的系统，让管理层能够及时了解客户的意见。在这套系统中，每一个区域能够做出必要的决定。

二是建立质量咨询小组，由北美以及世界上其他地区的知名专家组成，确保丰田不会做出错误的决定。

三是加大投资，确保在美国销售的汽车质量可靠。丰田将建立汽车卓越品质中心，设立产品安全总监一职。公司内部将就与汽车质量有关的决定分享更多的信息。

四是确保管理团队的所有成员都要亲自驾驶车辆。他们自己将发现问题所在以及严重程度。管理层不能依靠报告或是数据在会议室中解决问题。

分析案例，要想从根本上排除今后制造中所产生的质量问题，在这个科技飞速发展的时代是不太可能的。但是我们也不能因此就停滞不前，丰田章男提出了四大解决办法。

第一，从源头加强质量管理。一家汽车制造厂商是与多家零部件生产商合作的。大部分零部件都需要从这些供应商提货。在今后的供应链环节中应加大对供货商产品质量的审核，并提出具体的解决方式和预警机制。如出现问题后的相应补货措施、赔偿措施，以及出现多少比率的问题后不再与该供应商签订合同等。

第二，加强内部组装环节的审查机制。在生产和组装流程中，一方面沿袭以前的传统，加大对员工的专业知识的培训，确保他们有足够的专业知识和技能以发现大部分潜在的问题。另一方面加大对高新技术软件和检测设备的投入，利用计算机来测试并检查高精密仪器部件的问题，有效降低可能在当时不会出问题，而在今后某一时点出现问题的可能性。如我们之前举的例子，行车电脑累加程序出现问题，单靠人脑是基本无法发现的，但是通过电子计算机，可以模拟行驶累加，便能很容易发现问题。

第三，确保每辆汽车都由专业技术人员进行路测，并将责任落实到人。客户在购买每辆丰田轿车时都能够知道该辆汽车是什么时间由丰田公司的哪位员工参与试驾、检验合格的。如果在质保期内发生问题，系属该员工失职未能检测出的（而不是一些不可测的问题），则追偿责任到具体员工。

第四，延长质保年限和千米数。现在大多数汽车厂商对于其产品的质保年限一般都在2~3年，质保千米数在6万~10万千米。丰田汽车在产能扩张上已经领先于其他同行，但是质量方面却因"质量门"事件信誉大跌。丰田必须在质量上做出更加长效的承诺和保证，才能逐步重新获得消费者的认可。

第五，不逃避问题。出现问题并不可怕，正如我们如上分析的一样，在使用如此多科技产品的当今时代，真的要在生产、组装环节中屏蔽一切问题是几乎不可能的。如果真的在未来出现了问题，而此种问题确实无法在之前的环节中检测出来，那么厂商更应当积极对待。需要维修则维修，需要召回则召回。将问题解释清楚，消费者都能理解。而通过逃避问题、逐个更换零部件、给予降价优惠等措施，采取大事化小小事化了的态度，一方面无法从根本上解决问题，另一方面也置消费者人身安全于不顾。一旦事情被揭发，扩大化，那么厂商损失的绝不仅仅是因召回几万辆车而蒙受的损失。不仅损失的资金量要远多过此，更重要的是，损失的信誉，可能是今后几年、甚至十几年都无法弥补的；更有甚者，可能在今后的汽车市场上，直接沦为竞争失败者，无法东山再起。

思考题：

1. 丰田质量管理体系中的哪些漏洞，导致了召回门事件的发生？
2. 丰田的全面质量管理体系，应该如何进一步完善？

【案例】8-6　泸州老窖酒厂屡获殊荣的诀窍

泸州老窖酒厂是我国古老的名酒厂。它生产的泸州老窖大贡酒是中国四大名白酒之一。早在1915年就获得巴拿马万国博览会金奖，蝉联历届国家名酒和金奖优质产品称号。现在工厂拥有固定资产1.02亿元，占地800余亩（1亩≈666.67平方米，下同），拥有正式职工1 878人，拥有万吨的年产能力，是国家大型骨干企业之一。泸州老窖酒厂多次荣获全国质量效益型先进企业称号。

泸州老窖酒厂从1979年开始推行全面质量管理，开展企业管理现代化建设。随着改革开放的深入发展，市场竞争的日益加剧，企业进一步明确提出了"在信誉中生存，在竞争中发展，生产一流产品，建设一流企业，塑造最佳企业形象"的工厂方针，把质量作为企业生产经营工作的中心，把全面质量管理作为现代化管理的中心，创立了适合企业特点的、以质量为核心的经营管理模式，走上了质量效益型发展道路，使企业面貌发生了巨大变化，实现了传统企业向现代化的转变。

1988年和1989年该厂先后荣获商业部和四川省质量管理奖，首批通过国家级产品质量认证，首批评为"中国（十大）驰名商标"，跨入"全国100家知名企业"和"500家最佳经济效益企业"行列。

产品质量实现重大突破。优等品率1992年创历史最好水平，达58.9%，比1980年提高了33个百分点，比1991年提高了3个百分点。

经济效益大幅度增长。实现利税1992年创历史最高水平，达1.34亿元，是1980年的20.5倍，比1991年增长51.2%。

1992年，泸州老窖厂老窖系列产品连获六枚国际金奖，使泸州老窖大曲酒的国际金牌总数达到10枚。

泸州老窖酒厂走质量效益型发展道路，取得了巨大成就。1993 年 4 月，该厂荣获国家技术监督局、中国质量管理协会授予的"全国质量效益型先进企业"的光荣称号。其做法有：

一、积极转变经营机制，确立质量的中心地位

泸州老窖酒厂过去是个典型的、封闭式的单纯生产型企业。正所谓"皇帝女儿不愁嫁"，该厂只管生产不问市场。在经济改革的大潮中，名牌企业也遇到了严峻的市场竞争和挑战。泸州老窖酒厂从长期的实践中深刻地体会到，企业必须突破原有的生产经营模式，建立健全适应市场需要的、充分发挥自身优势的市场机制，才能保证自己的生存和发展，获得最佳经济效益。泸州老窖大曲酒之所以能金牌不倒，享誉古今，畅销不衰，最根本的一条就是因为它的质量好，因为"名酒就名在质量上"。泸州老窖酒厂的经济效益主要取决于产品的质量档次。优等品所创利税是合格品的 140 倍。可见，提高优质品比率是创效益的关键。但是，只靠产品提高效益也是有限的，必须大力进行经济技术开发，拓宽生产经营领域。

为了在新的形势下，进一步发挥优势，适应市场，泸州老窖酒厂在经营思想、经营战略、发展方针上做了重大决策：一是打破长期的、品种单一的产品结构，向多品种多规格的产品转变，提出了不断开发酒类新产品、越出行业搞开发的开发方针；二是打破"以产定销"的产销关系，向以市场发展需求为依据的"以销定产""以产促销"的生产经营模式转变，提出以市场为导向、以销售为突破口、生产围着市场转的产销策略；三是打破以量取胜的外延发展格局，向以质量效益的内涵发展道路转变，提出了发挥老窖优势和技术优势、大幅度提高优质品比率的发展目标。

为了保证实现企业的经营战略，泸州老窖酒厂进一步明确了"质量是企业生产经营的中心"，提出了"产品信誉高于一切，企业荣誉高于一切"的企业精神；制定了"发挥老窖质量优势，努力开拓国内外市场；大力研制开发适应不同层次不同消费习惯的优势酒种；以质量求效益，努力提高优质品比率，控制和减少质量损失；提高销售服务水平，保证用户满意"的质量目标；按照质量保证的需要，进一步调整并健全了企业组织机构，突出了市场调研、产品开发和销售服务，以质量效益为红线，进一步健全了企业经营管理制度，理顺了管理关系；以大幅度提高优质产品比率为目标，调整改进生产工艺，创立了质量型酿酒生产模式。在全国众多酒厂大搞扩建扩产的情况下，泸州老窖厂把主要人力、物力、财力投向科研技改、挖潜革新，限产保优，努力以质取胜，创造了最佳经济效益。

二、扎实搞好管理基础工作，为质量效益提供可靠保证

泸州老窖酒厂是在解放前 36 家手工作坊的基础上建立起来的传统酿酒企业。由于该厂过去长期沿袭作坊生产方式，因此管理基础十分薄弱。他们在长期的管理实践中充分认识到，要提高现代化管理水平，走优质高效的发展道路，必须不断提高基础管理工作水平。

他们狠抓计量工作的建设，几年来投资上百万元，为科研开发、质量控制、生产经营开发了先进的计量技术，培养建立了一支精干的计量技术队伍，在全国首创了适合大型酿酒企业特点的"三级网络，矩阵管理"计量管理模式，使这个传统酿酒企业彻底摆脱了"凭感观计量""凭经验酿酒"的落后局面，使计量管理连上三个台阶，在全国酿酒行业中首批成为国家计量一级企业，荣获"国家计量先进单位"称号。他

们狠抓了企业标准化建设，开展了大规模的标准化试验，根据用户需求制定了产品技术标准，建立了完善的技术标准体系；根据 TQC 的思想、理论和方法，以质量职能和质量责任为核心，建立了管理标准和工作标准体系，使企业的生产经营走上了标准化轨道。

他们研制开发了以计算机为手段的全厂质量信息系统，建立了从原料进厂、工序控制到产品出厂销售的计算机闭环管理网络，有效地保证了质量控制和质量追溯。

他们坚持不懈地开展质量教育，从基础教育入手，发展到逐级深化教育和按专业特点分层教育。参加全国 TQC 电视讲座学习目标统考合格率已达应参加人数的 96.9%，提前实现了国家质协"八五"期末取证率。因此，该厂被评为四川省 TQC 电教先进单位。

三、建立严密高效的质量体系，实现全过程可靠的质量控制

泸州老窖酒厂从 1979 年推行 TQC 以来，通过长期的探索试验，把 TQC 思想、理论、方法应用到传统酿酒生产和管理上，把传统酿酒质量控制与现代管理方法相结合，逐步形成了一套具有企业特点的、行之有效的质量管理和质量保证模式。企业建立了工厂、车间、班组三级质量管理网，分配了质量职能，规定了质量责任，制定了质量管理制度，培养建立起一支素质较高的质量管理队伍；制定了企业中长期发展规划和质量方针政策，开展了方针目标管理；通过大量的研究试验，他们掌握了泸州老窖大曲酒质量形成规律，明确了成品质量同原材料、半成品以及各道工序质量的相关关系，找出了各个环节影响质量的主要因素，进而制定了酿酒专业技术职能和质量管理职能，明确了质量职能活动内容和程序，第一次把泸州老窖大曲酒这一传统名牌产品的质量控制从经验转变为科学型；在此基础上，企业广泛运用数理统计方法，研究泸州老窖大曲酒数学模型和微机辅助管理系统，从基础酒质量鉴别、储存老熟、勾兑调味、出厂检验到销售服务全部实现计算机辅助管理，在全国酿酒行业首家建成现代化酒质管理网络；企业还建立了包括原材料、半成品、成品以及主要工序的质量检验网络，配备了相应的检验人员和先进的检测器材，做到层层质量把关，及时提供质量信息，特别在酒质检验上在全国率先采用标准酒样和统计检验方法，长期有效地保证了产品质量的合格。

在国家《质量管理和质量保证》系列标准发布后，泸州老窖酒厂全面总结了多年来酿酒质量管理经验，按照《质量管理和质量体系要素指南》标准，对酿酒质量体系进一步进行了改造优化，进一步明确提出了"在信誉中生存，在竞争中发展，生产一流产品，建设一流企业，塑造最佳企业形象"的工厂方针，制定了十六项质量政策，规定了以质量求效益的企业各项质量目标；根据酿酒生产特点，他们设计了包括九个阶段的质量环，按 17 个体系要素，将 9 大质量职能展开为 94 项质量管理职能活动，重新调整分配了各部门质量职能，完善了以质量责任为核心的经济责任制；他们设计了质量手册和全套质量文件；他们重点强化了质量体系的审核、复审和体系协调，从而使泸州老窖酒厂的质量体系实现标准化、程序化，提高了质量管理和质量保证的有效性和可靠性。

通过深入贯彻质量管理国家标准，泸州老窖厂进一步突出了质量在企业生产经营中的中心地位，把全厂的各项管理工作纳入以全面质量管理为中心、以计算机控制为手段的现代化管理轨道，形成"产品根据市场变，企业围着质量转"的良性循环。

四、大力进行经济技术开发，不断增强企业实力

在改革开放的新形势下，泸州老窖酒厂制定了"越出行业学先进，跨出行业搞开

发，把工厂建成以泸州老窖系列产品为依托，集科、工、贸、金融为一体，多角化、国际化经营集团"的战略目标，大力进行技术改造与产品开发，努力开展经济协作，不断完善开发机构，提升开发人员的素质，逐年增加开发投入，取得了可喜成果。

他们以酒为根本，根据市场发展趋势，发挥老窖产品的优势，向低度化、营养化、国际化发展产品品种。现正形成六种酒度 28 个规格的老窖大曲酒系列，滋补酒、康乐酒等营养酒系列和鸡尾酒、威士忌等国际饮料系列，不断满足了各种层次的消费者的潜在需求。

为了提高产品质量，他们不断研发和引进新技术，进行企业的更新改造，推进企业技术进步，在酿酒行业首先成功研制"微机勾兑""微机控制立体制曲"，推出"原窖分层酿制"酿酒新工艺等多项重大科研技改成果。其中七项获得省、部以上重大成果技术进步奖，用现代科学技术武装了传统酿酒生产。

他们充分发挥老窖的产品优势和技术优势，大力开展经济技术协作，创造了巨大的经济效益和社会效益，仅 1992 年就直接创利 1 573.6 万元。同时他们还努力进行国际开发，1992 年已经同马来西亚、新西兰、俄罗斯等国家签订了合作合资生产酒类产品的协议或合同，迈出了国际化生产经营的步伐。

1992 年，他们已在跨行业经济技术开发上取得了重大进展，先后筹建了中外合资彩印包装中心，参股国际信托公司，并建立了多个内贸、边贸企业公司，开始向多角化经营集团发展。

五、积极开展群众性质量管理活动，把质量效益变为全员行动

多年来，泸州老窖酒厂紧紧围绕工厂方针，积极开展群众性质量管理活动，建立了深厚的基础。在企业向质量效益型发展的过程中，他们进一步提出了以质量求效益的活动目标，动员全厂职工立足本职，提高质量，争创效益。1991—1992 年，他们连续开展了以减少工序不良品损失为内容的 QC 小组活动。酿酒工序 1991 年比 1990 年减少 44.6%，1992 年又比 1991 年减少 50%；包装不合格品率 1991 年比 1990 年下降 20%，1992 年又比 1991 年下降 21.3%。在节能降耗加速资金周转方面，他们已取得明显成效。单是改进蒸气灶一项，每年可节省 45.4 万元。1992 年在大量增加技改投入、新建项目投产的情况下，资金周转天数仍基本保持 1991 年的水平，比 1980 年减少 64.4%。目前企业已建立 QC 小组 94 个，两年共取得市级以上优秀 QC 成果奖 14 个。该厂在保证和提高产品质量、提高优质品率和增收节支等方面都取得明显效果。

思考题：

1. 泸州老窖是如何实现全面质量管理的？

2. 影响泸州老窖产品质量的因素有哪些？

3. 泸州老窖是如何做好质量控制的？

【案例】8-7　Westover 电器公司质量管理案例分析题

Westover 电器公司是位于休斯敦的一家中心电动马达线圈制造商。该公司作业经理 Joe Wilson 曾面临日益增多的废品率问题。"我不能确定这些问题是从哪儿产生的"，他在每周一次的公司管理人员会议上对老板这么说，"卷线部门的废品让我们白干了两个月。没有人知道原因是什么。我请一名顾问 Roger Gagnon 来查看情况，并希望他提出关于我们如何才能找到原因的建议。我并不期望 Roger 能提出技术性建议，只要求他能

指出正确方向。"

　　Roger 一到公司就去生产车间。与卷线部门质量监督人员的交谈中,他发现他们并不清楚问题所在及如何改正。在卷线生产过程中,三台机器将线卷在一个塑料轴上。经过质检后,这些线圈被送到包装部门。Roger 发现包装部门员工要进行再检验并立即进行校正。问题是有太多的线圈被查出有缺陷并在包装前要返工。Roger 接着考察了质管部门,从那里他得到了过去几个月卷线部门废品记录(见表 8-5)。根据上述内容回答下列问题:

　　思考题:

　　1. WESTOVER 公司目前在质量方面存在的主要问题有哪些?

　　2. 以一页纸为限,说出你的质量改进建议。

表 8-5　　　　　　　　　　　　　　卷线部门废品记录表

日期	检验数	卷线机	卷线不合格	线缠在一起	铅包破裂	线皮擦伤	线轴问题	线的问题	电器测度不通过
1	100	1	1	0	4	1	0	0	1
	100	2	2	1	0	0	1	5	0
	100	3	0	0	0	5	0	0	3
2	100	1	0	1	3	0	0	0	0
	100	2	3	1	0	0	2	3	0
	100	3	0	0	1	6	0	0	0
3	100	1	1	0	0	2	0	0	0
	100	2	0	0	0	0	0	3	0
	100	3	0	0	1	4	0	0	3
4	100	1	0	0	3	0	0	0	0
	100	2	0	0	0	0	0	2	0
	100	3	0	0	0	3	1	0	3
5	100	1	0	1	5	0	0	0	0
	100	2	0	0	0	0	0	2	1
	100	3	0	0	0	3	0	0	2
8	100	1	0	0	2	0	0	0	0
	100	2	0	0	0	0	0	1	0
	100	3	0	0	0	3	0	0	3
9	100	1	0	1	2	0	0	0	0
	100	2	0	0	0	0	0	1	0
	100	3	0	0	0	3	0	0	4
10	100	1	0	0	5	0	0	0	0
	100	2	1	0	0	0	1	0	0
	100	3	0	0	0	5	0	0	4
11	100	1	0	1	4	0	0	0	0

表8-5（续）

日期	检验数	卷线机	卷线不合格	线缠在一起	铅包破裂	线皮擦伤	线轴问题	线的问题	电器测度不通过
	100	2	0	0	0	0	0	0	0
	100	3	0	0	0	4	0	0	4
12	100	1	0	0	3	0	1	0	0
	100	2	1	0	1	0	0	0	0
	100	3	0	0	0	5	0	0	4
15	100	1	0	0	2	0	0	1	0
	100	2	0	0	0	0	0	1	0
	100	3	0	0	0	3	0	0	3
16	100	1	0	0	6	0	0	0	0
	100	2	1	0	0	0	0	0	0
	100	3	0	0	0	3	0	0	3
17	100	1	0	1	1	0	0	0	0
	100	2	0	0	0	0	0	0	1
	100	3	0	0	0	3	0	0	3
18	100	1	1	0	2	0	0	0	0
	100	2	0	0	0	0	0	1	0
	100	3	0	0	0	4	0	0	1
19	100	1	0	0	2	0	0	0	0
	100	2	0	0	0	0	0	0	0
	100	3	0	0	0	3	0	0	1
22	100	1	0	1	4	0	0	0	0
	100	2	0	0	0	0	0	0	0
	100	3	0	0	0	3	0	1	2
23	100	1	0	0	4	0	0	0	0
	100	2	0	0	0	0	0	0	1
	100	3	0	0	0	4	0	0	3
24	100	1	1	0	2	0	0	1	0
	100	2	0	1	0	0	0	0	0
	100	3	0	0	0	4	0	0	3
25	100	1	0	0	3	0	0	0	0
	100	2	0	0	0	1	0	0	0
	100	3	0	0	0	2	0	0	4
26	100	1	0	0	1	0	0	0	0
	100	2	0	1	0	0	1	0	0
	100	3	0	0	0	2	0	0	3

表8-5(续)

日期	检验数	卷线机	卷线不合格	线缠在一起	铅包破裂	线皮擦伤	线轴问题	线的问题	电器测度不通过
29	100	1	0	0	2	0	0	0	0
	100	2	0	0	1	0	0	0	0
	100	3	0	0	0	2	0	0	3
30	100	1	0	1	2	0	0	0	0
	100	2	0	0	0	0	0	0	0
	100	3	0	0	0	2	0	0	3

【案例】8-8　广州本田汽车质量管理案例

2005年1月10日，离洞房花烛夜的喜庆婚宴还有三个多小时，石桥镇新郎周先生迎亲的婚车车队中，一辆本田轿车突然发生车祸——当场一人死亡。

这辆本田车行至南庄兜收费站。由于前面六辆车是杭州本地车，有统缴卡，而这辆车和另一辆车没有卡，因此要缴费过关。等本田车通过收费站时，与前车相距约有100多米。过了收费站几分钟后，车子还在加速往前赶，但意外发生了，司机突然发现前方约10米处有一条大黄狗自右向左横穿马路。司机说，他马上紧急刹车，但已经来不及，车头撞上了那条黄狗，车内方向盘的气囊弹了出来，他的脸被蒙住，一点都看不到。之后，他便什么都不知道了。崭新的广州本田轿车当场解体，断为两截，两前轮承载的驾驶室翻到对面车道；两后轮承载的车体在原先车道上；车后座上三名新娘的年轻表亲，被甩出车外，重重摔在马路上。

接下来本次汽车产品危机的事情进程是：

1月11日，广州本田售后服务科潘先生接受了杭州电视台的采访。潘先生笑容可掬地回答道："车辆的话，不能简单地看它厚薄。这个在设计上都有它的要求，不能简单评价。我们已经看过现场了。为了明确这具体由什么原因引起、是不是和我们有关等问题，我们将对车辆进行确认。"

1月13日，车主及死难者家属打算委托浙江省权威机构对事故车进行检测。广本雅阁车的车主要求与厂家一起委托浙江省权威机构对被撞车进行全面的安全质量检测，但厂家表示应该由厂方自行认定质量是否存在问题，因此双方没有达成共识。1月14日，杭州市公安局余杭区分局交通巡逻（特）警察大队向浙江省质量鉴定管理办公室提出质量鉴定申请，要求对事故车的转向系统、制动系统、安全气囊系统是否符合有关要求及车身断裂原因进行鉴定。1月17日，广州本田汽车有关专家到杭州并再次否认汽车质量有问题。1月19日，日本本田公司技术专家到杭州，并配合检测。1月24日，广州本田服务双周开始，主要针对冬季用车进行空调系统、冷却系统和制动系统方面的全国免费检测。但按照广本新闻发言人的说法，此举和断车事件无关。一个多月的回避和沉默之后，2月28日广本举行第五十万辆轿车下线仪式。

思考题：

1. 广州本田的举动主要违反了质量管理原则中的哪些原则？为什么？

2. 广州本田的主要失误在哪里？

3. 从案例中你是如何认识质量管理体系重在执行的理念的？

知识巩固

一、判断题

1. 质量的适用性是指：性能、附加功能、可靠性、一致性、耐久性、维护性和美学性。（　　）

2. 全面质量管理要求公司上下都要关注质量。这一质量管理方法有三个核心：第一是永远无止境地推进质量改进，也就是人们所说的持续改进；第二是全员参与；第三是追求顾客满意度，要不断地满足或超出顾客的期望。（　　）

3. 帕累托分析使用了帕累托法则，即通常所说的 80/20 法则：其中 80% 的问题是由占总原因数量的 20% 的原因引起的。（　　）

4. 持续改善（Continuous Improvement, CI）是一种管理思想。它将产品和工序改进作为一种永无中止的、不断获得进步的过程。它是构成全面质量管理体系所必需的指导思想。（　　）

5. PDCA 循环，即计划（plan）—执行（do）—检查（check）—处理（act），常被称为戴明循环。该工具体现了持续改善过程的顺序性和连续性特征。（　　）

二、讨论题

1. 你是如何理解质量的重要性？

2. 影响质量的因素有哪些？

3. 什么是全面质量管理？它有哪些特点？

4. 请列举常见的质量分析与管理工具，可用图表说明。

5. 实施六西格玛法的意义是什么？目前中国的制造企业实施情况如何？请列举说明。

实践训练

项目　认识全面质量管理、质量管理工具在服务型企业中的应用

【项目内容】

带领学生参观某国际品牌 4S 汽车专卖店的运营管理。

【活动目的】

通过对品牌 4S 汽车专卖店的运营管理感性认识，帮助学生进一步巩固全面质量管理、质量管理工具等质量管理知识。

【活动要求】

1. 重点了解品牌 4S 汽车专卖店的营运模式以及质量管理、成本管理和客户管理的原则。

2. 每人写一份参观学习提纲。

3. 保留参观主要环节和内容的详细图片、文字记录。

4. 分析品牌 4S 汽车专卖店的全面质量管理重点。

5. 每人写一份参观活动总结。

【活动成果】

参观过程记录、活动总结。

【活动评价】

由老师根据学生的现场表现和提交的过程记录、活动总结等对学生的参观效果进行评价和打分。

模块九
综合计划的编制与控制

【学习目标】

1. 了解常用的生产计划及他们之间的关系。
2. 了解生产能力与市场需求协调的互动机制及编制综合生产计划的策略。
3. 知道期量标准、生产计划、生产能力、生产负荷等专业术语的含义。
4. 了解生产计划的类型及其内容与编制方法。
5. 明白生产能力的计算方法和生产能力的平衡方法。
6. 说明作业计划控制的主要内容与方法。

【技能目标】

通过本模块的学习，学生应该：
1. 掌握常用的综合生产计划的编制的方法。
2. 能够独立制定综合计划并计算成本。
3. 能够正确地编制作业计划。
4. 能够正确地计算生产能力，并有效地开展生产能力平衡工作。
5. 可以正确地下达和科学地控制作业计划。

【相关术语】

综合计划（aggregate planning）
期量标准（standard of scheduled time and quantity）
长期计划（long-range planning）
节拍（beat）
中期计划（intermediate-range planning）
作业控制（control for the operations）
短期计划（short-range planning）
生产能力（Productive capacity）
生产计划（production program）
机会成本（Opportunity cost）

【案例导入】

阿根廷鲍吉斯—罗伊斯公司的泳装生产计划

鲍吉斯—罗伊斯公司（Porges-Ruiz）是布宜诺斯艾利斯的一家泳装生产厂商。该公司制定了一项人事改革政策，从而不仅降低了成本，同时也增强了员工对顾客的责任心。由于很受季节的影响，该公司不得不在夏季的 3 个月将其产品的 3/4 销往海外。鲍吉斯—罗伊斯公司的管理层还是采用传统方式——依靠加班、聘用临时工、积聚存货来应付需求的大幅上升。但这种方式带来的问题很多，一方面，由于公司提前几个月就将泳装生产出来，其款式不能适应变化的需求情况；另一方面，在这繁忙的 3 个月，顾客的抱怨、产品需求告急、时间安排变动及出口使得管理人员大为恼火。

鲍吉斯—罗伊斯公司的解决办法是在维持工人正常的每周 42 小时工作报酬的同时，相应改变生产计划，从 8 月到 11 月中旬改为每周工作 52 小时（南美洲是夏季时，北半球是冬季）。等到高峰期结束，到第二年 4 月每周工作 30 个小时。在时间宽松的条件下，该公司进行款式设计和正常生产。

这种灵活的调度使该公司的生产占用资金降低了 40%，同时使高峰期生产能力增加了一倍。由于产品质量得到保证，该公司获得了价格竞争优势，因而销路扩大到巴西、智利和乌拉圭等地。

资料来源：转载自杰伊·海泽和巴里·雷德的《生产与作业管理教程》，华夏出版社，2002 年。

任务一 综合计划活动概述

221

一、背景

"人无远虑，必有近忧""凡事预则立，不预则废"说明了同一个道理：企业运营与人生规划一样，必须从长计议，做出计划安排。

计划是管理的首要职能，是组织、领导和控制等管理职能的基础和依据，是企业运营成功的关键。它渗透于企业各个组织层次的管理活动中。

二、基本内容

（一）计划的组成和层次

生产计划系统是一个包括需求预测、中期生产计划、生产作业计划、材料计划、能力计划、设备计划、新产品开发计划等相关计划职能，并由生产控制信息的迅速反馈构成的复杂系统。

在现代企业中，企业内部分工精细，协作严密。任何一部分活动都不可能离开其他部分而独立进行。尤其是生产活动，它需要调配多种资源，按时、按量地提供所需的产品和服务。因此必须要有周密的计划来指挥企业各部分的生产活动。生产计划的作用就是要充分利用企业的生产能力和其他资源，保证按质、按量、按品种、按期限地完成订货合同，满足市场需求，尽可能地提高企业的经济效益，增加利润。

（二）生产计划的内容

企业的生产计划体系是一个庞大复杂的系统，既有长期的战略规划，也有中期的综合生产计划和短期的作业计划。相关的体系和层次如图9-1所示。

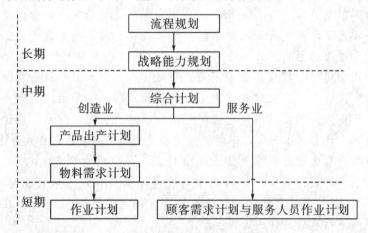

图9-1　运营计划体系简图

1. 长期生产计划

长期生产计划属于战略计划范围。它的主要任务是进行产品决策、生产能力决策以及确立何种竞争优势的决策。它涉及产品发展方向、生产发展规模、技术发展水平、新生产设施的建造等。

2. 中期生产计划

中期生产计划属战术性计划。在我国企业中通常称之为生产计划或生产计划大纲；其计划期一般为一年，故许多企业又称之为年度生产计划。它的主要任务是在正确预测市场需求的基础上，对企业在计划年度内的生产任务做出统筹安排，规定企业的品种、质量、数量和进度等指标，充分利用现有资源和生产能力，尽可能均衡地组织生产活动和合理地控制库存水平，尽可能满足市场需求和获取利润。

中期生产计划是根据市场需求预测制定的。它的决策变量主要是生产率、人力规模和库存水平。其目标是如何充分利用生产能力，满足预测的用户需求，同时使生产率尽量均衡稳定，控制库存水平并使总生产成本尽可能低。对于处理流程型企业，中期计划的作用是非常关键的。这是由于这类企业具有设备或生产设施价格昂贵、生产连续进行、生产能力可以明确核定以及采取备货生产方式等性质。而对于制造装配型企业，由于生产能力的定义随产品结构的变化而改变，难以在制订中期计划时准确地核定；加上其主要采用订货生产方式，在制订中期生产计划时往往缺乏准确的订货合同信息，故中期生产计划只能起到一种指导作用。这类企业生产计划的重点是短期生产作业计划。但是，对于那些实现了流水生产和接近流水生产性质的加工装配企业来说，中期计划同样起着重要的作用。

3. 短期生产作业计划

短期生产作业计划，亦称生产作业计划。它的任务主要是直接依据用户的定单，合理地安排生产活动的每一个细节，使之紧密衔接，以确保按用户要求的质量、数量和交货期交货。

生产作业计划是生产计划的具体实施计划。它是把生产计划规定的任务，一项一项地具体分配到每个生产单位、每个工作中心和每个操作工人，规定他们在月、周、日以至每一个轮班的具体任务。因此生产作业计划是一项十分细致和复杂的工作。对于制造装配型企业，生产作业计划的地位和作用十分关键。对于这类企业，如何安排和协调材料、零部件和完工产品的加工进度和加工批量，确保交货并使库存尽可能少，是这类企业作业计划面临的主要挑战。

企业的各种计划，包括从战略层计划到作业层计划三个层次。不同的层次运营计划有各自不同的特点。表9-1详细列举了不同层次运营计划的主要特点。

表9-1 　　　　　　　　战略层、管理层和作业层计划的主要特点

项目	战略层计划（长期）	管理层计划（中期）	作业层计划（短期）
管理层次	高层领导	中层领导	基层
计划期	3~5年或更长	6~18个月	小于6个月
空间范围	整个企业	工厂	车间、工段
详细程度	非常概括	概略	具体、详细
不确定性	高	中	低
计划的时间单位	粗	中	细

任务二　编制综合计划

一、背景

综合计划，又称生产大纲，是在企业设施规划、资源规划和长期市场预测的基础上做出的，是企业各部门一年内经营生产活动的纲领性文件。

二、基本内容

（一）综合计划的投入和成本

在制订综合计划时，部门经理必须回答以下几个问题：

（1）需求的变化可否通过劳动力数量的变化来平衡？

（2）是否通过转包方式来维持雪球增长时的劳动力的稳定？

（3）需求变动是通过聘用非全日制雇员还是采取超时或减时工作来平衡？

（4）是否改变价格或其他因素来影响需求？

（5）库存能否用于平衡计划期内需求的变化？

对这些问题的思考有利于管理层制订有效的综合计划。同时制订一个有效的综合计划还需要许多重要的信息。

首先，计划者必须了解计划期间的可利用资源；

其次，必须对预期需求进行预测；

最后，计划者务必重视劳动法有关的内容。综合计划的主要成本如表9-2所示。

表 9-2　　　　　　　　　　　　　　综合计划投入及成本列表

资源	成本
劳动力/生成率	基本生产成本
设备设施	与生产率变化相关的成本
需求预测	一聘用/解雇成本
劳动力变化的政策状况报告	一培训成本
转包合同	转包成本
加班	加班成本
存货水平	库存成本
延迟交货	延期交货成本

（二）综合生产计划的制订策略

在"稳妥应变型"决策策略下，制订综合生产计划的基本策略主要有 3 种。这些策略必须灵活地权衡劳动水平、工作时间、库存水平和缺货拖欠等内部因素。当企业需要按常规调整劳动水平时，很多企业通常会保持全职员工的稳定性，而通过人才市场或职业介绍所聘用一些临时工人。如果这些临时工人在聘用期间表现得非常好，也可能转为全职员工。当然，前提是企业需要更多的全职员工。

1. 追逐策略

当订货发生变化时，通过平庸或解聘以适应需求波动。这种策略的优点是投资小，无订单拖欠；缺点是容易造成劳资关系疏远，特别是当订单减少时，工人们会放慢生产速度，因为他们害怕一旦完成，他们就会失业。

2. 稳定劳动力水平

通过柔性的工作进度计划或调整工作时间，进而调整产出率，即通过调整工作时间以适应需求波动。这种策略保持了稳定的劳动力水平，避免了追逐策略中聘用和解聘工人时所付出的感情代价以及聘用和解聘费用，但提高了劳动力成本。

3. 平准策略

通过调节库存水平，允许订单拖欠或缺货等方法，来保持稳定的产出率和稳定的劳动力水平，以适应需求波动。这种策略的优点是人员稳定，产出均衡；缺点是降低了潜在的顾客的服务水平，增加了库存投资，而且库存品可能会过时。

当企业只有采用一种策略来应对需求波动时，称为单一策略。两种或两种以上策略组合是混合策略。实际上，企业更广泛采用的是混合策略。

（三）编制综合生产计划的策略

综合生产计划的重点是解决生产能力与需求变动之间的矛盾，以保证生产经营目标的实现。因此，编制综合生产计划的策略主要有两种：

1. 调节生产能力以适应需求

（1）调节人力水平。通过聘用和解聘人员来实现这一点。

（2）加班或部分开工。调节人员水平的另一个方法就是加班或减少工作时间。

（3）安排休假。即在需求淡季时，只留下一部分基本人员，大部分人员和设备都停工。这时，就可以使工人全部休假或部分休假。

（4）利用库存调节。在需求淡季时储存一些调节库存，在需求旺季时使用。

（5）外协或转包。这是用来弥补生产能力短期不足的一种常用方法。

【案例】9-1　四川长虹和杭州西湖的综合计划策略的比较

四川长虹和杭州西湖都是中国电视机行业的竞争者。但是他们的综合计划方式有所不同。

20世纪90年代电视机的显像管是其最重要的部件之一。由于其生产线的投资需要很大的资本投入，因此，电视机生产厂商可以选择转包生产、自己进行组装，也可以选择自己生产。四川长虹已经斥巨资在四川建立了自己的显像管生产线。这条生产线不仅满足了四川长虹自己的电视机生产能力，而且能够为其他电视机生产厂商提供显像管。在进行综合计划时，四川长虹考虑的是利用劳动力策略来改变其生产能力，也就是我们所说的调解人力水平。

而杭州西湖在显像管生产上选择了外协或转包生产这一调解能力的综合计划策略。其显像管的转包商主要来自于国外，所以在生产旺季，杭州西湖必须承担由于供应商误时误点而导致的影响生产正常进行的缺货成本和生产资源、能力的浪费等。

（转载自杰伊·海泽和巴里·雷德的《生产与作业管理教程》p345 运作案例）

2．改变需求以适应生产能力

（1）导入互补品。不同的产品需求可以错"峰"错"谷"。例如：生产割草机的企业可以同时生产机动雪橇。这样，其核心部件——微型发动机的年需求就可以基本保持稳定。

225

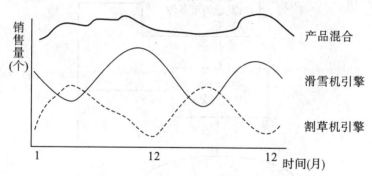

图 9-2　互补产品销量变化示意图

这种方法的关键是找到合适的互补产品。这样既能够充分地使用现有资源，又可以使不同需求的"峰""谷"错开，使产出保持均衡。

（2）调整价格，刺激需求。对于季节性需求变化较大的产品，在需求淡季，可通过各种促销活动，降低价格，使"淡季不淡"，保持稳定的需求。例如：航空业在淡季出售打折机票等。

无论是调节能力还是改变需求，都是要解决能力和需求的平衡问题。这些方法各有优劣，具体见表9-3。企业采用何种方法应在实践中充分考虑后综合确定。

表 9-3 不同策略的优缺点

策略	优点	缺点
调节人力水平	需求变动时避免形成库存	聘用或解雇及培训成本高
利用并调节库存	人员和生产能力没有变动或变动很小	成本上升
加班或部分开工	与季节变动保持一致，无雇用及培训成本	支付加班成本，工人疲劳
外协或转包	有一定的弹性，产出平衡	失去质量控制，减少利润
延迟交货	避免加班，产量稳定	顾客需要等待，信誉受损
刺激需求	利用过剩的生产能力，扩大市场占有率	需求不确定，很难保证供求平衡
引入互补产品	充分利用资源，人员稳定	需要有保障

（四）综合生产计划编制的程序

图 9-3 表示一个综合生产计划的制订程序。由该图可以看出，这样一个程序是动态的、连续的。计划需要周期性地被审视、更新，尤其是当新的信息输入、核心的经营机会出现时。

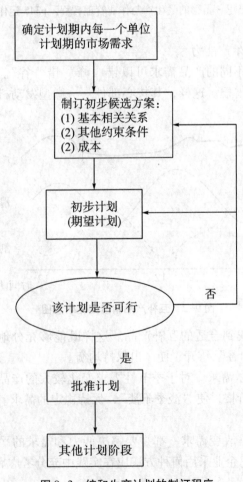

图 9-3　综和生产计划的制订程序

（五）综合生产计划的编制方法

综合生产计划的编制方法有很多种，通常可分为试算法和线性规划法。线性规划法过于复杂，我们在这里只介绍试算法。

试算法是一种得到广泛应用的方法。虽然制订综合计划的方法很多，但是调查研究表明，用"以经验为基础，采用试算法制订综合计划"的企业仍然占据了非常大的比例。实践中，用图解法或试算法的基本原理制订运作计划的企业占绝大多数。

试算法是指通过计算几个不同的综合计划方案的总成本，然后从中选择最合适的计划方案。

试算法的做法往往是这样：

（1）根据预测需求、库存要求等确定运作需求；

（2）做一些必要的、合理的基本假设；

（3）制订若干个不同的运作计划；

（4）比较各综合计划，选择一个合理的计划方案。

【例 9-1】某企业的全职员工有 20 人，每人每月能以 6 元/件的成本生产 10 件产品，每月库存成本为 5 元/件，订货成本为 10 元/件。未来 9 个月的需求如表 9-4 所示。试拟订综合计划。

表 9-4

计划期（月）	1	2	3	4	5	6	7	8	9	合计
需求预期（件）	190	230	260	280	210	170	160	260	180	1 940

解：（1）分析。

运作能力 = 20（人）×10（件/人/月）×9（月）= 1 800（件）

需求 = 1 940（件）

能力缺口 = 1 940－1 800 = 140（件）

140（件）÷90（件/人）≈ 2（人）

（2）初步安排。

以产销平衡为原则，共需安排 22 人，如图 9-5 所示。

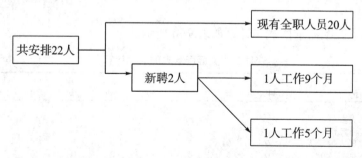

图 9-5　人员安排

预期需求具有明显的波动性。因此，做如下安排：

21 名工人：工作 9 个月（如：1~9 月）

1 名工人（记为工人 P）：工作 5 个月，工作时间安排在需求的旺季。

（3）根据上述思路制订综合计划。假设工人的工作时间安排在 1~5 月，编制计划，如图 9-6 所示。可应用 Excel 表格。

227

时段	1	2	3	4	5	6	7	8	9	10	合计
预测	190	230	260	280	210	170	160	260	180		1940
产出											
正常时间	220	220	220	220	220	210	210	210	210		1940
临时聘用											
加班时间											
转包合同											
合计	220	220	220	220	220	210	210	210	210	0	1940
产出-预测	30	-10	-40	-60	10	40	50	-50	30		0
库存											
期初	0	30	20	0	0	0	0	20	0		
期末	30	20	0	0	0	0	20	0	0		
平均	15	25	10	0	0	0	10	10	0		
延期	0	0	20	30	70	30	0	30	0		230
成本											
产出											
正常	1320	1320	1320	1320	1320	1260	1260	1260	1260	0	11640
临聘											
加班											
转包											
招聘解聘											
库存	75	125	50	0	0	0	50	50	0		350
延期	0	0	200	300	700	300	0	300	0		2300
合计	1395	1445	1570	2120	2020	1560	1310	1610	1260	0	14290

图9-6　综合计划的方法技术——试算法

（4）改变工人的工作时间安排（如：2~6月），编制出若干份类似的计划。

（5）决策。根据有关要求，选择出最满意的计划。

【例9-2】根据预测、生产和成本信息（见表9-5），改变工人人数以使生产速度和需求匹配。求此时与综合计划相关的成本。

表9-5　　　　　　　　　　　　　　预测、生产和成本信息

月份	1	2	3	4	5	6	7	8	9	总数
预测	40	25	55	30	30	50	30	60	40	360

生产信息		成本信息	
现有工人数	10（人）	雇佣成本	$600/人
工作时间	160（小时/月）	解雇成本	$500/人
生产单位产品的时间	40（小时/件）	正常工作成本	$30/小时
每个工人每月产量：		加班成本	$45/小时
160（小时/月）÷40（小时/件）=4（件/月·人）		转包劳动成本	$50/小时
库存所需的安全库存10（件）		库存维持成本	$35/件·月

解：

变动工人数匹配需求的成本计算如表9-6所示。

表9-6　　　　　　　　　　变动工人数匹配需求的成本计算

月份	1	2	3	4	5	6	7	8	9
预测产量（件/月）	40	25	55	30	30	50	30	60	40
职工人数									
需要的工人数（人）	10	7	14	8	8	13	8	15	10
（预测数÷4件人·月）									
（a）月初额外雇佣人数（人）	0	0	7	0	0	5	0	7	0
（b）月初解雇人数（人）	0	3	0	6	0	0	5	0	5
成本									
正常工作成本（$）	48 000	33 600	67 200	38 400	38 400	62 400	38 400	72 000	48 000
工人数＊（$30/人·工时）＊									
（160小时/人·月）									
雇佣或解雇工人的成本（$）	0	1 500	4 200	3 000	0	3 000	2 500	4 200	2 500
安全库存维持成本（$）	350	350	350	350	350	350	350	350	350
10（件）＊（$35/件·月）									
计划的总成本＝∑正常工作成本＋∑雇佣和解雇工人的成本＋∑安全库存维持成本 ＝$446 440＋$20 900＋$3 150 ＝$470 450									

任务三 核定生产期量标准

一、背景

期量标准，又称作业计划标准，是指规定制造对象在生产期限和生产数量方面的标准数据。它是编制生产作业计划的重要依据。其中"期"是指生产时间，"量"是指生产数量。

先进合理的期量标准是编制生产作业计划的重要依据。它是保证生产的配套性、连续性以及充分利用设备能力的重要条件。制定合理的期量标准，对于准确确定产品的投入和产出时间、做好生产过程各环节的衔接、缩短产品生产周期、节约企业在制品占用都有重要的作用。

二、基本内容

期量标准就是经过科学分析和计算，对加工对象在生产过程中的运动所规定的一组时间和数量标准。期量标准是有关生产期限和生产数量的标准。因而企业的生产类型和生产组织形式不同时，采用的期量标准也就不同，如表9-7所示。

表9-7 期量标准类型

生产类型	期量标准
大量生产	节拍、节奏、在制品定额
成批生产	批量、生产周期、生产间隔期、生产提前期、在制品定额
单件生产	生产周期、生产提前期

1. 大批大量生产企业的期量标准

在大量生产条件下，企业连续大量生产一种或几种产品。在每一种产品的生产过程中，生产线速度稳定，各工作地也很固定。此时，为保证生产连续且均衡地进行，企业只需要根据生产批量和交货期预先制定好生产节拍、节奏和在制品定额。

（1）节拍。节拍是指大批量流水线上前后两个相邻加工对象投入或出产的时间间隔。节拍是组织大量流水生产的依据，是大量流水生产期量标准中最基本的标准。其计算公式如下：

$$r = \frac{F}{N}$$

其中：r——生产节拍；

F——计划期有效工作时间；

N——计划期产品产量。

【例9-3】某生产流水线实行每天两班制，每班有效工作时间为8小时。现已知该流水线日计划产量为6 000件，则该流水线的生产节拍应该是为多少？

解：$r = \dfrac{F}{N} = \dfrac{2 \times 8 \times 60 \times 60}{6\ 000} = 9.6$（秒/件）

因此，此流水线的生产节拍应该是 9.6 秒/件。

（2）节奏。节奏是指大批量流水线上前后两批相邻加工对象投入或出产的时间间隔。其计算公式为：

$$R_节 = r_平 \times Q_运$$

其中：$R_节$——流水线生产节奏；

$r_平$——流水线平均生产节拍；

$Q_运$——运输批量。

【例 9-4】某生产流水线的平均生产节拍是 0.6 分/件，产品的出产运输批量是 30 件，求该流水线生产节奏。

解：$R_节 = r_平 \times Q_运 = 0.6 \times 30 = 18$（分/批）

因此，该流水线的生产节奏为 18 分/批。

（3）在制品定额。在制品定额是指在大量生产条件下，各生产环节为了保证数量上的衔接所必需的、最低限度的在制品储备量。

2. 成批生产条件下的期量标准

在成批生产条件下，企业生产多种产品。各产品按批量和一定时间间隔一次成批生产。此时，为保证生产的连续性和均衡性，企业需要根据不同的批量预先定好生产周期、生产间隔期、生产提前期以及各环节的在制品定额。因此，成批生产条件下的期量指标主要为：

（1）批量。批量是指相同产品或零件一次投入或出产的数量。

计算批量的方法主要有最小批量法、经济批量法和以期定量法。在使用这些方法的过程中，要注意计算结果需要修正。

①最小批量法。根据允许的调整时间损失系数来确定批量。所谓允许的调整时间损失系数，就是指设备调整时间损失对加工时间的比值不允许超过的数值。其计算公式为：

$$Q_{min} = t_调 / t_序$$

其中：Q_{min}——最小批量；

$t_调$——设备调整时间；

$t_序$——工序单件工时定额。

【例 9-5】某生产设备的正常调整时间为 3 小时，零件经该设备加工的单件工时定额为 15 分钟，试求该设备加工零件的最小批量。

解：$Q_{min} = t_调 / t_序 = 3 \times 60 \div 15 = 12$（件）

因此，该设备加工零件的最小批量是 12 件。

②经济批量法（使费用最小）。当成批生产时，若一批产品数量越大，每单位产品所应分担的一次调整机器所需要的费用越少，但存货保管费用却随一批产品数量的增加而增加。因此，使设备调整费用和保管费用之和最小的批量就是经济批量。如图 9-8 所示。

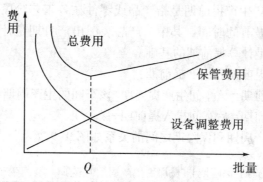

图 9-8　经济批量法的数学意义

经济批量的计算公式为：

$$Q^* = \sqrt{\frac{2NA}{C}}$$

其中：Q^*——经济批量；

　　　　A——每次设备调整费用；

　　　　N——年计划加工产品产量；

　　　　C——每件产品的年平均库存保管费用（估计值）。

【例 9-6】某产品年总产量为 20 000 件，每批产品的设备调整费用为 100 元，每件产品年平均保管费用为 1 元，求经济批量。

解：$Q^* = \sqrt{\frac{2NA}{C}} = \sqrt{\frac{2 \times 20\ 000 \times 100}{1}} = 2\ 000$（件）

因此，该产品的经济批量为 2 000 件。

③以期定量法（先确定生产间隔期再确定批量）。其计算公式为：

$$Q = R \times N_日$$

其中：Q——生产批量；

　　　　R——生产间隔期；

　　　　$N_日$——计划期平均日产量。

【例 9-7】某企业月计划生产时间为 20 天，计划安排生产间隔期为 2 天，倘若计划平均日产量为 180 件，求企业的生产批量。

解：计划期平均日产量为 180 件时，则

$Q = R \times N_日 = 2 \times 180 = 360$（件）

因此，当计划期日产量为 180 件时，该企业的生产批量应为 360 件。

（2）生产周期。生产周期是指一批产品或零件从投入到产出的时间间隔。生产周期的确定有两种方法：①根据生产流程，确定产品（或零件）在各个工艺段上的生产周期；②确定产品的生产周期。

每个工艺段又包括以下组成部分：①基本工序时间；②检验时间；③运输时间；④等待加工时间；⑤自然过程时间；⑥制度规定的停歇时间。

（3）生产间隔期。生产间隔期是指相邻两批相同产品或零件投入的时间间隔或出产的时间间隔。以量定期法就是根据提高经济效益的要求先确定批量再确定生产间隔期的。

231

（4）生产提前期。生产提前期是指产品或零件在各工艺阶段的投入或产出时间与成品出产时间相比所提前的时间。其中，产品装配出产日期是计算提前期的起点。生产周期和生产间隔期是计算提前期的基础。

提前期分为投入提前期和出产提前期：

①某车间投入提前期＝该车间生产提前期+该车间的生产周期

②某车间出产提前期＝后车间投入提前期+保险期

生产提前期、生产周期和保险期之间的关系如图 9-9 所示：

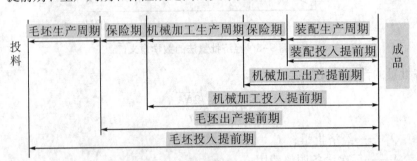

图 9-9　各周期之间的关系

（5）在制品定额。在制品定额是指在成批生产条件下，各生产环节为了保证数量上的衔接所必需的、最低限度的在制品储备量。

3. 单件生产下的期量标准

在单件生产条件下，企业主要围绕顾客的需求来组织生产。随着生产条件和生产数量变化，经常对其期量标准做出修订。因此，生产周期和生产提前期就成了主要的指标。

单件生产的生产周期计算公式为：

$$T_{产品} = T_{长} + T_{装} + T_{后}$$

其中：$T_{产品}$——产品的生产周期；

$T_{长}$——加工时间最长的零部件的生产周期；

$T_{装}$——产品装配所需的时间；

$T_{后}$——产品的后处理时间。

【例 9-8】某产品有 5 个部件组成，其中生产时间最长的部件的加工时间为 15 天。将各个部件组装起来需要 3 天。在装配成功后，产品的测试时间为 2 天。试求该产品的生产周期。

解：$T_{产品} = T_{长} + T_{装} + T_{后} = 15+3+2 = 20$（天）

因此，该产品的生产周期为 20 天。

任务四　平衡生产能力

一、背景

企业的生产能力与生产计划有密切关系。生产能力反映了企业生产的可能性，是制订生产计划的重要依据。只有符合企业生产能力水平的生产计划，才能使计划的实现有可靠和扎实的基础。如果生产计划订得低于生产能力水平，那么就会造成"能力"的浪费；相反，如果计划超过生产能力的水平，那么也会造成计划指导的"信誉"减退和损失。

二、基本内容

（一）什么是生产能力

生产能力是指在计划期内，企业参与生产的全部固定资产，即在既定的组织技术条件下，所能生产的最大产品数量，或者能够处理的原材料数量。生产能力是反映企业所拥有的加工能力的一个技术参数，也可以反映企业的生产规模。每位企业主管之所以十分关心生产能力，是因为他随时需要知道企业的生产能力能否与市场需求相适应。当需求旺盛时，他需要考虑如何增加生产能力，以满足需求的增长；当需求不足时，他需要考虑如何缩小规模，避免能力过剩，尽可能减少损失。

（二）生产能力的分类

企业的生产能力，根据用途不同，可以分为设计能力、查定能力和现有能力三种：

1. 设计的生产能力

设计的生产能力是指企业开始建厂时，根据工厂设计任务书中所规定的工业企业的产品方案和各种设计数据来确定的。在企业投入生产以后，需要有一个熟悉和掌握技术的过程，因此设计能力，一般都需要经过一定时期才能获得。

2. 查定的生产能力

查定的生产能力是指在没有设计能力时或虽然有设计能力，但是由于企业的产品方案和技术组织条件已发生很大变化，原有的设计能力已不适用，需要重新核定的生产能力，这种生产能力是根据企业现有条件，并且考虑到企业在查定期内所采取的各种措施的效果来计算的。

3. 现有的生产能力

现有的生产能力是指企业在计划年度内所达到的生产能力。它是根据企业现有的条件，并考虑企业在查定时期内所能够实现的各种措施的效果来计算的。

上述三种生产能力，各有不同的用途。当确定企业的生产规模，编制企业的长期计划，安排企业的基本建设计划和采取重大的技术组织措施的时候，应当以企业查定能力为依据。

而企业在编制年度的生产计划，确定生产指标的时候，则应当以企业的现有能力为依据。因此现有能力定得是否准确，对于生产计划的制订有直接影响。本章后续内容所说的生产能力，就是指现有能力。

生产能力是编制生产计划的一个重要依据，但并不是全部依据。企业在按照市场需要编制生产计划的时候，不但要根据企业固定资产的生产能力，而且要考虑到原材料的供应情况，考虑到其他有关条件的因素。不考虑这些，就不能编制一个好的生产计划。如果把工业企业的生产能力和生产计划混同起来，用生产能力去代替生产计划，或者，用生产计划代替生产能力，那么，在前一种情况下，就会忽视机器设备等固定资产和劳动力、原材料等其他生产要素之间的比例关系，给生产带来不良的影响；在后一种情况下，就会把由于考虑到劳动人数和原材料供应等因素的影响而计算出的生产水平，当做企业固定资产的生产能力，这也不利于企业挖掘生产潜力。

（三）生产能力的计算

一个企业的生产能力取决于其主要车间或多数车间的生产能力经综合平衡后的结果。一个车间的生产能力取决于其主要生产工段（生产单元）或大多数生产工段（生产单元）的生产能力经综合平衡后的结果。一个生产工段（生产单元）的生产能力，则取决于该工段内主要设备或大多数设备的生产能力经综合平衡后的结果。因此计算企业的生产能力，应从企业基层生产环节的生产能力算起，即从生产车间内各设备组的生产能力算起。

设备组生产能力的计算公式如下：

$$M = F_e \times S / T_p$$

式中：M——计划期内某设备组的生产能力，单位为台/年；

S——该设备组内设备的数量，单位为台；

F_e——该类设备计划期内的单台有效工作时间，单位为小时/年；

T_p——单位产品该工种的台时定额，单位为小时/台。

一条生产线的生产能力计算公式如下：

$$M = F_e \times P$$

M——计划期内该生产线的生产能力，单位为台/年；

F_e——计划期内该生产线的有效工作班数，单位为班/年。

【例9-9】某机械制造厂生产小型电动机 H，G，R，S 等型号系列。选 R 为其代表产品，如已知机械加工车间的主轴生产单元有数控车床 7 台。每台车床的制度工作班数为 42 班/月，其中有一台车床在计划期内适逢中修，要占用 3 个工作班。R 型代表产品的单台车床工时定额为 6 个台时。该主轴生产单元数控车床组的生产能力可计算如下：

$$M = F_e \times S / T_p = （42 \times 7 - 3）\times 8 / 6 = 388 （台/月）$$

由上可知，计划月内主轴生产单元数控车床组的生产能力为 388 台代表产品。

【例9-10】某厂机械加工车间铣工工段有 5 台万能铣床。制度工作时间为每台机床每月 42 个工作班，每班 8 小时。若有效工作时间是制度工作时间的 95%，车间生产 A，B，C，D 四种产品结构和工艺过程均不相同的产品。A，B，C，D 四种产品的产量和工时定额如表9-7，则假定产品铣工工序的单台定额为 6.696 4 小时。请计算计划月内铣工工段的生产能力以及生产 A，B，C，D 四种产品的能力。

表9-7 假定产品换算表

产品名称	各产品的计划产量	各产品产量占总产量的比重/%	各产品某工种的单位产品台时定额	假定产品某工种的单位产品台时定额
①	②	③=②/∑②	④	⑤=④×③
A	56	26.42	9.6	2.536 3
B	72	33.96	7.8	2.648 9
C	48	22.64	1.8	0.407 5
D	36	16.98	6.5	1.103 7
合计	∑②=212	∑③=100.0		∑⑤=6.696 4

解：由此可以算出计划月内铣工工段的生产能力为：

$M = F_e \times S / T_p = 42 \times 8 \times 0.95 \times 5 / 6.696 = 238.35$（台/月）

根据上式计算，该铣工工段的生产能力为238.35台假定产品。如把以假定产品表示的生产能力转换为各具体产品的生产能力，则可计算如下：

生产A产品的能力：$238.35 \times 26.42\% = 62.97$（台）

生产B产品的能力：$238.35 \times 33.96\% = 80.94$（台）

生产C产品的能力：$238.35 \times 22.64\% = 53.96$（台）

生产D产品的能力：$238.35 \times 16.98\% = 40.47$（台）

对于多品种小批量生产的企业，由于生产的品种变化大，在计算计划期的生产能力时，以代表产品和假定产品为计量单位都不方便或不合适。通常直接采用"台时"计算，即计算该设备组在计划期内可以提供的工作时间。在进行生产能力平衡时，将计算所得的台时数与计划期安排在该设备组上加工的各产品的加工工作量进行对照比较，以检验该设备组的生产能力能否满足计划期生产任务的要求。

一个单位各设备组的实际生产能力是不会完全相等的。各设备组的生产能力有的高，有的低，与计划要求的能力有一定出入。如不采取措施则该单位的生产能力水平，将取决于诸设备组中生产能力最低的环节。此时应进行生产能力的综合平衡，就是要采取措施设法提高薄弱环节的生产能力，使之接近大多数设备组的生产能力，使该单位的实际生产能力达到合理的水平。

（四）产能收缩

当企业不能适应市场的变化，因经营不佳而陷入困境时，需要进行产能收缩。在收缩中应尽可能减少损失，力争在收缩中求得新的发展。下面介绍产能收缩的几条途径：

1. 逐步退出无前景行业

经过周密的市场分析，如果确认本企业所从事的行业行将衰退，那么企业就需要考虑如何退出该行业。市场衰退是预测分析的结果，还不是现实。企业只不过在近年中感觉到衰退的迹象。因此，企业首先停止在此行业的投资，然后分阶段地撤出资金和人员。之所以采取逐步退出的策略，是因为还有市场。另外，企业资金的转移也不是一件很容易的事情。企业不能轻易放弃还有利可图的市场。这样做可以尽可能地减少损失。

2. 出售部分亏损部门

对于一些大企业，如果某些子公司或分厂的经营状况很差，消耗企业大量的资源，使公司背上了沉重的负担，扭亏又无望，那么这时不如抛售亏损部门。这个方法是西方企业处理亏损子公司所通常采用的方法。对待出售资产的决策应有积极的态度。出售是收缩，但收缩是为了卸掉包袱，争取主动，为发展创造条件。

3. 转产

如果本行业已日暮途穷，而企业的设备还是比较先进的，员工的素质也很好，可以考虑转向相关行业。由于行业相关，加工工艺相似，大部分设备可以继续使用，员工们的经验可以得到充分的发挥。例如，服装厂可以转向床上用品和居室装饰品，食品厂可以转向生产动物食品等。

（五）产能扩张

在生产过程中，企业有时可能需要扩大产能。企业在扩大其生产能力时，应考虑许多方面的问题。其中最重要的三个方面是维持生产系统的平衡，控制扩大生产能力的频率以及有效利用外部生产能力。

1. 维持生产系统的平衡

在一家生产完全平衡的工厂里，生产第一阶段的输出恰好完全满足生产第二阶段输入的要求，生产第二阶段的输出又恰好完全满足生产第三阶段的输入要求，依次类推。然而，实际生产中达到这样一个"完美"的设计几乎是不可能的，而且也是人们不希望的。因为：其一，每一生产阶段的最佳生产水平不同；其二，产品需求是会发生变化的，而且生产过程本身的一些问题也会导致生产不平衡的现象发生。除非生产完全是在自动化生产线上进行的，因为一条自动化生产线就像一台大机器，是一个整体。

解决生产系统不平衡问题的方法有很多。例如：一，提高瓶颈的生产能力。可采取一些临时措施，如加班工作、租赁设备、通过转包合同购买其他厂家的产成品等；二，在生产瓶颈之前留些缓冲库存，以保证瓶颈环节持续运转，不会停工；三，如果某一部门的生产依赖于前一部门的生产，那么就重复设置前一部门的生产设备，可以充足地生产以便供应下一部门的生产所需。

2. 控制扩大生产能力的频率

在扩大生产能力时，应考虑两种类型的成本问题：生产能力升级过于频繁造成的成本与生产能力升级过于滞缓造成的成本。首先，生产能力升级过于频繁会带来许多直接成本的投入，如旧设备的拆卸与更换、培训工人、使用新设备等。此外，升级时必须购买新设备。新设备的购置费用往往远大于处理旧设备回收的资金量。最后，在设备更换期间，生产场地或服务场所的闲置也会造成机会成本。

反之，生产能力升级过于滞缓也会有很大的成本支出。由于生产能力升级的间隔期较长，因此每次升级时，都需要投入大笔资金，才能大幅度地扩大生产能力。然而，如果当前尚不需要的那些生产能力被闲置，那么，在这些闲置生产能力上的投资就将作为管理费用计入成本。这就造成了资金的占用和投资的浪费。

3. 有效利用外部生产能力

有些情况下还可以利用一种更为经济有效的办法，那就是不扩大本企业的生产能力，而是利用现有的外部生产能力来增加产量。常用的两种方式分别是：签订转包合同或共享生产能力。共享生产能力的新途径还有利用一种企业联合体的柔性生产等。

（六）生产能力调节因素

企业对生产能力加以调节控制的因素很多。从计划的观点看，可将这些因素按取得能力的时间长短，分为长期、中期和短期三类。

1. 长期因素

取得生产能力的时间在一年以上的因素都可归入长期因素。它们包括：建设新厂、扩建旧厂、购置安装大型成套设备、进行技术改造等。这些措施都能从根本上改变生产系统的状况，大幅度地提高生产能力，但同时也需要大量的资金投入。应用这些因素属于战略性决策。

2. 中期因素

在半年到一年之内对生产能力发生影响的那些因素为中期因素。如采用新的工艺装备，添置一些可随时买到的通用设备，或对设备进行小规模的改造或革新；增加工人，以及将某些生产任务委托其他工厂生产等。其中，也包括利用库存来调节生产。这些因素是在现有生产设施的基础上的局部扩充。它们属于中层管理的决策。一般在年度生产计划的制定与实施中加以考虑。

3. 短期因素

在半年之内以至当月就能对生产能力产生影响的因素属于短期因素。这类因素很多，如：

（1）加班加点。

（2）临时增加工人，增开班次。

（3）采取措施以降低废品率。

（4）提高原材料质量。

（5）改善设备维修制度。这能减少设备故障时间，提高设备利用率，从而提高生产能力。

（6）采用适当的工资奖励制度，激发工人的劳动积极性，在短时间内扩大生产。

（7）合理选择批量。批量选择的不同会影响设备调整时间的变化。合理选择批量能减少不必要的设备调整时间，从而提高设备利用率，即提高了设备的生产能力。

任务五　编制作业计划

一、背景

有效的作业计划有助于提高制造业的生产率、设备和人员的利用率；有助于提高服务业的服务水平，节约成本，提高竞争力。比如，在医院，有效的作业计划能够帮助医院更好、更及时地提供服务，挽救病人的生命。

二、基本内容

（一）作业计划的内容

作业计划的内容主要包括作业时间、地点、品种、产量及各种消耗定额等。

（1）作业时间是指计划期的起止时间。

（2）地点是指完成该项作业的地点，如车间、工段、班组或机台等。

（3）品种是指计划期内应该生产的产品种类、规格。

（4）产量是指计划期内所生产的符合质量标准的产品数量。

（5）消耗定额是指计划期内，在生产过程中关于单件工时、材料、能源、成本等方面的定额规定。

实际中，作业计划的内容会因为企业的产品特点不同而略有不同。

（二）生产计划的编制原则

（1）编制生产计划必须有全局观点。

（2）编制生产计划必须积极平衡，也就是要充分利用企业的现有资源，发挥现有生产能力，挖掘生产潜力，扬长避短，然后进行协调和发展。

（3）编制计划必须留有余地，防止盯得过紧，以便能应付新的情况。

（4）编制计划必须切合实际，要深入市场和企业实际，进行调查研究。

（5）编制计划必须有可靠的核算基础，即指生产能力、定额与利用系数等。

（三）编制作业计划的主要依据

编制作业计划的主要依据有以下七个：

（1）年度生产计划、季度生产计划和各项订货合同。

（2）前期生产作业计划的预计完成情况。

（3）前期在制品周转结存预计。

（4）产品劳动定额及其完成情况，现有生产能力及其利用情况。

（5）原材料、外购件、工具的库存及供应情况。

（6）设计及工艺文件，其他的有关技术资料。

（7）产品的期量标准及其完成情况。

（四）作业计划的编制步骤

在编制生产作业计划的时候，一般分两步走。第一步：根据生产计划编制全厂性的生产作业计划；第二步：车间根据全厂性的生产作业计划，编制本部门的生产作业计划。

（1）在编制全厂性生产作业计划的过程中，应由生产主管部门进行一次综合平衡。

（2）在全厂性生产作业计划下达之后，即要求：在有关科室的协助下，车间制订一个详细的、可操作性的车间生产作业计划。

（3）在编制之前，应核定一下生产能力。

（4）为了保证计划的运行，生产主管部门除了将计划尽可能编制得科学一点，还要建立适宜的制度，做好机构、人员和职责的"三落实"工作。

（五）作业计划的编制重点

生产计划的编制因为生产类型的不同，重点也有所不同。

（1）大量生产的生产计划重点。

大量生产的生产管理要求是：生产品种稳定，并反复连续进行，才可为固定的产品设计专用工序和设备。

此时，生产计划的编制要注意下列各点：

① 生产能力包括各工序的能力已定，因此编制生产计划要经常保持一定的生产水平；

② 通过预测等手段使设计的生产能力与需求量相适应；

③ 通过调节库存产品来调整销售量和产量之间的差额；

④ 由于产品品种难以急剧改变，因此，新产品的生产和产品型号的改变必须长期地、有计划地进行。

【例9-11】某中轴加工流水线的日出产量为160件。现设定看管期为2小时，共经过9个工序的加工。各工序的单件工时定额依次为12分钟、4分钟、5分钟、5分钟、8分钟、5.5分钟、3分钟、3分钟和6分钟。试编制出该中轴加工各工序及工作地的标准作业计划。

解：该中轴生产线看管期标准计划工作指示图标如表9-8所示。

表9-8　　　　　　　　　　　　　中轴生产线看管期标准计划工作指示图标

流水线名称：中轴加工	轮班数：2		日产量：160		节拍分：6		运输批量件：1		节奏/分：6		看管期：2小时
工序号	轮班任务	单件工时定额/分	工作地号	负荷率	工人编号	每一期管期内的工作指示图标						每一看管期内的生产能力/件
						20	40	60	80	100	120	
1	80	12	01	100	1							10
			02	100	1							10
2	80	4.0	03	67	2							20
3	80	5.0	04	83	3							20
4	80	5.0	05	83	4							20
5	80	8.0	06	33								5
			07	100	5							15
6	80	5.5	08	92	6							20
7	80	3.0	09	50	7							20
8	80	4.0	10	100	7							20
9	80	6.0	11	100	8							20

（2）成批生产的生产计划重点。

成批生产的管理方式，是在一次程序安排中，集中一定数量的同一品种，连续地进行生产，并通过一次次程序的安排，在同一作业工序中，依次进行不同品种的轮番生产。编制成批生产的生产计划要注意下列各点：

①确定最佳的投入顺序和批量，以减少工序的空闲时间和调整准备时间；

②通过零件的通用化和同类产品的安排，减少各工序需要更换的产品品种数；

③从设备上、技术上和经济上来确定批量的标准。

（3）单件小批生产的生产计划重点。

单件小批生产的管理方式是指在设备、工艺上能较大范围生产的产品品种，可灵活地接受订货任务，并根据订货的交货期进行生产的方式。编制这种生产计划要注意下列各点：

① 必须正确估计从订货到产品出厂所需的时间（交货期），以免影响交货；

② 必须重视工序的平衡问题，保持生产过程的连续性，使各道工序的作用有效地发挥出来；

③必须随时掌握工序的剩余能力，以便能灵活地满足订货的要求和做出合理的安排。

【例9-12】某机器公司可以生产三种不同型号的小型除尘器。一种是政府用，另一种是工业用，还有一种是民用除尘器。但最后一种已经不生产了。政府用除尘器的单价是1 500元，工业用除尘器的单价是1 400元。

为了完成各月订货，生产车间必须制订一个生产计划以使费用最低。因为政府用和工业用除尘器都分别有两种型号：一种使用优质的高碳钢和一些铝；另一种使用低碳钢和大量铝，而金属价格差别很大，所以制订最优生产计划并非易事。客户并不在意公司为他们生产的除尘器是属于两种型号中的哪一种。公司决定使用线性规划制订最优计划。问题的关键是满足客户的总订货要求，不超过公司的熟练工人与非熟练技术工人以及生产能力的限制，以使生产费用最小。

各材料的费用是：铝，107 元/10 千克；高碳钢，38 元/10 千克；低碳钢，29 元/10 千克。表 9-9 列出生产三种除尘器所需的原材料及劳动力工时等。

表 9-9　　　　　　　　　　生产所需资源数据

	工业用除尘器		政府用除尘器		民用轻型除尘器	能力
	1 型	2 型	1 型	2 型		
铝（千克）	0.2	1	–	0.6	0.2	无限
高碳钢（千克）	12	–	10	–	4	无限
低碳钢（千克）	–	11	–	9	–	无限
熟练工（小时）	8	9	7	8	5	9 600
技术工（小时）	9	13	8	10	7	6 400
生产线能力（小时）	7	8	8	9	7	7 000

公司下月的订货量为：工业用除尘器 300 只，政府用除尘器 500 只，其金属费用为 305 820 元。

由于开工不足，公司决定再次生产民用轻型除尘器，售价为 800 元/只，数量不超过 100 只。技术工人可以加班，加班费用为 15 元/小时。

线性规划模型如表 9-10，其中有九个变量，前三种为三种金属的购买量，后五个是五种不同除尘器的生产数量；最后一个是熟练工加班小时数。模型中有九个约束。前三个约束表明购买的三种金属的数量至少应满足生产需求；后两个表明生产政府用和工业用除尘器的数量要满足订货要求；再后三个是熟练工、技术工和生产线生产能力的限制，最后一个表明最多可以生产 100 个民用轻型除尘器。

表 9-10　　　　　　　　　　线性规划模型变量

	购买铝 x_1	购买高碳钢 x_2	购买低碳钢 x_3	政府一型 x_4	政府二型 x_5	工业一型 x_6	工业二型 x_7	轻型除尘器 x_8	加班小时 x_9		右边项 RHS
（COST）	107	38	29	0	0	0	0	- 800	15		
铝	-1	0	0	0	.6	.2	1	.2	0	≤	0
高碳钢	0	- 1	0	10	0	12	0	4	0	≤	0
低碳钢	0	0	- 1	0	9	0	11	0	0	≤	0
政府订货	0	0	0	1	1	0	0	0	0	=	500
工业订货	0	0	0	0	0	1	1	0	0	=	300
技术工	0	0	0	7	8	8	9	5	- 1	≤	6 400
熟练工	0	0	0	10	9	13	7	0	0	≤	9 600
生产线	0	0	0	9	9	8	7	7	0	≤	7 000
轻型除尘器	0	0	0	0	0	0	0	1	0	≤	100

问题1：下面哪些因素在目标函数中被考虑了，哪些没有考虑？

（a）金属的费用　　　　是＿＿＿＿　　　　不是＿＿＿＿

（b）正常劳动成本　　　是＿＿＿＿　　　　不是＿＿＿＿

（c）加班劳动成本　　　是＿＿＿＿　　　　不是＿＿＿＿

（d）管理费用　　　　　是＿＿＿＿　　　　不是＿＿＿＿

问题2：为什么在目标函数中没有考虑工业用和政府用除尘器的收益，但却考虑了民用除尘器的收益？

问题3：民用轻型除尘器的数量是多少，其应用各种金属的数量是多少？

在最优生产计划中，生产＿＿＿＿台轻型除尘器,使用高碳钢＿＿＿＿千克;使用低碳钢＿＿＿＿千克;使用铝＿＿＿＿千克。

问题4：技术工人加班费用是15元/小时。当这个费用为多少时，最优计划将改变？

问题5：如果不允许加班，那么总费用将如何变化？

答:总费用将＿＿＿＿增加＿＿＿＿元。

＿＿＿＿减少＿＿＿＿元。

＿＿＿＿不能确切得知。

问题6：若熟练工的生产能力增加1小时，将会产生什么影响？

问题7：若工业用除尘器的订货增加一台，那么它的贡献是什么？

问题8：为使民用轻型除尘器市场扩大25台，你愿意再支付多少？

问题9：此问题的最优解和最优值各是什么？解释其实际意义。

问题10：政府二型在目标中的系数减少＿＿＿＿时才可能被生产？

任务六　生产作业控制

一、背景

在执行作业计划的过程中，由于存在一些随机的因素和不确定的因素，比如：机器故障、工人矿工等，因此会产生实际与计划偏离的情况。为确保按时交货，提高生产率，并及时消除生产过程中的各种不利因素，我们必须做好生产作业控制。

二、基本内容

（一）什么是生产作业控制

生产作业控制，是指在生产作业计划执行过程中，对有关产品生产的数量和进度的控制。通过生产作业控制，可以及时采取有效措施，预防可能发生的或纠正已经发生的偏离生产作业计划的偏差，保证按时、按量完成生产作业计划规定的产品生产任务。

（二）控制的原因

1. 加工时间估计不准确：单件小批量

2. 随机因素的影响

3. 工艺路线的多样性

4. 企业环境的动态性

（三）实施控制的条件

1. 要有一个标准

2. 要取得实际生产进度与计划偏离的信息

3. 要采取纠正偏差的行动

（四）作业控制的程序

作业控制的程序是按照 PDCA 的逻辑建立起来的，具体步骤如下：

1. 制定标准

2. 下达标准

3. 跟踪监测

4. 偏差分析

5. 实时纠正

6. 信息处理

（五）生产控制的常用工具

1. 甘特图

甘特图是作业排序与控制最常用的一种直观工具。现在，许多企业的车间都采用甘特图来制订计划与跟踪作业的完成情况。图 9-10 就是一个简单的甘特图。

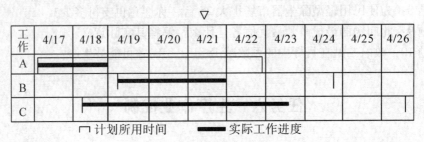

图 9-10　一个简单的甘特图

2. 派工单

派工单是直接用于工序或工作的任务安排文件。它既是任务指令，又是生产控制工具。如表 9-11 所示。

表 9-11　　　　　　　　　　　　　生产派工单

产品名称				派工日期	
加工人员				派工人员	
加工内容					
加工时间	开始时间		验收人员	生产经理	
	结束时间				
备　　注					

242

知识巩固

一、选择题

1. 产品发展方向、生产发展规模、技术发展水平等内容应属于 (　　)。

    A. 战略计划　　　　　　　　B. 战术计划

    C. 作业计划　　　　　　　　D. 加工计划

2. 不属于综合生产计划所考虑的成本因素是 (　　)。

    A. 人员成本　　　　　　　　B. 库存成本

    C. 加班成本　　　　　　　　D. 销售成本

3. 制订综合生产计划需要多项信息，哪项来自企业外部 (　　)。

    A. 现有库存水平　　　　　　B. 原材料供应能力

    C. 现有员工数量　　　　　　D. 现有设备能力

4. 大批大量生产企业的期量标准有 (　　)。

    A. 员工数量　　　　　　　　B. 节拍

    C. 生产周期　　　　　　　　D. 流水线标准工作指示图标

    E. 在制品定额

二、判断题

1. 生产计划可以分为长期计划、中期计划和短期计划。　　　　　　　　(　　)

2. 综合生产计划不具体制定每一品种的生产数量、生产时间以及车间、人员的具体任务。　　　　　　　　　　　　　　　　　　　　　　　　　　　　　　(　　)

3. 在编制综合生产计划时，导入互补产品就是调节能力以适应需求的一种方式。

    　　　　　　　　　　　　　　　　　　　　　　　　　　　　　　(　　)

4. 综合生产计划只能通过调节能力以适应需求的方式制定编制策略。　　(　　)

案例分析

综合生产计划案例

    Force-Master 公司是一间中型的制造商。主要产品是汽油引擎驱动的家用工具。公司初期只生产割草机，八年前开始制造除雪机，之后还推出了几种相关的产品。各种产品由于相似度高，因此都在同一厂房内生产。Force-Maxter 的员工都具有多种技能，而且常常轮岗。公司根据经验与实际量测定，制造一部割草机需要 1.8 人工小时，除雪机则需要 2.5 人工小时，而两种产品的市场需求几乎是相反的。

    当本年度已进入最后阶段时，Force-Master 公司准备拟订下一年度的综合生产计划。此计划以两个月为一期，一月与二月为第一期，其余类推。公司目前有 350 名员工，每个员工每期约工作 300 小时，平均薪资约为 $6 000，加班的薪资为每小时 $28，但公司规定每个员工每期加班时数不得超过 60 小时。员工每期的自动离职率约为 2%。各级法律与劳资合约规定，员工被解雇时应领取相当于两个月薪资($6 000)的遣散费，而雇用新员工时需付出广告、面试、训练等成本，每人约 $2 000。另外，新进员工在第一期的平均生产力是熟练员工的一半，因此可以假设新进员工有效的工作时数只有一半。

Force-Master 公司预估在本年度结束时，库存将有 4 500 部除雪机与 500 部割草机。割草机每期的库存成本大约是 $8，除雪机每期的库存成本大约是 $10。下一年度割草机的制造成本估计为 $95，除雪机的制造成本为 $110。割草机的预定出货价格为 $210，除雪机则为 $250。业务部门根据此价格与过去的销售量估计下一年度各期的需求量，如表 9-12 所示：

表 9-12

期别	割草机（部）	除雪机（部）
1-2	12 000	16 000
3-4	85 000	4 000
5-6	32 000	0
7-8	32 000	5 000
9-10	8 000	35 000
11-12	3 000	45 000

Force-Master 公司向来采取保守的人事策略，需求增加时先加班，再考虑增聘员工，而且尽量不解雇员工。分管主任根据这个策略规划出下年度的综合生产计划，如表 9-13 所示：

表 9-13

期别	员工人数（人）			加班时数（小时）	割草机（部）		除雪机（部）	
	熟练	新聘	解雇		制造	库存	制造	库存
11-12	350					500		4 500
1-2	343	0	0	0	41 194	29 694	11 500	0
3-4	336	27	0	21 780	64 344	9 038	4 000	0
5-6	356	0	0	20 932	70 962	0	0	0
7-8	349	0	0	0	32 000	0	18 840	13 840
9-10	342	0	0	0	8 000	0	35 280	14 120
11-12	335	0	0	0	3 500	500	37 680	6 800
合计	2 061			42 712	220 000	39 232	107 300	34 760

计划的成本如下：

薪　　资：(2 061+27) × $6 000 = $12 528 000

加 班 费：42 712 × $28 = $1 195 936

雇用成本：27 × $2 000 = $54 000

制造成本：220 000 × $95 = $20 900 000　　　库存成本：39 232 × $8 = $313 856

　　　　　 104 500 × $110 = $11 495 000　　　　　　　　 34 760 × $10 = $347 600

总　　计：$46 834 392

思考题：

1. 分析该综合生产计划的优缺点，要求有理有据。

2. 分析计划的合理性。如果你有更合适的计划，请给出一个新的综合生产计划，并指出新制订的综合生产计划的特点。

实践训练

项目 9-1 作业计划的编制

【项目内容】

分别调查一家流程型企业和装配性企业，了解其作业计划的制订过程。

【活动目的】

加深学生对作业计划编制流程的理解，锻炼和提高学生科学编制作业计划的能力。

【活动要求】

1. 根据活动的目的制订调查计划。

2. 按计划实施检查活动，并保持活动过程的记录。

3. 有条件时，让学生直接参与公司作业计划的编制过程。

4. 编写活动总结。重点总结公司作业计划的内容、编制程序及工作体会等。

【活动成果】

调查计划，过程记录，公司作业计划的内容、编制程序及工作体会等。

【活动评价】

由老师根据学生的现场表现和提交的活动报告、活动总结等对学生的参观效果进行评价和打分。

项目 9-2 作业控制实践

【项目内容】

以本校或本班学生开展的某项集体活动为对象，运用所学知识分析确定该项活动的控制内容、控制程序和方法等，并实施过程控制。

【活动目的】

锻炼和提高学生实际开展活动控制的能力。

【活动要求】

1. 根据活动内容制订该项活动的控制预案，包括控制内容、步骤和方法及人员等。

2. 保持活动过程控制的所有证明资料（如影像、图片、文字记录等）。

3. 开展控制效果分析总结。

【活动成果】

控制预案、过程记录、效果分析总结。

【活动评价】

由老师和学生结合学生提交的活动成果对学生的实践成绩进行评价与打分。

【学习目标】

1. 了解独立需求和相关需求。
2. 了解 MRP 的运算过程。
3. 说出现场物料管理的内容和方法。
4. 说出物料需求计划的编制依据和步骤。

【技能目标】

通过本模块的学习，学生应该：

1. 能够开展物料的领用、入库、台账建立、日报、月报和盘点等工作。
2. 能够正确地填写现场物料控制的有关单据和台账。
3. 能正确地编制物料需求计划。

【相关术语】

物料需求计划（material requirements planning，MRP）

独立需求（independent demand）

相关需求（dependent demand）

主生产计划（master production schedule，MPS）

制造资源计划（manufacturing resource planning，MRP Ⅱ）

企业资源计划（enterprise resource planning，ERP）

【案例导入】

某高校的学生小明参加社会实践，去了一家汽车变速箱公司生产部。有一天，公司张部长对小明说，帮我编制一个齿轮箱和传动轴的需求计划。张部长提供了以下与计划编制有关的信息。

（1）每个变速箱包括一个齿轮箱组建，而每个齿轮箱组建包含两个传动轴。

（2）齿轮箱组件的现有库存量是 50 件，而传动轴的现有库存量是 100 件。

（3）本月要求生产 300 台变速箱，需要的齿轮箱组件和传动轴的数量分别是多少？

小明一看，觉得这还不简单，很快便有了答案：

齿轮箱组件数量＝300－50＝250（件）

传动轴的数量＝300×2－100＝500（件）

请问，小明的计算结果对么？

任务一　编制物料需求计划

一、背景

MRP 是一种存货控制方法，也是一种时间进度安排方法。MRP 始于最终商品的时间进度安排，再由它转换为特定时间生产产成品所需的部件、组件及原材料的时间进度安排。它主要回答三个问题：

——需要什么？

——需要多少？

——何时需要？

二、基本内容

（一）基本概念

（1）独立需求与相关需求。

企业运作系统对物料的需求可以划分为两种——独立需求和相关需求。

所谓独立需求是指物料的需求取决于外部因素，而与其他物料的需求无关。比如，产成品、用于质量服务的备件等都是独立需求的例子。所谓相关需求是指物料的需求取决于其他物料的需求。这两类不同的物料之间存在明确的"父—子"关系。产品对各种物料的相关需求可以通过产品结构和"父—子"关系来确定，而不是依赖于客户订货、市场预测及其组合。如图 10-1 所示，左边的笔记本电脑属于独立需求，而右边的笔记本内存条就属于相关需求。

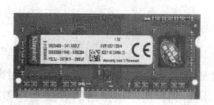

图 10-1　独立需求与相关需求示例

（2）主生产计划。

主生产计划（MPS）是根据需求预测或顾客订单确定的，具有独立需求的特征。MPS 说明了企业最终要生产哪些产品（或独立需求的配件或零件），何时生产，以及生产多少。表 10-1 是某种产品的 MPS，表明在第 4 周需要 110 个单位，在第 8 周需要 160 个单位。

表 10-1　　　　　　　　　　　　某产品的 MPS

周次	1	2	3	4	5	6	7	8
数量				110				160

（3）物料清单。

物料清单（BOM）又叫产品结构文件，是包含了生产每单位产成品所需要的全部零件、组件与原材料等的清单。它表示了产品的组成及结构信息，反映了产品项目的结构层次以及制成最终产品的各个阶段的先后顺序。如果把产品组成部分的阶层关系用图形的方式直观地表示出来，就形成了产品结构树。在产品结构树中，配件之间呈现出一定的阶层关系。图 10-2 是椅子的产品结构树。

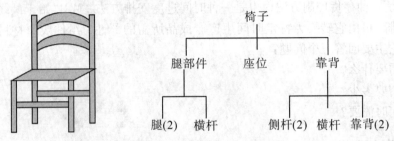

图 10-2　椅子的产品结构树

（4）库存信息文件。

库存信息文件是记录库存信息的文件，其信息主要包括：供货商的信息、供应或生产提前期、订货批量、预测到货量、预期库存量、因入库或出库所引起的库存变动、盘存记录（如报亏报盈）等。库存信息是计算物料需求的主要依据之一。

（5）总需求：不考虑持有量时，某细项或原材料在各时期的期望总需求。

（6）已在途订货：各期初始从卖主或供应链上其他地点接受的公开订货。

（7）计划持有量：各期初始期望的存货持有量，即已在途订货量加上期末存货。

（8）净需求：各期实际需要量。

（9）计划收到订货：各期初始显示出来的期望接收量。

（10）计划发出订货：暗指各期计划订货量，等于抵消生产提前期影响后的计划收到订货。

（二）MRP 的逻辑过程

（1）MRP 方法是指先用总进度计划列明最终产品需求量，再利用组件、部件、原材料的物料清单抵消生产提前期，确定各时期需求。

（2）剖析物料清单后得出的数量是总需求。它尚未考虑持有库存量与在途订货量等因素。

（3）决定净需求是 MRP 方法的核心：

$$t\ 期间净需求 = t\ 期间总需求 - t\ 期间计划存货 + 安全存货$$

根据订货政策，计划发出订货可以是指定数量的倍数，还可以恰好等于当时的需求量。

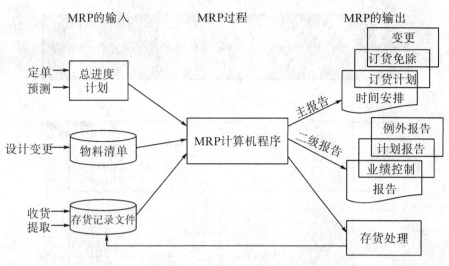

图 10-3 MRP 的逻辑过程

（三）MRP 编制的范例

生产木制百叶窗和书架的某厂商收到 2 份百叶窗订单：一份要 100 个，另一份要 150 个百叶窗。在当前时间进度安排中，100 单位的订单应于第四周开始运送，150 单位的订单则于第八周开始运送。每个百叶窗包括 4 个木制板条部分和 2 个框架。木制部分是工厂自制的，其制作过程耗时 1 周。框架需要订购，其生产提前期是 2 周。组装百叶窗需要 1 周。第 1 周（即初始时）的已在途的订货数量是 70 个木制部分。为使送货满足如下条件，求解计划发出订货的订货规模与订货时间：

——配套批量订货（即订货批量等于净需求）。

——订货批量为 320 单位框架与 70 单位木制部分的进货批量订货。

解：a. 制作总进度计划：

周期	1	2	3	4	5	6	7	8
数量				100				150

b. 制作产品结构树：

百叶窗
框架(2)　　木制部分(4)

c. 利用总进度计划，求解百叶窗总需求，然后再计算净需求。假设在配套批量订货条件下，求解符合总进度计划的时间安排的计划收到订货与计划发出订货数量。如图 10-4 所示。

249

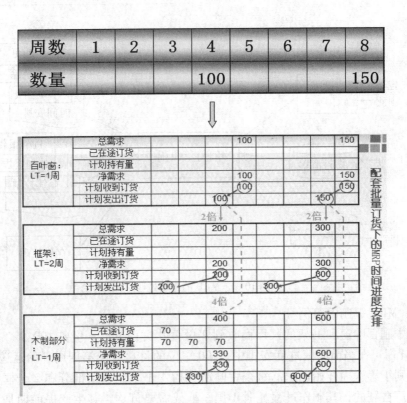

图 10-4 配套批量订货下的 MRP 时间进度安排

d. 在进货批量订货条件下，唯一不同点就是计划接受数量超过净需求的可能性。超过部分记入下一期计划存货。如图 10-5 所示。

周数	1	2	3	4	5	6	7	8
数量				100				150

百叶窗：LT=1周，订货批量=配套批量订货

	1	2	3	4	5	6	7	8
总需求					100			150
已在途订货								
计划持有量								
净需求					100			150
计划收到订货					100			150
计划发出订货				100			150	

2倍

框架：LT=2周，订货批量=320的倍数

	1	2	3	4	5	6	7	8
总需求				200			300	
已在途订货								
计划持有量				120	120	120	120	140
净需求				200			180	
计划收到订货				320			320	
计划发出订货		320			320			

4倍

木制部分：LT=1周，订货批量=70的倍数

	1	2	3	4	5	6	7	8
总需求				400			600	
已在途订货	70							
计划持有量	70	70	70	20	20	20	20	50
净需求				330			580	
计划收到订货				350			630	
计划发出订货			350			630		

图 10-5 进货批量下各成分的时间进度安排

任务二 物料的入库管理

一、背景

采购原材料、标准件、辅料、工量刃具、包材等外购物料都需要办理入库的手续，做到账务相符。只有明确记录的物品才可领用生产。

二、基本内容

（一）外购物资的入库管理

外购的物资在入库前，应该按照严格的规定和流程，进行工作和控制。只有经过检查并在控制过程中确定合格的产品才允许入库，并同时办理相关手续。

1. 相关岗位职责分工

（1）PMC 计划：填写采购申请单，并发给采购部。

（2）采购部：填写采购订单，并发给供应商、品质部、仓库及财务部，同时录入系统。

（3）财务部：按照报价合同审核订单价格及系统数据；审核外购入库单及系统数据。

（4）供应商：按采购订单的要求送货到仓库。

（5）品质：先检验，检验完后出具检验报告。

（6）仓管部：按采购订单及送货单清点数量，填写检验申请单，根据检验结果填写外购入库单或者办理退货，同时将外购入库单录入系统。

2. 单据/报表

（1）采购申请单。

（2）采购订单。

（3）检验申请单。

（4）外购入库单。

3. 流程详述

（1）PMC 计划：填写采购申请单，并发给采购部。

（2）采购部：依据采购申请单填写采购订单，并发给供应商、品质部、仓库及财务部，同时录入系统。

（3）财务部：按照报价合同审核订单价格及系统数据；审核外购入库单及系统数据。

（4）供应商：按采购订单的要求送货到仓库。

（5）品质：按采购订单的要求、检验申请单及配件标准检验，检验完后出具检验报告。

（6）仓管部：按采购订单及送货单清点数量，填写检验申请单，根据检验结果填写外购入库单或者办理退货，同时将外购入库单录入系统。

（二）退料缴库管理

退料缴库是指将制造现场多余的物料或不良物料退回物料仓储管理部门。通常制造现场进行物料退回缴库的对象包括下列数据：

（1）规格不符合的物料。

（2）超发物料。

（3）不良物料。

（4）呆料。

（5）报废物料。

（6）多余的半成品。

退料缴库需判定是否可再利用。若可再利用应登入账本或物料存量管制卡或计算机账。

（三）车间半成品或成品入库管理

车间管理人员在批次产品生产完毕时，应及时清点本批次作业加工完毕的工件或成品及剩余物料。加工完毕的工件或成品由检验人员检验后，填写批量产品生产状况一览表，并移交仓库管理人员清点入库。半成品、成品入库单一般一式两联，一联交车间统计，一联交仓库保管员。剩余物料依据退料缴库程序执行。

任务三　库存管理

一、背景

物资入库后，应根据物资的种类、性质、形状、体积等不同的特点要求，妥善保管，以方便物资的存取。其基本要求是：仓库规范化、存放系列化、养护经常化；保质、保量、保安全；防火、防盗、防汛、防虫、防变形。

二、基本内容

（一）商品仓储存在的主要问题

（1）物品摆放不整齐，通道被阻塞。

（2）无区位标示，查找物品较困难。

（3）物品或包装箱上无物品名称、编码标示。

（4）堆放物品无安全意识，存在隐患。

（5）呆废物资未及时处理。

（6）未按先进先出原则发料。

（7）账实不符。

（8）记账方法不正确。

（9）物料编码不正确或无编码。

（10）未按时盘点。

（11）仓库物料保管不善。

（二）库存管理的相关成本

生产过程也是物资消耗的过程。一方面，生产系统在不断地耗用库存物资，以生产出市场需要的产品。库存物资呈现出逐渐减少的态势。另一方面，企业不断地购进物资，补充库存，以满足企业生产需要。因此，企业的物资库存量处于不断变化的状态。如何在保证生产正常进行的前提下，不过多地挤压物资，即如何将库存水平控制在合理水平上，是库存控制的核心。在生产需求确定的条件下，平均库存水平是由每次的订货量决定的。如果每次的订货数量较大，那么订货次数虽相应减少，但平均库存水平仍较高。

库存控制的内容之一就是对与库存管理相关的成本进行精心控制，因此，库存管理的相关成本是制定库存控制决策时应主要考虑的因素。在库存控制决策中，涉及的成本主要有以下三类：

1. 库存持有成本

库存特有成本是指由于持有的库存而发生的一切成本。通常包括以下因素：

（1）资金成本，也称机会成本，是指由于投资与库存的资金已经不能用于公司其他方面的投资活动所带来的机会成本。资金成本包括购买库存所需资金的资金成本，如贷款所发生的利息，购买库存所需资金若用于其他投资的机会成本。

（2）过时成本，是指由市场变化所引起的产品价值的损失部分。

（3）损坏/报废成本。库存物资可能受潮、由于搬运被弄脏或以其他方式被损坏。这会使库存物资不再可售或可用，因而导致了维修或报废的相关成本。

（4）税，是指库存的国家税、财产税等。针对许多国家的课库存税，有些是根据年度中某一特定时间的库存投资额来课税，有些是根据全年的平均库存投资额来课税。

（5）保险费用。库存像其他资产一样要投保。通常这取决于公司的保险政策。

（6）存储费用。存储库存需要有仓库、物料搬运设备、相关的管理人员和操作人员。存储费用包括这些设施与人员的费用。

（7）在库存持有成本中，资金成本是最主要的组成部分。

2. 订货成本

订货成本是指向供应商发出订单购买物资而发生的成本。它一般用每次订货的成本来反映，通常不包括库存的采购成本。

订货成本通常包括订货手续费、物资运输装卸费、验收入库费、采购人员差旅费以及通信联络费等。订货成本的一个共同点是费用仅与订货次数有关，而与订货批量不发生直接的联系。换言之，生产系统的订货成本总值主要由企业的订货次数决定，随订货次数增加而增加。

企业自制生产物资时发生的调整成本，与外购时发生的订货成本相似。生产系统在转换生产的品种时，通常对设备进行调整而造成短期停工。同时，在转换生产的初期生产效率通常也较低。上述这些原因引起的损失统称为调整成本，主要与生产调整的次数有关，而与每次决定自制产品的批量关系不大。

3. 缺货成本

缺货成本是指由于无法满足用户的需求而产生的损失。缺货成本由两部分组成，其一是生产系统为处理误期任务所付出的额外费用，如加班费、从海运改为空运而产生的额外运费负担等。其二是误期交货对企业收入的影响，包括误期交货的罚款等。

上述损失是可以用金钱衡量的；而由于企业缺货无法满足用户的需求，导致的丧失市场份额的后果更为可怕，影响更深远。对缺货成本本身很难进行计量，在企业的损益表中也不反映，但缺货成本确实存在。我们假设发生缺货时：

要求公司为客户紧急备货的概率是55%，则公司的边际利润下降5美元；

导致公司失去该笔业务的概率是25%，从而使公司的边际利润损失50美元。

根据以上的基本数据，可以计算出由缺货所造成的损失的期望值为：

$$0.55 \times 5 + 0.25 \times 50 + 0.20 \times 500 = 115.25 \text{（美元）}$$

该期望值反应的是出现缺货后的平均损失。一般来说，公司可以通过额外的库存来避免出现缺货。如果保持这种额外库存的成本，低于缺货后平均损失的期望值，那么持有这种额外库存就是有效且必要的。

在上述三种与库存管理相关的成本中，在需求确定的前提下，增大每次的订货批量有利于减少订货成本和缺货成本，但是订货批量的增加通常会导致库存批量的增加，引起库存持有成本的上升。因此合理控制库存，使库存管理的总成本最低，是库存控制决策的主要目标。

（三）经济批量订货模型

在讨论了与库存管理的各相关成本后，库存决策的主要目标就在于要确定合适的订货批量，使库存管理总成本最低。

经济订货批量是指使库存持有成本、订货成本和缺货成本三者之和达到最小的订货量。如果每次的订货批量大于该经济订货批量，那么订货成本会减小，缺货成本也可能会降低，但库存持有成本会增加，而总的成本也会增加。反之，如果每次的订货批量小于该经济订货批量，则库存持有成本会减小，但是订货成本和缺货成本都可能会增加，最终也将导致总成本增加。

1915年，哈里斯提出了著名的经济订货批量公式（EOQ）。这个订货批量的公式在企业界得到了广泛的应用。

EOQ模型的基本假设如下：

（1）需求已知，并且是常量。

（2）提前期为0。

（3）不允许缺货。

（4）订货或生产都是批量进行的。

（5）货物是单一产品。

在这些假设之下，随时间变化的库存水平如图10-6所示。当库存消耗到0时，订一定单位的货物，会使库存水平又上升到原来的水平，因为提前期为0。

假设计划期为一年，年需求量（或者预计的年需求量）为D，订货批量为Q，每次订货的成本为C，货位的单价为P，每单位的库存的年持有成本为H（年库存持有费率$h \times$单价）。此时，年订货次数等于D/Q，平均库存量为$Q/2$，年订货成本则为：

$$\text{年订货成本} = \frac{D}{Q} \times C$$

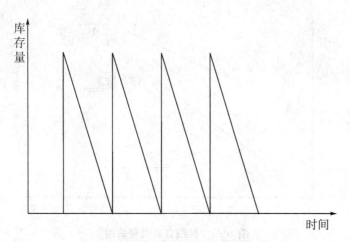

图 10-6　经济订货批量图示

年库存持有成本则为：

$$年库存持有成本 = H \times \frac{Q}{2} = Ph \times \frac{Q}{2}$$

年库存总成本 TC 为年订货成本与年库存持有成本之和：

$$TC = \frac{DC}{Q} + \frac{HQ}{2} = \frac{DC}{Q} + \frac{PhQ}{2}$$

为了使得总成本最小，对总成本函数求关于 Q 的异界倒数，并令其为 0，得 Q 的最优解：

$$Q^* = \sqrt{\frac{2DC}{H}} = \sqrt{\frac{2DC}{Ph}}$$

求得的订货量 Q^* 是使年库存总成本最小的经济订货批量值。

【例 10-1】某公司每年需要耗用某种零件 10 万件。为了应用经济合理的方法对该物资进行采购，公司对各项成本进行了统计。现已知该物资的单件为 8 元，每次的订货成本为 10 元，每件物资的保管费率为 25%。公司到底应该如何进行采购才能使得总成本最低呢？

根据以上的 EOQ 公式和各项成本的计算公式，我们可以得到：

$$Q^* = \sqrt{\frac{2DC}{Ph}} = \sqrt{\frac{2 \times 100\,000 \times 10}{8 \times 25\%}} = 1\,000（件）$$

$$年订货成本 = \frac{D}{Q} \times C = \frac{100\,000}{1\,000} \times 10 = 1\,000（元）$$

$$年库存持有成本 = Ph \times \frac{Q}{2} = 8 \times 25\% \times 500 = 1\,000（元）$$

$$总成本\ TC = \frac{DC}{Q} + \frac{PhQ}{2} = 2\,000（元）$$

从计算结果可以发现，以经济订货量订货时，年订货成本与年库存持有成本相等。此现象并非巧合，如图 10-7 所示，订货成本与库存成本相等时的订货量正好与最小总成本相对应。

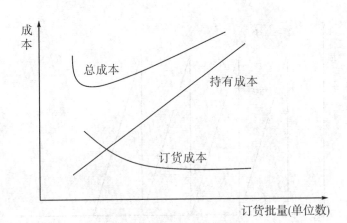

图 10-7 经济订货批量曲线

EOQ 公式的使用受到很多限制，主要因为在实际的企业中存在以下一些情况：

（1）在实际的情况下，需求往往不是常数，而是一个随机的数量。

（2）假设货物的单价不随采取的数量而变化，而实际上，很多企业是有数量折扣的。

（3）假设批量是同时到达的，而实际上，很多是分多批到达的。

（4）假定提前期为 0，而实际上，企业的采购往往有一个供货的提前期。

（5）假定只购买单一产品，而实际上企业往往从一个供应商处购买多个产品。

（6）尽管 EOQ 公式是在很多假设下推导出来的，但是在实际中由于很多成本的真实值无法获取或者获取的成本非常高，企业就用 EOQ 公式求近似解。

【例 10-2】科威公司销售注射针头。这种针头年需求量是 1 000 单位，订货成本为每次 10 元，每年每单位产品的储存成本为 0.50 元，产品单价 5 元。我们可计算出每次订货的最佳数量、总费用、年订货次数及订货点。

解：（1）$EOQ = Q^* = \sqrt{\dfrac{2DS}{H}} = \sqrt{\dfrac{2 \times 1\,000 \times 10}{0.5}} = \sqrt{40\,000} = 200$（件）

即每次订货 200 件，总费用达到最小。

此时，总费用 $TC = DC + (D/Q) \times S + Q/2 \times H$

$= 1\,000 \times 5 + 1\,000 \times 10 \div 200 + 200 \times 0.5 \div 2$

$= 5\,100$（元）

（2）年订货次数 $N =$ 年需求量/经济订货批量 $= D/Q^* = 1\,000/200 = 5$（次）

（3）订货点 $R = d \times L = 4 \times 10 = 40$

提前期 $L = 10$ 天

平均日需求量 $d =$ 年需求量/年工作日数 $= 1\,000/250 = 4$（件）

（四）分区分类规划

1. 分区分类规划的方法

（1）按库存物品理化性质不同进行规划。

（2）按库存物品的使用方向或按货主不同进行规划。

（3）混合货位规划。

2. 分区分类规划的原则

（1）存放在同一货区的物品必须具有互容性。

（2）保管条件不同的物品不应混存。

（3）作业手段不同的物品不应混存。

（4）灭火措施不同的物品绝不能混存。

由于仓库的类型、规模、经营范围、用途各不相同，各种仓储商品的性质、养护方法也不同，因而分区分类储存的方法也有多种，需统筹兼顾，科学规划。

（五）货位管理

进入仓库中储存的每一批物品在理化性质、来源、去向、批号、保质期等各方面都有独特的特性。仓库要为这些物品确定一个合理的货位，既要保证保管的需要，更要便于仓库的作业和管理。仓库需要按照物品自身的理化性质和储存要求，根据分库、分区、分类的原则，将物品依固定区域与位置存放。此外还应进一步在区域内，将物品按材质和型号规格等的一定顺序依次存放。货位管理的基本步骤如图 10-8 所示。

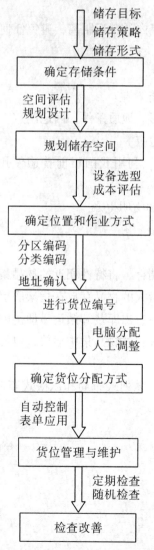

图 10-8 货位管理的基本步骤

257

（六）货位的存货方式

货位存货方式主要分为固定型和流动型两种。

1. 固定型

利用信息系统事先将货架进行分类、编号，并贴上货架代码，对各货架内装置的物品采取事先加以确定的货位存货方式。在固定型管理方式下，各货架内装载的物品长期是一致的。

2. 流动型

流动型是指所有物品按顺序摆放在空的货架中，不事先确定各类物品专用的货架。在流动型管理方式中，各货架内装载的物品是不断变化的。

（七）仓库货区布局

1. 仓库货区布局的基本要求

（1）适应仓储作业过程的要求，有利于仓储业务的顺利开展。

①单一的物流方向。

②应尽量减少储存物资在库内的搬运距离，避免任何迂回运输。

③最少的装卸环节。

④最大限度地利用空间。

（2）有利于提高仓库的经济效益。

①货区布局应充分考虑地形、地质条件，因地制宜。

②平面布置与竖向布置相适应。

③货区布局能充分和合理地利用我国目前普遍使用的门式、桥式起重机等固定设备。

（3）有利于保证安全生产和文明生产。

2. 仓库货区布局的基本形式

（1）货区布置的基本思路。

①根据物品特性分区分类储存，将特性相近的物品集中存放。

②将单位体积大、单位质量大的物品存放在货架底层，并且靠近出库区和通道。

③将周转率高的物品存放在进出库装卸搬运最便捷的位置。

④将同一供应商或者同一客户的物品集中存放，以便进行分拣配货作业。

（2）货区布置的形式。

垂直式布局：横列式布局、纵列式布局和纵横式布局。如图10-9、图10-10、图10-11所示。

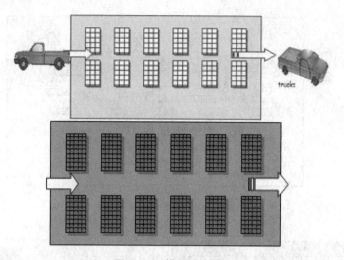

图 10-9　横列式布局

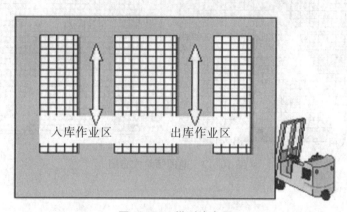

图 10-10　纵列式布局

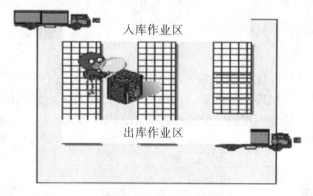

图 10-11　纵横式布局

倾斜式布局：货垛倾斜式布局和通道倾斜式布局。如图 10-12、图 10-13 所示。

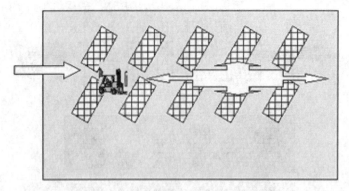

图 10-12　货垛倾斜式布局

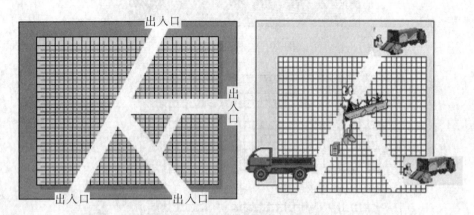

图 10-13　通道倾斜式布局

任务四　物料的领用管理

一、背景

物料的领用管理可以使公司物资管理合理化，不仅满足了工作的需要，还能合理节约开支。本着从实际出发、坚持节约的原则，严把领料关，做到能维修的绝不领新的，能少用、能节约的绝不多领，做到精打细算，理性节约。

二、基本内容

（一）物资分类

（1）机物料（为维护固定资产等设备所消耗的各种材料）、生产劳保用品等。

（2）原料。

（3）半成品、包材。

（4）成品（样品和公司内部领用产品）。

（二）物资领用管理

（1）机物料、生产劳保用品等。

　　车间领用→在仓管办填写领用单（一式三联，交财务一联）→车间主任审核→生产部经理审批→仓管办发放物料。

　　（2）原料、半成品及包材。

　　车间领用→在仓管办填写物料出库单（一式三联，交财务一联）→车间主任审核→仓管办发放物料→财务月底盘点（包含质检部和技术部）。

　　（3）成品（样品和公司内部领用产品）。

　　销售部门员工领用→填写物料出库单（一式三联）→部门负责人审核→分管副总审批→仓管办发放物料（仓库收取出库单的两联，其中交财务一联）→财务月底盘点（包含质检部抽样）。

　　其他部门员工领用成品见办公室领用规定。

　　（4）相关签字负责人不在公司时需电话请示汇报，后补签手续。

　　（三）登记消耗材料台账

　　考虑到对消耗物料的管理，应建立消耗台账制度。这样就可以更加精确地掌握各班组原材料等实际消耗情况。通过对预算进行差额分析，就可以发现浪费的原因，为进一步考核提供数据支持。

表 10-2　　　　　　　　　　　　　**消耗性材料台账**

部门：＿＿＿＿＿＿＿＿＿　　　　　　　　　　　　　　　第　页总　　页

日期	名称	规格型号	单价	数量	总价	领用人签字记录	备注

知识巩固

一、填空题

1. MRP 是一种＿＿＿＿＿＿方法，也是一种＿＿＿＿＿＿安排方法。

2. ＿＿＿＿＿＿是根据需求预测或顾客订单确定的，具有独立需求的特征。

二、判断题

1. 物料需求计划是用来确定非独立需求订货计划情况的信息系统。　　　　（　　）

2. 为防随机需求和生产波动，企业往往需要选择持有最终产品的安全存货，而不宜选择各构件的安全存货。　　　　　　　　　　　　　　　　　　　（　　）

3. 相关需求是企业所不能控制的，是一种外生变量。　　　　　　　　（　　）

4. 进行生产现场物料盘点时，应根据实际台账数量调整物料盘点表。　（　　）

案例分析

【案例分析10-1】沃尔玛如何强化库存管理

沃尔玛公司（Wal-Mart Stores, Inc.）（NYSE：WMT）是一家美国的世界性连锁企业，以营业额计算为全球最大的公司，其控股人为沃尔顿家族。总部位于美国阿肯色州的本顿维尔。沃尔玛主要涉足零售业，是世界上雇员最多的企业，连续三年在美国《财富》杂志世界500强企业中居首位。

沃尔玛公司目前经营着超过10万种单品。数量巨大与种类繁多的库存商品迫使沃尔玛必须让供应商参与到超市的库存管理中来，然而供应商并没有实际权利来管理产品。这使得他们的理念难以变成现实，由此产生了种种问题。

零售链系统受限

一般在缺乏供应商动力的情况下，每个沃尔玛的食品采购经理平均要负责三千个左右的单品。纷繁的单品数量使他们难以对具体的门店、商品进行监管。如果没有供应商的支持，采购人员也只能在问题变得非常严重时才会发现。因此，沃尔玛希望由供应商来帮助自己管理单品从而尽可能降低自己的人力成本。大多时候，供应商的销售人员会早于超市的采购人员发现问题，但这需要他们真正地掌握了超市的零售链系统。只有原有的配货中心才能保障自己产品的供应。说到这，沃尔玛公司在中国的运营和管理正是在这个方面遇到了问题。虽然中国国内的供应商很早就已经连接了沃尔玛的零售链系统，但是受限于国内供应商技术落后等因素，使得其不能完全利用零售链系统并进行有效的分析，无法优化自己的产品，无法获得更多的利润。因此，多数供应商一开始就不了解这种做法的好处到底在哪里，而只是通过零售链系统接受产品订单，并不是去分析产品的销售情况并做出调整。事实上，对于零售链系统中的数据，供应商没有能力去分析、调整。可见，供应商的技术约束使得营销链中的网络优势得不到充分发挥。

库存管理的硬伤

库存既是零售企业的资产，同时也是负债。良好的库存管理可以加快零售企业的资金回转，增加利润额。可以说，库存问题现已成为各大零售企业日常经营中的核心问题。

但是，这并不能说就一定是供应商拖累了沃尔玛超市的发展。沃尔玛公司的管理确实没有像在国外一样良性地运营。而由此带来的损失是双方面的。打个比方，当某个高销量的单品在几家门店已经严重缺货，但供应商并没有及时地了解缺货情况。此时，沃尔玛的采购人员根本没有精力管理到每个单品，那这种产品就很可能一直出现缺货，从而陷入无人管理和解决的恶性循环。高销量的产品经常性的缺货，不单单损失了眼前的利益，更为危险的是可能丧失整个市场，使竞争对手在这过程中发展起来。再比方说，因为某个产品的问题而导致单品的销量太差。此时的供应商如果没有对销售/库存分析数据进行分析，就不能洞悉市场对单个商品需求的变化，进而导致不能及时调整库存，也就无法建议超市找到相应的替代品来代替目前的商品。基于上述的失误，就会出现大量的库存积压，最后不得不以打折的方式进行处理。这就造成了多方的利益都受到损失，即将淘汰的产品却成了促销活动的主角，影响了新产品的促销。

信息系统不匹配

沃尔玛超市灵活高效的物流配送系统与成熟的供应链管理系统是其取得全球性成功的一个重要原因。它的基本原则是密集建店应围绕着一个物流供应链。当超市达到一定数量时，物流供应链的管理作用才能够发挥到极致。这无疑确保了在市场上的价格优势。沃尔玛公司采用美国最大的民用系统，即电子信息系统。其 POS 机（销售时点数据系统）、EDI（电子数据交换系统）、RFID（射频识别技术）等都曾领跑于行业内的其他竞争对手。公司的管理层和各分店均可以运用网络与全世界的供应商在一小时内取得联系，可以将数千家门店的各类产品的库存、销售量完全清点一遍。沃尔玛供应链上面每个节点的部门可以通过信息系统来共享商品的上架、销售与输送和订单的信息等，让整体与零售环节的销售、订货与配送均保持一致性。

然而沃尔玛公司受到全球多个国家认可的管理和供应链体系，在中国却遭到了不小的挫折。由于国内与美国的信息网络环境有很大的差距，因此绝大多数国内供应的信息系统和沃尔玛超市相比更是天差地别。因为，目前国内鲜有沃尔玛公司要求的供应商配有的相应配套技术平台，所以供应商最终会在供货方面出现问题。

库存管理应因地制宜

在市场经济高速发展的今天，降低库存成本，可以减少不必要的仓储用地，减少无效的物流配送。因此这是每家零售企业都在探寻的库存管理模式。合理的库存管理方案可以使整个企业的供应链高速运转，有利于实现零售企业供应链各个环节的有机整合。

科学的库存管理方法应该是，零售商与供应商双方有效地实现信息共享。供应商通过直接获得客户信息来自行管理客户库存水平，以及决定库存的增加或减少，以降低整个供应链的供求水平，降低库存成本。这种减少管理环节的方法不但节省了超市的成本，还能促使供应商提高自身服务水平，加速自身资金和物资周转，使供应商和超市都能从中获利。从这点来说，沃尔玛中国做得还不够好。供应商难有相应的权限，并且他们也不具备这样的意识。

现如今，所有的工作都需要用数据说话。比如，有两种商品，在过去三个月中销售额都为六万元，但各自品类利润的差异直接导致了商品所陈列的数量的差异。又比如两种商品虽然同期的利润相同，但是大小不一样，可能一个是一个小瓶的奶制饮料，一个是大桶的百事可乐。这导致他们的周转速度、商品运转周期都不一样。在沃尔玛的倡导下，各个供应商应该高效利用这些数据，通过对数据的分析及时调整自身的销售情况，以提高敏锐的信息反馈能力。目前，中国供应商对沃尔玛零售管理系统的应用并不存在技术、能力问题，归根结底就是对零售链的认识还不够透彻。供应商应该通过管理软件合理地利用这些基础数据。沃尔玛作为行业的领导者，应该帮助供应商努力地学习、使用零售链管理系统，加大对培训成本的投入。供应商在有所体会后，就会意识到供应链管理的优势。

总之，为了适应中国的国情，沃尔玛的库存管理必须随着地域特色有所变动。因此沃尔玛在中国的发展仍有很多的改善空间。若本文提供的解决方案能够得到落实与保障，相信沃尔玛公司的各种库存问题一定能得到有效地控制，其在中国也能获得更好地发展。

263

思考题:

1. 沃尔玛的库存管理有什么问题?给我们什么启示?
2. 此案例让你对物料管理有哪些新的想法和认识?

【案例分析10-2】 戴尔策略——零库存

"零库存"并不意味着没有库存。像戴尔这样的组装企业,没有库存意味着无法生存。只不过戴尔的库存水平很低,周转很快,并且戴尔善于利用供应商库存,因此其低库存被归纳为零库存。这只是管理学上导向性的概念,不是企业实际操作中的概念。经过充分的传播,戴尔的名声已经与零库存相联系。因此很多人一提起戴尔,马上就想起了零库存。精髓是低库存。戴尔不懈追求的目标是降低库存量。21世纪初期,戴尔公司的库存量相当于5天的出货量,康柏的库存天数为26天,一般PC机厂商的库存时间为2个月,而中国IT巨头联想集团是30天。戴尔公司分管物流配送业务的副总裁迪克·亨特说,高库存一方面意味着占有更多的资金,另一方面意味着使用了高价物料。戴尔公司的库存量只相当于一个星期出货量,而别的公司库存量相当于四个星期出货量。这意味着戴尔拥有3%的物料成本优势,反映到产品低价就是2%或3%的优势。戴尔的管理人员都借助于信息和资源管理软件来规范物料流程。在一般的情况下,包括手头正在进行的作业在内,任何一家工厂内的库存量都只相当于规定的出货量。戴尔模式的竞争力在哪里?专家研究后发现,主要体现在低库存方面。

戴尔的库存时间比联想少18天,效率比联想高90%。当客户把订单传至戴尔信息中心,由控制中心将订单分解为子任务,并通过Internet和企业间信息网分派给上游配件制造商。各制造商按电子订单进行配件生产组装,并按控制中心的时间表供货。戴尔只需在成品车间完成组装和系统测试,剩下的就是客户服务中心的事情。一旦获得由世界各地发来的源源不断的订单,生产就会循环不停、往复周转,形成规模化。这样纷繁复杂的工作如果没有一个完善的供应链系统在后台进行支撑,而通过普通的人工管理来做好,是不可能完成的。

在德州圆石镇,戴尔公司的托普弗制造中心巨大的厂房可以容纳五个足球场,而其零部件仓库却不超过一个普通卧室那么大。工人们根据订单每三五分钟就组装出一台新的台式PC。戴尔没有零部件仓库,其零库存是建立在对供应商库存的使用或者借用的基础上。在厦门设厂的戴尔,自身并没有零部件仓库和成品仓库。零部件实行供应商管理库存(VMI),并且要以戴尔订单情况的变化而变化。比如3月5日戴尔的订单是9 000台电脑;3月6日8 532台电脑等。每天的订单量不一样,要求供应商的送货量也不一样。不仅戴尔订单的数量不确定,而且对供应商配件送货的要求也是可变的。对15英寸(1英寸=2.54厘米)显示屏和18英寸显示屏的需求组合是不同的,如3月5日的显示屏需求组合是(5 000+4 000),3月6日的需求组合是(4 000+5 000)等。超薄显示屏和一般显示屏的需求组合变化也是一样的。因此,戴尔的供应商需要经常采取小批量送货,有时送3 000个,有时送4 000个,有时天天送货。订单密集时需要一天送几次货,一切根据需求走。为了方便给戴尔送货,供应商在戴尔工厂附近租赁仓库,来存储配件,以保障及时完成送货。这样,戴尔的零库存是建立在供应商的库存或者精确配送能力的基础上。戴尔通过充分利用供应商库存来降低自己的库存,并把主要精力放在订单上。

而戴尔公司的成品管理则完全采取订单式，即用户下单，戴尔组装送货。由于戴尔采取了以 VMI、CRM 等信息技术为基础的订单制度，因此在库存管理方面基本上实现了完全的零库存。戴尔以信息代替存货。因特网受到戴尔公司的充分重视，主要表现在：戴尔与客户、供应商及其他合作伙伴之间通过网络进行沟通的时间界限已经模糊了。戴尔与客户在 24 小时进行即时沟通，突破了上班时间的限制。同时，戴尔与合作伙伴之间的空间界限已经被模糊了。戴尔在美国的供应商可以超越地域的局限，通过网络与设在厦门的工厂进行即时沟通，了解客户订单的情况。通过强化信息优势，戴尔整合了供应商库存协作关系，并在实践中，成功地锻炼出了供应商的送货能力。戴尔需要 8 000 个显示器，在当天供应商就能送 8 000 个显示器；当戴尔需要 5 000 个大规格的显示器，供应商在 2 个小时内就能够配送 5 000 个大规格显示器。戴尔与供应商培植了紧密的协作关系，为客户提供了精确的库存。在流通活动中，客户的"信息"价值替代"存货"价值。

在供应链管理中，戴尔作为源头，其主要的分工是凝聚订单。比如收集 10 000 台电脑订单，供应商则及时供货，提供 10 000 种与电脑相关的配件，如显示器、鼠标、网络界面卡、芯片及相关软件等。供应商在戴尔的生产基地附近租赁仓库，并把零配件放到仓库中储备。戴尔在需要这些零配件时，则通知供应商送货。零配件的产权由供应商转移到戴尔。另外，戴尔可以充分利用库存赚取利润。比如，戴尔向供应商采购零部件时，可以采取 30 天账期结算；但在卖出电脑时执行先款后货政策，至少是一手交钱一手交货，并利用客户货款与供应商货款中间的时间差，来谋求利益。零库存是一种导向。有专家说："戴尔的'零库存'是基于供应商'零距离'之上的。"假设戴尔的零部件来源于全球的四个市场，即美国市场占 10%，中国市场占 50%，日本市场占 20%，欧盟市场占 20%。然后在香港的基地进行组装后销售到全球。那么从美国市场供应商 A 到达香港基地，空运至少 10 个小时，海运至少 25 天；从中国市场供应商 B 到达香港基地，公路运输至少 2 天；从日本市场供应商 C 到达香港基地，空运至少 4 小时，海运至少 2 天；从欧盟市场供应商 D 到达香港，空运至少 7 小时，海运至少 10 天。如要保证戴尔在香港组装的零库存，那么供应商在香港基地必须建立仓库，自建或租赁，来保持一定的元器件库存量。供应商承担了戴尔公司的库存风险，而且还要求戴尔与供应商之间要有及时、频繁的信息沟通与业务协调。而直接模式同样不可避免地遇到"库存"问题。戴尔所谓的"摒弃库存"其实是一种导向，绝对的零库存是不存在的。库存问题的实质是：既要千方百计地满足客户的产品需求，又要尽可能地保持较低的库存水平。只有在供应链居于领导地位的厂商才能做得到，戴尔就是这样的企业。

与联想相比，戴尔在库存管理方面具有优势；在与零部件供应商的协作方面，也具有优势。"以信息代替存货"，在很多其他厂商看来是不可能的，但在戴尔却是实际存在的。零库存是一个完整的体系模式。戴尔的零库存需要客户支持、系统改进、供应商关系、市场细分等多个环节的参与配套。离开任何一个方面，零库存的优势也是不存在的。没有强大的订单凝聚能力，要借用供应商的库存是不可能的。以显示器为例，对于需要 10 000 个的订单和需要 500 万个的订单，供应商的反应也是不一样的。显然，戴尔拥有了 500 万个显示器的需求，可以给供应商提出更多的要求。只不过戴尔可以把订单拆开，要求供应商送货 600 次。这样做，由于订单总量仍然是很大的，因此供应商才愿意按照"随需随送"的要求来参与业务运作，因为虽然供应商承担了戴尔的库存风险，但是实际上总的利益还是很大的。如果订单很小，比如只有10 000个，供应商怎么可能把自己的仓库建到戴尔工厂附近，又怎么能够做到在需要的时候确保两小时送货呢？很显然，只有订单足够大，才能实现这个目标。在微利时代，订单与低库存的匹配也是很难的。因为订单掌握在客户手里，能不能产生这样的需求，产生的需求能不能为戴尔公司掌握，这是很难确定的。经常的情况是，戴尔保持着零库存，而客户的订单是波动的。订单的成长性也具有淡季和旺季之分，如淡季戴尔一个月可能只卖80万台PC，旺季一个月可能要卖200万台。戴尔的库存管理能力必须适应从80万台到200万台的变化。这对讲求零库存的戴尔是一个很大的挑战。订单与低库存相匹配的按需定制方式是戴尔的优势，需要有经验的积累和供应商关系的磨合等。成本控制、节约开支等措施是戴尔日常管理的核心，而且这不能妨碍订单与供应商库存的协调。戴尔是如何做到这种匹配的呢？主要的方法有：一是戴尔的强势影响力，使供应商认同戴尔的潜力并千方百计地满足戴尔的订单变化；二是强大的信息沟通机制，能够使戴尔通过迅速的沟通来满足配件、软件的需求；三是有力度的流程管理方式，使戴尔能够精确地预估未来的需求变化。

戴尔出现库存过量的背景是，公司成立才4年多，就顺利地从资本市场筹集了资金，首期募集资金3 000万美元。对于靠1 000美元起家的公司来说，这笔钱的筹集，使戴尔的管理者开始认为自己无所不能。大量投资存储器，一夜之间形势逆转，重大存货风险出现。"我们并不了解，自己只知道追求成长，对其他的事一无所知，"迈克尔说，"成长的机会似乎是无限的，我们也习惯于不断追求成长。我们并不知道，每一个新的成长机会，都伴随着不同程度的风险。"戴尔公司当时大量购买存储器的原因主要有：

①戴尔成长良好，其领导只看到机会，忽视了风险。

②戴尔当时刚刚上市，募集了数千万美元的资金。大量的现金趴在账上，导致领导者产生急于做大的心理，并为资金寻找出路。

③戴尔公司成立的时间不长，因此迈克尔本人对市场机会看得多一些，对风险则认识不足。

④戴尔当时的总经理沃克是个金融家，对PC行业的特性认识不足，没能制约迈克尔的决策等。

戴尔每年的采购金额已经高达200多亿美元。假如出现库存金额过量10%，就会出现20亿美元的过量库存，一则会占用大量的资金；二则若库存跌价10%，就会造成2亿美元的损失。在采购、生产、物流、销售等环节，戴尔继续保持低库存或者零库存，避免资金周转缓慢、产品积压及存货跌价方面的风险。迈克尔评价说："在电子产业里，科技改变的步调之快，可以让你手上拥有的存货价值在几天内就跌落谷底。而在信息产业，信息的价值可以在几个小时、几分钟，甚至几秒钟内变得一文不值。存货的生命，如同菜架上的生菜一样短暂。对于原料价格或信息价值很容易快速滑落的产业而言，最糟糕的情况便是拥有存货。我们在1989年经历的第一个重大挫折，原因居然与库存过量有关系。我们当时不像现在，只采购适量的存储器，而是买进所有可能买到的存储器。在市场景气达到最高峰的时候，我们买进的存储器超过实际所需，然后存储器价格就大幅度滑落。而屋漏偏逢连夜雨。存储器的容量几乎在一夕之间，从 256K 提升到 1MB。我们在技术层面也陷入了进退两难的窘况。我们立刻被过多且无人问津的存储器套牢，而这些东西花了我们大笔的钱。这时，我们这个一向以直接销售为主的公司，也和那些采取间接模式的竞争对手一样，掉进了存货的难题里。结果，我们不得不以低价摆脱存货，这大大减少了收益，甚至到了一整季的每股盈余只有一分钱的地步。"库存过量风险直接引发了戴尔公司的资金周转危机。假如戴尔当时把募集资金 3 000 万美元的 30% 用于购买元器件。由于市场变化，在危机后，戴尔库存价值损失 90%。换句话说，在危机爆发后，戴尔就可能损失 720 万美元。这对一个成立刚 5年的公司，打击可以说是很大的。这时只得被迫低价出售库存，以拯救公司。

在成长初期，戴尔公司在论证项目和拓展业务时，比较看重收入、利润这样一些指标。假如某年戴尔的年销售收入为 1.5 亿美元，那么其容易确定翻倍的业务计划，即要求在下一年完成 3 亿美元的收入。在确定超高收入计划的同时，戴尔的支出指标被忽视了。利润仅仅是账面指标，不能说明问题。这是戴尔盲目追求成长的主要表现。戴尔公司从直销电脑起家，开始涉足的产品线比较单一，主要做一些 IBM 的产品。后来，戴尔成长了，产品线的品种逐步丰富起来，不但做 PC 产品的销售，还做各类 PC边缘产品的销售。后来，戴尔又向海外市场延伸业务，进入欧洲市场。由于业务增长得很快，戴尔内部出现了乱铺摊子的现象。迈克尔说："不管是当时也好，或甚至在很长一段时间内，我们并不了解其他产业的经济形态，也没有现成的系统或者管理架构来监督这种业务。我们不断地花钱，而此时的获利率却开始下降，同时存货和应收账款也愈堆愈高。"1993 年戴尔公司的现金周转成了问题。当库存过量令戴尔遇到巨大的库存风险之后，戴尔通过媒体向投资者公开披露风险信息，造成股价暴跌。这使迈克尔本人第一次面临前所未有的市场压力。巨大的库存风险促使戴尔公司积极深刻地反省自己，同时也促使迈克尔深思存货管理的价值。在 IT 这样剧烈波动的产业中，制约决策也是很有价值的。这次教训也坚定了迈克尔引入双首长管理体制的决心。存货过量的风险是直接引导戴尔确立"摒弃存货"原则的基础：一是充分利用供应商库存，降低自身的库存风险；二是通过强化与供应商的合作关系，并利用充分的信息沟通降低存货风险。在经历风险之后，戴尔才深刻认识到库存周转的价值。

在互联网技术出现之后，戴尔公司又进一步完善了库存管理模式，并丰富了"信息代替存货"的价值内涵。在 20 世纪 90 年代初期，戴尔公司发现存货管理的价值和重要性，并认识到库存流通的价值。"从这次经验里学到，库存流通不仅是制胜的策略，更是必要的措施。它有助于抵抗原料的快速贬值，而且现金需求少，风险较低"，迈克尔说。

为了控制库存，在技术上，戴尔将现有的资源规划和软件应用于其分布在全球各地的所有生产设施中。在此基础上，戴尔对每一家工厂的每一条生产线每隔两个小时就做出安排，而戴尔只向工厂提供足够两小时使用的物料。在一般情况下，包括手头正在进行的作业在内，戴尔任何一家工厂内的库存量都只相当于大约 5 个小时或 6 个小时的出货量。这就加快了戴尔各家工厂的运行周期，并且减少了库房空间。在节省下的空间内，戴尔代之以更多的生产线。对于戴尔公司而言，如果观察到某种特定产品需求持续两天或者三天疲软，就会发出警告；对于任何一种从生产角度而言"寿命将尽"的产品，戴尔将确定某个生产限额。戴尔的零库存优势是如何形成的呢？主要的方式是：

一是整合供应商工作做得好。戴尔通过各种方式，赢得了供应商的信任，以至于不少供应商在戴尔工厂附近建造自己的仓库，形成了"戴尔频繁要求订货，供应商谨慎送货"的运作模式；

二是形成了良好的沟通机制。戴尔与供应商形成了多层次的沟通机制，使戴尔的采购部门、生产部门、评估部门与供应商建立了密切的业务协同；

三是打造强势供应链运作机制，使供应商必须按照戴尔的意图来安排自己的经营计划。海尔集团CEO张瑞敏评价说："在戴尔，它的每一个产品都是有订单的。它通过成熟网络，每20秒就整合一次订单。"

所有客户要通过订单提前确定，随后由戴尔的生产线装配。国内的联想等对手不是这样。它的许多产品是先要生产出来，并通过经销渠道销售出去。这可能面临经销商卖不出去的风险。按单生产不仅意味着经营中减少资金占用的风险，还意味着减少戴尔对PC行业巨大降价风险的回避。按单生产的精髓在于速度。优势体现在库存成本低，甚至是无库存。特别是在计算机行业，由于产品更新迅速、价格波动频繁，戴尔的按单生产优势体现得淋漓尽致。很多企业的问题是订单缺乏或难以获取订单，这使生产线大量闲置。相反，有些企业没有强有力的配送和订单整合能力，即使获取订单，也难以尽快满足客户需求。很多公司提出按单生产的方案。但实际上很难落实，主要是因为需求和供给难以平衡起来，特别是凝聚需求、获取订单的能力跟不上。

大约在2000年，迈克尔决定在奥斯丁附近新建一个装配工厂，其新工厂的目标是人均产量翻一番。至于如何做到这一点，迈克尔没有任何提示，他只是告诉手下："我不想再看到这么多的零部件和电脑成品堆在工厂里，占用场地和人力。"2003年，戴尔的愿望完全实现：新工厂的占地面积比原来小了一半，但产量却猛增了3倍多，平均每天可组装2.5万台。戴尔的作业效率是如何提高的呢？

①只做最直接的工序，没有多余的动作。

②新装配件的自动化程度更高。虽然工人装配电脑的程序和过去大致一样，但是他们经手接触电脑的次数只有13次，几乎比对手少了一倍以上。

③客户发出指令后不到1分钟，装配厂的电脑控制中心就会收到订货信息，然后向配件供应商预订有关零部件，并在收到零部件后直接指示工厂投入生产。

④省去了批发、零售等环节的开销，每台电脑的成本因此下降50美元左右。

⑤过去，戴尔公司的电脑成品是先运到一个转运中心，然后再分给不同工种来进行作业。而现在，其成品直接从装配线装上货车。仅这一项就砍掉了25万平方英尺的大仓库，而且还大大节约了交货时间。

戴尔副总裁萨克斯说："由于戴尔的直接经营模式，我们可以从市场得到第一手的客户反馈和需求，然后，生产等其他业务部门便可以及时将这些客户信息传达到戴尔原材料供应商和合作伙伴那里。"戴尔打造信息沟通的基本工具是免费800电话和全球性强大的网络交易、订货、接单体系。利用互联网，戴尔可以面对个性化的客户，并提供符合其需要的个性化服务，如提供针对财务部门的应用服务，针对销售部门的应用服务等。这样使戴尔能够成功地凝聚有特殊需求的客户群体。戴尔设在厦门的工厂，对于明天生产什么产品，在白天是一无所知的，因为订单在晚上才会收到。正因为戴尔与客户之间没有环节，他们可以很好地了解客户的需要。同时，生产的产品第二天就可以发货，几天之内就到客户的手中。客户有什么问题，马上能够反馈给戴尔，以便迅速加以改进。

在戴尔，没有批量的概念。即使100台电脑恰好具备同样的配置，也会按照不同的客户订单分别进行处理。而一般的厂商，采取流水线作业。一种款式的PC生产开机后，一次性可以生产10 000台PC，然后通过渠道来进行销售。通过订单驱动的库存管理，戴尔每天与1万多名客户进行对话，这就相当于给了戴尔公司1万次机会争取订单。每年，戴尔拥有数百万次机会来争取订单，并通过订单整合供应商资源，使供应和需求取得平衡。如果某一部件将出现短缺现象，采购部门会提前了解这一问题，经过与销售部门联系，把需求调整到其手头所拥有的物料上。戴尔可以利用订单变化，来调整供应商库存的变化，进而调整自己的库存管理。戴尔推出的每一款新产品都要以高品质来满足客户需求。在最短的时间里，戴尔能够收集到足够的品质数据，并进行品质验证。

戴尔测试职位的权力也很大。原因在于，戴尔不允许有瑕疵特征的产品出售。为此，戴尔采取了类似6-Sigma管理的方式，对产品进行精确测试。一旦发现产品不合格，就要求迅速改进。戴尔始终把低库存放在经营活动的重点方面。戴尔直接获取订单，获得更多的第一手需求信息，因为客户会告诉戴尔他们的需要或者他们的不满。戴尔的采购人员经常被要求研究下列问题：技术的发展趋势怎样；供应商能否适应客户需求的变化；供应商的成本结构和产能是否跟得上形势的变化；供应商今年提供15英寸的显示器，明年能否提供18英寸的显示器；某供应商上年提供100万只键盘，明年能否提供130万只键盘；等等。当市场上出现了对手血拼高端的情况时，戴尔总是不动声色地专注低端，以求保持最低库存。戴尔每年都要推出一些重要新款式产品，如工作站、存储设备、服务器、交换机等。戴尔对这些产品同样坚持零库存管理。戴尔能够做到业界最低的库存，最重要的是真实的客户信息。

一走进美国戴尔的装配工厂，人们就可以看到楼梯旁挂着一排排专利证书。它们似乎在告诉每一位参观者：以直销起家的戴尔并不仅仅只是一个把别人生产的零部件拼装在一起的装配商。仔细看看那些证书，就会发现，这些发明创造的重点不在于新产品的开发，而是加工装配技术的革新，比如流程的提速、包装机的自动控制等。它们体现的是"戴尔模式"的精髓：效率第一。

戴尔工厂的作业效率是很高的。从进料到产品下线，其包装全都在一个足球场大的车间里进行。戴尔的产品经过测试后，可以打包装箱，直接运往最终客户手中。一台PC机从原料进场到打包离厂只有五六个小时的时间。戴尔很注意寻找降低库存的方法。主要的做法有：精确预测最低库存量。每周召开供需平衡会议。在会议上，来自销售、营销、制造和采购等部门的业务经理一起制订具体的行动计划，这增强了库存的流动性。对客户需求和市场趋势做出正确反应和预测。戴尔的基本优势是低库存。这个优势是具有行业水准的。在IT界，没有哪家竞争对手的库存水平能够超越戴尔。戴尔每天根据订单量来整合供应商资源。比如说，戴尔可以给供应商说，我们需要600万个显示器，需要200万个网络界面。这对供应商来说是很大的机会。因此，供应商愿意按照戴尔的要求把自己的库存能力贡献出来，为戴尔做配套，也尽量满足戴尔提出的"随时需要，随时送货"的要求。

戴尔是如何实现低库存的呢？主要是精确预测客户需求；评选出具有最佳专业、经验及品质的供应商；保持畅通、高效的信息系统。最关键的还是保持戴尔对供应商

269

的强势影响力。这样，戴尔就能超越供给和需求不匹配的市场经济常态的限制，打造出自己的低库存优势。在戴尔，很少会出现某种配件的库存量相当于几个月出货量的情形。戴尔零库存目标的实现主要依赖于戴尔的强势品牌、供应商的配合以及合理的利润分配机制的整合等。按照法国物流专家沙卫教授的观点，戴尔要想与供应商建立良好的战略合作伙伴关系，应多方面照顾供应商的利益，支持供应商的发展。首先，在利润上，戴尔除了要补偿供应商的全部物流成本（包括运输、仓储、包装等费用）外，还要让其享受供货总额 3%~5% 的利润。这样供应商才能有发展机会。其次，在业务运作上，要避免由零库存导致的采购成本上升。戴尔向供应商承诺长期合作，即一年内保证预定的采购额。一旦采购预测失误，戴尔就把消化不了的采购额转移到全球别的工厂，以尽可能减轻供应商的压力，保证其利益。同时，《商业周刊》曾就戴尔供应链管理的秘密与戴尔公司分管供应链管理的副总裁迪克·L·亨特进行访谈。虽然我们无从得知具体的技术细节，但通过采访内容，可以熟悉，戴尔公司目前采用的资源规划和使用系统是由 i2Technologies 公司编写的软件。这套软件在启用 10 个月之后覆盖了戴尔全球所有的生产设施，并开始产生效益。亨特说，在计算机零部件生产中，与其同 20 个已经进入市场的生产者竞争，还不如同其中最优秀的企业达成合作更经济。这样，戴尔自身可以集中有限的资金和资源生产能够产生市场附加值的部分，而一般的零部件则交给其他优势企业生产。通过这种强强合作，戴尔与供应商建立起伙伴关系，实现充分的信息共享。其结果是，戴尔不再需要用完整的生产体系去管理，因此减少了公司管理成本和管理工作量，提高了运行效率；供应商的技术人员在产品开发和销售服务中成为戴尔的有机组成部分。公司对市场的反应更加快捷，能够创造出更多的价值，同时，确保了戴尔公司的技术始终保持一流水平。

　　戴尔刚进入中国市场时，由于物流新模式的缘故，与海关的监管方式产生了矛盾。戴尔不仅在全球采购几千种零件，而且承诺接单后 7 天内将产品送到用户手里。在厦门的戴尔工厂，近 20 辆卡车一字排开随时等候装货。这些卡车就是仓库。长期以来，海关的加工贸易监管模式是与计划性生产相配套的。企业接到进口加工的订单后，要拿外贸部门审批好的合同到海关备案。这往往需要 10 天左右或者更长时间。但是，在 IT 行业中以"零库存"制胜的戴尔公司，从接到订单到把货送到客户手中要求 7 天时间，这成了困扰企业和海关的难题。另外，戴尔的进口物料有几千种。几乎每份报关单都是 IT 行业的最新信息。相对于其他公司只有几项商品的报关单，戴尔的单实在是太多了。海关后期的核销工作更艰巨。往往一调取戴尔的进出口数据，电脑就死机，因为数据太多了。这种监管方式使海关人员受累不算，还令企业认为海关的办事效率太低了。戴尔公司生产和电子商务结合的运作模式，给海关工作带来了挑战。厦门海关的当务之急是不断改革加工贸易监管方式。厦门海关将戴尔作为联网监管的试点，充分利用现代科技手段，将海关监管与企业生产管理有机地结合起来。联网监管的优势很快体现出来。企业可以在进出口实际发生前，通过联网系统传输细化的料件和成品单向海关备案。海关严密监管，通过联网系统查询进口料件的规格型号和出口成品的耗单，据以验收放货，提高了通关效率。实时监控运用使海关能及时掌握企业的经营状况，为中期核查提供了实时、准确的数据。实现计算机自动核销核算，极大地提高核销的质量和效率。但是，在联网监管之初，在厦门海关内部引起了意想不到的"思想波动"。一些关员想不通，凭着企业提供的进出口料件数据办理海关手续可靠吗？

厦门海关认识到，必须教育海关人员转变观念，为此组织海关人员去戴尔（中国）公司了解其经营模式和生产流程。厦门海关负责人说，"光讲这家企业信誉好，监管风险小，没用。有感性认识了，海关人员疑虑才能打消。要把戴尔的事放在支持外贸出口的大局考虑。戴尔的运作模式很新，其落户在厦门，对厦门关区是一个挑战。虽然目前只有一个戴尔，但是若干年后肯定会有很多家。"1993 年 8 月，厦门海关与检验检疫局在信息平台对接，实现"电子通关"，让厦门 5 000 多家进出口企业更为方便。电子通关系统，将检验检疫机构签发的出入境通关单的电子数据传输到海关。海关对报检报关数据进行确认后，再予以放行。这样，企业使用电子申报后，足不出户可完成通关手续。

实践训练

项目　办理无聊的出入库

【项目内容】

带领学生参观某制造企业的仓库。

【活动目的】

通过对制造企业仓库的参观，理解物料出入库的流程。

【活动要求】

1. 有参观过程记录。

2. 每人写一份参观学习提纲。

3. 保留参观主要环节和内容的详细图片、文字记录。

4. 分析企业的物料出入流程和规定。

5. 每人写一份参观活动总结。

【活动成果】

参观过程记录、活动总结。

模块十一
生产现场管理

【学习目标】

1. 说出生产现场管理的主要内容与目标。
2. 说出生产现场管理的常用方法。
3. 说出定制管理、目视管理和5S活动的意义、内容与实施步骤。

【技能目标】

1. 运用所学知识分析评价生产现场管理水平。
2. 根据生产现场特点科学开展目视管理、定制管理。
3. 组织开展生产现场的5S活动。

【相关术语】

生产现场（producing spot）

定制管理（fixed location management）

现场管理（bottom-round management）

5S管理（5S management）

【案例导入】

某项目经理部为了创建文明施工现场，对现场管理进行了科学规划。该规划明确提出了现场管理的目的、依据和总体要求，对规范厂容、环境保护和卫生防疫做出了详细的设计。以施工平面图为依据，加强场容管理。对各种可能造成污染的问题，均有防范措施。卫生防疫设施齐全。

思考题：

（1）在进行现场管理规划交底时，有人说，现场管理只是项目经理部内部的事。这种说法显然是错误的。请你提出两点理由。

（2）施工现场管理和规范场容的最主要依据是什么？

（3）施工现场入口处设立的"五牌"和"两图"指的是什么？

（4）施工现场可能产生的污水有哪些？怎样处理？

（5）现场管理对医务方面的要求是什么？

任务一 生产现场目视管理

一、背景

在日常活动中，我们是通过"五感"（视觉、嗅觉、听觉、味觉、触觉）来感知事务的。其中最常用的是"视觉"。根据统计，人的行动有 60% 是从"视觉"的感知开始的。而从"视觉"所获取的信息更高达 80%。因此，在企业管理中，各种管理状态、管理方法应清楚明了，即一目了然，从而容易明白、易于遵守，让员工完全自主地理解、接受、执行各项工作。这将给工作带来极大的好处。

二、基本内容

（一）什么是目视管理

目视管理是利用形象直观而又色彩适宜的各种视觉感知信息来组织现场生产活动，从而提高劳动生产率的一种管理手段。它以公开化和视觉显示为特征，也叫可视化管理。

（二）目视管理的目的

目视管理的目的是以视觉信号为基本手段，以公开化为基本原则，尽可能地将管理者的要求和意图让大家都看得见，借以推动看得见的管理、自主管理、自我控制。目标管理具有如下三个特点：

（1）视觉化——大家都看得见。

（2）公开化——自主管理，控制。

（3）普通化——员工、领导、同事相互交流。

（三）目视管理的原则

（1）激励原则。目视管理要起到对员工的激励作用，要对生产改善起到推动作用。

（2）标准化原则。目视管理的工具与色彩使用要规范化与标准化，要统一各种可视化的管理工具，便于理解与记忆。

（3）群众性原则。目视管理让"管理看得见"。因此目视管理的群众性体现在两个方面：一是要得到群众的理解与支持，二是要让群众参与与支持。

（4）实用性原则。目视管理必须讲究实用，切忌形式主义，要真正起到现场管理的作用。

（四）目视管理的优点

（1）目视管理形象直观，有利于提高工作效率。

现场管理人员组织指挥生产，其实质是在发布各种信息。操作工人在接收信息后有秩序地进行生产作业。在机器生产条件下，为了使生产系统高速运转，信息传递和处理要既快又准。如果与每个操作工人有关的信息都要由管理人员直接传达，那么不难想象，拥有成百上千工人的生产现场，将要配备多少管理人员。

目视管理为解决这个问题找到了捷径。它告诉我们，迄今为止，操作工人接受信息最常用的感觉器官是眼、耳和神经末梢，其中又以视觉最为普遍。

273

可以发出视觉信号的手段有仪器、电视、信号灯、标志牌、图表等。其特点是形象直观，容易认读和识别，简单方便。在有条件的岗位，充分利用视觉信号显示手段，可以迅速而准确地传递信息，不需要管理人员现场指挥即可有效地组织生产。

（2）目视管理透明度高，便于现场人员互相监督，发挥激励作用。

实行目视管理，对生产作业的各种要求可以做到公开化。干什么、怎样干、干多少、什么时间干、在何处干等问题一目了然。这就有利于人们默契配合、互相监督，使违反劳动纪律的现象不容易隐藏。

例如，根据不同车间和工种的特点，规定穿戴不同的工作服和工作帽，很容易使那些擅离职守、串岗聊天的人处于众目睽睽之下，促使其加强自我约束，逐渐养成良好习惯。又如，有些地方对企业实行了挂牌制度，单位经过考核，按优秀、良好、较差、劣四个等级挂上不同颜色的标志牌；个人经过考核，有序与合格者佩戴不同颜色的臂章，不合格者无标志。这样，目视管理就能起到鼓励先进、鞭策后进的激励作用。

总之，大机器生产既要求有严格的管理，又需要培养人们自主管理、自我控制的能力。目视管理为此提供了有效的具体方式。

（3）目视管理有利于产生良好的生理和心理效应。

对于改善生产条件和环境，人们往往比较注意从物质技术方面着手，而忽视现场人员生理、心理和社会特点。例如，控制机器设备和生产流程的仪器、仪表必须配齐。这是加强现场管理不可缺少的物质条件。

不过，哪种形状的刻度表容易认读？数字和字母的线条粗细的比例多少才最好？白底黑字是否优于黑底白字等。人们对此一般考虑不多。然而这些却是降低误读率、减少事故所必须认真考虑的生理和心理需要。又如，谁都承认车间环境必须干净整洁。但是，不同车间（如机加工车间和热处理车间）的墙壁是否应"四白落地"，还是采用不同的颜色？什么颜色最适宜？诸如此类的色彩问题也同人们的生理、心理和社会特征有关。

目视管理的长处就在于，它十分重视综合运用管理学、生理学、心理学和社会学等多学科的研究成果，能够比较科学地改善同现场人员视觉感知有关的各种环境因素，使之既符合现代技术要求，又适应人们的生理和心理特点。这样，就会产生良好的生理和心理效应，调动并保护工人的生产积极性。

（五）目视管理的常用方法

（1）定位法。将需要的东西放在固定的位置。位置的四个角可以用定位线标示出来，如图11-1所示。

图11-1　定位法示例

（2）表示法。将场所、物品等用醒目的字体标示出来，如图11-2所示。

图11-2 表示法示例

（3）分区法。采用画线的方式表示不同性质的区域。例如：各种工作区域的划分，如图11-3所示。

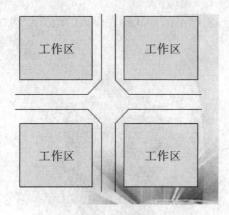

图11-3 分区法示例

（4）图形法。用大众都能识别的图形表示公共设施，如图11-4所示。

图11-4 图形法示例

（5）颜色法。用不同的颜色表示差异。例如：工作显示灯，如图11-5所示。

图 11-5　颜色法示例

（6）方向法。此法用于指示行动的方向。例如：车辆行驶路线，如图 11-6 所示。

图 11-6　方向法示例

（7）影绘法/痕迹法。将物品的形状画在要放的地方。例如：物品定置摆放，如图 11-7 所示。

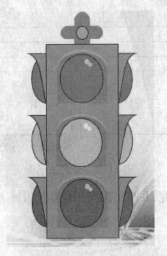

图 11-7　影绘法/痕迹法示例

（8）透明法。内在物品要开放，以便让其他人了解其中的东西。例如：各种设备油面、液面标注等，如图 11-8 所示。

图 11-8　透明法示例

（9）监察法。能随时注意事务的动向。例如，员工工作去向表、设备工作状态，如图 11-9 所示。

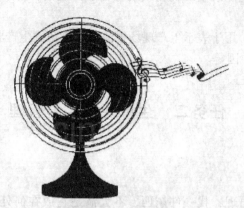

图 11-9 监察法示例

（10）公告法。以公告牌的形式通知有关人员。例如：公告板、管理目视板等，如图 11-10 所示。

图 11-10 公告法示例

（六）目视管理的主要工具

目视管理需要借助一定的工具，按照这些工具的不同，目视管理可划分为：

（1）红牌。红牌用于 5S 活动中的整理阶段，用来区分日常生产活动中非需要品。

（2）看板。在生产现场，看板是用来表示使用物品、放置场所等基本状况的告示板。将具体位置在哪里、做什么、数量多少、谁负责等重要事项记入，让人一看就清楚。

（3）信号灯。信号灯用于提示生产现场的操作者、管理者，生产设备是否在正常开动或作业，发生了什么异常状况。

（4）操作流程图。操作流程图是描述生产中重点工序、作业顺序的简要说明书，用于指导工人生产作业。

（5）反面教材。将它和实物、帕累托图结合使用，让生产现场的每个人了解不良现象和后果。一般将它放在显著的位置，让人们一眼就可以看到。

（6）提醒板。健忘是人们的大忌。但有时又难以杜绝，借助提醒板这种自主管理的方法来减少遗忘或遗漏。

（7）区域线。在生产现场，对原材料、半成品、成品、通道等区域用醒目的线条区分划出，以保持生产现场的良好生产秩序。

（8）警示线。在仓库或生产现场或放置物品的现场，警示线用于表示最大或最小的在库量。

（9）生产管理板。用于表示生产现场中流水线设备的生产状况，可记载生产实绩、设备的开动率、异常原因等。

任务二　生产现场定置管理

一、背景

劳动场所经常会出现：找一件东西，不大清楚它放在何处？要花较长时间才找到它。如果每天都被这些小事缠绕，那么你的工作情绪就会受到影响，工作效率会大大降低。解决上述"症状"的良方是在车间推行"定置管理"。

二、基本内容

（一）什么是定置管理

对于物品的存放，我们通常采用"定置管理"。定置管理是根据物流运动的规律性，按照人的生理、心理、效率、安全的需求，科学地确定物品在工作场所的位置，实现人与物的最佳结合的管理方法。

（二）定置管理的基本原理

1. 物品的定置与放置的区别

定置管理的范围是对生产现场物品的定置过程进行设计、组织、实施、调整，并使生产和工作的现场管理达到科学化、规范化、标准化的全过程。物品的定置与放置不同，如图 11-11 所示：

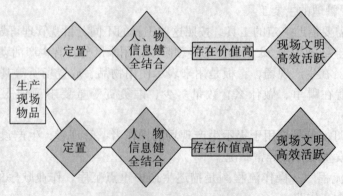

图 11-11　物品的定置与放置比较图

2. 定置管理内容及类型

定置管理内容及类型如图 11-12 所示：

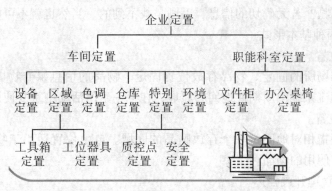

图 11-12　定置管理内容及类型

3. 人、物、场所的独立级结合状态

人、物、场所的独立级结合状态如图 11-13 所示：

要素	A 状态	B 状态	C 状态
场所	指良好的作业环境。如场所中工作面积、通道、加工方法、通风设施、安全设施、环境保护（包括温度、光照、噪声、粉尘、人的密度等）都应符合规定。	指需不断改进的作业环境。如场所环境只能满足生产需要而不能满足人的生理需要，或相反。故应改进，以既满足生产需要，又满足人的生理需要。	指应消除或彻底改进的环境。如场所环境既不能满足生产需要，又不能满足人的生理需要。
人	指劳动者本身的心理、生理、情绪均处在高昂、充沛、旺盛的状态；技术水平熟练，能高质量地连续作业。	指需要改进的状态。人的心理、生理、情绪、技术四要素，部份出现了波动和低潮状态。	指不允许出现的状态。人的四要素均处于低潮，或某些要素如身体、技术居于极低潮等。
物	指正在被使用的状态。如正在使用的设备、工具、加工工件，以及妥善、规范放置，处于随时和随手可取、可用状态的坯料、零件、工具等。	指寻找状态。如现场混乱，库房不整，需用的东西要浪费时间逐一去找的零件与工具等物品的状态。	指与生产和工作无关，但处于生产现场的物品状态。需要清理，即应放弃的状态。
人、物、场所的结合	三要素均处于良好与和谐的、紧密结合的、有利于连续作业的状态，即良好状态。	三要素在配置上、结合程度上还有待进一步改进，还未能充分发挥各要素的潜力，或者部份要素处于不良好状态等，也称为需改进状态。	指要取消或彻底改造的状态。如凡严重影响作业，妨碍作业，不利于现场生产与管理的状态。

图 11-13　人、物、场所的独立级结合状态

定置管理的核心就是尽可能减少和不断清除 C 状态，改进 B 状态，保持 A 状态，同时还要逐步提高和完善 A 状态。

4. 人与物的结合方式

在工厂生产活动中，最主要的要素是人、物、场所和信息。其中最基本的是人与物的因素。在生产场所中，所有物品都是为了满足人的需要而存在的，因而必须使物品以一定的形式与人结合。其结合方式有两种：

（1）直接结合。即人所需要的物品（通常指随身携带或放在身边唾手可得之物）能立即拿到手的结合。这种结合不需要寻找，不需要因寻找物品而造成工时消耗。这是人所追求的理想结合。

（2）间接结合。即人和物处于分离状态，必须依靠信息的作用才能结合。通常处于间接结合状态的物品，是人在生产现场看不到摸不着的。如存放在仓库的毛刷，它

放在何处？是何物？若无确切的信息，毛刷是找不到的，当然也就不可能实现结合。

5. 定置的两种基本形式

（1）固定位置。

固定位置即场所的固定、物品存放位置固定、物品的信息媒介物固定。固定位置适用于那些在物流系统中周期性地回归原地，在下一生产活动中重复使用的物品。

（2）自由位置。

自由位置是指相对地固定一个存放物品的区域。自由位置适用于物流系统中那些不回归、不重复使用的物品。

（三）定置管理开展程序

定置管理开展程序如图 11-14 所示。企业可按自己的实际情况进行调整制定。

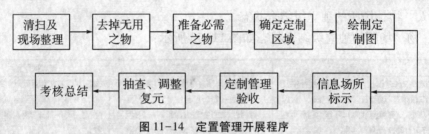

图 11-14　定置管理开展程序

（四）定置管理的实施

1. 制定定置管理标准

（1）定置管理标准制定的目的。

①使定置管理标准化、规范化和秩序化。

②使定置工作步调一致，有利于企业统一管理。

③使定置管理工作检查有方法、考核有标准、奖罚有依据，能长期有效地坚持下去。

④培养员工良好的文明生产和文明操作习惯。

（2）定置管理标准的主要内容。

①定置物品的分类规定。企业从自己的实际出发，将生产现场的物品分为 A，B，C 三类，以使人们直观而形象地理解人与物的结合关系，从而明确定置的方向。

②定置管理信息名牌规定。信息名牌是放置在定置现场，表示定置物所处状态、定置类型、定置区域的标示牌。它应由企业统一规定尺寸、形状和制作，以做到标准化。但要注意检查现场的定置区域是否含有制造的区域，其划分和信息符合应统一规定。

检查现场区域一般分为五个区域：

①成品、半成品待检区。

②返修品区。

③待处理品区。

④废品区。

⑤成品、半成品合格区。

【案例】11-1　小小定置图 换优质环境

为了贯彻 ISO14000 的精神，使车间环境有所改善，做到统一、规范、整洁，二厂冲压车间工艺员王培富同志在贺毛新经理的倡议和各工段的配合下，设计制作出了一套车间定置管理示意图。经过了一个多月的仔细勘查、严谨制作，再经过反复核实修改，终于将各工段内如何定置摆放何种器具，都用不同颜色的小图标表示出来，进而组成了一幅全车间的定置管理图。

定置管理图的实施，使车间面貌变得整齐、有序、干净了许多。以前，每个工段都有一些不用或者乱七八糟的箱子和柜子，由于不经常使用，造成了周边环境不整洁，卫生死角很多。通过这次定置管理的实施，明确标明了应该放哪些东西，不应该放哪些东西，把以前一些不常用的箱子和柜子一一清理掉。

比如，以前每个工段都有放顶篷的箱子。职工们都把顶篷放在专门放顶篷的小车上，要用时，就把载有顶篷的小车推出去就可以了。而箱子里的顶篷不经常使用。由于定置管理措施的出台，这些顶篷箱子没有了藏身之处，终于从一线退了下来。

通过这次定置管理的实施，也进一步明确了各工段的管理范围，各司其职，使以前一些含糊不清的区域找到了"主人"。如三线一号机前的一块堆料区，以前是落料工段和三线所在工段都在进行管理，"权利和义务"比较模糊，经过激烈的讨论，终于明确责任，决定这块区域为落料工段管理。

（五）定置检查与考核

定置管理的一条重要原则就是持之以恒。只有这样，才能巩固定置成果，并使之不断发展。因此，必须建立定置管理的检查、考核制度，制定检查与考核办法，并按标准进行奖罚，以实现定置长期化、制度化和标准化。

定置管理的检查与考核一般分为两种情况：

一是定置后的验收检查，检查不合格的不予通过，必须重新定置，直到合格为止。

二是定期对定置管理进行检查与考核。这是要长期进行的工作，比定置后的验收检查工作更为复杂，更为重要。

定置考核的基本指标是定置率。它表明生产现场中必须定置的物品已经实现定置的程度。

其计算公式是：定置率=实际定置的物品个数（种数）/定置图规定的定置物品个数（种数）×100%。

检查的要求：

（1）工作场所的定置要求。首先要制定标准比例的定置图。生产场地、通道、检查区、物品存放区，都要进行规划和显示。明确各区域的管理责任人。零件、半成品、设备、垃圾箱、消防设施、易燃易爆的危险品等均用鲜明直观的色彩或信息牌显示出来。凡与定置图要求不符的现场物品，一律清理撤除。

（2）生产现场各工序、工位、机台的定置要求。首先，必须要有各工序、工位、机台的定置图。要有相应的图纸文件架、柜等资料文件的定置硬件。工具、夹具、量具、仪表、机器设备在工序、工位、机台上停放应有明确的定置要求。材料、半成品及各种用具在工序、工位摆放的数量、方式也应有明确的定置要求。附件箱、零件货架的编号必须同零件账、卡、目录一致。

（3）检查现场的定置要求。首先，要检查现场的定置图，并对检查现场划分不同的区域，以不同颜色加以标志区分。待检查区用白色标志，合格品区用绿色标志，返修品区用红色标志，待处理区用黄色标志，废品区用黑色标志。

以下的顺口溜可用来概括熟记：

· 绿色行，

· 红色停，

· 白色没检查，

· 黄色等判定，

· 黑色全是报废品

【案例】11-2 定置管理法在煤矿企业的安全方面应用

对于一个煤矿企业来说，综合机械化回采工作面（以下简称综采工作面）的安装和撤除是为保证矿井正常生产而随时都要进行的作业过程。这项工作如果做不好，会造成矿井不能正常接续生产，甚至会导致作业人员和生产设备重大伤亡损毁。

山东济宁二号煤矿综机服务中心就是这样一个专门负责综采工作面安装和撤除作业的高危区队。近年来，综机服务中心围绕综采工作面人和物两个方面，摸索出了一套综采工作面安装和撤除中成功运用的精细化、标准化、程序化安全管理体系——安全定置管理法。

安全定置管理是以优化综采工作面安装和撤除现场为研究对象，使人、物、场所处于最佳结合状态，从而建立起"人—机—环境和谐、协调、配套的运转体系"。该管理法不仅能最大限度地减少物的不安全状态，提高矿井本质安全化水平，而且能消除人的各种不安全行为，保证矿井安全生产。

一、8项管理方法确保矿井安全生产

具体方法是根据综采工作面的安装和撤除条件，对人和物两个方面进行安全定置管理，以现场作业人员的定置作为核心内容。对人采取安全思想定位和"定片、定人、定岗、定责、定量、定时"的"六定"管理；对物采取"定位、定量、定标、定期、定人"的"五定"管理；对危险源和安全隐患采取"定人、定标、定时、定查和定措施"的"五定"管理。以图、表、牌、板、栏和线等进行标识和管理控制，应用点检卡、命令牌等链式闭环连锁制度进行安全确认，最终形成精细化、标准化、程序化的安全管理体系。

1. 安全思想定位

全区职工深刻认识到安全生产永无止境，坚定"事故可防、可治、可以避免"的信心，把落实安全当成自己的神圣职责与使命，始终把安全工作放到"先于一切、高于一切、重于一切，没有安全就没有一切"的位置。坚定信心，严格按照"准军事化、精细化、内部市场化、企业文化"的"四化"管理要求，加强"每日一题，每周一课，每旬一案，每月一考，每季一评"的"五个一"教育，立足"超前思维，超前管理，超前落实"的"三超前"，强化安全责任落实。

2. 设计定置图

定置图是对生产现场所在的人和物进行定置，并通过调整来改善场所中人与物、人与场所、物与场所相互关系的综合反映图。采用的种类有：区域范围定置图、各作业区定置图和岗位（地点）定置图。它是作业流程、措施的一项内容，应对其进行编制，并对新辨识的定置内容及时补充。同时，若在各定置点或定置区主要位置悬挂标示标志，其内容与设计定置图一致。

3. 物的"五定"管理

物的"定位、定量、定标、定期、定人"——"五定"管理，是指按照设计定置图的要求，将生产现场所有设备、器材和工具等物品进行分类、搬、转、调整并予定位。确定出放置位置和适当数量，制定放置的安全管理标准、制度和放置期限，并确定负责管理的责任人员，同时由专人按照制度标准定期或不定期检查确认，并做到挂牌标识，现场公示。

4. 人的"六定"管理

具体人的"定片、定人、定岗、定责、定量、定时"——"六定"管理，是指将作业现场管理范围划分为相对独立的作业片区。各个片区根据作业岗位定置出作业人员，使每个作业人员明确岗位责任制度，限定各个工作人员和岗点的工作量，并规定各个时间段人员和岗点的流动变化情况，同时建立和完善现场作业安全保护区和人员休息安全区。

5. 危险源的"五定"管理

危险源和安全隐患的"定人、定标、定时、定查和定措施"——"五定"管理，是指对危险源确定高素质的辨识人员，确定具体的控制标准，确定恰当的控制时间，确定具体的安全检查确认人员，确定防止发生事故的具体措施。对于检查发现的生产隐患，应及时确定整改责任人、整改标准、整改完成时间、复查确认人和防止重复出现的具体措施。

6. 标识和控制

安全定置管理采取图、表、牌、板、栏、线等方法进行标识和控制。各类定置标识以矿用安全文化标识为参照，规定分类颜色标准。

安全定置管理图包括设计定置图和现场悬挂标识的实际定置图。针对实际情况，一般使用安全定置管理图较多。综采工作面安装和撤除使用人员安全定置图要有人员定置管理图和重点区域人员定置管理图等。

安全定置管理表在综采工作面安装和撤除中使用，包括工作量定量安排表、安全检查定性表、劳动组织工作定员表和岗位人员分工定位表等。

安全定置管理牌是指示定置物所处状态、标志区域、定置类型的标志，是实现目视管理的手段。综采工作面安装和撤除常使用的有区域范围安全定置管理牌、岗位（地点）人员安全定置管理牌、定人检查签字牌和警示牌等。

板即记录岗位人员或现场设备定置情况的牌板，有现场"五位一体"安全确认牌板、斜巷运输管理牌板和示板图等。

栏即安全隔离护栏（网），对人和物起安全定置管理保护作用，在现场有效发挥作业安全保护区和人员休息安全区的安全定置作用。

线即定置岗位人员的各种警戒绳、带等。在综采工作面安装和撤除中通过悬挂警戒绳、警戒带和警戒牌，定置安全区域、地点，实现警戒隔离和相对安全定位。

283

7. 连锁制

为保证安全定置管理的实效性，采取链式闭环连锁制度，形成纵横交错、全覆盖无缝隙的确认体系。即每项安全定置管理措施都由实施和监督落实两部分完成，两者之间要设计成连锁关系。如实施岗位人员分工定位表的连锁制度，即先由安全工长负责填写当班人员分工定位，值班员进行确认签字后，交由当班跟班员到现场对安全定置管理落实情况进行确认，符合要求时由跟班员在表上签字并发布开工命令，将"发令牌"交给安全工长，同时，安全工长将"受令牌"交给跟班员。下班后，两牌各归原处，跟班员将岗位人员分工定位表交给值班员，完成整个定置链式闭环连锁过程。

8. 点检卡

将安全定置管理重要内容列成提纲式要领并编制成卡片，由定置岗位人员负责在现场逐项检查划号，确认完好后签字并将卡片交由片区安全负责人确认签字，双方确认完成后方可开始工作。点检卡由定置岗位人员收好，班后交区队存档。它是定置管理表和链式闭环连锁制度的综合运用。目前，区队共建有作业现场点检卡、绞车工点检卡、信号把钩工点检卡和电工点检卡等 13 种，实现了每个岗位、每道工序都通过点检卡检查确认后才开工生产。

二、安全定置管理法应用效果立显

推行综采工作面安装和撤除安全定置管理法后，有力地提高了区队职工的安全工作质量、现场安全管理水平。

该矿 63 下 07 综放工作面切眼最大倾角 23° 长 182 米，运顺最大倾角 10°30′ 长 860 米，外部 63 下 06 轨顺最大倾角 12° 长 1 550 米。区队负责沿途 18 部绞车的运输，这是矿井安装难度很大的工作面。通过应用安全定置管理法，63 下 07 综放工作面采取图、表、牌、板、栏、线、连锁制和点检卡等方法，设计设备、运输系统及供电系统定置管理图，实现了对物的"五定"管理。设计综放工作面安装人员定置、重点区域人员定置管理图，实现了对 28 个岗位具体人的"六定"管理，取得了理想的安全效果，减少了安装和撤除作业中的险肇事故。

该矿 33 下 04 工作面位于三采区中部，是三采区的最后一个工作面。工作面长 179.67 米，推进长度 1 672 米，切眼配置 12 架 ZTF-6500/19/32 型端头支架、110 架 ZFS-7200/18/35 型支架、1 部 SGZ-960/800 型前部运输机、1 部 SGZ-900/750H 型后部运输机。两巷与采空区预留煤柱高 3.5 米。由于属于孤岛开采工作面，该撤除工作面没有设计两端头绞车硐室。这就造成撤除空间极为狭窄。而且切眼与轨顺存在落差 1.8 米，形成 10°坡度。再加上区队有 2 年多没有进行回撤，职工有 2/3 没有从事过回撤工作。这就给安全管理带来很大难度。区队通过应用安全定置管理法，突出对 24 个岗位具体人的"六定"管理、危险源和安全隐患的"五定"处理，确保了整个工作面回撤时的安全。

这些情况说明，在复杂条件下运用综采工作面安装和撤除安全定置管理法是一种成功的探索。

通过不断创新和落实安全定置管理的措施，全区上下努力抓好生产源头和过程安全控制。这提高了职工队伍整体素质和区队安全管理水平，为矿井综采工作面安装和撤除工作的安全生产提供了强有力的保证。目前，区队在矿井不断开拓延伸、综采设备不断更新、生产技术不断改进、综采工作面开采条件越来越复杂、回采速度越来越快、工作面接续紧张、安装和撤除频繁且时间紧等情况下，不仅保证了矿井正常生产接续，而且顺利实现了2年无任何生产安全事故。特别是近期安装和撤除5个工作面，更是杜绝了轻微伤、严重"三违"和重大安全隐患，实现了安全生产。

任务三　生产现场 5S 活动

一、背景

5S起源于日本，是指在生产现场中对人员、机器、材料、方法等生产要素进行有效的管理。这是日本企业独特的一种管理办法。1955年，日本的5S的宣传口号为"安全始于整理，终于整理整顿"。当时只推行了前两个S，其目的仅是确保作业空间和安全。到了1986年，日本的5S的著作逐渐问世，从而对整个现场管理模式起到了冲击的作用，并由此掀起了5S的热潮。

二、基本内容

（一）什么是 5S

5S管理的思路非常简单。它针对企业中每位员工的日常行为提出要求，倡导从小事做起，力求使每位员工都养成事事"讲究"的习惯，从而达到提高整体工作质量的目的。

"5S"是整理（Seiri）、整顿（Seiton）、清扫（Seiso）、清洁（Seiketsu）和素养（Shitsuke）这5个词的缩写。因为这5个词在日语中罗马拼音的第一个字母都是"S"，所以简称5S。以整理、整顿、清扫、清洁、素养为内容的活动，称为5S活动。如图11-15、图11-16、图11-17所示。

图 11-15　5S 组成部分一

图 11-16　5S 组成部分二

图 11-17　5S 组成部分三

（二）5S 的定义与目的

1. 1S——整理

定义：区分要与不要的东西。职场除了要用的东西以外，一切都不放置。一个概略的判定原则，可将未来 30 天内，用不着的任何东西都可移出现场。该阶段的关键道具是"红单运动"。

目的：将空间腾出来活用。

2. 2S——整顿

定义：要的东西依规定定位、规定方法摆放整齐，明确数量，明确标示，即实现"三定"——定名、定量、定位。

目的：不浪费时间找东西。

3. 3S——清扫

定义：清除职场内的脏污，并防止污染的发生。

目的：消除脏污，保持职场干干净净、明明亮亮。

4. 4S——清洁

定义：将上面3S实施的做法制度化，规范化，维持其成果。

目的：通过制度化来维持成果。

5. 5S——素养

定义：培养文明礼貌习惯，按规定行事，养成良好的工作习惯。

目的：提升人的品质，使员工成为对任何工作都讲究认真的人。

5S之间的关系如图11-18所示。

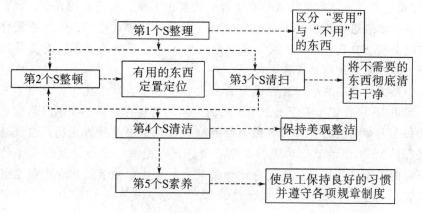

图11-18　5S之间的关系

（三）推行步骤

企业开展5S活动，应该根据自身实际情况，制订切实可行的实施计划，分阶段推行展开。一般步骤如下：

（1）建立组织、明确责任范围；

（2）制定方针与目标；

（3）制订计划及实施方案；

（4）宣传与培训；

（5）活动实施；

（6）督导、诊断与检查；

（7）评价活动；

（8）不断改善活动效果；

（9）5S是一项长期的活动，只有持续的推行才能真正发挥5S的效力。各部门应每周、每月对发现的问题进行汇总，使各部门限期整改项目。

【案例】11-3　华洋公司：从一只工具箱开始

在工作中，我们往往会被这样的问题困扰：我们在生产现场打开一只工具箱，发现工具箱里除了工具之外，还有雨伞、茶杯、鞋子、报纸等杂物，甚至它们掩盖了工具。有时我们费了好大工夫才找到了急需的工具，却发现它已破损不能使用，只有停下手中的活向别的岗位去借，多费了时间也耽误了生产……

这些问题的存在，使得我们的工作效率大大降低，白白浪费了宝贵的时间和金钱，甚至可能威胁到我们的安全生产。

287

要解决这些问题，加强现场管理显得尤为重要。华洋公司生产系统从建厂初期便开展了5S管理活动，经过3年多的运行已进入了正常的轨道。通过有效的推行和积极的实施，取得了良好的效果。

一、从5S的基本——"整理、整顿、清扫、清洁、素养"出发，培养员工的现场管理意识。通过现场区块的划定以及区块功能的确定，确定了车间的物流走向和静态物体的摆放，从根本上杜绝了混乱场面的现象。

二、不断强化5S管理意识，养成良好的行为习惯，促进素养的逐步提升。我们在进行5S管理过程中也碰到现状水平的波动起伏甚至下降。在摸索过程中，我们将职责分解到班组，以班组为单位，定期开展"5S"工作，并形成记录，通过小团体对现有状况的自我分析、自我解决，达到了强化的目的。通过活动的开展，发挥员工的主观能动性，在培养习惯的同时提升了素养。

三、循环提升基本要求，良性提高素养及管理水平。对于现场管理中不断出现的新问题，运用5S进行简单管理也是不可取的。新问题错综复杂，要求我们的组织以及组织中的每个人都必须具有对问题更全面的分析以及解决的能力。我们在现场管理工作中，实行对5S小组活动记录进行定期查看，通过查看、了解以及和员工的充分沟通，对当前的工作进行指导。定期将活动情况上报给上级主管，结合上级主管给予的意见和建议，调整当前的工作方式，改进工作方法，提高工作能力，从而实现全面提高。

【案例】11-4　家具公司5S现场管理案例分析

5S管理作为企业提升整体管理水平的基础性管理方法，主要是对企业生产现场中人、物的管理方法等进行调整，以便发挥其应用的最大效能，为企业提高管理水平创造条件。

一、家具公司现场管理存在的问题

某家具公司是一家拥有200多名员工的中小型家具企业。虽然生产设备比较先进，但是在生产现场仍然存在着以下一系列不良现象：①厂房设施与现在的生产能力不相适应。在兴建之初，厂房的原设计生产能力为1 000万，现在的生产量却为4 000万。这使很多产成品堆积在组装车间，不能及时入库，给产品的品质造成一定的影响。②通道不畅。通道不畅是许多工厂的通病，会使生产作业发生停滞现象，降低生产效率。③电线乱拉、物品摆放混乱。④边角余料处理不及时，木屑刨花堆积。在生产过程中，没有对边角料进行筛选，以待利用。⑤木材仓库管理不完善。该企业对木材仓库的管理很不完善，比较粗放。特别对原木材疏于管理，随用随拿，木材余料堆积混乱，数量不清。

二、实施5S管理的方案

为使公司的基础管理工作更加完善，公司引进5S管理制度，旨在通过5S管理来提升企业的整体形象，提高员工素质和产品的品质。该公司从2005年2月起开始实施5S管理，根据国内外许多企业5S管理实施的成功经验，家具公司实施5S管理通过4个层面的4个步骤来进行。这4个步骤是：高层领导统领阶段、5S实施策划阶段、教育培训阶段、5S实施与提高阶段。

1. 高层领导统领阶段

企业高层对5S的信念和实施的决心是5S成功实施的前提和基础，管理者的意识在推行5S活动中占主导地位。公司高层管理者在整个策划当中一直全力支持5S实施，统一全体员工的思想，特别是管理层的思想，并将5S活动宣布为本年度重要的经营活动，并列入2005年度企业工作计划当中。

2. 5S实施策划阶段

在本阶段，企业成立了5S管理推行委员会，制定5S实施的方针和各阶段目标，策划5S实施的具体行动计划。

第一步：建立了5S推行委员会。

（1）确定了组织结构。组织结构层次共设立4层：推行委员会主任1人、副主任2人、执行秘书1人、执行小组5个（技术组、生产组、供应组、售后服务组、质检组）。各部门部长任执行小组负责人，负责本执行小组的工作。

（2）5S推行委员会的主要工作：制定5S方针和目标，策划5S实施计划。

（3）5S实施方针：告别昨天，挑战自我，规范现场，提升人的品质。

（4）5S实施目标：有来宾到厂参观，不必临时整理现场。制定的方针和目标简要地描述了5S实施的意义和方向。在制定目标的过程中，根据目标管理的SMART原则：①目标要明确（Specific）。如设备上无灰尘，即设备得到及时清理，达到表面干净状态。②目标可量化（Measurable）。以数据作为活动的目标，便于量化比较。如管理目标定为，工伤率降低30%，放置方法100%设定等。③目标具有可达性（Attainable）。制定的目标不能盲目求大，由员工自行制定，各部门的主管予以确认。目标制定要多级化。作为基础比较薄弱的中小型家具企业，若制定"一月之内达到5S标准化"的目标，此目标就失去了意义。④目标与组织要结合（Relevant）。要结合产品特点和未来规划，与组织宗旨相结合，为企业整体水平提高的目标服务。⑤目标要有时限（Timetable）。

第二步：制订实施计划。

第三步：策划5S实施的具体行动计划。

首先，策划实施方式。考虑到邀请咨询公司来指导实施比自己实施费用要高，采取自己实施的方式。

其次，策划实施计划。先筹划推行方案，再起草实施计划，最后制定评价标准和激励措施。

最后，策划实施活动。根据本企业实际情况，采用具体的活动配合实施计划的执行，以提高士气、增强实施效果。如"5S活动月"（参观其他企业5S实施成果）、5S经验交流及成果发表报告会等。

3. 教育培训阶段

在此阶段，采用征文、海报，举办5S知识专题讲座，并开展适当的活动来宣传。领导以身作则，公司董事长每月召开一次会议，把5S专题加入每月例行的各部门月末总结会中；车间主任利用每天早会，强调推动5S活动的决心和重要性。另外，公司领导还对员工进行必要的现场指导。

4. 5S实施与提高阶段

该阶段分为"5S实施试点"和"5S实施推广"2个阶段。

第一步，推行委员会首先对企业的现场进行了诊断，了解本企业现场管理的状况，使 5S 的实施有的放矢，并起到与实施后的成果对比的作用。

之后，公司开始了局部试点的推行工作。样板区为实木椅区。选定此区域的原因为：本区域设备多，共有 8 台；随时都会产生大量的料头、灰尘，且灰尘大，实施难度大；近 3 年来实木椅的获利水平居公司所有产品的前位；该区域实施难度大，但具有很强的教育意义。

改善的过程：划分责任区，订立清理整顿的标准，重点安置立式双轴铣床的吸尘袋。制作各工位的余料箱，及时清扫场地，定时擦洗窗户。

经过 2 周的推行，该区域有了较大的改善：地面、机台旁干净，物品按标准摆放，窗户明亮。通过设立样板区域为下一步全面实施 5S 带来了良好的开端，坚定了员工改善现场状况的信心。

第二步：全面实施 5S 阶段。

首先，在各车间划分责任区域，确定岗位职责，制订具体实施方案，让每个员工知道 5W2H，即：做什么（WHAT），为什么做（WHY），在哪做（WHERE），何时做（WHEN），谁来做（WHO），怎么做（HOW），做到什么程度（HOW MUCH）。

其次，订立 5S 推行标准。监督方式是员工自检、互检与上级巡视、检查相结合。

"整理、整顿，清扫、清洁"，是基本动作，也是手段。这些活动使员工在无形中养成一种保持整洁的习惯。主管人员不断地教育部属，对员工进行 5S 的意识培训，使员工 5S 意识永远保鲜。

三、5S 实施成果

家具公司自实施 5S 管理以来取得了一定的成果。公司面貌有了明显的改观，员工的工作习惯也有了较大的改变，由刚开始对 5S 的不理解到逐渐认可、配合、支持，改变很大。该公司取得了以下成绩：①生产现场状况得到很大改善；②办公区域的管理得到改善；③厂区环境彻底得到改变；④建立健全生产作业标准，保证了生产成本的降低；⑤标准化的工作准则，保障了生产的安全运行；⑥在生产过程中，主要控制了等待的浪费、不合格品的浪费、动作的浪费、库存的浪费 4 个方面的浪费；⑦为提升员工的品质，注入新的活力；⑧为企业塑造了良好的形象。通过 5S 管理，培育了团队精神。员工行为更加规范，企业的知名度和诚信度得以提升。5S 所提倡的规范化、制度化、标准化的工作方式，为稳定生产。提高品质打下了坚实的基础，赢得了顾客的信赖。

通过企业实施 5S 管理，可以看出，为了提升企业现场管理水平，实施 5S 是一条重要且有效的途径。

四、结语

家具公司通过实施现场管理，创造了一个干净、清爽的工作环境，培养了全体员工遵守规则的良好工作习惯，提升了企业的形象，从而加强了企业的基础管理。具体成效如下：

1. 强化基础管理，实现基础管理规范化

首先，明确各部门的管理项目，实施绩效考核，完善规章制度，促进基础管理制度化。通过加强人力资源管理，提升员工思想素质；加强设备管理，提高设备利用率，减少设备的浪费；完善定额管理，降低生产成本；加强品质管理，提高产品质量；完善工艺管理规程，加强技术改造。此外，制定标准细则，促进基础管理标准化。

2. 完善5S管理制度，健全考评机制

考评机制健全与否关系到企业员工的工作积极性，因此，在完善5S管理的基础上，建立一套现实可行的考评机制，不但有利于激发企业员工的工作热情，而且也间接地促进了企业绩效的提高。

3. 加强团队文化建设，构建高绩效团队

首先，提升员工个人素质，促进企业核心竞争力形成。培养企业的核心文化，加强企业和环境之间的沟通和交流，从而提高企业的绩效。其次，优化团队的群体素质，为5S管理的顺利实施奠定坚实的群众基础。

总而言之，实施5S管理是一项长远的工作。应不断地对企业的结构进行改善与调整，以发挥企业员工、设备的最大潜能，但同时也应该清醒地认识到，5S管理制度与原有制度的实施结合是一个长期的过程。只有实施得越久，其效能才会越来越大。

【案例】11-5 松下马达公司推行5S现场管理项目咨询案例

以前，我从车间巡查回来后总免不了要生气，却又没有可量化的标准对员工进行考核或要求整改；推行5S后，所有生产要素均处于受控状态，现场管理在一定程度上有所改观。从车间巡查回来后，我的心情轻松了许多……

5S 推行感悟

以流水线生产模式组织上亿元产值的生产，结果会怎样？

杭州松下马达有限公司成立于1994年，主要生产与销售家电产业马达及其零部件。公司本着"为人类改善提高而创造，为世界文明进步发展而追求"的经营理念和提高家电产业马达质量、服务社会的信念在中国开创事业，不断开发高质量、先进技术、高效率、低噪音、长寿命的新产品。1995年，公司正式投入生产，进行少品种、小量的生产。1999年AR直流无刷马达投入生产，公司的业务量有了突飞猛进的发展。2001—2003年，AR、室内马达在市场上需求量上升。2003年，Φ58真空泵、Φ114洗碗机正式投产。2004年1月，公司的销售额突破亿元大关，以后几个月的销售还在成倍地上升。生产方式主要是流水线式的，期间公司招募了大量的操作工。因为操作工是非专业人员，因此在安全、品质上出现了问题；不论是管理素质还是人员素质的基础都比较差。由于公司的发展速度远远超过了基础管理的改善和人员素质的提高速度，因此出现了管理严重滞后于公司发展的弊端。各方面的管理都比较混乱，尤其是生产现场的管理。生产现场堆满了原材辅料、半成品、成品和包装材料，连走廊里两个人对面走过都要侧身，根本分不清哪里是仓库，哪里是生产现场。

经常有客户到公司考察访问，刚开始客户对我们的现场状况不大满意。他们所看到的现场是混乱、较为脏的现场，以至于怀疑我们生产出来的产品，对我们的产品曾抱着试试的心态。虽然我们的产品在市场上有很大的价格优势，但是因为客户的订单少，公司1994—1998年的产量及销售额在同行中均处于劣势。

从1998年开始，公司调整了发展战略，引进了松下先进的管理模式并结合中国国内的实际情况，从抓产值、抓订单数量，转变为抓管理、抓质量、抓效率、抓对客户的服务。由于公司采取半机械化手工作业，因此不论是职工的素质，还是管理人员的素质都比较差。绝大多数管理人员都是非技术出身的，对工厂的管理都是出于一些本能的感悟，对现代化的管理方法和手段更是知之甚少。在很多方面，我们感觉自己做得不好。同时，大家都觉得无从下手，怎么样做才能做好，心里都没有底。只好摸着石头过河，自己慢慢探索。

与 5S 结缘，推动良好的工作习惯和现场规范的形成

2003 年日本松下株式会社解体，其属下的员工被分配到其分社公司，总部支配了 10 余名支援者到马达公司。这时公司领导在原有的基础上，从总部重新引进 5S 现场管理模式，由日方支援者牵头，对公司现场的状况进行了深层而又规范的改革；公司领导讨论决定成立现场 5S 小组，该小组专门从事 5S 的现场管理活动。5S 现场改革内容深深地吸引了我，我知道了什么样的现场管理才是规范的管理，现场管理的规范化要做哪些工作，走哪些步骤。2004 年 4 月，公司领导及日方支援者参观了上海美培亚精密机电有限公司，学习了 5S 的管理方法，对现场的现状惊讶不已，十分佩服公司的管理、也十分欣赏现场的干净、整洁。回来后，我们对上海一行进行总结、对其在管理上的方法进行探讨，采纳有效的管理方法。同时，我们根据现场情况，成立了以各有关生产现场部门领导干部为主体的现场自我改善活动委员会，在公司领导的指导下正式将 5S 活动推向另一个台阶。

5S 绝非"大扫除"，要通过相应的管理和考核制度去规范

5S 活动刚开始推行时，很多职工：

包括一部分管理干部，都认为这又是一次大规模的群众性大扫除运动，只不过大扫除的时间变成 4 个月了。但随着 5S 活动的逐步推行，每个职工都感觉到这次和普通的大扫除有本质的不同。

5S 活动要求我们每个生产现场的职工：

在整理阶段，如何制定必要物和不必要物的标准，如何将不必要物清理出生产现场并进行相应的处置；

在整顿阶段，如何根据 3 定（定点、定容、定量）和 3 要素（场所、方法、标示）原则对生产现场的必要物进行规范有效的管理，如何整理工作台面和办公桌面，如何对工作场所和必要物进行科学而规范的标识，如何根据直线运动、最短距离、避免交叉的原则重新规划生产流程；

在清扫阶段，如何制定每个区域、每个员工的清扫责任和清扫方法；

在清洁阶段，如何科学严谨地制定每一个员工的 5S 职责，保证整理、整顿、清扫的成果与每个现场员工的考核挂钩，以有效确保整理、整顿、清扫的成果；

在素养阶段，如何通过一系列的活动，将以上 4S 的规范变成职工的生产习惯，提高员工和管理者的综合素质。

更为关键的是，在进行整理、整顿、清扫、清洁、素养的每一个阶段，咨询师都帮我们导入了相应的管理和考核制度，确保了制度的长期性和严肃性。

通过近半年的 5S 活动，职工彻底体会到了 5S 和传统意义上的大扫除不同，彻底改变了公司生产现场的面貌和职工的精神面貌，使我们的工厂有了较大的变化。

通过 5S 活动的开展，马达全体员工的现场规范化管理意识得到了增强。从前，所有管理人员和工人都觉得自己在工厂的现场管理中是一个被管理者，现在大家都认为自己是工作现场的管理者，现场的好坏是自己工作的一部分，并且能做到相互提醒、相互配合、相互促进，因为现场管理的评比结果关系到每个人、每个班组、每个车间的荣誉。高层管理人员完全从现场管理的一些琐事中解放了出来。过去我们一到生产

现场看到混乱现象要花很多时间和精力去纠正，因为没有一个统一和规范的管理办法，下次还要纠正其他人的同样的问题。现在所有的做法都在制度中有规定，并且这些规定根据生产实践也在不断改进、不断丰富和发展。我们到了生产现场根本用不着去规范现场的管理工作。基层的管理人员会按照有关的责任制度把现场管理好。所有来我们公司参观访问的客人，都夸奖公司的现场状况。特别是以前来过公司访问的，对公司现在的变化更是大加赞赏。这又增强了我们全体员工的荣誉感和自豪感，有力地促进了我们的现场保持和现场改进工作，形成了良性互动。我们高层的管理人员可以腾出很多时间和精力来思考更多和更高层次的管理问题。实施5S管理，最重要的，也是最难的，是每个人都要和自己头脑中的习惯势力做最坚决、最彻底的斗争。

通过开展5S活动，我觉得企业必须要有很强的学习能力和对外部知识的整合能力。作为一个企业来说，不一定可以在每个职位上都能找到最好的管理人才，但你可以找到有学习能力和开放心态的管理人才，然后找到一家好的咨询机构，将他们先进的管理思想整合到自己的企业中来。而且5S活动必须强调全员参与的意识。我们在开展5S活动中，有很多这样的案例。比如说工人喝水杯的摆放位置，我们先让工人自己讨论是统一位置摆放方便，还是单独定点摆放方便，然后将形成共识的方法制定成制度，让大家遵照执行。这样的制度实际上是工人自己制定的，更有利于长期保持和遵守。作为一个企业的高级管理人员，在提高企业管理水平、提升企业员工素质方面，必须有坚定的意志和坚持不懈的精神，要有在管理上不断开拓创新的意识。通过规范的、严格的管理制度，高级管理人员将管理工作的细节交给基层干部去执行，以腾出精力来研究新方法，解决新问题，帮助基层干部协调工作中的难题。只有这样，各级干部的素质才会不断提高、不断进步，才能保证企业管理的良性发展。

我认为，实施5S管理，最重要的，也是最难的，是每个人都要和自己头脑中的习惯势力做最坚决、最彻底的斗争。这一点说起来容易，做起来很难。不好的工作习惯，不是一天形成的，也不可能一天改正，必须用"自己革自己的命"的精神来对待变革。只要是有利于提高管理效力的、有利于提高企业素质的方法，但又和自己的习惯做法不同，就要坚定不移地改进自己的思维定势。只有这样，高管的管理水平和管理素质才能与时俱进，永远站在变革的最前列，不被时代所淘汰。

强化5S管理，再创佳绩

2003年8月杭州松下马达（家电）有限公司成立，这标志着公司在生产及销售上又将上一个新的台阶。中日双方制订了翻3倍的中期计划，即"2003年1 000万台、销售额5.9亿元；2004年2 000万台、销售额13亿元；2006年3 000万台、销售额18亿元"的目标。产品100%用于出口。本公司成为世界上最大的空调家电马达制造基地。

我们要在企业中通过开展5S等活动，来强化公司的现场管理及质量管理，全面提高公司内部的各项管理水平和产品质量，提高用户和社会对企业的满意度，从而在竞争激烈的马达市场中稳居同行之首。我们的目标是与时俱进、永续经营。

【案例】11-6　某工厂设备5S管理制度

为了给员工创造一个干净、整洁、舒适的工作场所和空间环境，保持设备良好的运行环境，提高设备运转率。促进公司特有的企业文化氛围，达到提升员工素养、公

293

司整体形象和管理水平的目的。特制定本制度。

一、整理

（1）所有符合工艺设计要求、保证整个生产系统正常运行的设备均为"要"。

（2）针对现场零部件类，"要"与"不要"的判别标准为：为正常生产运行设备所准备，在运行设备发生故障时能够进行替换的为"要"。其余的一律为"不要"。

（3）工器具：检修工作所必需的工器具为"要"。其余的一律为"不要"。

二、整顿

（1）现场运行设备统一标识。

（2）现场零部件：长时间不用的"要"的固定资产设备应挂牌标识并存放于指定位置。体积较小、使用频率高的"要"的零部件应存放于车间库房或指定位置并分类标识定置。"不要"的零部件应集中归类并存于指定位置。

（3）生产现场如需配置检修工具（如电焊机），需报安环部审核后规定区域定置。

（4）生产检修过程中产生的废旧零部件及下脚料应同"不要"零部件一起集中堆放。

三、清扫

（1）在清扫现场，将运行设备脏污擦拭干净，以恢复设备原有外观和颜色。

（2）传动装置应保持密封良好，油、水位合适，避免出现滴、漏。如出现滴、漏及时采取措施并对产生的油污及时清理，并和定检结合起来及时处理。

（3）对容易出现跑、冒的部位（如窑头、尾密封，输送及下料溜子等）要留心观察，及时清扫并和定检结合起来及时处理。

（4）设备、工具、仪器检修或使用过程中应有防止产生污染的措施，并随时清理污物。

（5）整顿后"不要"的以及生产检修过程中产生的废旧零部件及下脚料要及时清理。

（6）生产检修过程中替换下来的设备，应放置于规定区域并及时报修。

四、清洁

（1）彻底落实前面的整理、整顿、清扫工作，通过日检、周检、月检等保持整理、整顿、清扫的成果。

（2）结合设备巡检标准，按要求、频次做好设备保养工作，保持设备良好的运行环境。

（3）各车间制定本车间设备 5S 管理检查考核细则，对本车间班组、员工进行考核落实。

（4）设备部制定公司设备 5S 管理考核细则，保持 5S 的活力，并长期保持。

五、素养

所有员工应自觉遵守公司 5S 管理各项制度等有关规定。车间应加强教育，增强员工责任心，增强员工品质意识，最终达到公司 5S 管理目标。

本厂 5S 检查评分表如表 11-1 所示：

表 11-1   5S 检查评分表（现场）

10F5

受检部门：   检查者：   最总得分

受检部门负责人签字：   _____分

内容	项次	检查项目	得分	检查状况
整理	1	通道	0	有很多东西 □
			1	虽能通行，但要避开，叉车不能通行 □
			2	摆放的物品超出通道 □
			3	超出通道，但有警示牌 □
			4	很通畅，又整洁 □
	2	工作场所设备、材料	0	一个月以上未用的物品杂乱放着 □
			1	角落放置不必要的东西 □
			2	放半个月以后要用的东西 □
			3	一周要用，且整理好 □
			4	3 日内使用，且整理很好 □
	3	办公桌（作业台）上下及抽屉	0	不使用的物品杂乱堆放着 □
			1	半个月才用一次的也有 □
			2	一周内要用，但过量 □
			3	当日使用，但杂乱 □
			4	桌面及抽屉之物品均最低限度，且整齐 □
	4	料架	0	不使用的东西杂乱存放 □
			1	料架破旧，缺乏整理 □
			2	摆放不使用的物品，但较整齐 □
			3	料架上的物品整齐摆放 □
			4	摆放物为近日用，很整齐 □
	5	操作室	0	东西随意堆放，人不易行走 □
			1	东西有过整理，但灰尘较多 □
			2	有定位规定，但没被严格遵守 □
			3	有定位也有管理，但进口不方便 □
			4	有定位也有管理，且标志清楚，进出口方便 □
小计				分

295

任务四 丰田生产方式

一、背景

丰田生产体系（Toyota Production System，TPS），又被称为 JIT（Just In Time）生产方式。它是日本丰田汽车公司在 20 世纪 60 年代实行的一种生产方式，1973 年以后，这种方式对丰田公司渡过第一次能源危机起到了突出的作用，之后引起其他国家生产企业的重视，并逐渐在欧洲和美国的日资企业及当地企业中推行开来。现在 TPS 与源自日本的其他生产、流通方式一起被西方企业称为"日本化模式"。近年来，TPS 不仅作为一种生产方式，也作为一种通用管理模式在物流、电子商务等领域得到推行。

二、基本内容

（一）丰田生产的核心思想

（1）消除一切形式的浪费。凡是对顾客不产生附加价值的活动都属无效劳动，都是浪费，都是应该消除的。

（2）不断改进、不断完善、追求尽善尽美。

（3）把调动人的积极性、创造性放在一切管理工作的首位。把人看做生产力诸要素中最宝贵的资源，因为人具有能动作用，具有创造力。

（二）丰田式生产管理的目标

在福特时代，降低成本主要是依靠单一品种的规模生产来实现的。但是在多品种与中、小批量生产的情况下，这一方法是行不通的。因此，TPS 模式力图通过"彻底消除浪费"来达到这一目标。在 TPS 模式下，浪费的产生通常被认为是由不良的管理造成的。比如，大量原材料的存在可能便是由供应商管理不善所造成的。因此，TPS 的目标是彻底消除无效劳动和浪费。为了排除这些浪费，就相应地制定了质量目标、生产目标、时间目标三个子目标。

（1）质量目标。

废品量最低。TPS 模式要求消除各种产生不合格品的原因，在加工过程中每一工序都要求达到最好水平。

（2）生产目标。

库存量最低。TPS 模式下，库存是生产系统设计不合理、生产过程不协调、生产操作不良的证明，因此 批量应尽量小。

（3）时间目标。

准备时间最短。准备时间长短与批量选择相联系。如果准备时间趋于零，准备成本也趋于零，就有可能采用极小批量。生产提前期应尽可能短。短的生产提前期与小批量相结合的系统，应变能力强，弹性好。

（三）实现 JIT 的基本要素

（1）多面手工人。

丰田公司制造具有多种规格的各种各样的汽车。而各种形式的汽车常常会受到需求变化的风吹雨打。为了适应需求的变化，作业现场的作业人员人数具有灵活性（在丰田公司称为"少人化"）。在丰田公司，所谓"少人化"意味着在生产上的需求产生变化（减少或增加）的时候变更（减少或增加）作业现场的作业人员人数。

"少人化"，在根据需求的变化必须减少作业人员人数时具有特别重要的意义。例如，在某一条生产线上，5 名作业人员制造一定数量的产品。如果该生产线的生产量减至 80%的话，那么作业人员也必须减到 4 人（等于 5×0.8）。假如需求减至 20%的话，作业人员就要减至一人。

（2）制造单元。

丰田采用 U 字型设备布置，具有独特而高效的制造元。U 字型设备布置的要点是，生产线的入口和出口在相同的位置，生产线出口和入口的作业由一个人进行。这其中虽然被认为有凹形、圆形等几种变化形式，但是不管是哪一种，这种 U 字型设备布置最重要的优点是在适应生产量的变化（需求的变化）时，可以自由地增减所需要的作业人员人数。也就是说，在 U 字型作业现场的内部，追加作业人员、抽减作业人员都是可能的。如图 11-19 所示。

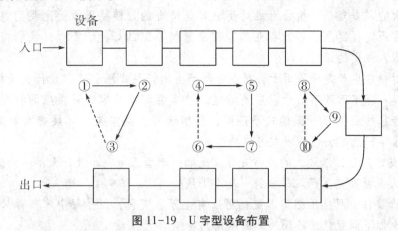

图 11-19 U 字型设备布置

（3）全面质量管理（TQM）。

丰田进行的全面质量管理主要有以下 3 个特征：

①所有部门参加 QC 活动。

②全体员工参加 QC 活动。

③QC 同公司其他相关职能（成本管理、生产管理等）密切结合。

（4）全面产能维护（Total Productive Maintenance，TPM），也译作全面生产维修制，简称 TPM。其做法和内容主要有：

①以彻底消灭故障为目标，推行"三全"，即全系统、全效率、全员。

②推行 5S（即整理、整顿、清洁、清扫、素养）管理活动。

③对设备进行 ABC 分类，突出重点设备的维修工作。

④履行日常点检和定期点检。

⑤规定一系列技术经济指标，作为评价维修工作的标准。

（5）与供应商的全面合作。

丰田汽车之所以有如此优秀的品质，部分归功于其供货商在创新、工程、制造及整体信赖度方面的优异表现。

丰田的供货商是丰田准时生产的一分子。不论是在丰田公司的即时生产流程顺利运作时，还是在出现问题而停滞不前时，其供货商都扮演着重要角色。丰田公司在投资建立高效能供货商网络以与丰田的高度精益化相互整合方面一直走在同行的前面。

丰田公司在保持自身核心竞争力的同时，寻找伙伴，和供货商形成全面合作的伙伴关系，以长期互惠方式共同成长。

【案例】11-7 丰田公司的精益生产管理方式

通过及时生产（Just In Time）和在生产过程中保证质量的一系列手段，丰田汽车给汽车工业中的质量、可靠性和制造成本等标准带来了革命性的变化。由此带来的种种好处使许多制造型企业都争先恐后地学习并且实施丰田生产系统（Toyota Production System），以增强自身在竞争中的优势。但令人失望的是，许多企业在努力之后得出了一个悲观的结论——丰田生产系统不适合本公司和本行业的实际情况。事实果真如

297

此吗？

我在精益生产领域的多年研究以及对几十个涉及不同工业领域的公司所进行的精益实施成败的调查表明，精益思维对贵公司是适合的。精益思维远比我们想象的要灵活，并且在不同程度上给各行各业都能带来意想不到的好处。下面，我们将就精益思维做一个深入浅出的探讨。

许多对精益生产是否适用于公司业务所产生的怀疑起源于"到底什么是精益"。如果精益只是一套丰田汽车用于供应商管理、整车装配以及零部件供应的特定工具和技巧，那么若您的业务与丰田模式不匹配，移植这些工具与技巧无疑是有相当难度的。这里列出了丰田汽车公司的一些基本特性：

（1）成熟工业，渐进式的产品更替。比如：车型三年一小改，六年一大变。

（2）大批量高速生产。每分钟一辆车下线。

（3）选装件有限。虽然整车配置可以有上万种变化，但是每个零部件只有几种选装配置（比如不同颜色，不同质地的座椅）。

（4）许多小型零部件。虽然车身结构件和覆盖件相对较大，但是大多数的零部件都能放在小型的标准化料箱中。

（5）通过分销商实现最终销售。根据分销商的订单制订生产计划。如果直接向最终用户销售将会增加难度。

（6）均衡的生产计划。丰田花费了大量的精力来均衡生产计划，尽量保证在每天的生产计划中，生产数量和不同车型的混合比达到均衡。这样能够保证所需要的零部件库存维持在一个最优和最低的数量。

（7）具有高度工作积极性和自主权的员工。这在日本几乎是相当普遍的企业文化。在丰田的海外工厂中，丰田通过自身的评估中心来招募适合丰田企业文化的当地员工。

（8）长远的眼光。丰田不用担心每个季度的华尔街盈利状况。

对于一个非汽车行业的制造企业来说，如果上述几大特性不符合您企业的情况，那么实施丰田生产系统是一项不可能完成的任务。比如，丰田使用看板拉动系统和物料超市来对生产线旁的零部件进行补充。零部件供应商每隔一至两个小时会对该物料超市中的几千种零件进行补充。因此当您去参加了一个研讨会，学习了拉动系统，兴冲冲地回到本公司，希望建立一个物料超市和看板拉动系统。但是当您花费了相当的金钱与精力后，却发现无法实现真正的业务运转，这到底是因为什么呢？

（1）您没有一个均衡的生产计划。在物料超市中的库存水平是直接由贵公司的生产计划的波动来决定的。您必须保证一个最小的最大库存量来维持生产的顺利进行。但是如果您的生产计划波动过大，那么所有涉及的零件的最大库存也要相应增加。这样您最后可能会发现自己被淹没在零部件的海洋之中。

（2）您的工厂可能有上千种最终产品，由此牵涉的零部件可能会达到几万甚至是十几万种。某些用于特殊订单或季节性订单的零部件一年甚至只会用上一次。而与此相对应的是，丰田生产系统适用于大批量、少品种的稳定生产情况（比如电脑、家电行业）。

（3）您的物料部门员工认为物料拉动系统是一种麻烦，不予以采纳。

那么什么才是正确的答案呢？您可以由此得出结论：精益生产不适合您的情况，并且决定尝试其他方法，如限制理论、六西格马理论、电子排序等。或者您可以退一步问自己：丰田生产系统的真谛到底是什么？怎样才能适用于我们的情况？我希望您的选择是后者。如果您意识到精益是一种哲学思想，并且能将丰田的那套工具因地制宜地加以实施的话，那么您的精益转化是能获得成功的。

我们如何才能成功实施精益转化呢？

其实答案非常简单。精益生产并非是一套您可以从其他企业照抄过来的一成不变的程序，甚至对于丰田生产系统的根本原则，您都必须进行这样或那样的调整来适应您的具体情况。精益是一种理念、一种思维方式，其根本因素还是"通过消除非增值（浪费）活动来缩短生产流程"。实施过程则因地而异。您必须根据您的业务内容和生产技术来制订出适合您具体情况的解决方案。

最终的解决方案仍是"一物流"，丰田至今仍在努力向该方向迈进，但是丰田在很久以前就已经意识到这只是一种理想状态。实际上，看板拉动系统（某些人将它与丰田生产系统的实质相混淆）只是一种妥协的手段。当一物流在现实中不可行时，退而求其次的是控制原材料和在制品库存，并将库存逐步缩小。看板则是一种为达到该目的而建立起来的、简单的目视化管理系统。实际上，有许多方法来控制厂内的物流——用看板控制小包装零件。大的零件则可以用按灯系统来进行物料填充，通过排序将大的零件送到生产流水线旁、目视化管理的先进先出缓冲区等。设计一个精益系统意味着决定什么样的控制手段或工具适用于什么样的零件。

迄今为止，我们对此进行分析的最有力工具是"价值流程图标"（Value Stream Mapping）。价值流程图标起源于丰田开发的一种用来描述物流和信息流的方法。在价值流程图中，各生产工艺被画成由箭头连接的方框。在各个工艺之间有代表在制品库存的三角框。各种图标表示不同的物流和信息流。连接信息系统和生产工艺之间的折线表示信息系统正在为该生产工艺进行排序等。在完成目前状态的价值流程图绘制工作以后，您将描绘出一个精益远景图（Future Lean Vision）。在这个过程中，更多的图标用来表示连续的流程、各种类型的拉动系统、均衡生产以及缩短工装更换时间。典型的结果为操作工序缩短，推动系统被由顾客为导向的拉动系统所替代，生产周期被细分为增值时间和非增值时间。

当然，如果不付诸实践，一张规划得再巧妙的图表也只是废纸一张。精益远景图必须转化为实施计划。实施计划必须包括什么（What），什么时候（When）和谁来负责（Who）。并且必须在实施过程中设立评审节点。当该计划付诸实施后，精益远景图逐步成为现实。在价值流程图标的指导下，各个独立的改善项目被赋予了新的意义。比如，大家就会明确为什么要实施全员生产性维护系统。这并非是一套可有可无的东西，而是一项非常关键的措施。有了全员生产性维护系统，我们能够提高机器开动率，用来支持低库存率的物料超市，并且保持我们对客户的成品供应。

在车间现场发生的显著改进能引发滚雪球效应般的一系列企业文化变革。但是如果以为车间平面布置和定置管理上的改进就能自动推进积极的文化改变，显然是不明智的。

中国企业应用精益生产存在的问题：我们的生产计划无法均衡、客户需求季节性变化太大、员工队伍素质不行。我们的最终产品有几万种，但我们的需求只是我们供应商业务量的1%，因此他们不肯及时供货。必须承认，所有这些情况都或多或少地存在，但这些理由更加说明了为什么不能生搬硬套别人成功的经验，特别是具体操作程

299

序。在此，我想再次强调精益不是一套可以硬性拷贝的工具，而是一种灵活的理念，以及与之相关的一系列可用来帮助您持续改进的强有力工具。您首先必须理解这种理念，再学习使用这套工具，然后构筑您自己的精益系统。价值流程图标必须成为您工具箱的一部分。组织持续改进研讨会以及让合适的人参与其中也应该成为您工具箱的一部分。学习如何实施精益的最佳手段是从一个先导（Pilot）项目开始，使样板线（Model Line）迅速成功，然后将样板线推广至整个生产系统，并且边干边学——就像丰田那样！

知识巩固

一、选择题

1. 目视管理的原则包括：
   - A. 激励原则
   - B. 标准化原则
   - C. 群众性原则
   - D. 实用性原则
2. 下列哪些是目视管理的常用方法：（　　　）
   - A. 表示法
   - B. 分区法
   - C. 定位法
   - D. 颜色法
3. 丰田生产的管理目标有（　　　）
   - A. 质量目标
   - B. 生产目标
   - C. 时间目标
   - D. 费用目标

二、判断题

1. 定制管理就是把物品放在规定的地方。（　　　）
2. 清扫活动就是打扫现场卫生。（　　　）
3. 清扫活动就是通过打扫让现场整洁。（　　　）
4. 5S 活动既是一种现场管理方法，也是一种现场管理思想。（　　　）
5. 目视管理透明度高，便于现场人员互相监督，发挥激励作用。（　　　）
6. "5S" 是整理、整顿、清扫、清洁和素养这 5 个词的缩写。（　　　）

案例分析

中国企业推行丰田生产方式（TPS）活动存在的问题

20 世纪 80 年代初，长春第一汽车制造厂就派出一个 40 人的代表团专门访问丰田公司，进行了达半年之久的现场考察学习，回来后在一汽各分厂推行丰田生产方式。特别是到了 20 世纪 90 年代初，一汽变速箱厂采用丰田生产方式，取得了降低在制品 70% 的佳绩。另外，湖北东风汽车公司的"一个流"生产，以及上海易初摩托车厂的精益生产都收效甚佳。但是这些厂家都存在一个怎样继续深入发展 TPS 的问题。

IE（工业工程）是 TPS 的根基。日本自 20 世纪 60 年代从美国引进了 IE 技术，根据本国民族文化特色加以发展、应用。这为 TPS 这一先进的生产管理模式提供了坚实的基础。IE 解决的主要问题是各类产品生产过程及服务过程中的增值链问题。通俗地讲，就是新产品进入生产阶段后，运用 IE 的知识来解决生产的组织与运行问题。如：

如何缩短生产线，如何进行零部件和制成品的全球配送，如何保持生产或服务的质量等。美国是 IE 的发源地。IE 奠定了美国的世界经济霸主地位。英国、德国、日本以及亚洲四小龙都成功引进了 IE，促进了本国经济的腾飞。这些发达国家和地区的 IE 建设与发展经验，值得导入 TPS 的国内企业借鉴与效仿。

在国内也有众多的企业未能成功试行丰田生产方式。原因是多方面的。其中，如何正确理解 TPS 是关键问题。概括地说，在国内对 TPS 理解不完善的地方大致在如下几个方面：

(1) 关于 JIT 的问题。丰田生产方式不仅仅是准时生产与看板管理。如果仅仅从形式去效仿看板管理是不能成功的。JIT 是 TPS 核心问题之一。拉动生产是 JIT 的主要手段，也是大野耐一的典型代表作。但是 JIT 不能脱离另一支柱——人员自主化而独立存在。因而 TPS 的开发必然是一个企业整体的、长期的行为。它是一个全员参加的、思想统一的、不断改进的系统过程。TPS 的开发从局部试点开始，毫无疑问是正确的，但绝不能局限在局部，不能孤立存在。

(2) 关于推行丰田生产方式的条件。改善是 TPS 哲理的基础与条件。也就是说，推行 TPS 首先从连续改善入手。目前，天津丰田技术中心正在丰田公司与天津汽车公司的合资企业中推行 TPS。他们就是先从改善入手，而不是马上推行 JIT。原因何在？首先是因为改善贯穿 TPS 的产生、成长、成熟的发展的整个过程。其次，JIT 的实行需要有较高水平的管理基础来保证。如，快速换模、先进的操作方法、合理的物流系统、科学的定额和期量标准、员工素质与设备完好率高等。必须具备所有这些条件，才能实行 JIT 生产。

(3) 关于质量管理。质量管理不是独立存在的体系。它必须融于生产过程。我国的企业都设有专门的质量管理部门。这使质量管理形成了相对独立的管理体系。而质量管理是不能脱离生产现场的加工操作及包装、运输的全部过程的，必须将其融为一体，而不是独做表面文章。

(4) 关于工业工程 (IE-Industrial Engineering)。日本丰田汽车公司生产调整部部长中山清孝指出，"丰田生产方式就是工业工程在丰田公司现代管理中的应用。"可以说，工业工程是丰田生产方式实现的支撑性技术体系。改善活动依托的理与方法主要是 IE。同时，IE 也是美国、西欧各种现代管理模式（例如：CIMS，MRP Ⅱ）的技术支撑体系。因而，我国企业要推行 TPS，特别是建立适合国情、厂情的 TPS，就一定要从推行工业工程入手，否则很难成功。

(5) 关于整体化问题。我国许多企业在推行质量管理、工业工程、技术改造、市场研究、CIMS 工程等方面都按职能部门划分，甚至成立专门的领导机构，各搞一套。这是不正确的。上述工作应集成一体，形成全厂行为。应确立本企业的模式，以 IE 为支撑技术。经过连续不断的努力，最终实现企业整体化效益。

思考题：

1. 日本与韩国和中国的国情比较相似。他们引进 IE 都比较成功。日本更是开启了 TQS 时代。中国企业实施 TPS 应注意吸取哪些经验呢？

2. 根据一汽的经验，你认为我国企业推行 TPS，应通过怎样的途径呢？

实践训练

项目 11-1　目视管理工具应用

【项目内容】

学生以小组为单位，开展以学校及其周边企业单位为对象的目视管理工具应用调查。

【活动目的】

通过对企业目视管理的综合认识，培养学生科学使用目视管理工具的技能。

【活动要求】

1. 每个小组至少调查两家以上的单位。

2. 调查前，拟订调查方案。

3. 每个小组提交一份调查报告。

4. 结合亲身感受，评价被调查单位的目视管理工具的应用情况，并在此基础上对被调查单位的现场目视管理提出合理化建议。

5. 以小组为单位开展活动总结和班级交流。每个小组推荐一名代表参加班级交流。

【活动成果】

调查方案、过程记录、调查报告。

【活动评价】

由老师根据学生的活动成果及班级交流情况对学生的时间活动过程进行评价和打分。

项目 11-2　定制管理实践

【项目内容】

学生以小组为单位，开展以学校及其周边企业单位为对象的定制管理调查。

【活动目的】

强化学生对定制管理的认识。

【活动要求】

1. 以小组（4~5人）形式进行。

2. 每个小组提交一份定制管理调查报告。

3. 每个小组派代表介绍调查结果。

4. 介绍内容要包括书面提纲。

【活动成果】

参观过程记录、活动总结。

【活动评价】

由老师和学生根据各小组的活动成果及其介绍情况进行评价打分。

模块十二
项目管理

【学习目标】

1. 了解项目与项目管理的若干基本概念。
2. 了解项目计划以及项目跟踪与控制的系统框架。
3. 掌握网络计划技术的基本原理与应用。

【技能目标】

通过本模块的学习，学生应该：
1. 了解常用的网络计划编制的方法。
2. 掌握运用甘特图和网络图绘制项目计划。
3. 能够熟练开展计划调整与优化。

【相关术语】

项目（project）
项目管理（project management）
项目计划（project plan）
计划评审技术（PERT）
最早开始时间（early start time）
最早结束时间（early finish time）
最迟开始时间（last start time）
最迟结束时间（last finish time）
时差（time difference）
关键工序（critical procedure）
关键路线（critical path）
总工期（total time limit for a project）
工期—资源优化（time-resource optimization）
时间成本优化（time cost optimization）

IPMA：International Project Management Association，国际项目管理协会，是一个在瑞士注册的非赢利性组织，是项目管理国际化的主要促进者。IPMA 创建于 1965 年，最早是一个在国际项目领域的项目经理交流各自经验的论坛。1967 年，IPMA 在维也纳主持召开了第一届国际会议。项目管理从那时起即作为一门学科而不断发展。

IPMA 的成员主要是各个国家的项目管理协会，到目前为止共有 29 个成员组织。这些国家的组织用他们自己的语言服务于本国项目管理的专业要求。IPMA 则以广泛接受的英语作为工作语言提供有关需求的国际层次的服务。为了达到这一目的，IPMA 提供了大量的产品和服务，包括研究与发展、培训和教育、标准化和证书制以及有关广泛的出版物支撑的会议、学习班和研讨会等。

PMI：Project Management Institute，美国项目管理学术组织，成立于 1969 年，是一个有近 5 万名会员的国际性学会。它致力于向全球推行项目管理，是项目管理领域最大的由研究人员、学者、顾问和经理组成的全球性专业组织，在教育、会议、标准、出版和认证等方面发起技术计划和活动，以提高项目管理专业的水准。PMI 正在成为一个全球性的项目管理知识与智囊中心。

PMI 的项目管理专业人员认证与 IPMA 的资格认证有不同的侧重。它虽然有项目管理能力的审查，但是更注重于知识的考核。参加认证的人员必须参加并通过包括 200 个问题的考试。项目管理现在已经成为美国的优选职业。根据统计数据，在美国，从事项目管理工作的初级工作人员年薪在 4.5 万 ~5.5 万美元，中级人员在 6.5 万 ~8.5 万美元，高级人员为 11 万 ~30 万美元。美国的大学开始设立项目管理的硕士学位，并有取代 MBA 专业学位的趋势。

PMBOK：Project Management Body of Knowledge，项目管理知识体系。这是 PMI 在 20 世纪 70 年代末提出的项目管理的知识体系。该知识体系构成了 PMP 考试的基础。它的第一版是由 200 多名国际项目管理专家历经四年才完成的，集合了国际项目管理界精英的观点，避免了一家之言的片面性。而更为科学的是，每隔数年，来自世界各地的项目管理精英会重新审查与更新 PMBOK 的内容，使它始终保持权威的地位。

由于从提出知识体系到具体实施资格认证有一整套的科学手段，因而 PMI 推出的 PMBOK 充满了活力，并得到了广泛的认可。国际标准组织（ISO）以 PMBOK 为框架制定了 ISO10006 标准。同时 ISO 通过对 PMI 资格认证体系的考察，向 PMI 颁发了 ISO9001 质量管理体系证书，表明 PMI 在发展、维护、评估、推广和管理 PMP 认证体系时，完全符合 ISO 的要求。这也是世界同类组织中唯一获此荣誉的。

PMP：Project Management Institute，项目管理专业人士资格认证，是由 PMI 发起的项目管理专业人员资格认证，其目的是为了给项目管理人员提供一个行业标准，使全球的项目管理人员都能够获得科学的项目管理知识。美国项目管理协会（PMI）一直致力于项目管理领域的研究工作。全球 PMI 成员都在为探索科学的项目管理体系而努力。今天，PMI 制定出的项目管理方法已经得到全球公认。PMI 也已经成为全球项目管理的权威机构，其组织的项目管理资格认证考试，也已经成为项目管理领域的权威认证。全球每年都有大量从事项目管理的人员参加 PMP 资格认证。

【案例导入】

一家非营利性组织的项目问题

当地一家非营利组织的董事会成员正在举行二月份的董事会会议。这一组织负责筹集和购买食品，然后分发给生活困难的人们。在会议室里，有董事会主席贝斯·史密斯（Beth Smith）、董事会成员罗斯玛丽·奥尔森（Rosemary Olsen）和史蒂夫·安德鲁（Steve Andrews）。贝斯首先发言："我们的资金几乎用光了，而食品储备的需求却一直在增加。我们需要弄清楚怎么才能得到更多的资金。"

"我们必须建立一个筹集资金的项目。"罗斯玛丽响应道。

史蒂夫建议："难道我们不能向地区政府要求一下，看他们是否能给我们增加分配额？""他们也紧张，明年他们甚至可能会削减我们的分配额。"贝斯回答。

"我们需要多少钱才能度过今年？"罗斯玛丽问道。

"大约 10 000 美元，"贝斯回答，"我们两个月后就会开始急需这部分钱了。"

"我们除了钱还需要很多东西。我们需要更多的志愿者、更多的储存空间和一台安放在厨房里的冰箱。"史蒂夫说。

"哦，我想我们完全可以自己做这份筹集资金的项目，这将是很有趣的！"罗斯玛丽兴奋地说。

"这个项目正在扩大，我们不可能及时做完。"贝斯说道。

罗斯玛丽回答说："我们将解决它并且做好，我们一向能做到的。"

"项目是我们真正需要的吗？我们明年将做什么——另一个项目？"史蒂夫问道，"此外，我们正在经历一个困难时期，很难得到志愿者。或许我们应当考虑一下，我们怎样能用较少的资金来运作一切。例如，我们怎样能定期得到更多的食品捐献，这样我们就不必买这么多食品。"

罗斯玛丽插话说："多妙的主意，当我们去试着筹集资金时，你又能同时继续工作。我们可以想尽所有办法。"

"好了，"贝斯说，"这些都是好主意，但是我们只有有限的资金和志愿者，并且有一个增长的需求。我们现在需要做的是，确保我们在两个月后不必关门停业。我想，我们必须采取行动，但是不能确定我们的目标是否一致。"

资料来源：［美］吉多，克莱门斯. 成功的项目管理［M］. 北京：电子工业出版社，2010.

思考题：

1. 已识别的需求是什么？
2. 项目目标是什么？
3. 如果有的话，应当从事的有关项目应具备什么样的假定条件？
4. 项目涉及的风险是什么？

【小组活动】

联系一家你所在社区的非营利性组织，告诉他们你对他们的运作很感兴趣，请他们描述一下目前正从事的项目。目标是什么？制约因素是什么？资源是什么？

如果有可能，你们小组可以为这个项目投入几小时的时间。通过这次锻炼，你将在帮助他人的同时，学会真正的项目运作。准备一份报告，总结一下这个项目和你从这次经历中所学到的东西。

项目管理是一种管理方法体系，是一种已被公认的管理模式，而不是任意的管理过程。项目管理是第二次世界大战后期发展起来的重大新管理技术之一，最早起源于美国。20 世纪 60 年代，项目管理的应用范围也还只是局限于建筑、国防和航天等少数领域，但项目管理在美国的阿波罗登月项目中取得巨大成功后风靡全球，后由华罗庚教授于 20 世纪 50 年代引进中国。

国际上许多人开始对项目管理产生了浓厚的兴趣，并逐渐形成了两大项目管理的研究体系。其一是以欧洲为首的体系——国际项目管理协会（IPMA）；另外是以美国为首的体系——美国项目管理协会（PMI）。在过去的 30 多年中，他们的工作卓有成效，为推动国际项目管理现代化发挥了积极的作用。

任务一　项目管理

一、背景

最近，项目管理已经变成全世界组织竞争的重要利器。无论是企业或是政府都以提倡项目管理为第一要务。驱动这种潮流的主要原因，是企业的竞争态势逐渐由区域性（local competition）转变成全球性（global competition）。从此，企业不能只是生产一成不变的产品而是必须时时刻刻进行产品和服务的创新，才能占有市场并且摆脱对手，而企业的每一次创新求变就是一个项目（project）。

二、基本内容

（一）什么是项目

项目是为创造独特的产品、服务或成果而进行的临时性工作，是在限定的资源及限定的时间内需完成的一次性任务。具体可以是一项工程、服务、研究课题及活动等。比如：iPhone6 的研发和推广、建设一个体育场、举行一场运动会。

1. 项目分类

（1）按项目的规模分类。

根据投入项目的人工、项目的程序时间、项目投资额等指标，可以将项目分为大项目（比如中国的高铁建设）、中等项目及小项目。在采用这种方法对项目分类时，不同的国家、不同的行业会有不同的标准。

（2）按项目的复杂程度分类。

项目包含的内容、技术、组织关系、人员关系的复杂程度是不同的。根据这些差别，可以把项目分为复杂项目和简单项目。

（3）按行业分类。

按项目所在的行业，可以把项目分为农业项目、工业项目、投资项目、建设项目、教育项目、社会项目等。

（4）按项目的结果分类。

项目的结果基本上有两类，即产品和服务。项目也因此主要分为结果为产品的项目和结果为服务的项目这两大类，当然，有的项目结果是两者兼有的。

2. 项目的特点

（1）临时性。

临时性是指项目有明确的起点和终点。项目的间隔有一定的跨度。当项目目标达成时，或当项目因不会或不能达到目标而中止时，或当项目需求不复存在时，项目就结束了。如果客户（顾客、发起人或项目倡导者）希望项目终止，那么项目也可能被终止。临时性并不一定意味着项目的持续时间短。它是指项目的参与程度及其长度。项目所创造的产品、服务或成果一般不具有临时性。大多数项目都是为了创造持久性的结果。例如，国家纪念碑建设项目就是要创造流传百世的成果。项目所产生的社会、经济和环境影响，也往往比项目本身长久得多。

（2）独特性。

独特性是指每个项目产生特别的产品或服务或成果，与其他不同。项目的产出可能是有形的，也可能是无形的。尽管某些项目可交付成果或活动中可能存在重复的元素，但是这种重复并不会改变项目工作本质的独特性。例如，即便采用相同或相似的材料，由相同或不同的团队来建设，但是每个建筑项目都因不同的位置、不同的设计、不同的环境和情况等，而具备独特性。

（3）有明确的目标，可渐进明细。

每个项目都有明确的目的性要求。它可以被分解位子任务。同时，在整个生命周期中，反复开展项目工作。项目活动对于项目团队成员来说可能是全新的，需要比其他例行工作进行更精心的规划。此外，项目可以在组织的任何层面上开展。一个项目可能只涉及一个人，也可能涉及很多人；可能只涉及一个组织单元，也可能涉及多个组织的多个单元。

（二）项目管理概述

项目管理就是指将知识、技能、工具与技术应用于项目活动，以满足项目的要求。根据其逻辑关系，把这些过程归类成五大过程组，即：启动、规划、执行、监控、收尾。如图 12-1 所示。

管理一个项目通常包括（但不限于）：

- 识别需求。
- 在规划和执行项目时，要考虑干系人的各种需要、关注和期望。
- 在干系人之间建立、维护和开展积极、有效和合作性的沟通。
- 为满足项目需求和获取项目可交付成果而管理干系人。
- 平衡相互竞争的项目制约因素，包括（但不限于）范围、质量、进度、预算、风险。

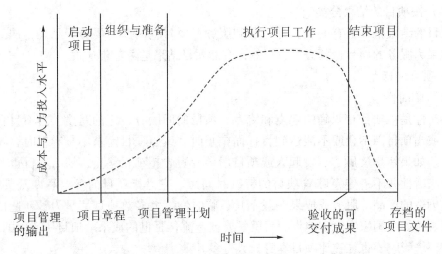

图 12-1　项目管理过程

项目的具体特征和所处的具体环境会对制约因素产生影响。项目管理团队应对此加以关注。

这些制约因素之间的关系是：任何一个因素发生变化，都会影响至少一个其他因素。例如，缩短工期通常都需要提高预算，以增加额外的资源，从而在较短时间内完成同样的工作量；如果无法提高预算，那么只能缩小范围或降低质量，以便在较短时间内以同样的预算金额交付项目最终成果。项目干系人可能对哪个因素最重要有不同的看法，使情形变得更为复杂。改变项目要求或目标可能引发更多的风险。为了取得项目成功，项目团队必须能够正确评估项目状况，平衡项目要求，并与干系人保持积极主动的沟通。

由于可能发生变化，应该在整个项目生命周期中，反复开展制订项目管理计划的工作，对计划进行渐进明细。渐进明细是指随着信息越来越详细具体、估算越来越准确，而持续改进和细化计划。渐进明细的方法使得项目管理团队可以随项目进展，对项目工作进行更为明确的定义和更为深入的管理。

1. 项目管理的目标

（1）时间进度。

项目的进度控制是项目管理的核心内容。项目的完工期限一旦确定下来，项目经理的任务就是要以此为目标，通过控制各项活动的进度，确保整个项目按期完成。

（2）成本。

项目经理的一项重要工作是通过合理组织项目的实施，控制各项费用支出，使整个项目的各项费用支出之和不超过项目的预算。

（3）质量。

"百年大计，质量第一"。质量是项目的生命。如果一项大型工程项目的质量好，就可以福泽子孙，功在千秋；如果质量差，不仅会造成经济上的重大损失，而且会贻误子孙，祸及后世。

2. 项目管理的特点

（1）目的性。

项目管理的目的性要通过开展项目管理活动去保证满足或超越项目有关各方面明

确提出的项目目标或指标以及项目有关各方未明确规定的潜在需求和追求。

（2）独特性。

项目管理的独特性是指项目管理不同于一般的企业生产运营管理，也不同于常规的政府的管理内容，是一种完全不同的管理活动。

（3）集成性。

项目管理的集成性是指在项目的管理中必须根据具体项目各要素或各专业之间的配置关系做好集成性的管理，而不能孤立地开展项目各个专业或专业的独立管理。

（4）创新性。

项目管理的创新性包括两层含义：其一是指项目管理是对创新（项目所包含的创新之处）的管理；其二是指任何一个项目的管理都没有一成不变的模式和方法，都需要通过管理创新去实现具体项目的有效管理。

（三）项目经理的角色

项目经理是由执行组织委派，领导团队实现项目目标的个人。项目经理的角色不同于职能经理或运营经理。一般而言，职能经理专注于对某个职能领域或业务单元的管理和监督，而运营经理负责保证业务运营的高效性。

基于组织结构，项目经理可能向职能经理报告。而在其他情况下，项目经理可能与其他项目经理一起，向项目集或项目组合经理报告。项目集或项目组合经理对整个企业范围内的项目承担最终责任。在这类组织结构中，为了实现项目目标，项目经理需要与项目集或项目组合经理紧密合作，确保项目管理计划符合所在项目集的整体计划。项目经理还需与其他角色紧密协作，如业务分析师、质量保证经理和主题专家等。

1. 项目经理的责任与能力

总体来说，项目经理有责任满足以下需求：任务需求、团队需求和个人需求。项目管理是一门很重要的战略性学科，项目经理是战略与团队之间的联系纽带。项目对于组织的生存与发展至关重要。项目可以用改进业务流程的方式创造价值，对新产品和新服务的研发不可或缺，能使组织更容易应对环境、竞争和市场变化。因此，项目经理的角色在战略上越来越重要。但是，仅理解和使用那些被公认为良好做法的知识、工具和技术，还不足以实现有效的项目管理。要有效管理项目，除了应具备特定应用领域的技能和通用管理方面的能力以外，项目经理还需具备以下能力：

（1）知识能力——项目经理对项目管理了解多少。

（2）实践能力——项目经理能够应用所掌握的项目管理知识做什么、完成什么。

（3）个人能力——项目经理在执行项目或相关活动时的行为方式。个人态度、主要性格特征和领导力，决定着项目经理指导项目团队平衡项目制约因素、实现项目目标的能力，决定着项目经理的行为的有效性。

2. 项目经理的人际技能

项目经理通过项目团队和其他干系人来完成工作。有效的项目经理需要平衡道德因素、人际技能和概念性技能，以便分析形势并有效应对。下面描述了一些重要的人际技能，包括：领导力、团队建设、激励、沟通、影响力、决策能力、政治和文化意识、谈判、建立信任、冲突管理、教练技术。

（四）项目团队

项目团队包括项目经理，以及为实现项目目标而一起工作的一群人。项目团队包括项目经理、项目管理人员，以及其他执行项目工作但不一定参与项目管理的团队成员。项目团队由不同团体的个人组成。他们拥有执行项目工作所需的专业知识或特定技能。项目团队的结构和特点可以相差很大，但无论项目经理对团队成员有多大的职权，项目经理作为团队领导者的角色是固定不变的。

1. 项目团队成员的角色

（1）项目管理人员。开展项目管理活动的团队成员，可以履行或支持这些工作：规划进度、制定预算、报告与控制、管理沟通、管理风险、提供行政支持。

（2）项目人员。执行工作以创造项目可交付成果的团队成员。

（3）支持专家。支持专家为项目管理计划的制订或执行提供支持。如合同、财务管理、物流、法律、安全、工程、测试或质量控制等方面的支持，取决于项目的规模大小和所需的支持程度。支持专家可以全职参与项目工作，或者只在项目需要他们的特殊技能时才参与团队工作。

（4）用户或客户代表。将要接受项目可交付成果或产品的组织，可以派代表或联络员参与项目，来协调相关工作，提出需求建议，或者确认项目结果的可接受性。

（5）卖方。卖方又称为供应商、供方或承包方，是根据合同协议为项目提供组件或服务的外部公司。通常，项目团队负责监管卖方的工作绩效，并验收卖方的可交付成果或服务。如果卖方对交付项目结果承担着大部分风险，那么他们就在项目团队中扮演着重要角色。

（6）业务伙伴成员。业务伙伴组织可以派代表参与项目团队，以协调相关工作。

（7）业务伙伴。业务伙伴也是外部组织，但是与本企业存在某种特定关系。这种关系可能是通过某个认证过程建立的。业务伙伴为项目提供专业技术或填补某种空白，如提供安装、定制、培训或支持等特定服务。

2. 项目团队的组成

项目团队的组成因各种因素而异，如组织文化、范围和位置等。项目经理和团队之间的关系因项目经理的权限而异。有些情况下，项目经理是团队的直线经理，能全权管理团队成员。另一些情况下，项目经理几乎或完全没有管理团队成员的职权，可能只是兼职或按合同领导项目。以下是项目团队的两种基本组成方式：

（1）专职团队。在专职团队中，所有或大部分项目团队成员都全职参与项目工作。项目团队可能集中办公，也可能是虚拟团队。团队成员通常直接向项目经理汇报工作。对项目经理来说，这是最简单的结构，因为职权关系非常清楚，团队成员专注于项目目标。

（2）兼职团队。有些项目是临时的附加工作。项目经理和团队成员一边在本来的部门从事本职工作，一边在项目团队从事项目工作。职能经理控制着团队成员和项目资源。项目经理可能同时肩负其他管理职责。兼职的团队成员也可能同时参与多个项目。

专职团队和兼职团队可存在于任何组织结构中。专职项目团队经常出现在项目型组织中。在这种组织中，大部分组织资源都用于项目工作，项目经理拥有很大的自主性和职权。兼职项目团队通常出现在职能型组织中。矩阵型组织中既有专职项目团队，也有兼职项目团队。那些在项目各阶段有限地参与项目工作的人员，可以被看做兼职项目团队成员。

　　项目团队的组成会因组织结构而发生变化。例如，在合伙项目上，多个组织通过合同或协议，建立合伙、合资、结盟或联盟关系，来开展某个项目。在这种结构中，某个组织担当领导角色，并委派项目经理对合作各方的工作进行协调。合伙项目可以用较低的成本获取较大的灵活性。但是，这种优势可能被以下问题所削弱：项目经理对团队成员的控制程度较低，需要建立沟通机制和进展监控机制。开展合伙项目，也许是为了利用行业协同优势，共担任何一方无力单独承担的风险，或者出于其他政治原因或战略考虑。

　　项目团队的组成也会因成员所处的地理位置而发生变化，例如虚拟项目团队。借助沟通技术，处于不同地理位置或国家的人员，可以组成虚拟团队开展工作。虚拟团队使用协同工具（如共享在线空间、视频会议等）来协调项目活动，传递项目信息。虚拟团队可以采用任何一种组织结构和团队组成方式。如果项目活动所需要的资源，有些在现场，有些不在现场，往往就有必要采用虚拟团队。领导虚拟团队的项目经理需要适应文化、工作时间、时区、当地条件和语言等方面的差异。

　　（五）项目管理的组织类型

　　在项目开始之前，企业高层必须确定采用何种组织结构，以便该项目的活动与企业的经营活动紧密联系。资质结构的类型包括职能型、项目性以及位于这两者之间的各种矩阵型结构。

　　1. 职能制

　　典型的职能型组织是一种层级结构。每位雇员都有一位上级。如图 12-2 所示。人员按专业分组，如最高层可分为生产、营销、工程和会计。各专业还可进一步分成更小的职能部门，如将工程专业进一步分为机械工程和电气工程。在职能型组织中，各个部门独立地开展各自的项目工作。职能项目的优缺点如表 12-1 所示。

311

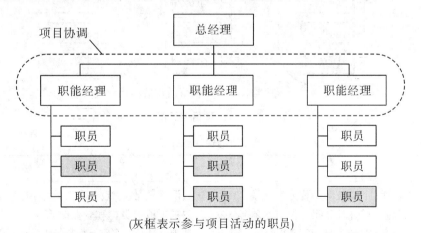

(灰框表示参与项目活动的职员)

图 12-2　职能型组织

表 12-1　　　　　　　　　　　　　　　　职能项目的优缺点分析

优点	缺点
·每个小组成员都可以参加几个项目 ·技术专家们即使离开了项目或组织，也继续留在职能区域里 ·职能区域是小组成员在项目结束后的"家"，职能专家可以垂直发展 ·特殊领域的职能专家组成一个关键部门，协同解决项目存在的技术问题	·与职能区域不直接相关的项目各部分缺乏必要的变革 ·小组成员的情绪经常变得很低落 ·顾客需求被放在了第二位，对顾客需求的反应速度减慢

2. 项目制

与职能型组织相对的是项目型组织，如图 12-3 所示。在项目型组织中，团队成员通常集中办公，组织的大部分资源都用于项目工作，项目经理拥有很大的自主性和职权。这种组织中也经常采用虚拟协同技术来获得集中办公的效果。项目型组织中经常有被称为"部门"的组织单元，但他们或者直接向项目经理报告，或者为各个项目提供支持服务。项目制的优缺点如表 12-2 所示。

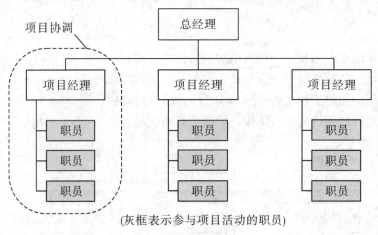

(灰框表示参与项目活动的职员)

图 12-3　项目型组织

表 12-2　　　　　　　　　　　　　　　　项目制的优缺点分析

优点	缺点
·项目经理对项目拥有充足的权力 ·小组成员只向一个上司汇报。他们不必担心必须投入部分精力向职能区域的管理者负责 ·联系线路缩短，可以迅速做出决策 ·小组成员的士气及信誉都很高	·资源重复配置，设备和人员都不能跨部门共享 ·忽视了组织目标和企业政策。小组成员无论在精神上还是在实质上都与组织发生了偏离 ·由于削弱了职能区域的权力而使组织在新技术和新知识方面落后了 ·因为小组成员没有职能领域的"家"，所以他们缺乏安全感，会为项目结束后的生计而担忧，并且由此导致项目结束时间的延迟

3. 矩阵制

矩阵制是比较专业化的项目管理组织结构，如图12-4所示。它集合了职能制和项目制的优点。当执行每个项目时，相关人员可以从不同的职能区域抽调人员。根据职能经理和项目经理之间的权力和影响力的相对程度，矩阵型组织可分为弱矩阵、平衡矩阵和强矩阵。矩阵制的优缺点如表12-3所示。

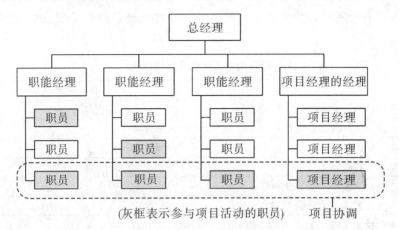

(灰框表示参与项目活动的职员)　项目协调

图12-4　矩阵制的组织结构图

表12-3　　　　　　　　　　　　**矩阵制的优缺点分析**

优点	缺点
·加强了不同职能区域间的联系 ·项目经理对项目的成功负责 ·实现资源的重复配置最小化 ·项目完成后小组成员还有一个职能部门的"家"。因此与项目形式相比，小组成员减少了项目完成后"无家可归"的后顾之忧 ·遵循了企业政策，提供了对项目的支持	·存在两个以上的上司。相比项目经理的命令，优先执行职能管理者的命令 ·除非项目经理具有很强的谈判能力，否则项目注定要失败 ·本位主义乘虚而入。经常出现项目经理为自己的项目囤积资源的现象，并由此损害了其他项目的利益

最后，大家要明白，无论采用哪一种组织形式，与顾客最初和最主要的接触人都是项目经理。当项目经理对一个项目完全负责时，项目的成功率就大大提高了。表12-4就是不同的组织结构对项目的影响。

表12-4　　　　　　　　　　　　**组织结构对项目的影响**

组织结构 项目特征	职能型	矩阵型			项目型
		弱矩阵	平衡矩阵	强矩阵	
项目经理的职权	很小或没有	小	小到中	中到大	大到几乎全权
可用的资源	很少或没有	少	小到中	中到多	多到几乎全部
项目预算控制者	职能经理	职能经理	混合	项目经理	项目经理
项目经理的角色	兼职	兼职	全职	全职	全职
项目管理行政人员	兼职	兼职	兼职	全职	全职

【案例】12-1　某公司 A 项目组织结构的选择

某计算机公司计划拟开展 A 项目。该项目目标是设计、生产并销售一种多任务的便携式个人电脑。该电脑的特点有：32 位处理器、32 兆以上内存、2G 以上硬盘、200 兆以上处理速度、重量不超过 1.5 千克、点阵式彩色显示器、电池正常操作下可用 6 小时以上、零售价不超过 2 万元。

根据 A 项目的目标，相关负责人列出了项目的关键任务以及相应的组织单元，见表 12-5。

表 12-5　　　　　　　　　　　项目的关键任务及组织单元

编号	项目的关键任务	相关的组织单元
A	描述产品的要求	市场部、研究部
B	设计硬件，做初步测试	研发部
C	筹备硬件生产	生产部
D	建造生产线	生产部
E	进行小批量生产及质量和可靠性测试	生产部、质保部
F	编写（或采用自己的）操作系统	软件开发部
G	测试操作系统	质保部
H	编写（或采用自己的）应用系统	软件开发部
I	测试应用软件	质保部
J	编写所有文档，包括用户手册	生产部、软件开发部
K	建立服务体系，包括备件、手册等	市场部
L	制订营销计划	市场部
M	准备促销演示	市场部

根据上述内容，项目的关键任务主要有 4 个方面：①设计、生产、测试硬件；②设计、编制、测试软件；③建立服务和维修体系；④开展营销策划，包括演示、宣传等。

此外，项目还需要下面一些支持子系统：①设计软件的小组和设计硬件的小组；②测试软件的小组和测试硬件的小组；③组织硬件生产的小组；④营销策划小组；⑤文档编写小组；⑥管理以上各小组的行政小组。

这些子系统涉及公司的五个部门。其中，软件设计小组和硬件设计小组的工作关系非常密切，而测试小组的工作则相对独立，但测试的结果对软件和硬件设计的改善很有帮助。

该计算机公司在人力上完全有能力完成这个任务，在硬件和操作系统设计上也能达到当前的先进水平。A 项目预计持续 18~24 个月，是目前为止该公司投资最大的项目。

问题：

针对 A 项目，该公司的高层管理者应采用什么类型的项目组织结构？

下面是企业管理层的讨论记录：

A：不同的部门都要参与，应采用职能型组织结构。

B：不对吧，虽然不同的部门都有参与，但是也可能是矩阵型组织结构。我认为应该采用矩阵型组织结构。

C：我觉得采用项目型组织结构是最合理的。这是公司主抓的项目。成立专门的项目组开展这个项目应该是最合理的。

B：矩阵型组织结构也可以啊，而且不需要成员全职参与，避免了人员的浪费。

A：哦，这样的话，那矩阵型组织结构和项目型组织结构是不是都可以啊？

专家点评：

该项目不适合采用职能型组织结构，因为该项目涉及部门多，很难将其归于某个职能部门之下进行管理。项目型组织结构或矩阵型组织结构都是可行的。如果要做选择的话，只要人员费用增加幅度不是太大，项目型组织更好，因为项目型组织的管理更简单。但是，如果项目不需要资深研究人员的全职参与，那么选择矩阵型组织结构可能更好。

任务二　编制项目进度计划

一、背景

项目的进度控制是项目管理的核心内容。项目的完工期限一旦确定下来，项目经理的任务就是要以此为目标，通过控制各项活动的进度，确保整个项目按期完成。俗话说的话，"勇谋相较，谋占先机"。良好的进度计划，是确保项目能够按进度完成的重要前提。

二、基本内容

（一）甘特图

甘特图又叫横道图。它是第一次世界大战期间，由美国管理学家亨利·甘特提出的一种计划和控制生产的有效工具。它能帮助管理者为项目做好进度安排，对比实际和计划进度，将管理的注意力集中到一些关键的环节和容易发生异常的地方，从而实现对项目进度等的有效控制，使项目按预期目标完工。

在甘特图中，横向表示时间进度，纵向表示项目的各项作业阶段，用横道表示每项作业从开始到结束的持续时间。图 12-5 是某测评项目的计划甘特图。从图 12-5 可知，该项目被分解为四个阶段。四个阶段全部完成大概需要 36 天。各项活动的开始时间、持续时间都清晰可见。

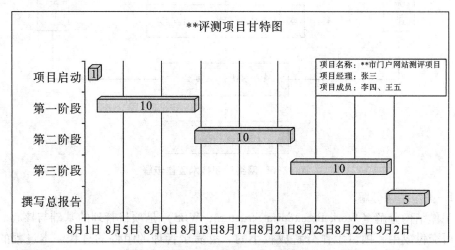

图 12-5　某测评项目的进度计划甘特图

315

（二）网络计划技术

网络计划技术是指许多相互联系与相互制约的活动（作业或工序）所需资源与时间及其顺序安排的一种网络状计划方法。它的基本原理是：利用网络图表示一项计划任务的进度安排和各项活动之间的相互关系；在此基础上进行网络分析，计算网络时间，确定关键路线；利用时差，不断改进网络计划，求得工期、资源和成本的优化方案。

应用网络计划技术解决问题也有一系列的工作步骤，如图 12-6 所示：

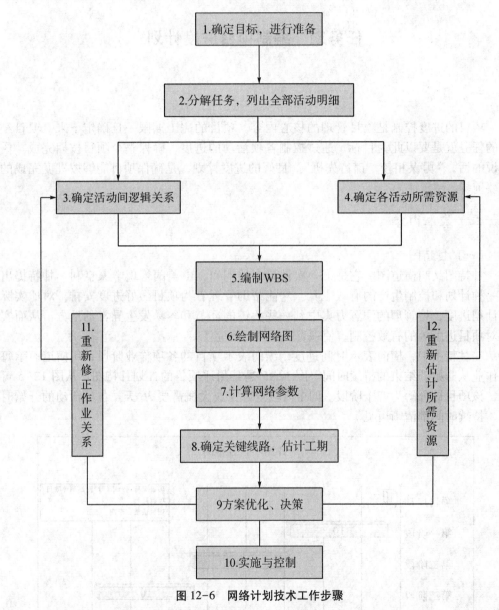

图 12-6 网络计划技术工作步骤

1. 工作结构分解

工作结构分解（Work Breakdown Structure，WBS）是项目管理的基础与核心。它把项目可交付成果和项目工作分解成较小的、更易于管理的组件的过程。本过程的主要作用是，对所要交付的内容提供一个结构化的视图。

WBS 是对项目团队为实现项目目标、创建可交付成果而需要实施的全部工作范围的层级分解。一个软件产品的 WBS 如图 12-7 所示：

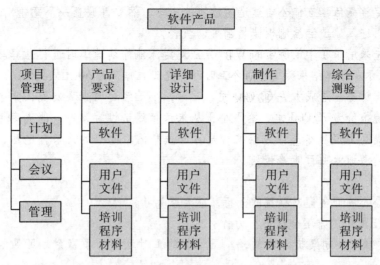

图 12-7　一个软件产品的 WBS

WBS 组织并定义了项目的总范围，代表着经批准的当前项目范围说明书中所规定的工作。

WBS 最底层的组件被称为工作包，包括计划的工作。工作包对相关活动进行归类，以便对工作安排进度进行估算，开展监督与控制。在"工作分解结构"这个词语中，"工作"是指作为活动结果的工作产品或可交付成果，而不是活动本身。

工作结构分解的方法多种多样，常用的方法包括类比法、自上而下法、自下而上法。

（1）类比法。

类比法就是以类似项目的 WBS 为基础，制定本项目的 WBS。例如，某船舶制造公司，曾设计制造多种类型的船舶，当需要某种新型船舶时，公司就可以根据以往设计的子系统，开始新项目的 WBS 的编制工作。

（2）自上而下法。

自上而下法是构建 WBS 的常规方法，即从项目最大的单位开始，逐步将项目分解成下一级的多个子项，然后再将子项进一步分解。

（3）自下而上法。

自下而上法，是要项目组成员从一开始就尽可能地确定有关的具体任务，然后将各项具体任务进行整合，并归总到一个整体活动或上一级活动中去。自下而上法一般比较费时，但对于全新的项目来说，这种方法效果比较好。

【案例】12-2　游泳池建造项目能获利吗?

小王刚从北京的一所大学毕业，获得了项目管理专业学士学位，回到家乡海南后加入了他父亲的公司——宏伟公司工作，成为一名项目经理。老王很想了解儿子的工作能力，于是给儿子布置了一个他自己没时间调查、但却十分关心的项目——建造游泳池。

虽然宏伟公司 20% 的销售收入来自于游泳池设备的销售，但该公司并不承接建造游泳池的业务。老王想让小王来决定宏伟公司是否可以进入"建造游泳池"这个领域。

小王决定首先估算宏伟公司建造游泳池的成本，然后再调查一下竞争对手的报价，这样就能算出进入建造游泳池领域是否可以获利。

小王首先采用了在学校所学的 WBS 方法对游泳池的建造工时进行估算。具体数据如表 12-6 所示。估算结果为 1 200 个工时可以完工且每工时 50 元人民币。

由此小王计算出总成本为 60 000 元。同时，小王经过调查还发现，竞争对手类似的游泳池建造报价为 72 000 元。鉴于小王从未亲自建造过游泳池，他决定为了预防万一而把预算提高 10%。小王认为该项目是可以获利的。他给他父亲打电话，说明了他的结论即建造游泳池项目能够获利。

思考题：

下面是小王的同学们对项目的分析，请大家参考。

（1）小王所做的方案合理吗？为什么？

A：我觉得这个方案挺合理的，小王估算的工时还留下了富余，可见他是个谨慎的人。

B：这个方案不够合理。无论是小王自身还是公司，都没有建造游泳池的经验。虽然他在工时预算上留有余地，但是小王估算的工时数和单位工时成本是否合理还有待考察。

C：建造游泳池仅考虑人工成本是不够的，还要购买各种建筑材料。材料成本怎么可以不计算在内呢？

A：听你们一说，这个方案确实存在问题。另外，小王还没把建造游泳池需要的设备成本考虑在内。

（2）老王将会考虑这个方案的哪些方面？

A：作为公司老总，老王一定会考虑建造游泳池所使用的材料成本。毕竟公司 20% 的收入来源于游泳池设备的销售。

B：老王还会考虑建造游泳池所需的设备成本。

C：老王应该还会实地考察游泳池的建造过程，弥补小王在进行工作分解时的不足。

A：老王还会调查单位人工成本的实际金额。

表 12-6　　　　　　　　　　游泳池建造的工作分解结构

工作任务	工时（估计值）	
地面准备		260
清理	100	
耙平	30	
平整	100	
垫沙底	30	
安放游泳池框架		240
底部框架	80	
侧板	40	

表12-6(续)

工作任务	工时（估计值）	
顶部框架	120	
安装塑料衬里		50
游泳池组装		160
安装木支架		300
平面图	100	
组装	200	
充水实验		190
总计		1 200

2. 网络图

网络图由活动、事项和路线三部分组成。

（1）活动（作业、工序）是指一项作业或一道工序。活动通常用一条箭线"→"表示，

箭杆上方标明活动名称，下方标明该项活所需时间，箭尾表示该项活动的开始，箭头表示该项活动的结束，从箭尾到箭头则表示该项活动的作业时间。

（2）事项（结点、网点、时点）是指一项活动的开始或结束那一瞬间，它不消耗资源和时间，一般用圆圈表示。在网络图中有始点事项、中间事项和终点事项之分。如图 12-8 所示。

A　　B　　C

①→②→③→④

图 12-8　事项图

事项②，即表示 A 项活动的结束，又表示 B 项活动的开始。对中间事项②来说，A 为其紧前工序，B 为其紧后工序。

（3）路线是指从网络图的始点事项开始，顺着箭线方向到达网络图的终点事项为止的一条通道。一个网络图均有多条路线。其中，作业时间之和最长的那一条路线称为关键路线。关键路线可能有两条以上，但至少有一条。关键路线可用粗实线或双线表示。

绘制网络图一般应遵循以下规则：

（1）有向性。各项活动按顺序排列，从左到右，不能反向。

（2）无回路。箭线不能从一个事项出发，又回到原来的事项上。

（3）箭线首尾都必须有结点。不允许从一条箭线中间引出另一条箭线。

（4）二点一线。它是指两个结点之间只允许出现一条箭线，若出现几项活动平行或交叉作业时，应用虚箭线"…→"表示。

（5）事项编号。从小到大，从左到右，不能重复。

（6）源汇合一。每个网络图中，只能有一个始点事项和一个终点事项。如果出现几道工序同时开始或结束，那么可用虚箭线同网络图的始点事项或终点事项联结起来。

任务三　计算项目时间

一、背景

按时、保质地完成项目大概是每一位项目经理最希望做到的。但工期拖延的情况却时常发生。因而合理地安排项目时间是项目管理的一项关键内容。它的目的是保证按时完成项目、合理分配资源、发挥最佳工作效率。

二、基本内容

(一) 工序时间估算

工序时间是指完成某项工作或某道工序所需要的时间。目前比较常用的有以下几种方法:

1. 专家判断

通过借鉴历史信息,专家判断能提供持续时间估算所需的信息,或根据以往类似项目的经验,给出活动持续时间的上限。

2. 类比估算

类比估算是一种通过使用相似活动或项目的历史数据,估算当前活动或项目的持续时间或成本的技术。以过去类似项目的参数值(如持续时间、预算、规模、重量和复杂性等)为基础,估算未来项目的同类参数或指标。

3. 三点估算

通过考虑估算中的不确定性和风险,可以提高活动持续时间估算的准确性。这个概念源自计划评审技术(PERT)。PERT 使用三种估算值来界定活动持续时间的近似区间。

(1) 最可能时间 (T_m)。它是指基于最可能获得的资源、最可能取得的资源生产率、对资源可用时间的现实预计、资源对其他参与者的可能依赖及可能发生的各种干扰等,所估算的活动持续时间。

(2) 最乐观时间 (T_O)。它是指基于活动的最好情况,所估算的活动持续时间。

(3) 最悲观时间 (T_P)。它是指基于活动的最差情况,所估算的活动持续时间。

基于持续时间在三种估算值区间内的假定分布情况,使用公式来计算期望持续时间 tE。基于三角分布和贝塔分布的两个常用公式如下:

三角分布 $T_E = (T_O + T_M + T_P) / 3$

贝塔分布(源自传统的 *PERT* 技术) $T_E = (T_O + 4T_M + T_P) / 6$

(二) 计算网络时间值

网络时间值是一个专业概念。为了分析各作业在时间的衔接上是否合理,是否有潜力可以挖掘,必须设置网络时间值。在一项工作中,有些作业是环环相扣的,一环脱节,影响全局;而有些作业,在一定条件下,开始或结束早一点、晚一点,对后续作业没有影响,也不影响全局。前者,作业时间毫无机动性;后者,在时间上则有一定的机动性。网络时间的具体内容为:

ES——最早开始时间。某项作业最早何时开始。

EF——最早结束时间。某项作业最早何时结束。

两者关系为：EF＝ES＋工作延续时间。如图 12-9 所示。

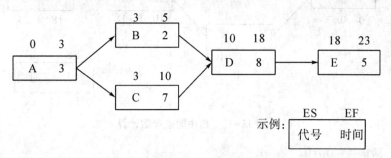

图 12-9 最早开始/结束时间计算

LS——最迟开始时间。某项作业最迟必须何时开始，才能确保紧后作业按时开工。

LF——最迟结束时间。某项作业最迟必须何时结束，才能确保紧后作业按时开工。

两者关系为：LS＝LF－工作延续时间。如图 12-10 所示。

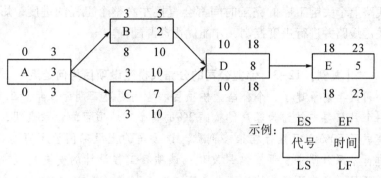

图 12-10 最早/迟时间参数计算

总时差（ST）：在不影响整个工程计划完工的条件下，某项作业最迟开始时间与最早开始时间的差值，即该项作业开始时间允许推迟的最大限度。也可以用某项作业的最迟结束时间与最早结束时间的差值表示。如图 12-11 所示。

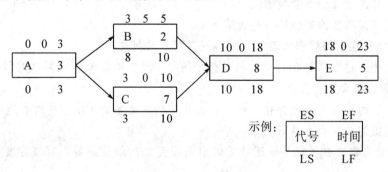

图 12-11 总时差参数计算

自由时差（FF）：在不影响随后工作进度的前提下，工作时间可以变动的时间范围。如图 12-12 所示。

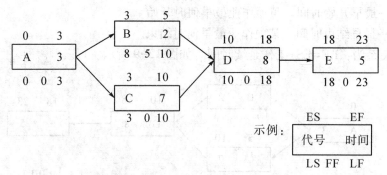

图 12-12　自由时差参数计算

（三）确定关键路线

计算网络图时间参数的目的之一就是找出关键线路。在网络图中，从始时间开始，沿着箭头的方向，由时间和箭头所组成的连续不断地到达事件的路径，称为线路。每条线路上的各项活动的活动时间之和成为该线路的周期。在网络图的所有路线中，周期最长的线路成为关键线路，而关键线路上的活动成为关键活动。

关键线路上个关键工序的完工时间都会直接左右整个工程的进度，影响工期。因此，确定关键线路并进行进度控制，才能优化资源配置。

【案例】12-3　伟业公司的公路大桥建设项目为何延迟？

伟业公司两年前承建了一个公路大桥项目。合同规定工期为 3 年。工期若有延迟，则每延迟一个月需要支付约为客户付款额 2% 的罚金。该项目的记录表明，目前项目进度计划只完成了 50%，而且存在很多问题。该公司的上级部门鉴于可能发生的损失，对该项目进行了深入调查。调查结果发现：该项目工程设计的变更次数太多；项目专业技术人员不足；工作不合格的比率非常高。

思考题：

1. 作为项目经理，你认为导致该项目延迟的原因是什么？

A：我先说一点：项目工程设计变更次数太多。

B：而且，项目的专业技术人员不足。

C：还有，项目的工作不合格比率太高。

2. 该项目在范围管理方面存在哪些问题？症结何在？

A：首先，这个项目在收集需求时存在问题，没有很好地确定客户的需求，进而导致项目的范围定义产生偏差。

B：项目的范围确认也存在问题。范围的不断变更导致无法最终进行范围的确认。

C：范围的控制也不够好。

3. 你认为该项目现在是否还需要做出范围变更？如果需要，应该在哪些方面做出变更？

A：还是不要再变更范围了吧。现在的进度都已经大大拖延了。如果再继续变更，肯定要完不成任务了。

B：我觉得也是。按照目前的状况，能按时完工就很不错了，还是不要变更了。

C：我不同意你们的说法。如果能通过变更使得项目的范围管理走上正轨，那么再次变更不失为一次很好的尝试。既可以按时完成项目，避免罚款，还能锻炼项目团队。

4. 你认为该项目的前景如何？

A：我觉得这个项目注定要失败，因为时间过了三分之二，进度只完成一半。

B：说不定。如果处置得当，这个项目还是有可能按期完工的。

C：嗯，关键在于项目团队的应对措施是否得当。如果措施得当，应该能够按时完工，至少可以少付点罚金吧。

任务四　项目人力资源管理

一、背景

项目人力资源管理包括组织、管理与领导项目团队的各个过程。项目团队由为完成项目而承担不同职责的人员组成。项目团队成员可能具备不同的技能，可能是全职或兼职的，可能随项目进展而增加或减少。项目团队成员也可称为项目人员。尽管项目团队成员被分派了特定的角色和职责，但是让他们全员参与项目规划和决策仍是有益的。团队成员应在规划阶段就参与进来。这既可使他们为项目规划提供专业技能，又可以增强他们对项目的责任感。

二、基本内容

（一）规划人力资源管理

规划人力资源管理是识别和记录项目角色、职责、所需技能、报告关系，并编制人员配备管理计划的过程。本过程的主要作用是，建立项目角色与职责、项目组织图，以及包含人员招募和遣散时间表的人员配备管理计划。

通过人力资源规划，明确和识别具备所需技能的人力资源，保证项目成功。人力资源管理计划描述如何安排项目的角色与职责、报告关系和人员配备管理。它还包括人员管理计划（列有人员招募和遣散时间表）、培训需求、团队建设策略、认可与奖励计划、合规性考虑、安全问题及人员配备管理计划对组织的影响等。

需要考虑稀缺资源的可用性或稀缺资源的竞争，并编制相应的计划，保证人力资源规划的有效性。可按团队或团队成员分派项目角色。这些团队或团队成员可来自项目执行组织的内部或外部。其他项目可能也在争夺具有相同能力或技能的人力资源。这些因素可能对项目成本、进度、风险、质量及其他领域有显著影响。

（二）工具与技术

1. 组织图和职位描述

可采用多种格式来记录团队成员的角色与职责。大多数格式属于以下三类：层级型、矩阵型和文本型。如图 12-13 所示。此外，有些项目人员安排可在子计划（如风险、质量或沟通管理计划）中列出。无论使用什么方法，目的都是要确保每个工作包都有明确的责任人，确保全体团队成员都清楚地理解其角色和职责。例如，层级型可用于规定高层级角色，而文本型更适合用于记录详细职责。

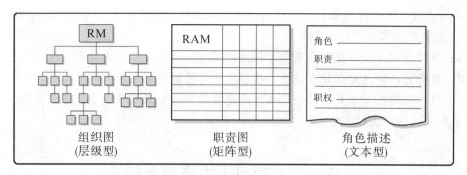

图 12-13　角色与职责定义格式

2. 人际交往

人际交往是指在组织、行业或职业环境中与他人的正式或非正式互动。人员配备管理的有效性会受各种政治与人际因素的影响。人际交往是了解这些政治与人际因素的有益途径。通过成功的人际交往，增长与人力资源有关的知识（如胜任力、专门经验和外部合作机会），增加获取人力资源的途径，从而改进人力资源管理。人际交往活动的例子包括主动写信、午餐会、非正式对话（如会议和活动）、贸易洽谈会和座谈会。人际交往在项目初始时特别有用，并在项目期间及项目结束后有效促进项目管理职业的发展。

3. 专家判断

制订人力资源管理计划时，专家判断被用于：

（1）列出对人力资源的初步要求。

（2）根据组织的标准化角色描述，分析项目所需的角色。

（3）确定项目所需的初步投入水平和资源数量。

（4）根据组织文化确定所需的报告关系。

（5）根据经验教训和市场条件，指导提前配备人员。

（6）识别与人员招募、留用和遣散有关的风险。

（7）为遵守适用的政府法规和工会合同，制定并推荐工作程序。

【案例】12-4　伦敦急救服务中心

世界上最大的伦敦急救服务中心每年大约处理 100 万次呼叫，进行 50 万次出诊，拥有 3 000 员工和 800 多辆车，分布在 640 平方英里（1 英里＝1 609.344 米，下同）的范围内，为大约 750 万居民和 250 万旅游者服务。

这个组织面临着许多因素的挑战。在 1978 年和 1992 年，组织分别创建了急救派送系统项目，最终都以彻底的失败而告终。1992 年，员工的士气非常低落，甚至到了返回手工作业的地步——紧急呼叫产生的大量单据被传递到决策制定者和救护车派送员工的手中。

为了帮助解决这个问题，组织雇用了兰泰来领导这个团队。此时，员工们承受着极大的公共批评压力，并且产生了害怕再一次失败的畏惧思想。这种思想非常糟糕。员工们甚至开始相信在这种环境中根本无法取得成功。因为没有有效的沟通渠道，所以员工倾向于不说出问题，或者是他们说了，也没有人来倾听。

为了改变这种现状，兰泰采取了一系列措施，设定了清楚的项目管理目标，制订了完整的项目计划，并且将其分解成易于管理的细目。兰泰和他的团队在项目各种资源和预算的基础上，开发了一个细节时间表，并且鼓励团队成员进行沟通，改变"不要告诉我，我不感兴趣"的态度，使大家能够开放和坦诚地对话。

项目完成后，这个系统达到了预先设定的目标：在接到电话后，救护车在 3 分钟内上路的比例提高了一倍，超过 80%；在接到电话后 14 分钟内，救护车到达的比例超过 90%，而这一比例以前只有 75%；40% 的病例处理时间不超过 8 分钟，而以前这个比例只有 13%。整个项目为公共健康护理做出了巨大的贡献。

在讨论兰泰的战略时，他提出了以下建议：

（1）在项目团队和组织中鼓励进行开放、坦诚的沟通；

（2）使团队参与计划和决策的制定；

（3）把项目分解成为能管理的细目；

（4）激发团队精神；

（5）建立坚固的项目基础，如计划、时间表、预算和控制范围。

下面是讨论的问题及讨论意见：

1. 兰泰提出的建议合适吗？有无不足之处？

A：我认为是比较合适的。但需要对团队成员进行适当的物质激励。

B：嗯，我认为这对该项目的改进是比较有帮助的。

C：我认为他应该改进这个项目的基础设施，为硬件提供支持。

2. 怎样鼓励团队成员积极关心团队的工作和发展？

A：让团队成员有主人翁意识。

B：让团队成员参与决策。

C：激发团队精神。

B：让团队成员相互沟通，彼此信任。

A：让团队成员看到希望，并加以激励。

3. 什么是团队精神？如何建立团队精神？

A：团队精神，简单来说就是大局意识、协作精神和服务精神的集中体现。

B：团队精神是组织文化的一部分。良好的管理可以通过合适的组织形态将每个人安排至合适的岗位，充分发挥集体的潜能。

C：团队精神的基础是尊重个人的兴趣和成就。

A：团队精神的核心是协同合作。最高境界是全体成员的向心力、凝聚力。

任务五　优化项目计划

一、背景

网络计划的优化是指在一定约束条件下，按既定目标不断改进网络计划，以寻求满意方案的过程。根据优化目标的不同，网络计划的优化可分为：工期优化、费用优化。

二、基本内容

（一）工期优化

工期优化是指当网络计划的计算工期不满足要求工期时，通过压缩关键工作的持续时间满足要求工期目标的过程。

（二）费用优化

费用优化又称工期成本优化，是指寻求工程总成本最低时的工期安排，或按要求工期寻求最低成本的计划安排的过程。

在建设工程施工过程中，完成一项工作通常可以采用多种施工方法和组织方法。而不同的施工方法和组织方法，又会有不同的持续时间和费用。

1. 工程费用与工期的关系

工程总费用由直接费和间接费组成。

直接费由人工费、材料费、机械使用费、其他直接费及现场经费等组成。施工方案不同，直接费也就不同；如果施工方案一定，工期不同，那么直接费也不同。直接费会随着工期的缩短而增加。

间接费包括企业经营管理的全部费用。它一般会随着工期的缩短而减少。在考虑工程总费用时，还应考虑工期变化带来的其他损益。其他损益包括效益增量和资金的时间价值等。工程费用与工期的关系如图 12-14 所示。

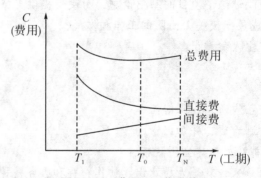

图 12-14　费用—工期曲线

T_L—最短工期　T_0—最优工期；T_N—正常工期

2. 工作直接费与持续时间的关系

由于网络计划的工期取决于关键工作的持续时间，因此为了进行工期成本优化，必须分析网络计划中各项工作的直接费与持续时间之间的关系。它是网络计划工期成本优化的基础。

工作的直接费与持续时间之间的关系类似于工程直接费与工期之间的关系。工作的直接费随着持续时间的缩短而增加，如图 12-14 所示。为简化计算，工作的直接费与持续时间之间的关系被近似地认为是一条直线关系。

工作的持续时间每缩短单位时间而增加的直接费称为直接费用率。工作的直接费用率越大，说明将该工作的持续时间缩短一个时间单位，所需增加的直接费就越多。因此，在压缩关键工作的持续时间以达到缩短工期的目的时，应将直接费用率最小的关键工作作为压缩对象。当有多条关键线路出现而需要同时压缩多个关键工作的持续时间时，应将它们的直接费用率之和（组合直接费用率）最小者作为压缩对象。

【案例】12-5　TCL项目研发费用的控制有效吗？

TCL集团有限公司创于1981年，在2000年中国电子信息百强企业中名列第五。2001年，TCL集团销售收入是211亿元，利润是7.15亿元，上缴税金是10.84亿元，出口是7.16亿美元，品牌价值达145亿元。TCL是广东省最大的工业制造企业之一和最有价值的品牌之一。

TCL的发展不仅有赖于敏锐的观察力和强劲的研发力、生产力、销售力，还得益于对项目研发费用的有效控制与管理，使产品一进入市场便以优越的性能价格比迅速占领市场，实现经济效益的稳步提高。

很多产品在设计阶段就注定其未来制造费用会高过市场价格。只要提到费用控制，很多人便产生加强生产的现场管理、降低物耗、提高生产效率的联想。人们往往忽略了一个问题：费用在广义上包含了设计（研发）费用、制造费用、销售费用三大部分。也就是说，很多人在费用控制方面往往只关注制造费用、销售费用等方面的控制。如果我们将目光放得更远一点，那么以研发过程的费用控制作为整个费用控制的起点才是产品控制费用的关键。

我们知道，一个产品的生命周期包含了产品成长期、成熟期、衰退期三个阶段。这三个阶段的费用控制管理重点是不同的，即设计费用、生产费用、销售服务费用。实际上，产品研发和设计是我们生产、销售的源头所在。一个产品的目标费用其实在设计成功后就已经基本成型。对于后期的产品生产等制造工序（实际制造费用）来说，其最大的可控度只能是降低生产过程中的损耗以及提高装配加工效率（降低制造费用）。有一个观点是被普遍认同的，就是产品费用的80%是约束性费用，并且在产品的设计阶段就已经确定。也就是说，一旦一个产品完成研发，其目标材料费用、目标人工费用便已基本定性。制造中心很难改变设计留下的先天不足。有很多产品在设计阶段，就注定其未来的制造费用会高过市场价格。目标价格、目标利润与目标费用之间的关系是：

目标价格－目标利润 ＝ 目标费用

研发费用必须小于目标费用，为了保证我们设计的产品在给定的市场价格、销售量、功能的条件下取得可以接受的利润，我们在产品设计开发阶段引进了目标费用和研发费用的控制。

目标费用的计算又称为"由价格引导的费用计算"。它与传统的"由费用引导的价格计算"（即由费用加成计算价格）相对应。产品价格通常需要综合考虑多种因素的影响，包括产品的功能、性质及市场竞争力。一旦确定了产品的目标，包括价格、功能、质量等，设计人员将用目标价格扣除目标利润得出目标费用。目标费用就是我们在设计、生产阶段关注的中心，也是设计工作的动因，同时也为产品及工序的设计指明了方向和提供了衡量的标准。在产品和工序的设计阶段，设计人员应该使用目标费用的计算来推动设计方案的改进工作，以降低产品未来的制造费用。

开发（设计）过程中的三大误区：

第一，过于关注产品性能，忽略了产品的经济性（费用）。设计工程师有一个通病：他们往往容易仅仅为了产品的性能而设计产品。也许是由于职业上的习惯，设计师经常容易将其所负责的产品项目作为一件艺术品或者科技品来进行开发，这就容易使设计师对产品的性能、外观追求尽善尽美，却忽略了许多部件在生产过程中的费用，没有充分考虑到产品在市场上的价格性能比和受欢迎的程度。实践证明，在市场上功能最齐全、性能最好的产品往往并不一定就是最畅销的产品，因为它必然也会受到价格及顾客认知水平等因素的制约。

第二，关注表面费用，忽略隐含费用。我们公司有一个下属企业曾经推出一款新品。该新品总共用了12枚螺钉进行外壳固定，而同行的竞争对手仅仅用了3枚螺钉就达到了相同的外壳固定的目的。当然，单从单位产品9枚螺钉的价值来说，最多也只不过是几毛钱的差异。但是一旦进行批量生产后就会发现，因多了这9枚螺钉而相应增加的采购费用、材料费用、仓储费用、装配（人工）费用、装运费用和资金费用等相关的费用便不期而至。虽然仅仅比竞争对手多了9枚螺钉，但是所带来的隐含费用将是十分高的。

第三，急于新品开发，忽略了原产品替代功能的再设计。一些产品之所以昂贵，往往是因为设计不合理。在没有作业费用引导的产品设计中，工程师们往往忽略了许多部件及产品的多样性和复杂的生产过程的费用。而这往往可以通过对产品的再设计来达到进一步削减费用的目的。但是很多时候，研发部门开发完一款新品后，往往都会急于将精力投放到其他正在开发的新品上，以求加快新品的推出速度。

在研发（设计）过程中费用控制的三个原则：

第一，以目标费用作为衡量的原则。目标费用一直是我们关注的中心。目标费用的计算有利于我们在研发设计中关注同一个目标：将符合目标功能、目标品质和目标价格的产品投放到特定的市场。因此，在产品及工艺的设计过程中，当设计方案的取舍会对产品费用产生巨大的影响时，我们就采用目标费用作为衡量标准。

在目标费用计算的问题上，没有任何协商的可能。没有达到目标费用的产品是不会也不应该被投入生产的。目标费用最终反映了顾客的需求，以及资金供给者对投资合理收益的期望。因此，客观上存在的设计开发压力，迫使设计开发人员必须寻求和使用有助于他们达到目标费用的方法。

第二，剔除不能提高市场价格却增加产品费用的功能。我们认为顾客购买产品，最关心的是性能价格比，也就是产品功能与顾客认可价格的比值。

任何给定的产品都会有多种功能，而每一种功能的增加都会使产品的价格产生一个增量，当然也会给费用带来一定的增量。虽然企业可以自由地选择所提供的功能，但是市场和顾客会选择价格能够反映功能的产品。因此，如果顾客认为设计人员所设计的产品功能毫无价值，或者认为此功能的价值低于价格所体现的价值，那么这种设计费用的增加就是没有价值的或者说是不经济的。顾客不会为他们认为毫无价值或者与产品价格不匹配的功能支付任何款项。因此，我们在产品的设计过程中，把握的一个非常重要的原则就是：剔除那些不能提高市场价格但又增加产品费用的功能，因为顾客不认可这些功能。

第三，从全方位来考虑费用的下降与控制。作为一个新项目的开发，我们认为应该组织相关部门人员参与（起码应该考虑将采购、生产、工艺等相关部门纳入项目开发设计小组）。这样有利于大家集中精力从全局的角度去考虑费用的控制。正如前面所提到的问题，研发设计人员往往容易走入过于重视表面费用而忽略隐含费用的误区。

正是有了采购人员、工艺人员、生产人员的参与，才基本上杜绝为了降低某项费用而引发的其他相关费用的增加的现象。因为在这种内部环境下，不允许个别部门强调某项功能的固定，而是必须从全局出发来考虑费用的控制问题。

资料来源：www.xahuading.com 华鼎项目管理资讯网

思考题：

1. TCL 公司为什么应该确定费用控制管理的重点？

2. TCL 公司应如何从全局出发来考虑项目费用的控制？

3. 如果你是 TCL 公司的一个研发项目的项目经理，你打算如何控制该项目的费用？

【案例】12-6 军事移动通信系统

1981 年，美国军队使用的还是不能相互联系的、混乱的通信设备。不同的服务使用不同的机器。每一个机器都有自己的使用方法。声音通信设备与数据、传真和 E-mail 是完全不同的。James Ambrose 当时是陆军的副军长，启动了一个 4.2 亿美元的计划，以全面地调整整个陆军通信系统。这是陆军有史以来实施的最大的通信项目。他提出 6 个独特的标准，使这一提案取得了巨大的成功。

（1）承包商要负责以下方面：系统监测、产品集成、培训、后勤和维修保养。

（2）承包商要确保系统满足 19 项设计要求和 82 个要具备的特征。

（3）承包商提供已经完全开发好的、可以投入使用的设备，不再需要技术上的开发。

（4）这一系统要在 22 个月以后交付使用，在最初操作使用后的 60 个月完工。

（5）承包商负责购买每一个设备，即使这一设备已经在使用中。

（6）承包商要接受一切费用，标价是固定不变的。

1985 年，GTE 在竞争中以低于另一竞争者 3 亿美元的提案得到了承包权。GTE 用 35 年的时间发展并精简了项目的管理能力。一个项目小组成立了，包括 32 个子承包商、700 个供应商（提供 8 000 个移动无线电收音机）、1 400 个电话交换中心、25 000 个电话。这一系统可以使用移动设备发射机接收电话、电子邮件、数据、传真，在 37 500 平方千米之内毫无障碍地使用移动设施。

最终系统满足了 19 个必要的特性要求以及 82 个准特性要求中的 69 个。该项目还满足了严格的交货截止日期，并实现了 21 700 000 美元的成本结余。在 1991 年，该系统非常成功地运用在海湾战争沙漠风暴行动中。战争期间，该系统连续运行两个星期，期间仅停止 45 分钟。该系统能在规定的 30 分钟内全部完成安装并拆卸（有一次，仅用 5 分钟时间）。它真正实现了"从散兵坑到战壕指挥官到总统的高效通信联系"的目标。这一不俗的表现分别受到了四个美国陆军的奖励，其中包括美国国防部颁发的"年度最有价值的工程承包商奖"。

资料来源：A. A. Dettbam, et at.，"成本表列及质量指标之优化" PM 网络，1992 年 1 月。

思考题：

1. 本项目与以往的项目有什么显著的不同点？

2. 提议所降低的 30 亿美元占整个项目费用相当大的部分吗？

3. 对于前期合同的履行，3 号准则指的是什么？

【案例】12-7 制作可有效实施的简报

Lisa 被指派为项目经理，为她公司一个数据库系统做一个新的用户接口。在这个公司有一种共同的体验：项目一向拖拖拉拉。Lisa 决心展示她在管理这类工作上的才干。这是她从数据录入员跨入高级管理层的一次绝好机会。而项目也一直迟滞不前。

表 12-7 和表 12-8 显示了项目第一阶段的进展数据。在项目的第 8 天，所有汇集的难点明朗。考虑到进度，Lucy 开始接触资源经理，尝试获得更多的资源。同样，在她的公司，资源经理总是不太合作的。他们总是声称也面临资源短缺的问题。系统开发部的主管 Andrew，给她提供了一份如表 12-9 所示的数据。这倒令她想到了一个获取资源的绝妙主意。

Lucy 很快意识到，要获取更多的资源，就得接近高级管理层。她还意识到，高层管理者往往十分厌倦人们抱怨资源不足。他们怀疑这些所谓的不足不过是用于掩盖工作业绩差的托词。

表 12-7

任务	允诺的完成时间	项目的实际完成时间
任务 A：需要分析	10 天	13 天
任务 B：功能需要	20 天	30 天
任务 C：测试时间进展	13 天	20 天
任务 D：原型进展	40 天	60 天
任务 E：原型测试	44 天	64 天

表 12-8

任务	原始成就的估计	修改后成就的估计
任务 A：需要分析	5	10
任务 B：功能的需求	10	20
任务 C：测试数据的发展	5	8
任务 D：原型发展	40	60
任务 E：原型测试	3	3

表 12-9

	程序规划员的合计数	程序员当前许诺的时间
1—10 天	6	6.5
11—20 天	6	7.0
21—30 天	6	8.0
31—40 天	6	7.8
41—50 天	6	8.2
51—60 天	6	8.0

思考题：

把你自己放在苏珊的位置上，然后：

1. 运用上表数据，将数据整理组织后作为有力证据递交给管理阶层，让他们确信项目需要更多资源。

2. 将数据转换成图表。

3. 在课前将你的案例准备好。

【案例】12-8　旧金山地铁管制计划

旧金山经济区建造在一片松散的填充物之上。那里一度曾是旧金山海湾的一部分。19世纪80年代末期，它的交通成为了一个很严重的问题。面对海湾地区运输状况的迅速改变，如增加公共汽车，地铁和出租车，不断往来的车辆给这个区的交通造成了严重的阻塞。为了缓解这种压力，政府发布了MUNI地铁计划以增加这个区的运输容量并为将来交通的继续膨胀提供保障。这11年计划包括：建造两个直径为18米的隧道，其中6英里（1英里=1 609.344米）被建在旧金山最拥挤的路面下。它与另一个被建在旧金山第二拥挤的路面下的5英里的隧道被一个高23米、宽55米的混凝土空间连接起来。有足足386英尺（1英尺=0.304 8米）的地方可以看到墙和突出的地面。

除了这个计划在运作过程中本身固有的困难外（当然从上面的描述我们是可以看出来的），这个计划还面临着多方面的挑战。这些挑战甚至超过刚才所提及的交通、商业和旅游业方面的困难。

（1）这个隧道必须直接从仅仅低于其4.5米的BAET隧道上通过，要穿过填充物和泥泞。

（2）用于支撑码头和防水堤的木桩已经多年失修，将很快威胁到这个隧道工程。

（3）开凿和挖掘工作必须经过很多高投资的建筑和一些历史建筑。

（4）低于地下水位的隧道必须离旧金山海湾的实际水面非常接近。

（5）这一地区的地震活动频繁，这样又对其安全措施提出了更高的要求。

很明显，这个工程的管理要求有严格和认真的控制。它不仅体现在上述方面，还应体现在计划和成本方面。

·账户计划包括工作细分和账户成本。它给予报告和检测以准确的计划和成本。

·控制预算包括数量、成本和账户计划分配的工作时间。

·趋势计划遵循了范围的改变并确认由于任何新的变化而造成的潜在的成本冲突。计划管理者用此制定成本或利益决策以控制成本。

·范围改变纪录列出了从趋势计划到可能被认可或删除的所有改变。

·契约总结计划是所有建筑计划的总结。按月制定这个计划以和以前的计划形成实际的比较。

·建筑计划由上面的契约总结计划得出并取得总立约人的一致认可。

·三周滚动的建筑计划显示了完整的活动。它被用于监测工程进程。

·质量控制和质量保证责任分别由立约人和承包人分担。

·建立了立约人的相关的活动报告系统。只有30个报告在这11年里被发表。

·工程的开幕典礼在1996年12月举行。这11年的计划仅晚了两个月并仅用了2 200万美元。

思考题：

1. 画结构图要有对每一个控制系统的解释。

2. 你对质量控制和质量保证的分离是怎么看的？你认为各方各应该承担什么责任？

3. 这个计划在 11 年中已经意识到了范围蔓延的可能。你认为应该如何控制这一危险？

（三）常见方法

项目计划的优化是指在特定的条件下，综合考虑时间、成本、资源的关系，以寻求工期最短或者成本最低的计划。通常有下面几种方式：

（1）资源平衡。为了在资源需求与资源供给之间取得平衡，根据资源制约对开始日期和结束日期进行调整。如果共享资源或关键资源只在特定时间可用，数量有限，或被过度分配，如一个资源在同一时段内被分配至两个或多个活动，就需要进行资源平衡。也可以为保持资源使用量处于均衡水平而进行资源平衡。资源平衡往往导致关键路径改变，通常是延长。如图 12-15 所示。

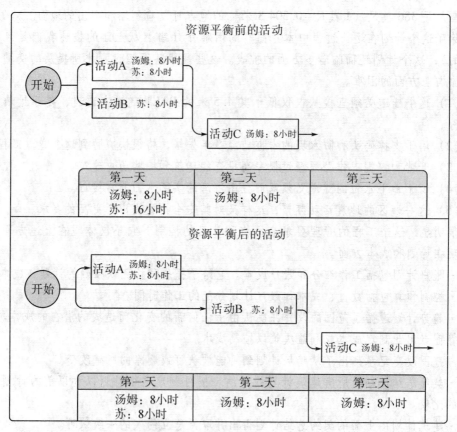

图 12-15　资源平衡前后对比图

（2）资源平滑。对进度模型中的活动进行调整，从而使项目资源需求不超过预定的资源限制。相对于资源平衡而言，资源平滑不会改变项目关键路径，完工日期也不会延迟。也就是说，活动只在其自由时间和总浮动时间内延迟。因此，资源平滑技术可能无法实现所有资源的优化。

（3）进度压缩。进度压缩技术是指在不缩减项目范围的前提下，缩短进度工期，以满足进度制约因素、强制日期或其他进度目标。进度压缩技术包括（但不限于）：

①赶工。通过增加资源，以最小的成本增加来压缩进度工期。赶工的例子包括：

批准加班、增加额外资源或支付加急费用，来加快关键路径上的活动。赶工只适用于那些通过增加资源就能缩短持续时间的，且位于关键路径上的活动。赶工并非总是切实可行，可能导致风险和成本的增加。

②快速跟进。它是一种将正常情况下按顺序进行的活动或阶段改为并行开展的一种进度压缩技术。例如，在大楼的建筑图纸尚未全部完成前就开始建地基。快速跟进可能造成返工和增加风险。它只适用于能够通过并行活动来缩短项目工期的情况。

知识巩固

一、选择题

1. 估计作业时间通常有哪些方法？（　　　）
　　A. 专家估算　　　　　　　　　B. 类似估算
　　C. 三点估算　　　　　　　　　D. 心里预估
2. 网络图由哪几部分组成？（　　　）
　　A. 结点　　　　　　　　　　　B. 时间
　　C. 活动　　　　　　　　　　　D. 路线
3. 项目管理的组织形式有哪些？（　　　）
　　A. 复合型组织　　　　　　　　B. 职能型组织
　　C. 项目型组织　　　　　　　　D. 矩阵型组织
4. 项目优化的基本内容包括（　　　）
　　A. 工期优化　　　　　　　　　B. 费用优化
　　C. 质量优化　　　　　　　　　D. 功能优化

三、判断题

1. 网络图中的虚箭线通常用来表示特殊活动。　　　　　　　　　　　　　（　　　）
2. 时差为 0 的作业一定在关键路线上。　　　　　　　　　　　　　　　（　　　）
3. 工作结构分解是项目管理的基础与核心。　　　　　　　　　　　　　（　　　）
4. 项目制存在多头领导的问题。　　　　　　　　　　　　　　　　　　（　　　）
5. 资源平衡往往导致关键路径改变，通常是延长。　　　　　　　　　　（　　　）

案例分析

《越狱》中的项目管理

毕业于名牌大学、有建筑学硕士学位并就职于某知名建筑公司的结构工程师迈克尔·斯科菲尔德，入狱搭救即将被执行死刑的哥哥林肯·布鲁斯（此人被冤枉杀死了副总统的弟弟）。在入狱前，他花了大量的精力，精心地做了前期准备工作，之后按照他所计划的步骤，故意持枪抢劫银行，从而得以进入林肯·布鲁斯所在的福克斯河畔监狱，并在那里组建了越狱团队。

在越狱的整个过程中，我们可以看到迈克尔·斯科菲尔德近乎完美的计划，对项目过程的执行力，对项目干系人的控制力，以及对项目风险的把握和及时变更的能力等。从各方面来说，迈克尔·斯科菲尔德是一个成功的项目经理。他的学识、冷静、自信和坚定，以及对于越狱这个目标的缜密计划，使得他获得了他人的信赖。而他也利用这样的信任和依赖，巧妙地周旋于各个干系人之间。干系人女医生萨拉·唐科里迪、黑帮老大阿布兹、超级大盗 D·B 库珀尔还有脱衣舞女，都是他计划内的。而对于计划外的室友苏克雷、恋童癖"背包"、提供药丸的"便条"、狱长以及看守队长等都属于非计划内的。这也体现了项目执行过程中最大的变量就是"人"，也是决定项目成败的关键。对于这些人，有其各自独特乃至相互冲突的利益需求、性格和背景。但是有一点是共同的，任何一个人都对项目成功有关键性作用。任何一个人、一件事情处理不好，都有可能使越狱功败垂成。所有这些需求，迈克尔都能满足。找到共同点后，迈克尔·斯科菲尔德又靠着信任和相互的依存关系游刃于其中。这种信赖以及他对干系人的准确定位，使得他利用项目干系人之间的依存关系，找到了他越狱所需要的种种资源和支持。他向我们演示了如何紧扣需求和利益对项目干系人做出动态的管理。最终以他出色的资源协调能力，成功地完成了越狱计划。

思考题：

1.《越狱》中迈克尔制订的越狱计划是否具备项目及项目管理的特征？表现在什么地方？

2. 越狱计划在项目管理方面的启示有哪些？

3. 迈克尔在制订计划及准备越狱的过程中出现了哪些失误？请从项目管理的角度进行分析。

实践训练

项目

【项目内容】

学生以小组为单位，现场考察一个在建项目，并运用网络计划技术绘制出项目的网络计划图，并在此基础上与工作人员一起估算出活动的时间，计算出该项目的总工期，确定项目的关键路线，分析项目各项活动的最早开始时间和最迟完工时间。

【活动目的】

锻炼和提高学生应用网络计划技术的能力。

【活动要求】

1. 制订出安全、可行的实践活动方案。

2. 要深入工作现场，在专业技术人员的帮助下，了解项目的活动构成和估计时间。

3. 正确绘制项目网络计划图，并确定关键路线、总工期，分析出各项活动的最早开始和最迟必须完工时间。

4. 将回执的项目计划图及时间计算结果呈送该工程管理人员审阅，并提出意见。

5. 以小组为单位讨论并撰写活动小结。

【活动成果】

活动方案；项目的网络计划图；有关构成活动的时间计算；项目的关键路线和总工期；专业人员评价；活动小结。

【活动评价】

由老师根据学生的活动成果对学生的时间成绩进行评价打分。

参考文献

［1］刘丽文. 生产与运作管理［M］. 3 版. 北京：清华大学出版社，2006.

［2］周桂瑾，于云波. 生产管理实务［M］. 北京：北京交通大学出版社，2013.

［3］陈荣秋，马士华. 生产与运作管理［M］. 北京：高等教育出版社，1999.

［4］龚国华，龚益鸣. 生产与运营管理［M］. 上海：复旦大学出版社，1998.

［5］［美］William. J. Stevenson. 生产与运作管理［M］. 张群，张杰，等，译. 北京：机械工业出版社，2000.

［6］［美］Richard. B. Chase. 生产与作业管理：制造与服务［M］. 宋国防，译. 北京：机械工业出版社，1999.

［7］任建标. 生产与运作管理［M］. 北京：电子工业出版社，2010.

［8］陈志详. 生产运作管理基础［M］. 北京：电子工业出版社，2010.

［9］陈心德，吴忠. 生产运营管理［M］. 北京：清华大学出版社，2011.

［10］张建民，吴奇志，等. 现代企业生产运营管理［M］. 北京：机械工业出版社，2013.

[8] 陈志详
[9] 陈心德
[10] 张建
社，2013.